新世紀叢書

當代重要思潮．人文心靈．宗教．社會文化關懷

文化研究經典論述

當代文化大論辯

Culture and Society: Contemporary Debates

傅科｜羅蘭．巴特｜阿多諾｜葛蘭西
哈伯瑪斯｜馬庫色｜李歐塔｜狄爾泰
高夫曼｜李塞特｜吉爾茲｜丹尼爾．貝爾
湯普森｜沙林斯｜帕森斯｜皮耶．波赫居
胡森｜席爾斯｜索緒爾｜彼得．柏格

（原書名：文化與社會）

編選◎杰夫瑞．C．亞歷山大（Jeffrey C. Alexander）
史蒂芬．謝德門（Steven Seidman）

總編校◎吳潛誠

〈原文版序〉

文化與社會

杰夫瑞・C・亞歷山大(Jeffrey C. Alexander)
史蒂芬・謝德門(Steven Seidman)

過去幾年來，出現了一股新而強烈的文化研究興趣，這種興趣在人文和社會科學各領域蘊育了不少重要著作。新的文化研究十分豐沛而多樣，不免衍生一些教學上的困難。新材料橫跨許多不同的學科訓練，而且涉及令人歎為觀止的一系列理論、意識形態、方法論之觀點的運作。因此迄今猶不見任何單獨一本教科書彙編羅列主要的著作，倒不足為奇。

編者在籌劃這本選集時，不僅留心觀點的紛歧多樣，同時也注意當代文化研究劃分為兩種顯著不同的關切有其意義。關切之一的分析焦距集中在文化的詮釋或解說；另一種關切則以實質為焦距，探討現代和後現代社會中的文化命運。編者的興趣在於搜找那些透過生動的實証來說明觀點的選文——不論其焦距屬分析或實質性質。除了導論性文章，我們不收錄任何純粹理論性的陳述。諸如此類的編選策劃，取捨抉擇匪易，不在話下。這樣的篇幅結果竟能容納這麼多東西，令我們既驚且喜。

編校說明

吳潛誠

文化的概念十分複雜，至今猶找不出一個「沒有問題的」（unproblematic）定義，反而一直是各種關注和研究興趣交會的場域。自從英國「伯明罕（Birmingham）當代文化研究中心」於一九六四年創立以來，文化研究的風尚便愈來愈熱絡，降及九〇年代，關切的目標已經擴充到性別、種族、階級、性偏好等議題——更不用提大眾／通俗文化和當代文化中遭人忽略的層面。流風所及，文學工作者也紛紛跨出「本行」，介入文化評論的領域。筆者自己也亟思在文化研究方面多下功夫，俾便對當前的文化現象提出針砭，能不流於浮泛。答應編校《文化與社會》一書，多少可以說是基於這樣的用心吧。

《文化與社會》書中各篇論文的重要概念及其代表意義或價值，原編者撰有兩大長篇導論，詳實分析綜述，這裡不再覆述。擬定翻譯計劃當初，揣想西方的宗教信仰不為本地讀者所熟悉，恐怕不太切合國內社會狀況，遂決定刪去不譯。校閱全書時，發覺遺漏了如此重要的一環，終屬憾事。可惜，欲行補救，已經來不及了。謹將漏譯的有關宗教信仰的論文列舉如下，以供有興趣的讀者自行閱讀原著：

Michael Walzer, "Puritanism and Revolutionary Ideology"
Jesse R. Pitts, "French Catholicism and Secular Grace"
Wolfgang Schluchter, "The Future of Religion"
Robert Bellah, "Civil Religion in America"

校譯這樣一部橫跨不同學科領域的論文集，耗時費力，不在話下。由於筆者在主編《中外文學》期間，曾經譯刊本書所選的論文數篇，立緒文化公司來洽談翻譯事宜時，以為有幾篇現成的稿子可用，乃勉強答應。後來——後來，只好硬著頭皮完成了。

擔任本書各篇論文的翻譯者，英文造詣和基本文學／文化學識都有可觀之處，譯文大體上還算信實可靠。由於作業時間不夠充足，翻譯未必盡如人意，甚至有不太流暢易讀的句子，這除了怪罪翻譯者和校譯者力有未逮之外，恐怕要歸咎於下列因素：一、某些觀念或學理原本艱深難懂；二、法文、德文和義大利文原著的英文翻譯自然會有一些彆扭、突兀而費解的措詞和構句；三、企圖仿傚／傳達複雜而緜密的分析論辯，譯文不免落得冗長甚至於拮屈聱牙——這其實未必就是缺點，還請讀者諒解。

本書終於得以出版，承蒙所有翻譯者忙中抽空，鼎力支持，每一位並校閱別人翻譯的論文一篇以上；黃宗慧小姐負責聯絡譯者並校讀十來篇論文；黃臨甄小姐、廖勇超先生提供一些修訂意見；以及立緒編輯同仁的辛勞；謹此一併致謝。

※本書初版書名為《文化與社會》，譯者如下所列（簡介皆為民國八十六年初版時資料）

古佳艷，台灣大學外文所博士班研究生；台灣大學外文系講師。
李紀舍，美國紐約州立大學石溪分校比較文學系博士候選人。
李家沂，台灣大學外文所博士班研究生；台灣大學外文系兼任講師。
呂健忠，東吳大學英文系兼任講師。
邵毓娟，台灣大學外文所博士班研究生；台灣師範大學英語系講師。
林明澤，台灣大學外文所博士候選人；台灣大學外文系兼任講師。
邱彥彬，台灣大學外文所博士班研究生；台灣大學外文系兼任講師。
陳志清，台灣大學外文所博士班研究生。
黃宗儀，美國紐約州立大學石溪分校比較文學系博士班研究生。
黃宗慧，台灣大學外文所博士班研究生；台大外文系中外文學月刊社執行編輯。
黃涵榆，台灣大學外文所博士班研究生。
郭菀玲，台灣大學外文所碩士；現任電視新聞編譯。
曾麗玲，台灣大學英美文學博士，台灣大學外文系副教授。
楊麗中，華梵大學外文系講師。

當代文化大論辯（原書名：文化與社會）

【目錄】全書總頁數488頁

〈第一部分　導論〉

分析性的爭辯：
了解文化相對的自主性

Analytic debates：
Understanding the relative autonomy of culture

2

分析性的爭辯：
了解文化相對的自主性

作者：杰夫瑞．C．亞歷山大（Jeffrey C. Alexander）

這篇文章旨在分析當今社會科學裡流通的一些研究文化的基本方法，並將這些方法間的爭辯內容，放在更大的理論架構裡來剖析。這一方面是批判性的比較研究，另一方面也帶有相當的系統性，讓這些圍繞著文化研究的爭論能夠產生累積的效應。因此這篇文章的目的不在於提出最終定論，也不嘗試做摘要式評價，主要在藉此打開門窗，供有興趣者參考。此外這篇文章也以本書所選文章的主要立論為綱要，不違背作為一篇序論的功用。

最初的對立

自從以科學方法討論社會現象開始以來，在分析行為與秩序這方面，便出現了理論上的兩極對立。一種是以機械概念來討論行為模式：人類的行為等同於機械動作，因外在環境的刺激產生自動、客觀而可以預期地反應。與此機械性行為相應的秩序（內容），則被視為具有強迫性質，藉其強大力量從外影響人類的行為（模式）。

與此態度對立，是以主觀態度研究行為和秩序的方法。根據此一方法，行為之所以產生，乃源生自人內在的東西，源生自感情、認知和感覺。與此相應的秩序觀念，則是理念式的秩序型態，完全由人腦袋裡所想及的種種所組成。但這種態度強調的不是主觀行為，而是主觀秩序；因為主體性在此並非是簡單的意念，而是一個架構、一個理念，為眾人所共享，而非個人的意願，因此不能把這個屬於理念型態的主體架構當作是單一的詮釋活動，而是啟動多元詮釋互動的肇因，卻也是互動詮釋產生的結果。在此研究方法中，經驗及經驗的意義占有重要的中心地位。

一旦根據主觀方法把意義概念組織起來，文化概念也隨之出現。文化即是「秩序」，對應於有意義的行為。這種主觀的、反機械性的秩序，乃根據自主理性所建立，而非遵循機械和客觀性的強制要求。

這種在社會科學的機械性解釋和文化性解釋之間的對立，可以從馬克思和黑格爾間的差異看出其原型發展，此一差異也在機械性和文化性的社會科學這兩者各自的發展上，扮演重要的歷史角色。在《精神現象學》裡，黑格爾認為每個歷史時期都有其局限，經驗此種局限便生出挫折感，歷史之所以會有所發展，便由此挫折感而生。每個歷史時期也都會就何者為有意義的經驗，提供一套自己的架構，黑格爾稱這種大的歷史架構為「時代精神」(Geist)，這個概念若放在德國唯心論傳統來看，和今天所謂的「文化」觀念並無不同。

由於馬克思直接挑戰黑格爾理論，他的作品使得機械化研究的不同途徑特別清晰起來。馬克思在後期作品中提出以唯物論解釋歷史的發展，雖然這個觀念仍承襲了黑格爾所謂後來者（後來的歷史階段）仍內在於先行者（先前的歷史階段）這個概念，但他對生產資源的描述，便明顯表示了這個過程並非來自主觀的挫折感，而肇因於得不到合理利益的客觀環境，這個環境並無法納入完全主觀的領域。馬克思更堅信所謂的秩序指的乃是經濟和政治秩序，並非單純的主觀性所能解釋。他也提出在所謂「上層結構」和「下層結構」，在（人的）意識和社會存在之間，有著絕對的斷裂。①從法典、宗教祭儀、藝術到知識理念等種種文化現象，均被馬克思歸為上層結構，被下層結構所制約決定。因此想要解釋這些文化現象，不能只討論這些現象的內在結構或意義，而要去檢視這些現象所反映的物質基礎。文化乃是受到外於文化的力量所控制，因此並無任何自主性可言。

馬克思之後的社會科學史，便有了許多方法上、意識形態上和立場上的各種傳承，以各種多元的方式延續著機械論傳統。方法上言之，有對於預測性的研究，以及處理測量上可見的「真實」物體；就意識形態而言，不論是自由派和激進派要求改革的情緒都暗示著人類在機械性的外在世界中，遭受的乃是真實的苦難，並有必要去強調此種真實性（否則改革就無著力點）；從立場上來說，社會科學融入普遍理性的結果，是讓「理性的行動者」這個模型易於瞭解而無法予以推翻。

對這種機械論有所回應的思潮，一再強調行為具有意義，文化具有規範秩序的能力。馬克思在這場辯論中，雖無法掌握日後結果，卻似乎取得了相當優勢。譬如說直到今天，反對機械論的人士在捍衛帶有主觀性質的研究方法上，採用的說詞是文化至少有相對的「自主性」，不完全屬於唯物論的範圍。這種自主性的「相對」性，多少承認了文化並非「絕對」自主，也不屬於「絕對」主觀的領域。

文化案例：古典的觀照

在挑戰機械論的聲浪中，產生了許多不同方式來探討關於「文化自主性」的問題。狄爾泰(Dilthey)直接承襲黑格爾學說，只是把黑格爾較具宗教性的時代精神，換成具自然性質的 Geisten。他強調人類經驗是意義的核心，對於行動者和分析者而言皆如此。不過他也強調人類彼此互相瞭解的需要會超越個人經驗，直指共享的理念，最終到達具產生結構能力的文化系統。

狄爾泰很重視這個結構系統內在和主觀性的定位，他認為要有特別方法來處理這個特殊的定位，即所謂「詮釋學」方法（"hermeneutic" method）。詮釋學即解說的方法，旨在發現內在和主觀性結構的本質和其中意義。分析者之所以能切近意義，乃因為他們詮釋文化結構本身，而非一開始就把文化結構解釋為其他力量造成的結果，後者這種受機械論影響的解釋法並無法掌握文化結構的意義。詮釋源出於理解，而非單純的來自觀察。狄爾泰認為此種人文科學的詮釋方法(Geisteswissenschaften)，乃與自然科學著重觀察和解釋的方法(Naturwissenschaften)有著強烈的對立。

狄爾泰為文化研究提供了第一個，或許也仍是影響力最深遠的哲學性辯護，但他的思考仍屬二元對立，反映了德國唯心論片面的考量。狄爾泰認為社會現象只能從文化的觀點來研究，將關於外在機械式結構和秩序的觀察工作，歸類給數學、物理、生物科學和分析經濟學等領域。因此狄爾泰對文化的觀點，極為強調自主性，充分反映了唯心論的態度。自此而後，到底詮釋的方法對於文化研究是否如此重要，便成為爭論中心②。

狄爾泰對於機械論的強烈反擊既受到機械論陣營，也受到非機械論陣營的質疑，文化研究爾後便發展出「相對自主性」的態度。經過這些討論之後，我們要來看看另一種趨勢，其對文化的態度是側重完全的自主性，但這種態度倒並非完全的反詮釋學。

二十世紀社會理論史中，帕森斯(Parsons)可以說在詮釋學的正統之外，提供了一套精微的理論來修正機械論。他以「功能論」(functionalist)的方法來研究社會，在思考文化和物質力量的關係時，不把它看做是內在經驗與外在決定力量兩者間的對抗，而視其為一個整合的經驗世界所具不同的分析層次。根據帕森斯的說法，行為者內化一組有意義的秩序，所謂的文化系統，這個系統較社會的互動系統來得更普遍，不過行為者也是這個社會系統的一部分，並非超越社會系統而存在。

這種分析式的論點意味著，每個社會行為都帶有某些更大的文化型態，社會行為不能僅以機械論觀點來研究，因為文化指涉無法避免。但另一方面就分析式的論證來看，行為也屬於社會，並不單純只屬於文化，因此這也能避免唯心論的偏頗。在社會層次上，個別的迫切需要會出現，這些關於匱乏和分配的考量並不能僅從意義自身的系統裡推演而出。由於帕森斯另外也提出分析系統裡的第三項元素——人格——因此他可以更進一步的說，文化符號系統和社會的決定力量都無法在心理驅使力的層次上，扮演完全獨霸的角色。行為同時屬於象徵、社會和心理驅力這三個層次。因此若我們想發展出完全經驗式的分析，就必須瞭解這三個分析系統間互動的關係。雖然文化分析的自主性非常重要，但在任何具體的例子裡，仍然受到體制系統強大的影響。

帕森斯強調文化、社會和心理系統的分析自主性，因此提供了一條研究道路，可以不落入機械論／主觀性的二元對立，卻也不拋棄任何一方的論點。文化有其獨特空間，但這個空間只具有相對的自主性。不過我們還是需要去進行較為機械論的分析。

若我們以較具體的方式來看待機械論和主觀性兩者間的分別，它們的對立多少可以中和一下。功能論的立場可以看做是強調所有系統都能被獨立出來予以分析，但也不忽視系統彼此間相對的決定性力量。但帕森斯功能論這種多層次的理論架構，由於理論本身的局限以及他作品所處理的理論模型仍未成熟，因此仍在更高層次上，重複了機械論和主觀性的二元對立。對於著重詮釋的文化研究方法來說，這種將社會系統具體化以獨立於文化範疇之外的態度，可以說是一個挑戰。我們可以將社會系統的現象自身當作是根據機械論的必然法則而組織起來，而不受到意義法則的影響嗎？我們又該如何去思考文化和社會層次上的詮釋問題呢③？

或許是為了回應這樣的質疑，帕森斯後來發展出的論點，強調功能研究應該關注的中心課題乃是文化「體制化」的過程(institutionalization)，關心的是文化如何成為社會系統真實結構的一部分。帕森斯相信這個研究焦點將讓社會學者對文化的研究不至於漫無邊際，因此研究的重心可以擺在「價值」(value)問題上，而不局限於象徵系統。價值可以說是討論體制化這個中心議題，一象徵而抽象的方式，指涉的問題可以包含像是平等與不平等，自發與強迫，尊重權威與批判行為，和公眾與私有財產等。帕森斯相信規範性概念乃圍繞著這些具體課題而出現，行為者必須在真實具體的情況中做出抉擇，一旦做出決定，規範或是價值標準便相應而生。體制化的意義便在於某種這樣的標準成為行為者內在的特質；對於一個個人、群體，或集體而言，若和這種體制化的價值脫離，便會受到制裁；順從這些價值，則會得到獎賞。

從本書中功能論一節所選的文章中可以看出，依循核心價值的角度來看體制的問題極具啟發性。不過若把這種價值分析的方式拿來研究文化，便會產生許多基本難題。由於詮釋的意義只能是體制化的意義，如此便有了反諷的結果：藉著價值分析我們發展出可以用來分析意義的概念，但這些概念卻極為依賴以機械論來分析社會時所發展出來的語彙。因此我們在功能論的分析中幾乎看不到像是祭儀、入聖、墮落、隱喻、神話、敘事、形上學和符碼等，這些關於象徵層次的現象分析。

對社會系統的側重，也使得功能論的文化研究容易被窄化成文化對於穩定性和不定性的影響，幾乎只建立在有效的賞罰分配上。從這個角度來看文化，文化系統的起源和內在流程便不再是主要的研究課題，重要的反而是一個既有的系統如何透過諸如社會化、地位提昇或者有形的獎勵等方式，走向體制化的過程。由於側重社會本身的影響力，功能論的分析方式通常會讓社會科學去除掉其中人文學科的詮釋技巧，使得文化自主性遭到嚴重破壞。

當然以強烈的唯心論來看待文化，也遭受到很大的挑戰，其中也有類似功能論碰到的問題和成就。諷刺的是這個挑戰來自馬克思主義內部，葛蘭西(Gramsci)突破蹊徑的作品清楚闡釋，革命與階級導向的理論可以用另一種方式來定義，而不至於陷入馬克思後期作品狹隘的認識論框架。葛蘭西認為馬克思理論乃是「實踐理論」(praxis theory)，這個詞來自早期較具黑格爾傾向的馬克思。事實上葛氏的批判理論，是建立在與另一個著名的義大利黑格爾學者克羅齊(Croce)的對話架構上。由於葛蘭西和詮釋學傳統有所接觸，他理論的出發點乃是所有行動者都是知識分子，而對於意義的終極關注，也是人類行為和社會秩序的歷史形態中，所不可割離的重要部分。

如同帕森斯，葛蘭西也和唯心論保持距離，強調文化與機械式的體制互有勾連，而非能彼此取代。但他也相信對於社會系統力量的分析，可以和對它們的意義分析有所分別。葛氏和帕森斯都認為社會系統構成了文化最主要的指涉物，而社會的「真實力量」(real forces)與文化意義兩者之間，有著互相對立或是互相補足的關係。

然而葛蘭西的文化馬克思主義和功能論有許多基本上的差異，在思考社會系統以及文化系統的方式和角度上，有著相當差異。葛蘭西強調文化過程乃是在極度分工的社會中呈現出來，這樣的社會有著階級嚴密的階層組織，背後則有政治權力做後盾。文化因此也成為宰制過程的一部分，即使是最有見地的知識分子，他們的理論和思考上的參考點，仍來自當時社會上具優勢的生產模式，也由於知識分子在體制中佔據著這樣曖昧的位置，他們便無可避免的要和權力打交道。

能去定義什麼是自我的知識理念，在每個時代裡都是由下層的類知識分子(quasi-intellectuals)傳播給大眾。這些人包括教師、記者、演員等等，他們都以更為有機的方式，與資本社會的體制連成一體。葛蘭西認為這種社會結構和天主教教會有著類似之處，神學家型構抽象的典律，但卻是地區教士訂出教條，傳播像是受難的意義給一般大眾。

這種一般民眾受到知識分子意識形態上的宰制現象，葛蘭西稱為「文化霸權」(cultural hegemony)。雖然社會極度階級化，但統治階層卻不需要以武力來維持自身地位。社會基本上便不是完全政治或經濟的結構，而是一個「道德—政治體」(moral-political bloc)。社會能形成一個整體，乃導源於其中對於當權理念產生某種類似心甘情願去服從的現象。這兒我們看到了帶有馬克思主義傾向，關於被體制化的文化理論。

但對葛蘭西來說，這種當權的文化最終會受到挑戰，他對於革命文化發展的想法，和他關於當權理念的理論相同，都強調「真實環境」(real circumstances)。因為工人階級處於被剝削的具體客觀環境，葛氏相信他們因此產生的具體意識有著當務之急，和那些貴族或是中產階級所帶有非現世的唯心意識毫不相同。不過葛氏還是強調這種潛藏的（工人）意識還是要透過知識的表達才能昭然明白，僅是有具體的意識要來抗拒當權理念的知識力量，可以說毫無勝算。另類的意識形態首先要能明白成形，馬克思和其他社會主義思想家在做的無非就是這類工作。藉著有機的知識分子形成革命中堅——這些人包括了較注重實際而非抽象知識的政黨領導者和擁護者——這些理念（另類的意識形態等等）最終才能得見天日並廣為流傳。

當然，文化馬克思主義和功能論的區別不僅只在於這些對社會的解釋層次，也包括更明顯的規範層次。文化馬克思主義不僅只關心解釋或詮釋文化的工作，更在於給予評價，分別出什麼是好的，什麼又是壞的意義。這種規範性的側重可以從葛蘭西將「理性意識」(rational consciousness)和常識與宗教相對立的態度略見端倪。他的目的不僅僅只是要去解釋反霸權的文化如何發展，更是要去說明這種反霸權文化，將能領導我們走向一個葛氏相信是更自由而獨立的生命型態。

無庸置疑，文化馬克思主義強調文化會對社會變革有所衝擊，這樣的論調改進了許多功能論的觀點。但把文化和權力連結起來所產生的理論成就仍有其曖昧之處。把文化說成基本上在為權力服務，這樣的論調削弱了另一種可能（而這是功能論的重點），那就是認為文化價值對於權力會發揮控制和規範作用。在根本的問題上，葛蘭西的研究方法事實上惡化了許多帕森斯原本就有的問題。葛氏強調相對於社會和行為，文化有其相對的自主性，藉此與機械論馬克思主義劃清界限。但如同功能論，強調相對自主性有時會有反效果，因為從另一個角度來看，文化相對的自主性暗示了社會和行為乃不受文化影響，獨立於文化之外。葛蘭西並未將社會系統裡的各部分（如經濟、政治和知識團體）當作是從文化型態發展出來，而把這些當作是反映權力和階級的社會結構，代表了機械式的力量，卻帶有文化上的意義。

功能論劃出文化和社會的分野，因此其焦點也導向於價值系統，而非象徵層次。在文化馬克思主義中，「階級意識」（class consciousness）扮演著幾近相同的概念角色。「階級意識」雖然帶有文化意義，本身卻落在社會系統自身之中。因此馬克思學派對於意識的分析，就如同功能論對價值的研究，通常到了最後都化約成為社會性現象，而沒有文化相對自主性所帶有的其他可能。我們再一次看見在文化和社會兩者之間，要發展出有真正互相依恃關係的理論是何等困難。

符號學對當代文化研究的重要性，可以說就是從這一點切入才浮上台面。索緒爾（Saussure）基本上不相信社會結構和行為可以在文化上不受任何中介影響便能為人所瞭解。作為一位語言學家，他的個案便是語言，他承認話語本身是一種社會行為，既受到心理驅力的影響，也受限於具體的情境要求。但他也進一步強調雖然個別的行動者，必須對話語行為負起責任，但這些行動者對這些話語行為所使用的語言毫無控制能力。說話的個體無法決定要使用的符號，這些符號都被社會定位在很嚴謹的限制中，難以動彈。

當索緒爾談到社會對語言的控制時，他並非像葛蘭西一樣，指的是社會體制相對的權力，而是指語言作為一套象徵系統本身具有的內在力量，這個象徵系統累積有無數個社會行為，因此語言所具有的力量便從中而生，獨立強大。語言乃是一套抽象符碼，其結構受到內在法則約束，並非來自外在社會系統直接的壓力。文字作為符號可以解構為意符(signifier)和意旨(signified)兩個元素，意符指的是構成文字的聲音或形象部分，意旨則是這些具體的聲音或形象所指涉的概念。索緒爾對這兩者劃分得非常清楚，強調這兩個元素間的關係（在文字的物質和理念兩者間的關係）乃是「武斷的」(arbitrary)。也就是說文字系統裡為何某個特別的概念要依附在這個或那個獨特的聲音上，這其中並無客觀上必然或真實的理由，這個字會代表哪個意思，基本上是由約定俗成的規範來決定。

當然，索緒爾並未停在這裡，他進一步指出：文字雖和真實的社會客體藉由語言而連結在一起，卻無法從這樣的連結關係裡去瞭解文字本身，因為這樣的關係仍是靠著約定俗成的成規建立起來，其中的本質仍是「武斷的」。因此意義乃是從文字，從語言系統裡的符號彼此間的關係——像是對照或類比——而生發出來，這些關係的變化也並不反映出社會客體的變化。換句話說，符號自成系統，根據自身的內在法則發展成長。至於現在我們所有的符號系統各單元的組構型態，基本上是要從它們源出的早期符號傳統裡去理解，而非和社會客體有直接關係。

從這點出發，索緒爾進一步追問：若語言中的文字和事物帶有這樣武斷的關係，為什麼不能把社會體制和行為間的關係也當成是一種武斷的表現？索緒爾認為這應該是可以成立，並宣稱語言學不過是系出於更大更概括式的符號學。這意味著每一個社會行為都包覆在符號系統裡，而符號系統的運作法則又和語言的法則有共通之處，因此能去決定並影響符號系統結構的，既不是歷史發展，也非社會關係，符號結構裡的意義只能藉著重建體制文化的內在符碼型態來加以掌握。

雖然符號學非常反對只研究社會而不去處理符碼的態度，但基本上本身仍有偏差。符號學關心的是符號系統，而非社會本身；即使承認語言系統乃是社會體制的一環，但其中的理論方向仍暗示著遵循正統符號學的研究態度（或者被稱為「結構研究」的方法），也就意味著揚棄互動式或者情境式的要求可能會影響符號的想法。因此我們可以說符號學又把我們引回正統詮釋學特別側重的「自主性」態度，就像狄爾泰，建議我們從內在，而非從外在的現象，來研究社會行為。當然，這兩者間還是有重要的差異。狄爾泰所謂的「內在」，指的是回到主體經驗的模式；而索緒爾所謂的「內在」，則是尋求文字內在的關係法則。我們下面將會看到，符號學以形式化的方式揭櫫符號系統的結構，這個結構由對比和類比的複雜模式組成，分析者可以在不訴諸介入其中的行為者本身的主體經驗情況下，就能找到這些模式並進行分析。我們若嚴肅看待並遵循這樣的研究方法，最後的結果可能導致放棄對意義的追尋，而對意義的追尋卻又是文化研究賴以奠基的重要概念，因此符號學將可能讓文化研究毫無意義可言。當然，到底文化結構和意義結構之間這樣的對立，是否為理論上的必要模式仍有待討論，而且當代符號學和我們即將討論的其他文化研究方法，仍會對這個問題有所爭辯④。

入手研究文化之法：當代觀點

近代研究文化的各種方法，都和我前面所說的幾種原型變化有所關連⑤。這些方法都從有意義的行為，而非工具性的行為作為研究起點，並相信象徵系統有其自主性，不受非文化的決定性因素影響。不過這些方法對於此種自主性代表的意義仍未有定論，到底文化有多獨立？文化和社會間的關係到底該如何界定？當然，它們對於文化內在的組織結構也有不同的認知，哪些是基本元素？這些元素的彼此關係為何？這些都是讓文化和社會間的爭辯一直持續到今天的重要課題。

功能論

功能論的優點在於既能側重文化本身，又能將此與對真實社會行為的研究結合一起。莫頓(Merton)建立了科學文化精神的自主性，強調可以做到這點並不僅因為這樣的態度有效，而是因為它既善且正確，可以去相信。他以令人信服的方式，驗證了「普遍論」(universalism)的規範，譬如說在戰爭時期若科學家違背了這樣的規範，便會在心理上感覺自己採取了妥協的姿態，而他們的同僚也會對此產生正義的憤怒。他也認為「共產主義」(communism)是一種科學模式，因為對科學家而言，要讓他們把自己生產的東西據為己有，可說完全不可能。因此科學家只能為地位的高低，而不是真正的知識財產，來彼此競爭。

我前面已暗示過，功能論的弱點也是其力量的另一面。價值通常都化約成社會結構本身，其所具有分析上的自主性使它們得以規範這個結構。莫頓在這方面也成功地定位出一組極為重要的文化因子，受他影響的社會科學家因此詳細地條列出，這個規範結構對於科學組織和行為所產生各種的影響效果。不過莫頓的問題是他並未告訴我們，這些價值是否可以來自社會本身的實踐層次之外。當莫頓強調他是在研究規範科學價值和標準的複合體時，他是把科學實踐當作是全然的實踐行為，而非文化行為。由於他把科學放在社會，而非文化層次上來加以考量，科學的價值便成為實際行為的通則，而非來自可以去形塑行為的意義過程。當然，在這一點上還是可以去為莫頓辯護，因為「普遍論」的觀點會出現，也是藉此得以保障科學的客觀性；而共產主義之所以對科學而言，有功能上的命令和規範意義，也是因為只有在此種態度下，才能自由的達致研究結果。雖然科學的精神可以從範例和原則中來認知，但卻是在賞罰裡得到加強的穩定型態。由於科學體制化的程度極深，莫頓認為在科學裡，「權宜變通便是其道德指標。」但文化理論家無法抱持這樣的看法，若文化只被當作是一種權宜變通之計，文化在理論上能夠維持獨立自主的存在理由也隨之消失。

李塞特(Lipset)從功能論觀點對文化和政治所進行的分析，也帶有類似的優缺點。帕森斯曾提出社會價值模式所關注的，有五項最重要的困境（或稱為模式變數），李塞特進一步研究這些變數如何與體制行為產生關連，並藉此使得具規範功能的係數能以更為精確並更可信的形式出現。譬如在強調普遍性和殊異性的兩派論點間，若能取得某種折衷之道，便能幫助我們去瞭解為何某些秀異(elite)團體會想容納低層次的群體，而有些則想完全將它們排除在外。李塞特也指出像是法國的雇主因具有特別的殊異性，故認為工會所代表的要求乃有悖於道德。在他對法、德兩地的經濟和政治價值間緊張關係的研究裡，李塞特強調在這個層次上，價值分析可以顯現內在的複雜和矛盾。

然而李塞特雖很仔細地在社會結構裡找出價值落腳的確定位置，他仍很典型地從群體的實際行為中，歸結出價值的配置模式，而非對文化發展的內在互動進行任何的詮釋活動。因此普遍論便被視為在一七八九年的中產階級革命中得到了相當程度的提昇，而其所有的限制也僅被當成是「革命力量不夠強大」的結果。而在德國，普遍論的興起對李塞特而言，乃來自「經濟變革和新興社會群體所產生的壓力，」而其限制則來自舊有封建社會群體不希望這類價值被接受的負面影響。因此我們再一次看到權宜和道德合為一體的例子。

符號學

二次世界大戰後的世代裡，結構主義和符號學可以說在功能論之外，提供了另一個研究文化意義的可能⑥。運用結構主義和符號學方法的研究者，並不想去找出已在社會系統中體制化的象徵子集，而把焦點放在文化系統本身。這些研究者遵循索緒爾的教誨，將研究重心放在語言，而非話語，並強調象徵組構的內在整體性，而且對此一組構進行研究，無須涉及其他層次。這種研究態度必須從所有的實際變數中抽離出來，不論是個人或群體的考量，才能進行抽象思考。這種抽離以進行抽象思考的方式，使得研究者能以獨立的分析法，建構並組織起符碼的象徵結構。只有當這個結構能藉此重建起來後，才能明顯看出社會裡一切具體和不斷變化的過程，都是在早已存在的意義模式中發生和運作。

我們若把巴特(Barthes)談論摔角的文章，當作是強調符號學的研究僅對正常社會生活以外的特異範例有用，這便誤解了其中的意義。巴特自己也為此做了一些辯護，談到對摔角的研究旨在提供社會符號學一個典範。巴特的文章很明顯表明了這樣的態度，他強調「摔角不是運動，而是一種景觀。」因此我們必須認清行為乃是受到文化結構制約，而不是把觀賞摔角當作是臨時產生出來的活動。摔角就像語言，而非話語，應當視作一篇文本(text)來讀。由此觀之，摔角並非受到外在驅使才產生的行為，而是像戲劇，先被寫成腳本再予以演出。摔角也不指涉情境裡任何迫切的需要，而代表著早已被大家接受的意義，摔角者也必須要學習如何呈現這些意義的行為模式。所以行動者（或是演員）並非有個性的人物，而是符號；我們研究的對象也不是行動者之間的互動，而是他們的觀眾，和其他被當作「讀者」的行動者；至於這些讀者讀的，則是社會文本並列呈現的各種意義。摔角比賽最後的結果並不重要，因為我們無法把摔角當作是存在時間裡的事件來思考，必須將其視為是在意義高度結構化系統裡的一場表演。所以比賽結果早就公佈了，因為摔角選手就像是一齣完成的劇本裡的演員。至於比賽也不是社會系統裡某種受到刺激產生的行為，比賽乃是文化系統的呈現。

沙林斯(Sahlins)對美國社會飲食偏好的研究，正顯示出運用符號學來處理日常生活裡的中心事件時，可能具有的潛力和發揮。其中可以明顯看出一旦把具體行為拿來進行抽象處理，將它放入文化領域裡來研究，分析的自主性便隨之出現。文化的抽象思考完成後，食物這種社會元素便成了「象徵系統中的對應物。」因此這些元素就像是打開的文本裡所有的符號元素，而不再是社會系統中的具體項目。如同沙林斯所言，食物的「生產乃是一個文化結構裡的功能性時刻。」在他的文章裡，我們也看到如何更有系統的運用符號學理論，來處理一些重要的基本原則，這些原則乃是用來組織符號的非語言系統。符號系統的模式，如同其他種類的邏輯關係，通常被組構成類比和對立的關係：牛對於豬而言，如同馬對於狗，牛肉對豬肉，人對非人，外對內，高對低，還有高層次對低層次等。

符號學產生的結果，自然不僅是形式優雅地解讀文本。符號學強調文化系統內在的複雜結構，並藉此讓象徵符碼不至於完全被化約成價值或意識形態；我們已經看到，像這種理論化約的傾向，乃是把文化價值化約成一些通則的結果，而這些通則源出於社會系統裡的機械性元素。不過符號學對內在性和形式上的強調——所謂極端的「文化論」(culturalism)——常常也容易有功能論和馬克思主義在分析文化時所犯的錯誤。文化結構在此被說成不僅是能顯現社會型態，並且還具有決定性的力量。因此沙林斯才會這樣寫道：「著名的極大化邏輯(logic of maximization)」——這是資本社會的利益原則——「不過只是另一個理性的面相。」這另一個理性自然指的是文化理性。在另一個地方，沙林斯也暗指美國社會與自然間的生產關係，不論在國家或跨國層次上，「均藉由可食性和不可食性的評價原則而建立。」當然，社會系統裡的經濟邏輯還是要有自己在分析上的自主性，消費不僅只是由文化決定，就像摔角比賽也不完全是象徵行為一般，因此即使是沙林斯也不能僅靠著這類片面的唯心論來做文化研究，當他要去解釋不同部位的肉彼此間具有的意義關係時，也必須借助符號學以外的關係系統，指涉到美國人賦予人類生命的神聖價值、美國社會中的經濟和種族的階層組織。

若說功能論對文化自主性的研究中，獨尊社會系統（但並不是將文化完全化約成社會系統），而符號學則在同樣的課題上，獨尊文化層次，那戲劇學在這個問題上可說是著重個人在社會系統中扮演的特殊角色。當代社會學中，研究這種個人互動的微型世界的理論家，最重要者首推高夫曼(Goffman)。他早期的演劇理論裡，通常將規範當作是舞臺角色的投射；然而隨著理論的演進，他也慢慢開始認知到文化本身獨立的地位。所以他的選文才會這樣子起頭：「大多數的活動具有依照特殊規則而編排訂定的固定框架……」，不過這種對於結構上的認知只是高夫曼研究的起步。他隨後指出在社會互動的真實世界裡，個人所受到的刺激因素，不僅僅只來自文化架構，因為個別演員都要有相當能力去轉移自己的注意，在確定刺激因素的同時予以忽視，特別是那些會讓他們從事特定框架以外的活動因素。譬如劇場觀眾在觀賞戲劇同時，也會以感官注意到劇場以外的種種現象，像是帶位者的出現，或是演員不太符合常人的特質等。當然，高夫曼也提到框框外的活動能力範圍遠超過不專心。圍繞著中心文本的，還有舞臺指導的提示，若演員要想瞭解誰在何時要從事某種框框內的活動，便不能只讀中心文本，還得注意這些文本外的舞臺提示。高夫曼稱這些提示為「接連組織」(connectives)，並注意到這些接連組織的範圍可從文字文本裡的標點符號，延伸到對話時的臉部表情。

高夫曼認為文化文本的自主性乃本然之事，但他偏重個人主義的理論卻對這個自主性有著極為獨特的貢獻。吉爾茲(Geertz)也吸收了此種演劇論的角度，並落實在創建具有相對獨立性格的文化形式。如同他在談巴里人鬥雞的文章開頭所示，看起來他像是採用了符號學方法，因他強調圍繞著鬥雞的俗鬧劇本身，乃是一有著精妙文本和規則的整體。但慢慢可以看出吉爾茲強調的是，這樣的觀點在文化研究上仍不算完備。他認為意義乃是被賦予的，而這種賦予意義的行為指涉的不僅是周邊的規則，也關連著現象本身。事實上同樣的文類（像是鬥雞），既能膚淺（微不足道的無聊事），也能深刻（具有意義，有趣，並帶有強烈的戲劇性）。像是下注，就能看成是讓鬥雞賽深刻的工具，因為下注讓鬥雞這個事件增添了相當意義。吉爾茲強調這個現象的成因，便帶領我們離開了符號學形式上的研究，進入較屬於社會學考量的領域。只有具相當社會地位的巴里人才能下大注，而一把大注接著又是另一把大的。因此其中的意義更為豐富，因為在這樣的賭注裡，拿去冒風險的是許多名聲，最後的結果又完全不可預測。當鬥雞兇殘地把對手撕裂時，一則關於巴里社會整體的訊息，也以戲劇性的方式騷動著人心。

鬥雞賽就此而言，既非有分判社會地位的功能性力量（吉爾茲提到，這個論點乃是功能論會產生的結果），也不是能獨立從文本推衍出來的事件。鬥雞賽可以說是行為和美學的成就，是一種藝術形式，把日常經驗放在一個誇大的戲劇形式裡演出，藉此使這個經驗能為人了解。吉爾茲強調這整個結構是由演員和事件共同組成，而非由結構來創造事件。

我們到目前所檢視的研究文化的方法，像是功能論、符號學和演劇論，其旨趣不在於強調文化自主性的不同版本；這些方法畢竟都是根據我們更早看過的那些原型基礎所建立起來。比較重要的應該是這些方法在文化自主性的課題上，有著不同的切入點，分別強調價值、形式化的象徵關係、美學與創發性的表演等等。而其他觀點與旨趣也就依賴那些，也是在獨特而具實質的研究文化結構和程序的方法。近代文化分析在韋伯、涂爾幹和馬克思各派得到了新的力量，和古典的正統派有所區別，但這種區別卻正是受到我們剛剛看過的這些後古典時期，入手文化的新方法影響所致。因此這些新古典方法在文化研究上從奠基者的作品中得到啟發，發展出新的走向，以和正統有所區別，但這其中的差異固然重要，它們如何承襲正統的思想並予以進一步改良之處卻也不容忽視。

……

涂爾幹理論(Durkheimianism)

對於用涂爾幹理論來研究文化的方法而言，宗教是一個中心議題，這也使得研究者在強調社會架構以避免落入單純的形式論的同時，也更為重視象徵系統本身內在的複雜性和自主性。這種研究取向並不太關心要對文化流程產生什麼特定的歷史瞭解，或是用比較法來研究這些流程的社會和倫理符碼系統。真正的關注重點乃在意義系統的結構程序，這對涂爾幹理論而言，是無視歷史時空，並有著普遍性的特質。就這點來說，涂爾幹式的文化研究法較為接近符號學或結構主義的立場（關於這點可參考 Alexander 1988）。事實上索緒爾明顯受到涂爾幹後期作品的影響，而被李維史陀譽為結構人類學奠基者的毛斯(Marcel Mauss)，也是和涂爾幹關係密切的同僚。

文化系統在涂爾幹理論中，被當作是由許多象徵對立元素構成的組織，這點和符號學有著共通之處；不過在其他重要論點上，涂爾幹理論也走出符號學的形式論限制。首先，涂爾幹論暗示著這些象徵對立元素並非僅是認知上或邏輯上的分類方法，而是能統合神聖和世俗，而這兩者間的對立則具有強大的道德和感情意義。至於這些認知上、情感上和道德上的分類，更被視為組織社會群體的基礎，這些群體裡的個人則與其他人發展出堅實的聯繫關係。另外很重要的一點是涂爾幹理論強調象徵系統的分類和社會的穩固，這兩者間的互通互動關係乃屬儀式層次。儀式可說是情感集中的互動模式，其所貫注的中心是神聖的象徵符號，至於其所具有的功能則既能出現以回應象徵系統的威脅，或用以降低社群和社群或群體與群體間原有的堅實關係。

近代沿用涂爾幹理論的研究方法，較早期傳統更為強調宗教的文化意義，以此來解釋宗教現象，較不從特定的體制下手來研究宗教。但事實上一直到最近，涂爾幹的文化理論總被當成從功能論角度，來處理詮釋理解的意義層次，並把宗教和象徵系統的分類，當作是反映社會結構，對許多人來說，這種理論取向超越了帕森斯價值理論的曖昧處，可說是完全用機械式的理論來解釋文化自主性問題。會有這種誤解的一個主要原因，來自於涂爾幹本人作品的不連續性：他早期的作品受到機械論感染極深，到了作品晚期，才出現較完備且有系統的理論立場來處理文化自主性的問題。但若說詮釋涂爾幹作品的工作，一直到最近才曝顯出涂爾幹晚年的理論轉向（參考 Alexander 1982），這也多少是因為在社會和人文科學領域中，對文化自主性有相當的重視和關注。也只有到今天，在文化研究充滿活力的氣氛下，才有可能採取涂爾幹晚期對文化較為敏感的方式，來落實所謂的涂爾幹式社會學研究。

雖然瑪莉・道格拉斯(Mary Douglas)的思想源出於符號學和功能論，但她描述象徵系統污染社會各層面的力量——像是可以於同時間內引起道德、心理和存在的恐懼感——可以說明顯的是要去除結構思考裡唯心的一面，和功能論中化約的傾向。道格拉斯相信神聖和世俗，並不僅是象徵系統分類中內部各個結構的源出之所，也是強大的道德和情緒介入社會控制的來源。她認為：「髒」和清潔及物質狀況並無關連；某種東西之所以髒，有污染性，乃是因為它和具掌控力的象徵分類系統不合。可以強化系統模型的元素是純淨的，與此相較，被污染的東西則是沒有秩序，或是位置不對。而無序代表的不僅是亂，更是危險；被污染的東西總被視為帶有黑色力量，和世俗有關。因此，污染是分別並強化優勢象徵秩序的利器。把失序的責任推給來自系統外面的挑戰者，污染的觀念便能除去系統內新元素所引起的不安，因為這種不安乃是對控制全局的分類系統所產生的懷疑。道格拉斯用了一個來自單純社會的例子以解釋她的論點，這個例子對我們今時今地而言仍有相當意義：一位領導者濫用了職位上的權威力量——他去質疑行為上合法的象徵符碼——於是便被視為受到了不可控制的力量和靈體的污染所致。污染可以靠著淨化的儀式來去除，包括告解、犧牲或是以精妙的典禮讓原本不合法的變成合法。

道格拉斯強調在神聖／世俗和社會控制間的關係，所表現出儀式和社會的鞏固性沒有想像中牢固。另一方面維多・透納(Victor Turner)則特別突顯涂爾幹理論中強調的儀式和社會的一致性，反而不那麼重視象徵分類系統獨立自主的角色。透納認為不論在遠古或當代社會，儀式都具有中心的重要性，他承襲簡倪僕(Van Gennep)對儀式的定義，將其視為一種運動，從象徵化和體制化的結構位置移動到反結構化的位置，然後再移回去。在反結構時期，或又稱為「閾期」(「臨界過渡期」)(liminal phase)，其中的參與者不論是自己看自己或是在他人眼中，都充滿著曖昧不定的特質。為了要與較具結構化的社會生活所帶有劃分界域的力量相抗衡，「臨界過渡期」裡的行動者會彼此形成一緊密團體，因為他們被迫要揚棄舊有的分類系統，並被視為受到新社會化過程洗禮的新手。然後在新社會漸漸擴大鞏固之後，這些儀式裡的參與者便得到新的位置，成為新的行動者。

透納也如同道格拉斯，藉著親屬關係的例子來解釋他的論點，這個古代社會儀式化例子涉及尚比亞(Zambia)恩答普(Ndembu)國王即位的過程。國王取得王位前必須經過一段「閾期」，這期間一般百姓不僅會讓他和他的妻子受到肉體上的侮辱，還會在言語上羞辱他們。經過這段被迫進入最低賤的狀況，一般咸信這個將取得王位之人日後較不會濫用他的權柄。不過透納如同道格拉斯，相信這個觀點絕對不僅限於特殊的儀式理論，他強調宗教不過是一個分層複雜社會裡的一環，這種「閾期」經驗也早已體制化，使我們可以更容易並更經常地去體會像是「會通」(communitas)的經驗和「弱者之權力」(powers of the weak)的觀念。另外這種「臨界過渡期」的觀念也被用來解釋像是流浪漢的神秘力量，這類人常常在西方的通俗文化裡被賦予某種力量，能在這個日漸傾頽的社會裡，復興道德、秩序和社群的意義。然而透納仍進一步強調，真正重要的問題不僅只在於單純的重新分類，「閾期」經驗更能刺激行為以產生社會變遷的效果，這種現象可以見諸於許多不論是共產或是宗教性的世紀末運動，此外也體現在一些像是嬉皮或是龐克這些邊緣族群的活動上。

雖然正統的涂爾幹理論多被視為沒什麼政治敏感度，甚至是保守的理論，但凱羅・史密斯羅森伯格(Carroll Smith-Rosenberg)的女性主義研究卻顯示出，在涂爾幹思想發展出的近代文化論版本中，可以有具決定性的政治批判能量。史密斯羅森伯格從一個歷史問題開始她的研究：性教育的文獻突然在十九世紀早期大批湧現，所謂的「純潔」文獻都是在警告年輕人自慰或者是性高潮，皆會帶來致命的危險。史密斯羅森伯格吸收了道格拉斯和透納的論點，也同樣強調不能以化約方式看待這些文獻，以為它們真的是在反映當時社會上實際存在的性行為問題。這些文獻必須被視為具有相對自主性的文化模式，以此來瞭解它們乃是一獨特方法，在象徵層次上重塑價值和社會系統。一旦把生理學和衛生學擺在一邊，馬上就能看出這些幾近歇斯底里討論性行為的文獻，不過是想要控制住針對當權文化系統的威脅。男性性高潮被當成是不乾淨的，是強大又失控的力量，會對既有社會關係產生威脅，帶來疾病和死亡。那些老不知節制而進行自慰的人，和有過度性關係的人，通常都被賦予落在陽剛和陰柔間的社會邊緣位置，就如同男同性戀被賦予的既定形象。

史密斯羅森伯格強調在這其中所發生的狀況是透過這樣的文化（而非理性）邏輯，讓男性身體成為一種象徵，代表著美國十九世紀早期的社會體制。這個社會的平衡、階層組織和秩序一旦受到威脅（這些威脅隨著從傳統社會，進入到商業和民主社會的變遷更形強大），社會便將這些威脅當作是對健康和陽剛性有負面影響的疾病。從這個象徵角度來看，壓制青春期男子的性慾具有相當的文化意義，因為在新的市場社會裡從前能將年輕人組織起來，並行使成人禮的舊有學徒系統已消亡殆盡。史密斯羅森伯格更進一步問：若男性性高潮是污染的帶原者，那污染源為何？何者又為治癒之法？由於在這漸趨世俗的文化裡，已不能憑藉魔法的力量來治癒，在這些「純潔」文學裡出現的女性便具有了雙重的身分，既是誘惑人墮落的妓女，又是具有潔淨之效的聖母。她更進一步指出，與潔淨禁慾的男性相對應的，則是完全投身在家事上的性冷感女性。

馬克思主義

正統版本的馬克思主義已經造成強烈的理論性反感，最典型的案例主張以更自主的方式來看待文化。不過，二十世紀以來，馬克思主義內部有一股巨大的理論修正運動，嘗試消弭其機械論傾向。在文化理論方面，最重要的改革者首推葛蘭西，他將中產階級文化當作是獨立個體，阻礙著通向社會主義之路，因此在革命目標上，發展出一個新的階級文化成為中心要務。當代沿用馬克思主義來研究文化的學者，多藉著近代文化理論的視角重讀葛蘭西的論點，從此產生的結果是在重探文化和經濟生活兩者間的關係上，有了更不具化約論色彩的看法。

二次大戰後的世代裡，E. P. 湯普森（Thompson）的《英國工人階級之形成》（*The Making of the English Working Class*）一書可說是新文化馬克思主義裡，最具影響力的代表著作。在這本書中我們不僅看到葛蘭西的影子，也看到韋伯和涂爾幹的影響，我們也發現該書處理的問題不僅止於階級，也包括了符碼和價值。在解釋英國工人階級日漸茁壯的階級意識和好戰個性上，湯普森未將全部焦點放在經濟變數上，反特別著重「社群」興起的問題。對他而言，工業時期具有高度組織化和自覺意識的工人階級，可往上直溯至十八世紀的地方傳統，這些地方傳統乃根據自尊心強而且相當自重的藝術家所發展出的符碼建立起來，強調高尚、秩序、互助。工業革命一旦蔓延開來，這個符碼也跟著散佈更廣而遍及工人，因此這些工人之所以會加入像是殯葬或保險協會，或是工會，不僅只為了可理解的經濟因素，更為了要做新文化環境裡的一分子。

英國的工人階級若想具有革命性，只在理性知識上去了解其階級性和個人利益仍嫌不足。對湯普森來說，更重要的是要能出現具獨立性格的工人階級文化。這個文化一旦發展起來，便能對於宗教性的兄弟情結，和社會主義的唯心論這兩者的語言系統，在符碼上有更多貢獻。最後便會產生反映集體價值的階級文化，這些價值強調互助、自我約束和公民議決等。不僅只有政治理論或是像工會這樣的新社會組織會宣揚這些集體價值的重要性，即使在廣義的祭典儀式中，人民大眾的參與也在表現他們支持這些價值，並予以宣揚。湯普森強調工人藉以得到社會認可的群眾遊行，也必須先在文化層次上能成功轉型，才可能發揮遊行效果，因為這種文化轉型可以讓群眾運動的參與者在艱困的政治環境中，繼續堅守意義、自律和堅韌。在湯普森的敘述中，文化相對的自主性不再只是分析上的變數，而具有歷史和政治上的必然性。

根據正統馬克思論，資本主義的生產方式不僅讓手工勞力成為生命經驗中心，更讓這個經驗變得毫無意義，被化約成機械形式而已。保羅・威利斯(Paul Willis)仍將手工勞動放在生產舞臺中心，並視其為異化和剝削的過程，就此點來說他承襲了正統的馬克思論。他的殊異之處在於將工業型態的工作本身當作是充滿了意義的符號。對威利斯而言，上層和下層結構不但不可分，其中更沒有什麼階層性存在。他強調「生產的直接經驗經由不同的文化言說之實踐產生出來。」

威利斯也認為工廠文化的基礎乃是在存有層次上，面對肉體的艱苦，此一經驗讓工廠文化經歷最初的人性化過程，並藉此防止「意義潰解」。威利斯雖然知道工廠裡勞工的身體狀況的艱苦已在消失當中，他仍認為像是力量和勇氣等形象，仍在工廠文化占有中心位置。這些形象都是在文化層面上強調工作能力，和努力想發展出得以控制工作流程的非正式力量。事實上也是這些在文化層面上的重視，才創造出商店勞工的象徵空間。此外這些文化形象也賦予了商店生活獨特的語言和幽默，更重要者，這些關於肉體勇健和勇毅奮鬥的形象，更是透過象徵層次的運作，再度定位了陽剛風格的社會意義。工廠文化所提供的這種自我肯定，也代表了一種信仰態度，認為軟弱的人，特別是女人，無法達致類似的成就。這種關於成就的象徵分類態度，讓工人拿回家的薪水袋得以保證他在家庭裡的中心地位，不受妻子和小孩的要求所制約。威利斯認為正是因為此種陽剛的工廠文化，反而讓嚴酷的工廠生活成為塑造性別角色的溫床，並非只是資本主義生產模式的非人性化產物。

後結構理論

通稱為「後結構理論」的知識運動其實相當駁雜，如同馬克思主義，它亦強調意識形態的批判，但並不像馬克思主義去相信當代的社會狀況，可以透過像是工人階級這個有自覺的歷史主體的創發而有所改變。雖然這樣保留的態度和近來許多激進的社會運動的失敗有關，其中還是有理論上的肇因，因為後結構理論文化研究，不僅難脫馬克思影響，也受到符號學和結構主義的浸染不淺。事實上後結構的方法可以說在一九六〇和七〇年代，同時源出於馬克思和結構主義。像是傅柯(Foucault)和波赫居(Bourdieu)都不滿符號學和結構主義裡獨尊文本指涉的態度，對這些方法進行了功能論式的批判，並轉而強調象徵層次的社會聯繫，讓權力和社會階級有所關聯。另一方面這些作家也針對馬克思主義的結構理論，進行了符號學式、反功能論式的批判。他們指出，像階級或政治權威這類社會結構，不能當成是在和文化作對，因為這種看法暗示著意義無法穿透社會系統。用帕森斯的話來說，若階級和權力只在分析上有獨立於文化之外的自主性可言，那在實際層面上階級和權力也必須當作是文化符碼裡某種特別的形式。這樣的理論策略可以避開即使是新文化馬克思論也不能避免的機械式和功能論的傾向；不過這樣做的危險在於，像是符號學所帶有的決定論和反自主性的論調雖然也在後結構的批判之列，卻在其避開馬克思主義的機械論和功能論同時，很容易又落入符號學這些論調的窠臼裡。⑦

對傅柯而言，早期的性學研究都是不足的文化解釋。這些研究的對象雖然是各種關於性的言說中壓抑或解放的問題，卻把性行為本身看做是獨立於文化論述之外的存在體。傅柯與此背道而馳，強調我們必須去瞭解從前敘述性行為的方法，因為正是文化的論述規範又構成了言說本身想要壓抑或是解放的客體，也就是說，性行為這個或者被壓抑或者被解放的客體並非存在論述系統之外，而是由這個系統所創造出來。傅柯更進一步強調，性被放進論述系統裡的方式，其實正代表了一種權力的形式，由於權力深深影響著人類行為，故可以被視為是具穿透力並控制著日常生活的歡愉力量。

早期現代社會明顯較具壓抑性格，不論在婚姻範圍之內或之外，只要有性變態的行為，都會受到嚴厲懲罰，這種情況到了較近代的社會已有所改變，直接的懲罰被治療和教誨所取代。傅柯研究了這兩種社會情況間的轉變過程，才達致我們前面看到他對於性的論點。他也提到像這些較為近代的發展情形，不必視其為對性行為的社會控制和規範力量在實質上有所削減。性行為一旦成了治療和教育的主題，便被放在更為理性和抽象的論述系統架構裡才能被人瞭解，這也表現了另一種規範「性」的文化權力。這些論述的功能不在於直接規範「性」，而在創造談「性」的新方法。不過這些論述在定義像是「無能」、「變態」、甚至「正常異性戀的性」等當代性學的類別同時，也跟著創造出由這些論述架構去賦予意義的客體。若用傅柯暗示性強的語言來描述這個現象，這些論述乃是在人類的肉體中，種下了分類的法則。

不過性符碼的權力不僅只是純粹的文化力量。由於論述需要權威不時予以關注，於是便創造出一新的監控權威系統。傅柯強調這些監控權威並不是出現來打擊現存的性變態行為，相反的，這些性變態行為反而是在無心的情況下，因為受到這些新監控權威及其代表的論述系統的刺激才出現。因此這些監控權威的注意力不是要控制各式各樣的性行為，而代表著想和這些性行為有所接觸的潛意識慾望。

在皮耶・波赫居(Pierre Bourdieu)的作品裡我們也能看到類似傅柯這樣，在思想上帶著一點不那麼正統的符號學態度，並帶有功能論的思想特點，但方法卻是批判改良後的產物。波赫居寫道，根據日常生活的常識來說，對於物質客體的了解是不受外力強迫，並屬於及時性的了解，認知的能力也在個人層次上有所不同。但承襲符號學理論的波赫居則談到這樣的看法其實不然，所有的理解活動都要先透過一組先驗符碼的過濾才能發生，這組符碼經觀察者熟悉之後，便被教諭內化成一種本能，因此認知活動事實上是在文化解碼，波赫居更沿用馬克思的說法，強調此種解碼的能力是由社會提供，但配置卻非平等。社會上最重要的工作和地位都要求複雜的表現，只有那些能擁有必要符碼的人才能熟練演出。這些符碼形成了任何社會所有的「文化」財富，只有那些擁有象徵工具，能將這些財富納為己用的人，才能得到這些財富。只有透過在潛意識裡對斂財工具的掌握，個人才能擁有文化資本。

家庭和學校都是傳播文化符碼的特殊機制，個人被迫學習這些文化符碼，卻感覺不到自己被迫，這些符碼對日後個人的認知活動有著決定性力量。至於家庭和學校取得這些最有價值的文化符碼時，接收的管道並不平均，因此它們的功能（套句波赫居的話來說）乃在傳遞「文化能力上的不平等，而這不平等又是受到社會制約的不平等。」由於階級行為賴以存在的能力是由文化管道來傳播，而非透過物質手段，社會特權階級看起來便像是與生俱來的個人天分使然，甚至特權階級裡的人也會覺得自己的品味和能力乃屬天生，而非社會化的結果。教育把社會制約下的不平等轉化為成就上的不平等，成就上的不平等又被解釋為天賦才能的不平等。只要這環文化和教育之間的鍊鎖關係被蒙住，文化便必須去擔任這樣的意識形態功能。

結論

近代文化研究的發展狀況，在強調文化有外於社會結構的自主性這點上，有著一定的共識。要想了解一種意識型態或是信仰系統所帶有的意義，不能僅從社會行為的層次上著手，必須要把它們當成一組獨立的模式。研究文化的方法間差異，也就是針對這樣的自主性所隱含的意義為何，在描述上有所不同。有些方法認為對這個獨立自主又有組織的文化系統有了知識上的理解，便足以進一步了解社會行為的動機和意義；也有些方法強調必須把文化系統當作是根據社會系統現存的流程模式而形成，只有從這個角度才能公允地了解文化系統的意義。另外想將文化、社會結構、行為這三者具體連結起來的嘗試，也各自不同，從宗教儀式、社會化、教育、到演劇式的創新、階級意識的形成，不一而足。最後，關於文化系統裡到底有什麼內容這個問題，更有持不同意見的劇烈爭論，文化是邏輯上相互關連的象徵系統？還是一套價值標準，如何評估何者為社會允許的特質？或者文化乃是對於神聖與世俗帶有強烈情緒的象徵符碼？還是針對來生救贖的形上思想？

這篇序論的目地之一是要告訴讀者這些討論文化的論辯，都各有部分的真理。不談主觀意義就沒辦法了解文化；但罔顧社會結構的制約性，也無從理解文化。要想去詮解社會行為，就必須知道社會行為還是會遵守一些行為以外的符碼。而人類的創發也會為每一個文化符碼創造出相對應的變動世界。承襲自前人的形上思想形成了繁複的網路，籠罩著當代的社會結構，但有權力的組織群體，總能成功地把文化結構轉化成合法化的工具。

研究文化的方法間有著許多分歧，之所以必須尊重這些差異，乃是因為文化和社會間的關係異常複雜。文化這個現象無法只放在一特定的學派架構裡去理解，也無法只在一特定的學科領域裡去研究。人類學、歷史、政治科學、社會學、哲學、語言學、文學分析等等這些殊異的學科，都能在文化研究上有獨特的貢獻和發揚。若我們討論過的這些差異都指向現實的某一層面，那把這些差異集合起來，則代表了一種需求，希望能有更普遍的觀點出現，得以讓不同的現實層面互相產生聯繫，彼此組織起來。這篇文章把這些差異放在明確的理論架構裡來討論，並以文化自主性這個主題為中心將這些差異組織起來，目的便是想藉此定義出一些基本概念，俾便有助於形成更具普遍性的觀點。

譯者：李家沂

註釋：

①有些解釋提到馬克思後期所謂較「成熟」的理論中，有著對文化敏感度較高，較不偏重機械性的態度。雖然馬克思龐大的作品集裡，的確可以看到一些關於文化自主性的例子，但總的來說，馬

克思朝向機械性解釋的中心概念，和反對文化自主性的立場應無庸置疑（關於這點可另參考Alexander 1982）。馬克思在當代社會研究上烙下的最初印記乃是反文化的理論，這也使他有著特殊的歷史地位。

②到了近代，狄爾泰的哲學詮釋學觀念在葛達瑪(Gadamer 1975)手中產生新的思考向度，然而其中的偏頗仍未見改變。不過我批判狄爾泰理論側重文化性的偏頗角度，必須和詮釋學的問題分開；他和葛達瑪為文化研究所發展出來的詮釋學，是否就其相對性而言過於主觀，這個問題和我的批判屬於不同層次。狄爾泰和葛達瑪都相信強勢的通則在文化研究裡能夠達至客觀真理，關於這點是否能夠成立仍有著相當爭論（參考Alexander 1990）。但這不是我們此處的關注所在，我們處理的主要是理論上，而非方法學上的問題。

③沙林斯(Sahlins 1976)對於涂爾幹(Durkheim)早期的功能論便提出相同的質疑。另外史麥則(Smelser 1959)對於工業革命的重要分析——他的分析通常當成是將帕森斯理論應用在實證研究上，最具意義的成果——他的分析所帶有的實質意義，也在於對帕森斯理論提出這樣類似的質疑。

④有些論點相信這樣的對立乃屬必要，參考即將出版的Alexander(1989a)。

⑤符號學、功能論和馬克思主義的文化理論後來均發展出當代版本。相較之下，詮釋學便可說是身處背景，卻影響了大部分文化理論整體思考的角度。

⑥雖然結構主義和符號學在實踐上發展出不盡相同的應用方法，我在此仍將這兩者看做同義詞。「符號學」一詞來自索緒爾的作品，卻包含很廣，並且在文學和社會學研究領域中，一直有許多苟同分析形式符號的研究法認為自身也是符號學的一種。而「結構主義」則可說是運用在人類學上的符號學，其中最具影響力的代表自然是李維史陀(Levi-Strauss)，但結構主義並不限於人類學，也常常運用在非人類學的研究領域上。

⑦這種研究文化的方法旨在消弭功能論（和像功能論的馬克思主義）中的機械式論調，讀者或許會奇怪這兒我用了帕森斯關於分析和具體兩者的分別來描述這種研究文化的方法，也就是說我用了功能論理論家的語彙來描述反功能論的理論，這看起來似乎很矛盾。不過讀者也別忘了前面我曾提過帕森斯其實對於文化和社會系統間，彼此互相穿透影響的理解有更精微的層次，而這通常卻被簡化成兩個互相不來往的對立系統。

其實後結構理論和帕森斯的功能論在理論上有相當聯繫，兩者都想在文化分析的兩極中（全然的社會模式，或是全然的象徵模式），找到另一個研究立足點，這種關係也可以用來幫助我們了解一些當代理論的問題所在。後結構理論嘗試把社會和文化系統兩者看作是緊密的互相糾纏，社會結構和社會行為者不過是在體現文化言說和符碼，這些言說和符碼又是政治和經濟制約的再製品。就這點來說，後結構理論無法去了解帕森斯所說的在「功能和模式整合」間的系統衝突，這是文化和社會系統間的衝突，讓社會面臨自身內部的衝突、緊張關係和創新的可能（請參考本書中帕森斯和席爾斯〔Shils〕的選文）。

參考書目：

Alexander, Jeffrey C. (1982). *The Antinomies of Classical Thought: Marx and Durkheim.* Vol.2 of Alexander, *Theoretical Logic in Sociology* (Berkeley and Los Angeles: University of California Press).

(1989a). "Action and Its Environments," in Jeffrey C. Alexander, ed. *Action and Its Environments: Towards a New Synthesis* (New York: Columbia University Press), pp.301-3.

(1989b). "Durkheimian Sociology and Cultural Studies Today," in Alexander, *Structure and Meaning: Relinking Classical Sociology* (New York: Columbia University Press), pp.156-73.

(1990). "General Theory in the Postpositivis Mode: The 'Epistemological Di-lemma' and the Case for Present Reason," in Steven Seidman and David Wagner, eds., *Postmodernism and Social Theory* (New York: Basil Blackwell).

(Forthcoming). "The Promise of a Cultural Sociology: Technological Discourse and the Sacred and Profane, Information Machine", in Neil J. Smelser and Richard Münch, eds., *Theory of Culture* (Berkeley and Los Angeles: Univer-sity of California Press).

Eisenstadt, S.N., and M. Curelaru. (1976). *The Forms of Sociology: Paradigms and Crises* (New York: Wiley).

Gadamer, Hans-Georg. (1975). *Truth and Method* (New York: Crossroads).

Sahlins, Marshall. (1976). *Culture and Prachtical Reason* (Chicago: University of Chicago Press).

Smelser, Neil J. (1959). *Social Cbange in the Industrial Revolution* (Chicago: University of Chicago Press).

(1988). "Introduction: Durkheimian Sociology and Cultural Studies Today," in Jeffrey C. Alexander, ed., *Durkheimian Sociology: Cultural Studies* (New York: Cambridge University Press), pp.1-22.

文化案例

人文研究
The human studies
狄爾泰 (Wilhelm Dilthey)

價值觀與社會體系
Values and social systems
帕森斯、席爾斯 (Talcott Parsons and Edward Shils)

文化與意識形態霸權
Culture and ideological hegemony
安東尼奧・葛蘭西 (Antonio Gramsci)

符號與語言
Signs and language
索緒爾 (Ferdinand Saussure)

40

人文研究

作者：狄爾泰（Wilhelm Dilthey）

人文研究是與科學並行的另一組研究

我的討論將以全盤的事實為起點，這些事實乃是思考人文研究的堅實基礎。與科學並行的有另外一組研究，因探討生命這個共通的主題而出現。這些包含了對歷史、經濟、法律、政治，以及宗教、文學、詩、建築等的研究，另外也涵蓋了哲學的世界觀和系統，還有心理學。這些研究都指向「人」這個偉大的事實——加以描繪、敘述、評斷，並發展出相關的理論與概念。

若說人文研究和科學的區分，在於處理不同的事實，這在邏輯上並不成立。畢竟像生理學也是處理人的某一部分，仍算是一種科學。因此這兩類訓練的差異並不能從研究的對象來著手。人文研究應該是說在處理人的心理和生理問題時，採取和科學不同的態度和方法，這才是重點所在。

在這些研究中，題材本身內含的傾向在發生作用。語言研究包括研究說話器官的生理學，同樣也包括研究文句的語意學。研究火葯的化學威力和士兵在煙硝下的道德特徵，同樣包含在當代的戰爭研究裡。但我們所謂的人文研究，其性質中有一種傾向，在發展中漸趨強大，將事件的外在層面導向情境的角色和理解的方法和途徑，使得研究本身更具內省性，這是從外在轉向內在的理解運動。這個取向以生命每一個外顯現象為基礎，從此出發來進一步了解生發這些現象的心智內容。從歷史中我們讀到經濟活動、部落形成、戰爭和國家的創立，這些現象向我們的靈魂展示了偉大的圖像，告訴我們生活周圍的歷史世界；但在這些歷史敘述中最讓我們動容的，卻非感官所能觸及，只能以內在的方式來體驗；能讓我們感動的種種，既是外在現象的發源地，也同時受到外在現象的影響。我所談的這種取向，並非從外在觀察生命可得，而是奠基於生命自身。生命中至為可貴的乃在我們能夠去體驗的種種，歷史上所有那些外在的輝煌也圍繞此而生：連自然也無法預知的目標從中而生。人的意志總是努力想要去完成發展和組織；只有在心智的世界——那個在我們內部具有創造性、富責任感、並且自主地騷盪著的心智世界裡，生命才有它的價值、目標與意義。

我們可以說，所有的學術研究裡都能清楚看見兩種取向。

人發覺自己受制於自然，這裏所謂的自然包括了一些零散的、間歇性的心智運作。從這個方式看來，這些心智的運作不過是硬插入物理世界這篇偉大文本的外來語。我們對空間世界的掌握，則是我們的統合知識之基礎。我們要掌控物理世界必得要研究其中的法則。要能了解這些法則，我們必須讓體驗自然、介入自然和享受自然的生命感情，後退到對這個世界的抽象法則背後，這是個由時間、空間、質量和運動等係數建構起來的物理世界。藉著對這些抽象法則的了解，人必得抹殺自己，如此一來，自然這個偉大客體的結構乃是由抽象法則所組織起來的事實，才能呈現出來。自然也藉此成為人類存在的現實中心。

經驗：目的、價值和意義的源頭

但這同一個人如今卻轉向生命，轉向自身，回到經驗，因為只有透過經驗，我們才能接近自然與生命，這也是目的、價值和意義的唯一源頭。而這便是決定學術研究的另一個偉大的取向。從這兒，第二個中心隨之出現，賦予那所有發生在人身上的、人所創造和成就的、人所賴以存在的種種目標，以及集結個人的外在社會組織——這個中心賦予這所有一切強大的整體性。從此人的理解活動穿過人類歷史可觀察到的事實，進入到那感官所無法探知的層次，然而這個層次既影響外在事物的發展，又需透過外在事物來予以表達。

第一個取向旨在掌握語言、概念和科學方法的外緣環境，因此也與自身有所離異。第二種取向則在尋索並省思那看不見的心智內容，這內容顯現在可觀察到的人類事件的外在軌迹。歷史顯示：透過人文研究，人越來越接近那原本遙不可及的目標——對自我的了解。

當我們必須去處理國家、教會、組織、習俗、書籍和藝術品等問題時，便發現這些問題也如同人本身，都碰觸到了外在的、感官可以察覺的事物和內在的、感官無法觸及的種種之間的關係。

我們必須決定這個內在到底是什麼。一般習見的錯誤是把我們對這個內在的知識等同於心理學。我底下的一些看法應能消弭這樣的錯誤。

法律的機制——包含律書、法官、訴訟當事人以及特定時空下的被告等等——乃代表法律是具有目的性的一組系統，不僅使得法律機制得以運作，也表現出以明確方法來規範個人意志的外在手段，這些旨在創造完美生活環境（藉著法律的強制性來達成），並劃分出個人與他人、個人與事物，甚至個人與社會整體意志間的權力關係和範圍。因此法律必須具有命令的形式，背後則有一個群體的權力來加以鞏固並執行。循此，要想對於一個特定時間裡的特定群體所帶有的法律權力作歷史的觀照，便需從外在的機制出發，看看這個機制所外顯的型態，並進一步探究，由群體意志所創造並貫徹的律法命令背後體現的是怎麼的一套知識系統。易賀齡（Hering，德國羅馬法權威）便是從這個角度來討論羅馬法精神；但他用的並非所謂的心理學，而是回到由心智所創的自成體系並帶有自身法則的結構來予以探究。從詮釋律法總彙裡的字句，到羅馬法的了解，以至於不同法律系統間的比較，這整個法律學的研究均奠基於對背後知識系統和結構的探究。因此法律學並不等同於法律外顯的事實，這些事實和法律學有關，是因為法律必須由這些事實來呈現，但它們並非法律學本身。至於像緝拿罪犯、證人的問題，或是處決的方式，這些又都屬於病理學和實踐技術的層面。

美學也是同樣的情形。一個詩人的作品擺在我面前，以文字組成，由抄寫員抄成並交由機器印出為成品。但文學史和文學批評關心的只是意有所指的文字型態，而非詩人腦袋裡在想些什麼，關心的是雖由此思考運作產生，卻又和詩人心理有所分離的文字結構。一齣戲的結構在於它將主題、詩意、情節和表達方式加以組合的獨特安排，這些遵循詩的內在法則，形成作品本身的結構。因此文學史和文學批評研究的根本主題，和詩人或者讀者的心智狀態毫無關連；由心智創造出來的結構進入感官的世界，要了解這個結構，我們必須穿過感官世界，直指結構本身。

這些例子可以讓我們較為清楚的了解人文研究的題材、本質及其與科學的不同。人文研究的題材自然不是感官經驗得到的印象，而是由人類認知能力所創造出來，並予以組織的對象。①不論科學或人文研究都同意，所謂的對象是根據事實的法則所創造出來；但兩者的不同在於形塑研究題材的方式，科學的題材是出現在知識系統中具備物理性質的對象，而人文研究的題材則是出現在理解和認知系統中的心智對象。

現在我們可以使用Geisteswissenschaften這個字了，因為這個字的意義已很清楚。十八世紀時,當人們發現有需要為人文研究找出一個共同的名稱,便稱這種研究為「道德科學」(Geisteswissenschaften)或是「文化科學」。光是名字幾經更迭這個事實,便足以指出用這些名字來指稱人文研究都不盡適切。因此我想在這裡指出我用這個字的意義何在,它的意義和孟德斯鳩所謂的法意（法的社會），黑格爾所謂的客觀心智，以及易賀齡的羅馬法精神如出一轍。後頭我會將這個名字和其他名稱，就有沒有用的觀點來加以比較。

經驗、表達和理解三者結合

現在我們可以應付最後的要求——替人文研究下個定義，我們可以就一些清楚的特質來區分人文研究和科學的不同，這些特質可以在心智運作的態度上找到，心智不同的運作也形塑了與科學迥異的研究主題。從感官的角度來看，人不過是物理性的事實，可以用科學來加以解釋。但人如果要能成為人文研究的主題，則有賴我們去經驗人類的生存狀態，不僅去經驗，還要能表達出這種經驗，不光是表達，還必須能夠理解這樣的表達方式。生命（的經驗）、表達（經驗的）方式和理解（表達經驗的方式）這三者互相連結，包含了肢體語言、臉部表情和文字運用，包含了所有人類賴以與他人溝通的種種；甚且也包括了可以顯現作者深層心態的心智創作，以及心智留在社會結構上的客體化現象，在這當中便有人性不滅的證據。作為心理／生理複合體的人，是從表達與理解相互間的關係來了解自身，他在現在領悟到自己的存在，並透過記憶知道自己以前也存在過，但當他轉向自身想仔細完全的了解自己，這種內省性的自我知識便有所局限：他發覺只有透過自己的行為和創造物，以及這些事物在他人身上造成的影響，他才能了解自己。因此他的自我知識只能透過迴圈式的理解活動來達成。我們曉得自己以前存在，也知道去回顧歷史，看看以前為我們的生命所訂下過的計畫以及我們追求過的志業，藉著這些以了解來時路如何造成現在的自己；我們也必須求助於從前的人對我們說過的話，下過的判斷。簡言之，要想了解自己，只有透過完全的理解活動來達成：但想要了解自己和他人，只有將我們經驗過的種種，轉化為表達自己和他人生命的方式來完成。因此只有當我們把經驗、理解和表達這三者結合在一起，「人」才有可能成為人文研究的主題；而這三者互相連繫的特質，也就是人文研究的獨特之處。也只有當我們採用結合了經驗、表達和理解這三者的研究方法，去探究某個主題時，我們的研究才稱得上是人文研究……

對物的認知乃是一種時間的過程，因此包含了記憶圖像。隨著時間的進展，經驗不斷累積，不斷地消褪，我們跟著記錄下生命的歷程。以同樣的方式對其他人的了解產生關於他們身處環境的記憶圖像。所有這些關於外在事物、事件和人物的記憶，均和它們所在的大環境結合在一起。個人對於生命的知識便是從累積的經驗中萃取出的輪廓概念，其中所使用的方法與歸納法無異。而這歸納法所賴以運作的個案數目，在生命的歷程中時時增加，由此產生的概念也不斷被修正。個人的生命知識具有某種確定性，但這種確定性和科學的妥當性並不相同，因為對於生命的知識概念並非依特定的方法學加以形塑，因此也無法具有不變的形式。

生命的知識常常帶有個人的傾向或者偏見，但這些都會藉著共同經驗而加以修正或擴大。所謂的共同經驗指的是從任何一個有凝聚力的群體中所產生出來，而為眾人所共享的信念，這些信念包含了對生命歷程的肯定、價值的判斷、行為的準則以及何謂目標何謂善等等問題的答案。這些信念的特質在於它們都是從共同生活的產物，既適用於個人生活，也為群體生活所遵循及重視，它們對於個人及其經驗的影響，與習俗、傳統和公意相同；這乃是因為群體既是由背後無數的個人所組成，卻又遠超過個人，在個人的生命覆滅後，依然存在，這樣的特質也使得群體有優於個人意志的力量……

個人的生命會因著和環境、他人以及事物的關係，而不斷豐富起來；然而每一個個人又都是這些關係網路所輻輳的中心點。這些關係穿過個人，存在於個人，卻也超越個體的生命，取得獨立的存在和發展的型態，而這些型態裡有著這些關係所體現的生命內容、價值、及其目的。因此這些關係是相當理想的研究主題，已暗含有觀照現實的某種知識，發展出針對價值問題的種種立場，並產生體現目標的意義系統。在心智所創造出來的世界之脈絡中，這些個人與外在互動產生的關係網路自有其意義。

在一些文化系統裡（像是藝術與哲學），沒有所謂能整合各部分的中心組織（然而仍發展出各種具組織性的社群聯繫），但在其中也能清楚看見這種關係網路的存在。經濟活動有自己的社群組織，科學也有研究中心，宗教可以說在所有的文化組織裡有最強勢的發展。社群目標最高度的發展可見之於家庭和國家這兩種組織，以及處於其間各式各樣的中介形式……

人文研究和生命之間這種直接的關係，也使得生命取向和科學目標有所衝突。歷史學家、經濟學家、法律教師和宗教學生都在介入生命中，嘗試要對生命有所影響。他們將歷史人物、群眾運動和風潮等拿來為自己的判斷服務，但他們的判斷又受限於自身的個體性格、所屬的國家和身處的時代。即使在他們認為自己已經夠客觀的時候，他們其實仍被自己的世界所宰制，因為在分析每一個前代所留下的概念時，都會暴顯出自己所處時代的預設立場，而這些預設立場早已是形成他們個體性的基本元素。但不論何種科學，都隱含對正確性的要求，因此若想有科學的人文研究，這種研究也必須有意識的，並具批判性的朝正確性的目標努力。

近來出現人文研究裡各種關於科學的主張，幾乎都源於此生命取向與科學立場間的衝突……我發覺要解決此一衝突，必須要掌握住一個原則，就是把歷史世界當作一套互動系統，並且只以此系統為中心：每個個人的互動系統均包含在這個大的互動系統內，其中含有各種價值觀的投射和實踐，雖然這些個人系統自有其中心，但都以結構化的方式連結成一個大的整體，這是整個社會和歷史世界的網路，它所帶有的整體意義也源自個體部分所具的個別意義。因此任何投射到未來的價值判斷和目標，都只奠基於這樣的結構化關係。

雖然經驗向我們顯現生活現實的諸種變貌，但我們也只能了解一項獨特的事物，那就是我們自己的生命。這個個體生命乃是某種獨特的知識，沒有任何邏輯手段可以克服這層局限。然而理解活動多少可以克服個人經驗的局限，讓個人的獨特經驗也能具有生命的知識性格。理解活動能擴及他人、別的心智產物以及其他群體，讓個人生命向度因此打開，這在人文研究裡所具的意義，是可以藉此開創出一條新的道路，從一般的個體通向概念的整體。

相互間的了解讓我們確信個體與個體間還是有著共通之處，或者彼此類似，或者完全相同，人與人也因此有所聯繫。這種關係在人類世界裡隨處可見，譬如像理性的一致性，情感層面上可見的同情心，還有出於對責任感的理解而共同體現的權利和義務關係。

個體所共有的這些特質，是人文研究中個體與整體間所有關係的起點。心智所創造的世界作為一個概念本身，可以說到處都為這種人類共享的經驗特質所浸染，準此，我們才能了解，統合的自我、自我與他人的相似、恆久不變的人性以及個體特質等，都是彼此互相有所連屬。

這便是理解活動的大前提。關於此一連屬關係的理解活動，可以發展出一般性的真理，而理解的方法要能達致確定性，也必須依賴這樣的真理。

我們的例子因此也闡明了理解活動所涉及的雙重性：一方面理解活動要以經驗為前提，但另一方面，經驗想要成為知識，也必須靠著理解活動將我們從狹隘的主觀經驗，導向整體性和概念性知識……

人文研究所理解的主題乃是生命的客觀化

整個理解活動所昭示的，並非經驗的主觀性格，而是生命的客觀呈現。人文研究另一個基礎，便是去領會生命的客觀性，以及生命如何在許多不同結構系統中外顯的過程。心智的外在領域乃是由個人、群體以及生命與心智產生的工作或者作品，這三者所組成。理解活動要想了解生命的這些外顯型態，必須到外在世界去追索，而這些外顯型態則包容在更大的自然環境中。心智最為巨大的外在領域總是環繞著我們，心智透過感官世界將自身外顯，有些是稍縱即逝的經驗，另一些則是延續了幾世紀的法典或憲法。每一則單一的表達方式都代表著這個客觀心智領域裡，某種共通的特質；每一個字、每一句話、每個姿態或表示禮貌的舉手投足、每件藝術作品，甚至每項政治行為，所有這些之所以能被人了解，乃是因為人們不僅透過這些來表達自我，而更在於能了解這些表達方式的人們，都共享某些共通的特質。個人永遠都在一個共通的領域裡經驗著、思考著，並產生行動，也只有在這裡，個人才能被他人了解。所有能被人了解的事物，因此都帶有這種從共通特質引發出來的熟悉感。這個共同分享的環境既圍繞著我們，我們也居住其中，並深受其影響。在這個能被理解的歷史世界中，我們覺得舒適自在；我們了解其中所帶有的一切意義；並與這個共同領域有不可分的密切關係。

影響我們的表達方式一旦改變，理解活動便時時面臨新挑戰。但基於每一個表達方式而產生的理解活動，又同時和其他表達方式及理解活動有所聯繫，因此我們對人對事的理解自然而然地會帶領我們，從獨特性朝向整體的概念。當共通事物的關係漸漸累積，概念化的可能也隨之提高，更何況這種概念化的可能早就存在於那些共通性質裡。

此外，理解活動也凸顯了生命客觀化另一項特質，即是生命客觀化過程中，已包含了許多彼此相異的系統，這些系統有助於我們概念的分類和整合……

總的來說，人文研究所理解的主題乃是生命的客觀化，但這要能為我們所了解，必須同時包含有聯繫內在和外在思想的某種關係。因此理解活動中的客觀化現象，永遠和經驗關係密切，因為在經驗中，人們不僅得以了解自己的內在生命，也能藉此詮解他人的內在生命。若人文研究的事實包含在這樣的理解關係中，那所有純粹屬於物理世界而與人本身無關的種種，便必須從我們的理解活動中剔除。所有的事實都是人所創造，因此也都具有歷史性；這些事實可以被人理解，因此也帶有共通性；這些事實能成為知識，則因為我們可以理解；而它們具有能分類整理的多元系統，因此我們所做的任何一種詮釋活動，以及對於更高層次的理解活動所產生的表達方式，才能依序展開。至於分類表達方式的活動，早存在人文研究的事實中。

至此，人文研究的概念已告完備。人文研究的範圍和理解活動相當，而理解活動始終都以生命的客觀化為其研究主題。因此，人文研究的範疇，乃由外在世界的生命，其客觀化的過程所決定。人的心智只能瞭解心智已經創造的產物。

※本文出處：“The Construction of the Historical World in the Human Studies” in Wilhelm Dilthey, *Selected Writings*, H. P. Rickman, ed. London: Cambridge University Press, 1976. Excerpted from pp. 170-92.

譯者：**李家沂**

註釋：

①狄爾泰此處採取的是康德對於像描述「看見一張桌子」的態度與方法，以和經驗論有所區隔。

52

價值觀與社會體系

作者：帕森斯、席爾斯（Talcott Parsons and Edward Shils）

「行動理論」(the theory of action)是用來分析在社會這個有機體中所產生的行動，以及行動背後所承載的意義。這種論述對行動的解釋是：在各種不同的情況中，經由社會規範所釋放出範圍許可的能量將以達成目的為依歸而產生行動……

行動並非單一獨立的狀態，而是諸多體系運作後的產物

換言之，每一個行動都是「行動者的行動」(the action of an actor)，每一個行動都是在一個由客體所組成的情境中產生，而客體可以是由其他行動者，或者是文化的、實質的物件所構

成。每一個行動者都有用以和客體聯繫的系統，亦即所謂「定位系統」（"system of orientation"）。這些客體可以是目的物本身（goal objects），或者是來源、條件、手段、障礙及象徵等，它們可以被需要或被棄置，也可以相互連結形成許多不同的意義（簡而言之，即是對不同的人產生不同的意義）。客體由於可以和多重意義相連串，便可以有秩序地融入行動者的定位系統中。

由此我們不難明白，行動並非單一獨立的狀態，而是在我們稱為「體系」的連串簇群中發生，所謂的體系主要有三，即社會體系（social systems）、人格體系（personalities）與文化體系（cultural systems）。儘管這三類體系都是從具體的社會行動中抽離出來的結果，但三類實際指涉的對象仍不盡相同。社會與人格體系被用來思考有動機的行動（motivated action），兩者的差別在於，社會體系是用來探討每一個富有動機的行動，如何和行動者的人際關係相關，而人格體系較偏重具動機的行動和有機生物體之間的關連。文化體系則是指一個透過象徵模式來運作的系統，這些象徵模式是由行動者創造出來，或經由它反映出來的，透過散佈而傳播至社會體系中，透過學習而進入人格體系。

文化體系具有四項特質：第一、文化體系並不是由交互行為或單一行動者所構成的；它是由價值觀（values）、常規（norms）及象徵符號（symbols）組織而成。這些價值觀、常規、象徵符號會左右行動者所採取的行動，亦限制了各個行動者之間相互往來的行為模式。第二、人格或社會體系是屬於經驗的體系（empirical system），文化體系因為是由前述兩種體系的組成成分中抽離出來而形成，故較不具經驗性的特質。這些不同的成分或者單獨以實體的象徵（physical symbols）狀態存在，或者從一個實際的行動體系傳遞至另一行動體系。第三、零散的成分無法在文化體系中構成具有制約性的常規模式。這就表示系統性的文化必須達到某個程度的一致性及持續性，才得以在經驗的行動體系中展現。第四、文化體系即是一種文化模式，此模式中的不同成分相互連結後形成價值觀、信仰和具表達性的象徵系統。

社會體系、人格體系和文化體系是行動理論探究的主要題材。前兩種體系的側重在於行動和個人與社會的關係；基本上認為行動者的行動是為了達成目標及滿足需求，而行動需消耗能量，除了是因某些情境所引發，並會受到社會常規的制約。整體而言，文化體系的分析是行動理論中最重要的部分，因為系統化的價值標準和各類文化模式因體制化(institutionalized)而進入社會體系，而經由內化(internalized)融入人格體系；這些價值觀念都會影響行動者對目標、手段及表達方式的界定與態度。

行動者的「價值取向」決定其行為模式

因此，所謂**價值觀取向**(value-orientation)指的就是行動者遭遇偶發事件之時，他往往是依循著某些常規及準則來決定採取何種行動。這種依循常規的傾向顯現在許多層面中；行動者所採取的手段、目標及所需滿足的需求，都受到一般價值觀的導引。受價值觀導引的傾向並非隨機而零散的，它其實已然形成一種體系，使得體系中所有的個體接受某套規則的運作（如此一來，規則本身便不會自相矛盾）。在文化的層次上，我們可以從行動者的「價值取向」中探察出成套的常規準則，這些常規準則以一種「需求」(need-dispositions)的特性內化於行動者的思考中，他們會覺得「需要」遵循這些準則。由此可知，文化是由一套標準所構成，每個行動個體的價值傾向就代表了他所信守的一套價值標準。然而，我們分析這種傾向也許代表著我們對於某套價值標準的信守。

就社會體系而言，自我與他人的互動是社會體系中最基本但卻相當複雜的部分。在互動行為中，自我與他人互為彼此定位的客體(objects of orientation)。而在定位客體和非社會性客體(nonsocial objects)之間的基本差異有二，一、由於自我的行動會受到他人反應的影響，自我的定位不僅受到他人**外顯**行為的左右，自我如何詮釋他人對自我的期望也將影響自我定位。二、在一個整合的系統中，這種受他人期望影響的傾向是一相互的行為。(自我和他人皆有此傾向。)

上述這種相互期望的互動模式必須仰賴一套共同的象徵系統來作為溝通的工具。他人所選用的方式必須在兩方面有一定的穩定度。一方面必須確實且可行性高，另一方面則是能夠對自我產生意義。而這種穩定度即代表著某種程度的普遍化(generalization)——儘管明白自我和他者是兩個不斷變動的部分，但仍須自某些特定的時空下，從自我與他者的互動中衍生出一套說法。有了這些普遍化的意義之後，行為、姿態或象徵符號對於自我及他者產生相同的意義，在這些條件成立之下，我們才能開始談論一個自我與他者共存的文化體系，並探究兩者之間的互動如何藉由此文化體系顯現出來。

文化是一套溝通符號，也是一套行為準則

這個共同的文化／符號體系在某些層面上，便替行動者樹立了規範的意義（a normative significance）。有了這個標準值之後，如果自我希望被他者理解（即自我想得到本身所預設之他者的回應），就必須遵循這個規範傳統。這套共同的文化符號便成為一個媒介（medium），這個媒介塑造了自我和他者的行為模式，由此才衍生出（定義出）他者在面對自我的行動時所作的**適切**回應。上述的過程構築了一個穩定的相互期望系統（a system of complementary expectations）的條件；在此系統中，自我和他者不僅應該**相互交流**，而且必須**恰如其分**的交流互動。

如此遵循著適切互動的傾向，其實正是服膺了一套標準模式。這個標準模式就是文化——文化不僅是一套溝通符號，而更是一套**行為準則**。經由互動，自我和他者的行為動機便和標準模式融為一體。在建構行動體系之時，價值觀取向是其中最有影響力的文化成分。

這個以評估功能為主的象徵／符號系統（Symbol systems），一般稱之為「標準化符號系統」（"normative ideas" or "regulatory symbols"）。由於它設下了價值標準，行動者才能依據因果**平衡**原則來採取適切的行動，而非依其本能或隨機的條件來自由行動。一個個體遵循某套符號系統，其實正是遵循著一個更龐大的符號系統所訂出的規範——個體所遵循的小系統正是大系統的一部分。循著這樣的路徑，整套規範符號體系才不致崩解。

一套規範符號體系包含三個部分，一是包含一套解決認知問題的準則；第二則是包含處理

情緒、感受等問題的準則；另外則是一套「道德」標準（"moral" standards），這套標準用以整合整個體系中的各個小部分，使得體系中的不同準則得以統合為一個整體。這些價值標準其實正是價值觀取向模式所採用的準則。這套準則定義並整合了整套行動體系。

然而，完整一貫的規範體系畢竟是種理想狀態。流通在一般人格或社會體系的道德標準並非如此理想；就經驗的層面而言，完整理想的規範體系是不可能存在的。而我們在現實體系中所觀察到的不一致現象是如何產生的呢？基本上來說，它是由於協調價值取向體系和人格、社會體系之間的差異性所導致；它也是一種經驗層次的問題，它起源於文化體系和行動體系互動時的問題，也起源於同一個人格或社會體系中多元文化單位共存的問題。

道德規範體系的必備功能之一在於評量客體世界中各種權宜性的範疇，這種**評量功能**乃是人類行為／動的本質所致。另一項重要功能便在於達成體系的最大一致性①。

評量取向（evaluative orientation）外置在有限範圍內可以「重新詮釋」和創意轉化的狀況事件。這裡所謂的事件／情境指的是人性的核心（foci）或是方法、來源的匱乏，導致事件本身產生抗拒性，而在行動上加諸了許多的功能性的必要手段（functional imperatives）。但事實上，行動者在面對許多不同的情況時，並非都能夠依據既有的價值體系來採取適切的行動。儘管在面對不同的情境時，可權宜採取不同的價值標準；但有些情況②卻**無法運用**任何一套價值觀予以解決。遇到這種情況時，儘管某套準則與主流價值標準有所出入，行動者仍須依賴某套價值標準來權宜行事。

社會客體系統（the system of social objects）的**現狀**是相當有可塑性的。由於現狀本身是文化體系的產物，因此，個人與社會相當程度上即是本身的主觀認定。他者的善意回應並不會造成自我的價值觀僵滯而無法運作；共用同一套價值體系的多元個體雖然有其差異性，但當共同面臨威脅其價值體系的外物時，這些多元的個體卻會形成一個生命共同體，共同抗拒外力。然而，這種共禦傾向仍有其限度；當某種價值觀與行動體系的功能性必要措施嚴重衝突時，行動體系和價值體系之間便會展開協調重整，使價值體系不致一成不變並可因應變局。在協調的過程中，社會客體系統會迫使自己緊綳，以配合價值體系；有時在協調中，必須藉由體制化及內化的方式，將相衝突的主流價值觀分別融入社會及人格體系。不同體系間的差異、衝突，在內部是經由防衛機制來整合；外部的整合則透過如隔離等社會控制的手段來達成目的。

社會體系中某些重要的功能性部分，必須經過某種程度的體制運作來加以組織、穩固；而人格體系中的某些部分，亦須經由價值觀的內化過程來固著。行動體系中的某些部分若和主流價值體系衝突，亦會產生「調節性的體制運作」("adaptive instituionalization")；這時將會出現一個整合模式來調合行動體系和主流價值觀及其相關機構；整合過程中，將會醞釀一些徹底體制化卻又迥異於主流價值體系的價值模式(value patterns)；這些模式其實源生自社會體系，有時亦是促成體系產生結構性改變的觸媒。

價值體系雖會產生不和諧的狀況，但行動體系透過機制運作可達成高度一致性

價值體系中的不和諧乃肇因於個人和社會行動體系的緊張狀態(stain)。造成緊張的來由潛

藏在行動體系內部。由於價值體系不可能是一套完整且涵納一切的準則，因此它無法應付屬於經驗層次的行動體系的變動。面臨變動之時，便需要一套調整型價值整合系統(adaptive value-integrations)來彌補主流價值體系的不足。但也正因為這套以行動為主的整合模式經常失敗，歷史上才會經常出現嚴重的混亂現象。

除了因價值體系內部衝突造成行動體系緊張的情況外，行動體系本身具有保持高度一致性的傾向；因為**任何**行動體系皆有維持一定秩序的特質，而所謂的維持秩序，即包含了整合其中紛雜的文化元素(cultural components)。在最常見的角色期待(role expectations)的互動中，若缺乏一定的穩定度或預期性（此即秩序的本質），自我和他者便無法以令人滿意的方式來回應對方的期待。人格體系中的「需求滿足原則」亦建基在類似的穩定模式上，由此才得以減低焦慮及沮喪感。簡單地來說，每一種體系皆有維持一定秩序的傾向，這種傾向正是促使行動體系遭遇衝突時產生緊張並重整的動力。

在穩定的行動體系中，有一股力量傾向於建立價值取向的恆定，另有一股力量則傾向於生產並包容多元次體系所造成的衝突狀態。在這兩種抗衡的力量之間，則由一涵納性極廣的容納機制(accommodating mechanisms)來維持兩者之間的平衡。在經驗的層次中，價值取向並非獨立自主的系統；一般說來，當我們將其視為一個單獨的變因而用以區別同一體系中各個不同的變因時，我們才將價值取向視為自主系統。在行動體系中，沒有任何一項因素佔有主導改變的優先權；任何一項變因皆可構成改變的因素，而改變的結果則依賴各種勢力的相互折衷的協調。

「單純因果論者」("emanationist")認為，行動只是受現行價值體系影響的實質結果，而價值體系所有的部分都可以透過因果推論來解釋說明——這種說法太過片面而無法令人信服。為理解這個問題，我們必須設想兩個部分；一部分叫做價值取向的功能整合(a functional integration of value-orientations)；一個則是模式整合(a pattern integration)。前者指的是整合價值和行動體系時，為使各種不同的價值元素(value components)置於適當的位置，便會形成先後次序的排列組合。而模式整合則意謂著某種價值取向模式會不斷出現在行動者的評價態度中。一些未能與適切模式融合的價值標準，便透過功能整合來涵納；兩種整合力量的交互運作下，社會體系才得以繼續運作。

價值整合功能縱然有其缺陷，並不會因此摧毀社會體系的運轉。社會體系中有一套類似於人格體系中的防衛機制，這套機制會阻止體系內的歧異，促進不同的組成部分相倚共存。人格體系中的防衛機制會將危險的衝動降低，使其不致浮上意識層面，因而減輕內在焦慮和掙扎；社會體系中的涵納機制(accommodative mechanisms)藉由將體系內的不同模式重組並重新安置，使歧異成分得以共存。由此不難理解，社會中的極端主義或教條主義者，不論在何種情況下都固守同一套體制化的價值觀，將成為社會體系中非常惱人的反作用力。

由此可知，大規模的社會常面臨著躲不掉的兩難局面——一方面體系的運轉必須仰賴體制化的價值觀，社會成員必須遵循著這套準則以使其言行有所依歸。而另一方面，社會成員必須接受歧異及妥協，包容那些不被主流價值觀認可的「錯誤」行為。如果無法在兩者間維持平衡，便會衍生出對體系的抗拒與疏離，形成危害體系繼續運作的力量。在這兩難之間潛藏著促成社會體系緊張與不安的主要來源，亦是帶動社會改變的因子。

※**本文出處**："Values, Motives, and Systems of Actions," in Parsons and Shils, eds., *Towards a General Theory of Action*. Cambridge, Mass.: Harvard University Press, 1951. Excerpted from pp.53-60, 105-6, 159-79 © 1951 by The President and Fellows of Harvard College; © 1979 by Helen W. Parsons. Reprinted by permission.

譯者：**邵毓娟**

註釋：

①行動體系是一種功能體系；而文化體系則是一種象徵體系。因此，文化體系的組成成分之間維持著一種合理而有意義的關係，並非功能性的關係。在行動體系中，加諸在組成成分上的必要措施(imperatives)來自於兩個層面。其中之一是因在經驗層次(empirical)中形成共存的可能或必要的條件不足而產生；另外則是由於作為一有機體的行動者擁有的財產所帶來的力量。而在文化體系中，這種內部的必要措施則獨立於共存的相容及不相容之外。雖說文化體系的特點之一在於其外顯的統合性(coherence)，其內部的組成成分之間卻並不一定形成意義上相似或形成合理的一致性。

②這裡所謂的有疑義的事實(problematical facts)指的是在功能上必須要面對的事實，當然也包括那些和行動者的主要價值觀不相容而激起反應的事實。

③從理論的角度而言，這種情況是造成拒絕將文化價值取向和社會體系的整合問題視為同質的主要原因。它也說明了運用已故的潘乃德(Ruth Benedict)所提出的概念來分析價值取向，無法作為分析社會體系變動過程的單一或主要的因素。

文化與意識形態霸權

作者：安東尼奧．葛蘭西（Antonio Gramsci）

因為哲學是屬於某個特殊範疇的專家，或是既專業又自成體系的哲學家所進行的知識活動，所以一般都認為哲學是奇怪而困難的東西。打破這樣的偏見是目前的當務之急。首先，我們可以先確立人人皆有的「自發哲學」的範圍與特色，從而彰顯大家都是「哲學家」的事實。這樣的哲學蘊含在：一、語言自身當中，那是一個由特定觀念及概念，而非由在文法上了無內容的話語所構成的整體；二、「常識」（common sense）以及「道理」（good sense）當中；三、通俗宗教，同時也順理成章地在信仰、迷信、意見、觀看事物以及行為模式這些通通可羅列在「民俗」名下的整套體係當中。

每個人都是哲學家，儘管是以自己的方式和在無意識的狀態下成為一個哲學家，因為縱使在知識活動中最微不足道的表現（即語言）也蘊含了某種特定的世界觀。說明這一點後，我們可以進到第二個層次，也就是認知以及批判的層次，那也就是說，接下來的問題是：沒有批判的意識，只用一種破碎、天馬行空的方式來「思考」是否妥當？換句話說，響應由外在世界，也就是響應人由打從進入意識世界起就身涉其中的社會群體所強行型塑出來的世界觀是否比較理想（這些社會群體可能是我們的村落或是省分；它可能發源於教區，和以智慧代表法律的地方牧師或者年長主教們的「知識活動」，或者源起於一位繼承巫婆傳說的矮小老太婆，或是一個因自己的愚昧和無能行動而發餿的末流知識份子）？或者，換個角度，假如在構設自己的世界觀時，自覺一點並含帶批判，因而藉由與自己腦袋運轉之間的聯繫來選擇我們的活動領域，積極介入世界歷史的創造，作自己的領導，拒絕消極、懶散地接受外界對自己個性的塑造，這樣是不是會比較好？

札記Ⅰ　在習得個人的世界觀之際，我們總是隸屬於某個特定的群聚(grouping)，那就是共享相同的思想與行為模式的一切社會因素。我們不是這個就是那個同聲齊唱主義(conformism)的順民，總是一個群眾中人(man-in-the-mass)或是個集體人。問題是：到底這種同聲齊唱主義，這種群眾人格是屬於何種歷史典型？一旦人的世界觀不是批判而連貫的，而是既破碎又散漫，那人就是隸屬於一個斑駁紛雜的人類群聚。個性也會是某種怪異的合成：有石器時代的成分，進步科學的準則，從地方過去各歷史階段流傳下來的偏見，以及某種未來哲學——一種統合世界之人種的哲學之直覺。就此觀之，所謂批判個人的世界觀就是把它變成一個連貫的整體，將之提升至在這世界上最精純的思考所能達致的層次。因此，這也意味著對所有先前哲學的批判，因為它早已在民間的大眾哲學中留下分層累積的沈澱物。批判性的申論解說的起點在於意識到我們究竟是什麼，「認識你自己」是歷史進展至今的產物，歷史在你身上存錄了無限延綿的痕跡，未曾留下半本目錄。

札記II　哲學不能與哲學歷史切割，而文化也不能與文化史分離。就最直接、最切身的意思來看，假如一個人不能意識到世界觀的歷史性，不知道它所代表的發展階段，也不清楚它與其他概念或與其他概念的元素相牴觸的事實，那他就不配成為一位哲學家，也就是沒有我所謂的批判的、連貫的世界觀。一個人的世界觀是針對現實所引發的特殊問題所做的回應，而就其迫切性來看，這些問題可說是相當具體而且「史無前例」。我們怎麼可能用一種針對看來通常是既遙遠而且又已遭淘汰的過去所構設的思維模式來思考現在——而且是十分獨特、具體的現在？一旦有人用這樣的模式來思考，那就代表他是個活生生的歷史倒錯(anachronism)，一顆化石，不是活在現代世界，或者至少也是個怪異的合成物。無庸置疑，那些在某些方面表現出高度發展的現代性，但在另外的面向上卻又遙遙落後的社會團體，根本就無法達成完整的歷史自主。

札記III　假如每一種語言的的確確包含了世界觀與文化觀的因子，那我們可以根據每個人的語言來評估他的世界觀到底是粗淺還是複雜的說法同樣也可以成立。某人只會說方言或是只能概略了解標準的語言，他對世界的直觀必然大致上是狹隘的，而且與主導世界歷史的重要思潮相較，這些管窺之見也有歷史倒錯與食古不化之虞。他的觸角將會受限，大體上顯得有些集體性，或是經濟決定式的，不夠全面。若是想藉由學習外語來接觸其他文化的機會不多，至少也必須要正確地學習國語。一個偉大的文化可以翻譯成另一個偉大文化的語言，變成世界性的表達方式。這一點方言就辦不到。

札記Ⅳ　創造一個新文化不只意味著個人「獨步古今」(original)的發現。更特別的是，這意味著以一種批判的形式來進行已知真理的播散，真理的「社會化」，甚至讓真理變成積極行動的根基，也就是知識和道德秩序的要素。帶領群眾進行連貫的思考，同時以同樣連貫的方式思考真實的當下世界，那是一「哲學」事件，遠比某哲學天才發現而被一小撮知識分子視為財產巴著不放的真理來得重要，而且更能「獨步古今」。

常識、宗教與哲學之間的關連

哲學是智性秩序，不管宗教或是常識都達不到。不過值得注意的是，宗教與常識雖不相符合，但宗教卻是零碎常識的一個元素。除此之外，常識和宗教一樣，是一個集合名詞：常識不只一門，因為常識也是歷史的產物，歷史過程的一部分。哲學是一種批判，同時也是對「常識」以及宗教的揚棄。就此觀之，哲學悖離常識，與「道理」不謀而合。

科學、宗教與常識之間的關係

宗教和常識無法構成一種知識秩序，因為即使在個人的意識中，它們也無法藉由整理化約而具有整體性與連貫性，更不用說是在集體意識裡頭。更正確地說，它們不能被如此「自由地」化約——因為這還得靠「極權」的手段才做得到，而這樣的事情在過去也的確多少發生過。

要注意，宗教問題不在於告解的涵義，而在於世界觀以及相對應的行為規範之間的信仰之統合的世俗涵義。但是為什麼要稱這樣的信仰統合為「宗教」，而不是「意識形態」，或者坦白一點，乾脆稱它為「政治」？

一般泛稱的哲學事實上並不存在。只有各式各樣的哲學或世界觀存在，而人總是在當中作一抉擇。這個抉擇是怎麼下的？這僅僅是一樁知性的事件，或者更複雜？難道個人的知性選擇與行為模式之間不是經常發生矛盾嗎？因此到底哪一個才是真實的世界觀：是經過邏輯確定的智性選擇？或是那個從各人的實際行動中冒現出來、隱含在他的行為模式中的東西？除此之外，既然所有的行動通通帶有政治意涵，難道我們不能說每個人的政治行動早已內含了他的整體的真實哲學？

思想與行動之間的對比，即兩種世界觀的並存——一種是在話語之間確立下來，而另一種則是展現在有效的行動上——並不純然是自我欺瞞的結果。自我欺瞞可以用來合理解釋少數的個體，甚至有相當規模的團體，可是一旦對比發生在廣大群眾的生活當中時，這樣的解釋就行不通了。在這些狀況下，思想與行動的對比無非是一個社會歷史秩序更深層對比的投射。它代表這個社會團體也許的確有它自己的世界觀——縱使只是胚胎初具的世界觀：該觀念彰顯在行動中，那就是當團體以一個有機整體的形式從事行動時，不過這樣的彰顯相當偶然而且乍現即逝。

這個團體由於屈從以及在知識居於附屬地位，遂採行一套並非出於自創而是從別的團體調借過來的觀念；並在言語上肯定這套觀念，相信自己對它奉行不渝，因為這是一套它在「平常時期」——也就是在它的行為不夠獨立自主，且居於附屬地位之時所依循的觀念。這麼說來，哲學不能自政治分離出的理由就呼之欲出了，同時我們可以進一步證明：選擇與批判世界觀同樣也離開不了政治。

接下來必須要解釋的是，在所有的時代中眾多的哲學思潮與思考體系並列共存的現象到底是怎麼發生，這些思潮是如何誕生、如何播散以及在播散的過程中它們為什麼順著某些路線、朝著某些方向分裂。這個過程所揭露出來的事實足以證明，透過一種有系統的、連貫的、批判的方式來組織自己對生命與世界的直觀有多麼的必要。

哲學在一般人的眼裡到底是什麼模樣？我們可以看一下在一般用語中的說法，進而藉此重塑哲學的形象。其中一個最常見的說法是「哲學地看待事情」(being philosophical about it)，假如你斟酌一下這樣的說法，你就不能把它當成一個片語而對它完全不理不睬。當然在這樣的說法裡頭隱含了奉勸我們要知天命、要有耐心的意思，不過對我而言最重要的反倒是它鼓勵人要去反思、要充分了解到舉凡發生的事基本上都是理性的，而且我們也必須用這樣的觀點來面對，同時人也需要運用自己的理性專注力，不要被直覺以及狂暴的衝動沖昏了頭。這些大眾慣用的詞語可以拿來跟那些蓋有通俗戳記的作家筆下帶有「哲學」或「哲學地」等詞的類似語句做一個比較（例證取材自一本大字典），從這些例子，我們可以看出這些字詞都有一個相當精準的意義：透過對個人的行動有指點迷津之用的必然性（necessity）概念來克服野蠻、原始的激情。這就是存在於「常識」之中的健康核心，屬於我們所謂的、理應要處理得更一致也更連貫的「道理」。所以顯然我們又再一次了解到所謂的「科學的」哲學根本不可能與僅僅是概念與意見的零碎總和的大眾通俗哲學分割開來。

然而到這裡，我們遇到了一個任何世界觀、任何已經變成一種文化運動、一種「宗教」、一種「信仰」的哲學，任何會製造出某種以內含的哲學為潛在理論「前提」的實踐行動或者意志形式的東西都會面臨的根本問題。我們也許可以在這裡提出「意識形態」的說法，不過先決條件是，這個詞必須在它對某個隱而不顯地表現在藝術、法律、經濟活動以及所有個人與集體生活的癥象中的世界觀保持極度敏感的狀況下使用才行。

這個問題就是維繫整個由意識形態來凝聚、統一的社會集團本身的意識形態統合的問題。不管過去或現在，各種宗教，特別是天主教的力量都是來自一個事實：它們深刻地感受到本身需要由整批信徒所構成的教條化整體，同時也盡力確保較高的知識階層不至於與較低的階層分離開來。羅馬教會向來積極拼鬥，力阻兩個宗教（一個屬於「知識分子」，另一個屬於「質樸的靈魂」）的「正式」成形。這樣的拼鬥對教會而言未嘗不是個利空，但是這些利空卻也與改變市民社會的面貌、與圍堵對所有宗教的猛烈批判的歷史過程息息相關，同時它們也可以用來彰顯神職人員在文化領域上的組織能力，以及教會在自己的領域內、在知識分子與俗人之間搭起的那一道既理性又公正的關係。耶穌會的教士無疑是負責製造這種平衡的首要工程師。

為了維持平衡，它們為教會設計了一套向前行的運動，傾向於容許在某種限度內滿足科學與哲學的要求。但是因為整個運動的節奏相當緩慢而且也太過於按部就班，以至於一般的俗民大眾並沒有察覺到它所帶來的改變——縱使這些改變在一些「統合者」(integralists)的眼中看來顯得相當「具有革命性」與煽情。

舉凡主張萬物披神性的哲學有許多罩門，其中之一正好在於它們從來未能在底層與頂端、「知識分子」與「俗民大眾」之間創造出意識形態的統合。在西洋文化史中，這樣的事實可在全歐洲文藝復興以及單挑羅馬教廷的宗教改革本身的急速崩潰上獲得印證。它們的弱點在教育的領域中暴露無遺。在這個領域中，主張萬物披神性的哲學甚至從來沒有嘗試過建構一套可以代替宗教來教育小孩的概念。

只有在知識分子與俗民大眾之間存在著理應於理論與實踐之間出現的統合時——也就是說，只有在知識分子一直是屬於群眾的有機知識分子，以及只有在他們能夠縝密思考、連貫組織群眾在實踐運動中所引發的原則和問題，從而形成一個文化與社會集團時——我們才能擁有文化上的穩定與思想上的有機特質。這裡所提出來的是我們剛剛已經談到的問題，也就是：一個哲學運動怎樣才算名符其實？到底是當一個哲學運動致力於開創只能在門禁森嚴的知識分子群中流傳的專家文化時呢，還是只有當它在開展一種優於「常識」、而且在科學的層次上連貫統一的思考形式的時候，依然不忘時時接觸「俗民大眾」，同時在這樣的接觸中發現所要研究、解決的問題的根源？只有靠接觸俗民大眾，哲學才能有「歷史感」，並且滌清個人的知識分子氣味對哲學所帶來的污染，讓哲學「活起來」。

常識與哲學的較高層次之間的關係是由政治來做一確定，就如同政治確立了知識分子的天主教與俗民大眾的天主教之間的關係一樣。然而這兩者之間卻有些基本上的不同。教會必須要勇於面對俗民大眾的問題，這樣的事實意味著教眾之間長久以來的分裂。這道裂痕並無法藉由將俗民大眾提升到知識分子的層級而得以彌合（教會甚至想都沒想到要做這種就意識形態以及經濟而論都是現有能力所不能企及的工作），反倒是只有對知識分子施以鐵的紀律、命令他們謹守分際，才得以讓這樣的分裂不至於變得災難重重而且覆水難收。在過往，解決這類教眾之間的分裂往往得靠強而有力的群眾運動，而這些運動的特質在於直接導致，或者依附在以強人（聖多明尼克、聖法蘭西斯等等）為中心的新宗教秩序的誕生上頭。

實踐哲學（philosophy of praxis）的定位恰好在天主徒的對立項上。實踐哲學不會放牛吃草，將「俗民大眾」丟棄在常識的未開化哲學之中，而是引領他們邁向更崇高的生命觀。假如實踐哲學肯定知識分子與大眾之間有接觸的需要，那倒不是為了囿限科學的活動同時保住底層群眾的統合，而是要建構一個可以在政治上除了促成小眾知識分子的日益成熟之外，更重要的是同時也能實現群眾知識進展的知識——道德聯盟。

行動力旺盛的群眾中，人有實際的行動，但卻對他自己的行動——雖然是行動，但也包含了以改造世界為經緯來了解世界的行為——缺乏一套清楚的理論意識①。他的理論意識確實有可能在歷史上與他的行動相左。我們幾乎可以說他有兩種理論意識（或者一種矛盾的意識）：一種隱含在他的行動之中，把他與他實際從事改變現實世界的同志結合起來；另一種是他從過去那邊以照單全收的方式繼承過來、相當淺白或者是空口說白話的東西。但是這一套空口說白話的觀念不可能船過水無痕。它會把某個特定的社會團體凝聚起來，運用各種機巧有效地影響道德行為與意志走向，這類機巧雖然五花八門，但通常都具有足夠的力量可以創造出一個由矛盾的意識狀態來主導、封殺所有行動、決定或選擇的情境，同時也帶出一種在政治上與道德上消極被動的景況。因此對自我的批判性認知只有在各種政治「霸權」與敵對勢力的鬥爭過程中才有可能出現——一開始是出現在倫理的場域之中，接下來才輪到政治的場域——目的是為了達到在個人現實觀的更高層次中思考的境界。自覺自己是屬於某個霸權力量（也就是政治意識）的一分子是為了在自覺上更上一層樓，也就是為了理論與實踐合一所做的前置作業。如此一來，理論與實踐的結合不能算是一件死板板的事實，而是歷史發展過程中的一部分，在將理論與實踐「分開」，視為兩個「不同」以及獨立個體的直覺上頭，我們發現了歷史發展的蒙昧期，之後歷史才邁向真正擁有單一、連貫世界觀的層次。這也說明了為什麼我們一定要強調霸權觀念代表了哲學與政治實踐往前邁開一大步的原因②。因為它必然預設了一個與超越常識，成為一個批判觀念的現實觀一致的知識統合與倫理。

然而在最晚近的實踐哲學的發展之中，對理論與知識合一這個觀念的探索與潤飾依然處在萌芽階段。機械論(mechanism)的渣滓依然可見，因為人們還是把理論當成實踐的「補遺」或是「附屬的裝飾品」，或把他當成實踐的婢女。用歷史的角度來思考這個問題，同時把它當成有待知識分子思考的政治問題的一個面向看來也許是正確的。不管是就歷史或政治而言，批判的自覺都意味著一群知識菁英的誕生。假如大眾不懂得（廣義的）組織自己，他就無法凸顯自己的與眾不同，也不可能以自己的能力獨立出來。沒有知識分子就沒有組織，換句話說沒有知識分子就如同沒有組織者與領導者，也就是失去了以存在著一群「專門」對諸多想法作一概念性、哲學性闡釋的人作為正字標記的理論—實踐連鎖裡頭的理論面向。

我們必須要強調在現代社會中政黨在闡述與播散世界觀時所具有的重要性與意義，因為它們所做的就是依循這些觀念來開創政治與倫理，把現代世界當成如同他們的歷史「實驗室」一般。政黨從勞工群眾中徵召一些人，同時此類的篩選也是在務實與理論的標準下進行。觀念越是有徹底的開創性、越是反叛舊有的思考模式，理論與實踐之間的關係就越緊密。職是之故，我們可以說政黨是新的有機、集體知識分子的造就者，以及熔合理論與實踐——一個真實的歷史過程——的坩鍋。

※本文出處：Gramsci, *Selection from the Prison Notebooks*. New York: International Publishers, 1971. Excerpted from pp.323-35. Reprinted with permission.

譯者：邱彥彬

註釋：

①語出馬克思論費爾巴哈大綱的第十一條，葛蘭西把它的意思理解為哲學（特別是實踐哲學）是一種思想與行動交互決定的社會—實踐活動。

②這一點不僅參考了馬克思有關「觀念變成物質力量」的說法，也參考了列寧以及在蘇維埃革命中所成就的無產階級霸權。

符號與語言

作者：索緒爾（Ferdinand Saussure）

語言(langue)是什麼？語言不可以與人類的話語(langage)混為一談。語言雖只是人類話語中的一部分，可是卻是不可缺少的部分。語言是人類使用話語時的社會產物，也是一套必要的成規(conventions)，通用於一社群，容許其中的個體運用它來使用話語。整體來說，話語是多面且多樣的，同時橫跨了數種領域——物理的、生理的、心理的——它同時屬於個人和社會；我們無法把它劃歸於任何一種人類行為之中，因為我們無法找出它的一致性。

語言剛好相反，它是一個自成一體的整體和一種分類的原則……一旦我們凸顯了語言在各話語行為中的重要地位，我們就為這本來無法分類的話語整理出一種自然的秩序。由於語言無法在單一的說話者身上成為一體，它只能在集體的狀態下才能完美的存在。

在區分語言和話語之際，我們同時也區分了：⑴何者屬於社會，何者屬於個人；⑵何者是基本的，何者是附屬的或偶然的。

語言不是個別說話者的功能；它是個人在被動的情況下吸收而來的產物。運用語言時我們從來不需要事先設想它的規則，而我們只有在對它作分類時才會去分析研究它的規則。

相反地，話語則是個人刻意的和知性的行為。在此行為中，我們應區別：⑴說話者如何用語言符碼(code)的各種組合去表達個人思想；以及⑵使用各種符碼組合的心理及生理機轉……

我們剛才提到語言是一種社會體制(institutions)；但它的幾項特點把它與其它諸如政治、法律等體制分隔開來。為了要闡明語言的特質，我們必須以新的角度去探討。

語言是表達思想的符號系統，因此可比擬為一書寫(writing)系統，或聾啞人士所用的手語字母，或象徵的儀式、禮貌或軍事訊號等等。但語言是所有這些系統中最重要的。

可以想見它是一門科學，研究符號在社會中的角色；這科學可以是社會心理學的一環，因此也是一般心理學的一部分。我稱之為符號學(Semiology從希臘文semeion「符號」演變而來)。符號學將指出符號是由什麼所構成，由什麼法則所規範。由於此科學還未成形，沒有人能說出它將來的模樣；但它有存在的權利，應該為它預留一席之地。語言學(linguistics)只是符號學這全面科學中的一門；符號學所發現的定律將可運用於語言學上，而後者的研究範圍則將會在人類知識領域中得到明確的界定。

語言符號的本質

符號(sign)、意旨(signified)、意符(signifier)

有人以為如果把語言化約為基本元素，它只不過是一個命名的過程——一串字彙，每一個字對應於一種它命名的事物。例如：

ARBOR（樹）
EQUOS（馬）等等

這觀念可從數處加以批評。這觀念預設的是在字出現之前已有一現成的概念，且沒有告訴我們一個名稱究竟是由嗓音發出還是具有心理特徵（例如 arbor 就可以同時用這兩個角度來看）：，最後，它讓我們假設把名稱和事物串連起來是一個非常簡單的過程——這假設錯得離譜。但這天真的想法卻指出了一個道理：語言單位是一個雙重的實體，其組成靠兩個元素的聯結

……

語言符號所結合的不是事物和名稱，而是觀念和聲音意象(sound-image)。後者不是物質性的聲音或純粹的物理現象，而是那聲音在心理上所留下的印記，在我們感官上所留下的印象。聲

音意象是感官的，而且如果說聲音是「物質性」，也是相對於「概念」這一較為抽象的用語而言。我們觀察自己的話語時，聲音意象的心理特徵變得明顯。我們不必張嘴動舌便能跟自己說話，或在腦海裡吟讀詩文。由於我們已把我們語言裏的字都看作心理上的聲音意象，因此我們最好不要說字是由「音素」（"phonemes"）所組成。「音素」表示的是嗓音的活動，因此只該用來描述口語和在說話當中把聲音意象具體表現出來的過程。為了避免誤解，當我們運用聲音(sounds)與音節(syllables)這些用語的時候，我們應該記得這些用語指涉的是聲音意象，才不致產生誤會。

語言符號因此是一個雙面的心理實體，可以用以下的圖形表示：

觀念

聲音意象

這兩個元素緊密的連接在一起，兩者相互呼應。當我們要找出那拉丁字arbor或拉丁文裡面用以命名「樹」這概念的那一個字的時候，很明顯的只有這語言容許的那些組合才能成立，而我們根本不必理會其它組合。

我們對語言符號所下的定義衍生出一個有關術語方面非常重要的問題。我們稱概念與聲音的組合為符號，但在當今的用法上，這個詞一般只用來指涉聲音意象，例如arbor這一個字。人們往往忘記了arbor之所以能稱為一個符號，只因為它帶著「樹」這個概念；換言之，聽覺的部分指涉了整體的概念。

「樹」 

arbor arbor

如果這裡所涉及的三個觀念被賦予不同的名稱，三個名稱之間既相對也相依，那麼就不再會含混不清了。我建議保留符號(sign)一詞來表示整體，意旨(signified)用來表示概念，意符(signifier)則表示聲音意象；後兩者的好處是可以闡明它們之間的分野，也同時可區分它們與整體之間的差異。至於符號一詞，我覺得很合用，因為我想不到任何可替代的字眼，日常用語中沒有更合適的了。

以上所界定的語言符號有兩個基本特點。在闡述這些特點的同時，我也會指出任何有關這方面研究的基本法則。

法則一：符號的武斷性

意符與意旨的結合是武斷的(arbitrary)。因為符號是意符與意旨的結合，所以我可以說：語言符號是武斷的。

「姊妹」(soeur)這概念跟「s-o-r」這一串聲音所形成的法文意符沒有任何內在關係；它可用

任何聲音來再現。在不同語言中這概念以不同聲音出現，而且不同語言也同時存在這種種事實，正好證明這點。譬如，「牛」這意旨在這裏的意符是b-o-f，而在另一個地方它則是o-k-s(Ochs)。

符號的武斷性這一原則是毋庸置疑的，但人們往往發現真理容易，要認清它的重要性則比較困難。法則一主宰了有關語言的一切研究，影響甚廣。當然不是每一種影響都清楚易見，我們常常要繞一大圈後才發現這法則的根本重要性。

這裡順帶說明一下：當符號學變成一門有系統的科學之後，我們必須考慮一個問題，就是符號學研究的範圍是否包含所有以自然符號為基礎的表達模式（例如默劇）。假設這門新科學包含那些，它的主要任務仍然是根據符號的武斷性來研究系統整體。事實上，社會上所使用的每一種表達模式原則上都建立在集體行為之上，或是說，建立在成規(conventions)之上。舉例說，雖然禮貌出之於某種自然表達方式（如中國人對皇帝要在地上九叩首），但它畢竟有固定的規則。完全武斷的符號比其它符號更能表現符號運作的典型模式。這就是為什麼語言這最複雜最普遍的表意系統也是最典型的符號系統；這樣說來，語言學可以成為所有符號學分支中的藍本，雖然語言只是眾多符號系統中的一員。

象徵符號(symbol)有時候被用來指涉語言符號，或我們這裡所稱的意符。這樣去使用象徵符號一詞與法則一相抵觸。象徵的一項特點是它不完全是武斷的；它不是空的，因為它暗示著意符和意旨之間存在著一種自然關係。天秤用來象徵公平正義，這天秤不能隨意用其它符號代替，譬如說馬車等。

武斷性這一個用語也需要一些說明。這用語並不暗示說話者可任意選擇意符（我們在下面將會看到，一旦符號已被語言群體所接納，個人再沒有能力去改變任何一個符號）；我的意思是說意符的選擇並非隨人喜好；就是說，實際上意符和意旨之間沒有必然的關係，而是武斷的……

法則二：意符的線性特質

意符是聽覺層面的，隨著時間展延開來，與時間的關係衍生出以下的特色：(1)它占據一時間段落；(2)這時間段落可用單一的象限去量度，它是一條線。

雖然法則二相當明顯，但語言學家顯然忽略了它，往往因為它太簡單而沒有把這法則指出來。但是它是根本的特點，和法則一同樣重要；語言的整個機制依靠它運轉。相對於視覺意符（如海事符號）來說——視覺意符可同時出現多重象限——聽覺意符則只有時間這一線性象限。意符的元素依次出現，形成一串。這特點在書寫時更為明顯，空間性線狀的圖形替代了時間性聲音的延伸。

有時候意符的線性特點並不容易被理解。舉例說，當我們強調某一音節時，好像在同一點上同時呈現多種面貌。但這只是錯覺；這一音節和其強調的語氣只構成單一的語音活動，在這活動中沒有雙重性，只有其與前面和後面音節之間的對應關係。

符號的不可變動性與可變動性

不可變動性

雖然意符在與概念相配對時表面上是可以任意選擇的，其實在一個語言群體中它是固定的，不能隨意變動。在這回事上，群眾沒有說話的餘地，而一個語言所選擇的意符不容許其它意符所取代。這看似矛盾的事實可以說是「被註定的選擇」：我們對語言說：「選吧！」但我們接著說：「一定要選這一個符號，不能選別的。」任何人——不管他如何刻意去做——都無法去改變已被決定了的選擇；況且，群體本身也無法控制任何一個單字；群體也受制於語言。

因此，語言不能再被看作是一紙單純的契約，語言符號也變成別具特色的研究對象。語言的例子可證明一個群體所接受的各種規範是自外強加其身上的，而不是大家自願接受的。

首先讓我們看看，為什麼我們無法控制語言符號，然後探討這現象所帶來的後果。

不管我們探討哪一個時期，不管年代多久遠，語言永遠像是前一個世代所遺留下來的遺產。我們可想像在過去某一刻有人把名稱加於事物之上，在概念和聲音之間形成一契約；但這一命名的動作並沒有被記錄下來。我們為何會相信這樣的命名動作曾經發生過呢？因為我們深刻體會到語言符號是武斷的。

事實上，任何社會的語言都是從前的世代所遺留下來的，社會也別無選擇地接受。因此語言起源的問題不像一般所認為的那樣重要。這問題根本不值一問；語言學唯一真正的研究對象是現存一般所使用的語言。任何特定的語言狀態都是歷史因素的產物，而這些因素正好解釋了為什麼符號是不能變動的，換句話說，為什麼它抗拒任何任意的替換。

當我們指出語言是繼承而來的時候，我們似乎並沒有解答任何有關語言的問題。難道繼承而來的成規就不能隨時被修改？

要回答這個問題，我們必須把語言放在其社會背景之上，正如我們探討其它社會體制時，一定會把它放在社會的框架裡一樣。社會體制是如何一代傳一代的？這範圍更廣的問題包含了有關語言的不可變動性。我們首先必須弄清楚其它社會體制究竟享有多少自由；在每一個例子中，我們可看到社會上固定的傳統和自由行為之間的比例各不相同。接下來，我們要去了解為什麼在某些個案中某些因素比別的因素更重要或較不重要。最後，回到語言本身，我們必須問為什麼傳承的歷史因素完全主控了語言，並禁止任何突然、全面的改變。

這個問題有許多可能的答案。例如，每一相連的世代不像一件家具的抽屜那樣清清楚楚的一個疊一個，而是相互融合，相互貫穿，每一個世代同時都有不同年齡的人存在——結果是，語言的變化跟世代的交替沒有直接關連。我們也可以從學習母語所需的努力來推斷語言的大幅改變是不可能的事情。而且，人們運用詞彙時並不思考，他們大部分大抵上對語言規則也不甚了解；既然不了解，他們又如何去改變？就算他們了解這些規則，我們也可以肯定的說，他們的理解很少會促使他們去挑剔語言的規則，因為一般而言人們對於所接受的語言都感到滿意。

以上這些考慮都很重要，但並沒有觸及重點。以下幾點更基本而直接，其它一切以它們為依歸。

(1)**符號的武斷性**：前面提及符號的武斷性讓我們必須接受理論上語言是可以變動的；進一步的探討，我們卻發現符號的武斷性事實上卻使人們避免嘗試修正語言。就算人們已經非常了解語言的運作了，他們也不知從何談起。理由很簡單，任何被討論的對象一定要具備合理的基礎。舉例說，我們討論一夫一妻制是否比較合理時可提供不同論點去支持正方或反方。我們也可以討論某個象徵系統，因為象徵與實物之間有一理性的關係。但語言是一個武斷的符號系統，缺少討論所需的基礎。我們看不出為什麼我們一定要用soeur而不是sister來表示姊妹，或用Ochs而不是boeuf來表示牛。

(2)**任何語言的構成都需要大量不同的符號**：這也防止了語言的改變。一個書寫系統若只由二十至四十個字母組成的話，那它很可能會完全被另一個系統取代。同樣的道理，如果語言只具備有限的符號，也會被取代；但語言符號是無限的。

(3)**系統的複雜性**：語言是一個系統，在這一方面來說（我們下面會再作討論），語言不是完全武斷的，而是具備某種邏輯的；也因此，群眾無法改變語言的原因就很明顯。這系統是一個複雜的機制，要理解它必須透過分析；但平常用語言的人卻對此機制一竅不通。語言的改變看來只能透過專家、文法家、邏輯家等的介入，但經驗告訴我們這樣的介入全都失敗了。

(4)**集體慣性抗拒改變**：語言——比其他——在任何時候都是所有人的牽掛；它滲透社會卻也被社會所操控；人每日必用語言。我們很難將它與別的體制比較。法律程序、宗教儀式、海事訊號等都只在一特定時空裏牽涉某一群人；相反地，語言卻是所有人無時無刻都在參與的系統，這也是為什麼它不斷地受所有人影響。這個重要事實也足以說明為什麼大幅變革是不可能的。在所有社會體制裏面，語言最不受創造力影響。它與社會的脈動結合，而社會本身的慣性便構成了一股主要的保守力量。

但是，單憑語言是社會力量的產物這一點並不足以清楚說明語言是如何受到約束。要記得，語言是以前的世代所遺留下來的，我們要補充說明的是，這些社會力量與時間息息相關。語言不單受集體力量所約束，也受時間約束。這兩者密不可分。與時間的緊密結合無時無刻地約束了選擇的自由。我們用「人」和「狗」這兩個字，因為我們祖先也用同樣的字。武斷性容許自由選擇，而時間卻固定了這些選擇——這兩股相對的力量之間存在著一種連繫。因為符號是武斷的，所以只遵照依循傳統規範，也因為它建立在傳統之上，所以是武斷的。

可變動性

時間保證了語言的延續，也同時產生另外與此相反的影響：語言符號改變頗為快速。因此我們可以說可變動性與不可變動性同為語言的特徵。

徹底分析起來，這兩個因素互為表裡：符號可以變動是因為它不斷地在時間裡移動。但所有的改變當中最顯著的特徵是舊的實質堅持原狀；只是面貌改變。所以說，變動的原則是建基於延續性這原則之上。

隨著時間所作的改變以不同形式出現，每一種形式足以成為語言學裏重要的一章。這裡不作細節討論，但我們要指出以下重點：

首先，我們必須弄清楚「改變」這一個詞的意涵。有人或許會以為它專門指意符的語言改變，或是意旨概念的意義改變。這樣的觀點不夠周延。無論改變的力量為何，不管這力量是單一或多面的，所改變的永遠是意符和意旨之間的關係……

語言本身無法抵擋那股不斷改變意符和意旨之間關係的力量，這是符號的武斷性本質必然帶來的後果。

人類其它體制——如習俗、法律等——與語言不同，它們或多或少與事物有著自然的關係；它們要達到某種效果，就必定要透過某種特定的方式。就算是時裝也不全然是任意的，因為我們只能稍稍偏離適合身體所需的形式。語言則不受任何形式限制，因為沒有東西可以阻止概念以任何聲音作表達。

為了要強調語言只不過是眾多體制中的一種，惠特尼(Whitney)正確地指出了符號的武斷性，從而指引了語言學的正確方向。但他並沒有作進一步的探討，因為他忽略了這武斷性其實已把語言從其它體制中區分出來。這點從語言的進化過程中得到證明。既然它是社會力量及時間的產物，沒有人能改變它；另一方面，其武斷性理論上卻賦予它自由去建立聲音和概念之間的關係。其結果是兩者之間的結合維持著一種無法比擬的生命力，這般影響著聲音和意義的力量掌控著語言的改變或進化。這進化過程是不能避免的；沒有任何一種語言能抵抗它。經過一段時間之後，某些明顯的改變總會出現。

可變動性是如此不可避免，甚至一些人工創造的語言(artificial language)也是如此。任誰創造了一種語言，創造者的掌控也僅限於這語言還未流通使用之前。一旦它成為群體用以溝通的語言，創造者對它的掌控便告消失。以十九世紀末在歐洲出現的人造國際語言Esperanto為例，如果這人造語言成功的話，那它能躲過這鐵一般的定律嗎？一旦Esperanto被運用後，它極可能便完全進入符號學的生命歷程；它會按照某些原則流傳，而那些原則跟當初創造這語言時的原則一點也不相同，而且這語言也無法被還原。要一個人創造一種語言讓後人全盤接收，就好比要一隻雞去孵鴨蛋一樣：他所創造的語言將被吞噬一切語言的水流載走，不管你喜不喜歡。

符號按照一般符號學的原則運作：在時間中的延續跟在時間中的改變結連理。

※本文出處：Saussure, *Course in General Linguistics*. New York: McGraw-Hill, 1964 [1916]. Excerpted from pp.9-17,65-76. Reprinted with permission of Philosophical Library.

譯者：陳志清

2 Culture and Society

文化研究途徑：功能論

科學之規範結構

The normative structure of science

羅勃・莫頓 (Robert K. Merton)

價值體系與民主制度

Values and democracy

李塞特 (Seymour Martin Lipset)

90

科學之規範結構

作者：羅勃・莫頓（Robert K. Merton）

在此，我們關照科學的文化結構，也就是特別針對科學的體制面向做討論。因此，我們要探究的不是科學的研究方法，而是界定科學方法的成規。可以確定的是，方法論上的典律(canons)同時也是技術上的手段和道德上的驅策，但是在此只有後者才是我們討論的焦點。這是一篇有關「科學社會學」(sociology of science)的論文，而不是方法論的漫談。同理，我們將不處理科學的實質發明(如：假設、定律、法則)，除非它們與社會上對科學的一些標準的觀感有關。本文不是一篇博學式的探索。

科學精神(ethos of science)

所謂「科學精神」，乃是一連串具有感情成分、限制科學研究者研究取向的價值觀與規範。展現這些規範的形式包括「指示」(prescriptions)、「處罰」(proscriptions)、「偏好」(preferences)以及「認可」(permissions)。它們都是透過一些體制化的價值觀而取得正當性。這些規定由法則和典範加以傳遞，並且以制裁的方式加以強化，使得科學家在不同的程度上都能將之內化，因而形塑出他的「科學良知」，或者，用近來大家所偏好的詞彙來說，他的「超我」(superego)。雖然科學精神並未形成具體的法典，但是我們仍然可從三個層面加以推論——它們表現在科學家的運用及習慣中的道德共識、無數篇有關科學精神的著述以及違背科學精神所必須遭受的道德譴責。

對現代科學精神進行檢視，只不過是為一個更大的問題做一極為有限的引言，亦即用比較性的方式研究科學的體制結構。雖然目前彙集必要之比較性材料的專題論文數目不多而且分散，它們仍舊提供了某種基礎，使我們得以暫時斷定「融合了科學精神於其中的民主體制為科學提供了發展的機會。」這並不是說，科學所追求的只限於民主體制。其實，各種不同的社會結構或多或少都提供了科學發展所需的支持。我們只需記得：塞門多學院(Accademia del Cimento)是由兩位邁迪西(Medici)前輩資助而成立的；查爾斯二世(Charles II)之所以在歷史中引起注意，是因為他核准成立倫敦皇家學會(Royal Society)，並且還資助格林威治天文臺的設立；在寇柏(Colbert)的建議之下，法王路易十四世贊助建立科學院(Academie des Sciences)；弗德瑞克一世(Frederick I)在萊布尼茲(Leibniz)的敦促之下，設立了柏林學院(Berlin Academy)；而聖彼德堡科學院則是由彼德大帝所設立（以此駁斥「俄國人是野蠻民族」的觀點）。但是，這些史實並非意謂著科學與社會結構之間的聯結是漫無章法的。我們要更進一步追問，科學的成果與科學發展的潛力兩者的比例為何。的確，科學在各種不同的社會結構中，都能有所發展，但是，到底那種社會結構，才能提供一種體制的情境，使科學得以全面而完整地發展？

體制為科學所設定的目標，在於擴展已獲得認可的知識。為達成此一目的所採用的技術方法，對知識做了相關的界定：知識被視為是和實際經驗相符，以及在邏輯推理上前後一致、具有規律性的陳述（就其效用而言，就是所謂的「預測」）。某些特定的目標與方法，形成了體制上的規定（亦即「慣例」）。而技術與道德規範的整體結構則設定了最終的目標。關於（合適、可靠的）經驗證據的技術性規範，決定了某種預測是否能維持其「真」；而有關邏輯推理的技術性規範則是系統化、有效的預測的先決條件。科學慣例本身在方法論上自有其合理性，但仍不免有其制約性的面向，因為它們不只在程序上具有效率，它們更「被認定是」正確的、良善的。也就是說，它們同時是技術性與道德性的成規。

有四組體制上的成規構成了現代科學的精神；包括：普遍主義(universalism)、共產主義(communism)、無私性(disinterestedness)以及組織化的懷疑論(organized skepticism)。以下將個別進行討論。

普遍主義

普遍主義可以用典律來說明：真理的主張不管其來源為何，都必須屈從於先前所建立的、無我的批判標準：符合觀察結果以及已被確認的知識。科學的主張，或被接受或被排斥，並非由提出者個人或社會的因素所決定；也就是說，種族、國籍、宗教、階級和個人特質都是不相關的因素。客觀性(objectivity)無法容納個別論(particularism)的存在。在科學的領域裏，所謂「經過科學證實的陳述」，指的是客觀的前後推演過程與關聯，這使得所有以個別論做為判定標準的嘗試都無法有結果。哈柏(Haber)的方程式不會因為紐倫堡的判決，而失去效力，而一個反英分子也無法駁斥地心引力定律。一個沙文主義者，也許會從教科書中刪除一些外國科學家的名字，但是這些科學家所做的陳述，對於科學與技術而言，仍是無法偏廢的。不管最後所產生的利益，是道地德國的或百分之百美國的，一些外來者對於提升科學，仍有其輔助的功能。普遍主義的規定，正是深植於科學的這種無私的特性中。

然而，科學體制隸屬於範圍更大的社會結構，此二者並非都能完全融合在一起。當更廣泛的文化反對普遍主義的立場時，科學精神立刻面臨一種緊迫的局面。族群中心主義(ethnocentrism)與普遍主義是不相容的。特別是在國際紛爭不斷的年代裏，當整個形勢格外強調對國家民族的效忠時，科學家就得同時面對科學的普遍主義與族群中心的個別論兩種相互衝突的命令。科學家在哪一種形勢結構之中找到自我，也就等於決定了他所必須扮演的社會角色。科學家可能就此變形為戰士，一切由不得自己。因此，由九十三位德籍科學家和學者在一九一四年所發表的宣言——其中包括了拜耳(Baeyer)、布雷塔諾(Brentano)、艾力希(Ehrlich)、哈柏(Haber)、梅耶爾(Meyer)、奧茲瓦特(Ostwald)、普蘭克(Planck)、許慕樂(Schmoller)以及瓦瑟曼(Wassermann)——開啟了一場論戰，使得德國、法國和英國的科學家以科學為名，大行政治爭鬥之實。一些冷靜的科學家則是大力抨擊羅織所謂「敵人的罪名」、控訴民族主義的偏見、兩面奉承、理智上的不忠實、創造力不足等。但是在悖離普遍主義規範的同時，恰好也展示了規範的正當性。因為國族主義的偏見，只有在普遍主義的標準衡量之下才會顯得可恥；換成在另一種體制的脈絡之中，則可能會被重新定義成一種美德——愛國情操。因此，在譴責罪行的過程中，不過再次確認一些體制上的成規而已。

即使是承受了反向的壓力，各國的科學家仍舊直接明白地信守著普遍主義的標竿。在科學領域中，國際的、無私的、隱姓埋名的特性再次被肯定，而否定規範被視為是信仰的破裂。

「所有職位都必須開放給學有專精的人士擔任」，此一要求也展現了普遍主義的精神。而衡量的標準則取決於各個機構所設定的目標。除非是基於能力不足的理由，否則任何對於科學家生涯的限制，都只會使知識的提升產生偏私。「自由自在地追求科學成就」是一項功能性的指令。權宜便利也能與道德規範相吻合。因此才有查爾斯二世反常地以科學常規做後盾，抨擊皇家學會將一位叫做葛隆特(John Graunt)的政治精算師除名，以及他所做的訓示：「如果他們能夠再找到如此的生意人，他們一定馬上加以收容，不假思索。」

在這裏，我們又再次驗證了科學精神不見得一定與大社會的思潮完全一致。科學家們也有可能接受社會階級化的標準，將劣勢階級排除在他們的行列之外，完全不考慮能力與成就之高低。但是這也造就了一種不穩定的形勢。精密的意識形態因此應運而生，掩飾階級分化的成規與科學體制的目標兩者之間的衝突。弱勢階級必定被視為先天上就不具備從事科學工作的能力，或者，至少他們的貢獻一定是有系統地受到貶抑。因此，我們會看到如下的陳述——「從科學史可以得到證明，物理學研究的開創者以及自伽利略和牛頓到當前的物理學前輩等偉大的發明者，幾乎全都是雅利安人（Aryans），特別是日爾曼民族。」——像「幾乎全都是」這樣的修飾語，被認為不具有足夠的基礎，來否定所有異族在科學領域中也能有所成就。於是就形成了「好」科學與「壞」科學的概念，使意識形態更加圓滑：雅利安人以事實為依歸的實用科學，與非雅利安人教條的、講究形式的科學，形成了強烈的對比。或者，有些科學家被排斥的理由是因為就「科學以外的能力」而言，他們是國家或教會的敵人。因此，在一個大致背棄了普遍主義標準的文化裏，中堅分子對於身處科學領域必須服從其中的價值觀，可說是倍感侷促。普遍主義在理論中獲得肯定，在實務上卻受到壓制。

不管在實踐上有多困難，民主精神必然包涵了普遍主義，而且將它當成是指導原則。所謂的「民主化」，等同於逐步消除一些限制運用與發展具有社會價值的因素。開放式民主社會的特質，在於衡量成就的標準是無私的，不是固定的社會地位。只要那些限制因素持續存在，它們必定會被視為是邁向完全民主化過程中的障礙。因此，只要放任式的民主體制容許某部分的人口累積「不同的」利益（不是因為能力差異而產生的「不同」），民主的進程必然導致政治威權所發揮的規範作用越來越大。由此可見，政治機器必須要能夠實踐民主的價值觀，並且維持普遍主義的標準。

共產主義

「共產主義」是構成科學精神的第二元素，在此取用它非技術性的意義，並且涵蓋「共同擁有物品」的引申義。科學的實質發明是社會合作的產物，歸屬於整個社會群體。這些發明構成一種共同的遺產，個別的創造者只能獨占極有限的價額。有些定律或理論雖然冠上專有名詞，但是並沒有因此而成為發明者或他們的繼承人獨享的財產，或者賦與他們特別的使用權和處置權。在科學倫理的法則中，幾乎沒有多少人可以擁有科學財產權。即便是體制的運作效率不高，科學家所宣稱「他的」智慧「財產」，也僅止於「認可」與「尊重」的範圍，且大致上與公共知識的基金所產生的利益增值不相違背。創始者的名位，例如哥白尼體系(Copernican System)、波以耳定律(Boyle's law)，只不過是一種記憶與懷念的設計而已。

當體制所重視的「認可」與「尊重」被當成是科學家在他的發明中唯一擁有的財產權時，對於科學優先權(priority)的關注，就成了一種正常的反應。在整個現代科學史中，之所以間歇出現一些關於優先權的紛爭，是因為體制想占有原創地位；因此就產生了一種競爭性的合作。所競爭的產品被公有化，「尊重」則歸創造者所有。國家獨占了優先權；而每當科學的國度中出現了創新的發明，就會被冠上國家的名位：我們只需察看「到底是牛頓或萊布尼茲發明微積分」

這個紛爭就不難了解國家所欲扮演的角色。但是這一切並未衝擊到科學知識作為一種共同財產權的地位。

科學被體制定位成公共領域的一部分，這與要求科學家將發明公諸於世的命令是相關的。「私密性」(secrecy)是此一規範的對立點，而完整且公開的傳播才符合要求。體制的目標如果在於擴展知識領域，而獲得「認可」的誘因也附加在發表的行動上，散佈研究成果的壓力在在會被強化。當某個科學家沒有與同行共享其重大發明時——就像是卡文迪(Henry Cavendish)的例子所示——必然會引發一些頗令人玩味的反應。他或許會因為他的天賦和謙卑而博得尊敬；但是就體制面來看，依據共享科學財富的道德義務的觀點而言，他可說是嚴重地誤用了他的謙卑。雖然赫胥黎(Aldous Huxley)在科學界算是個生手，但是他對卡文迪的評論卻不失洞見：「我們尊崇他的天賦，卻也避免不了對他的責難；我們覺得他是個自私的、反社會的人。」赫胥黎所用的稱呼語，特別能夠顯示出體制的明文規定已遭受破壞。或許這樣的破壞行為不代表某種隱祕的動機，但是科學發明無法公諸於世，卻是應該受到譴責的。

科學為公共所有的特性，更加反映在科學家的體認上；他們依附在一種不為自己所獨占的文化遺產之上。牛頓說：「如果我看得更遠，那是因為我站在巨人的肩膀上。」這樣的註腳表達出一種對文化遺產的依賴，也顯示出體驗科學成就是必須透過合作、經過篩選累積而成的。科學天才的謙卑不僅在文化層面上是合乎規範的，同時也是因為他了解到科學的進步，包涵了過去與現在不同年代間的合作。耽溺於一種神話的歷史觀之中的是卡萊爾(Carlyle)而不是麥思威(Maxwell)。

將科學定義為「資本主義經濟中的私有財產」，無法與科學精神中的共產主義相容。目前有關「科學的挫敗」的一些著作反映了這種衝突。「專利權」的概念宣示了使用權利的獨佔與禁制。壓制發明，等於否定了科學生產與擴散的衡量標準。這可從法庭在美國聯邦與貝爾電話公司的訴訟案中所做成的判決看出：「所謂的那些發明者，就是發明了某些具有價值的事物的人。他所發明的產品絕對是他個人的財產。他有權不讓大眾了解他的發明。」對於這種衝突狀況，已有各種不同的反應。有些科學家採取防禦措施，為他們的發明申請專利權，以確保大眾之使用。愛因斯坦(Einstein)、麥利肯(Millikan)、康普登(Compton)以及藍穆爾(Langmuir)都已取得專利權。許多人都敦請科學家振興經濟企業；另有一些人則提倡社會主義，以解決衝突。這些建議——包括要求經濟回歸科學發明的方向、以及改造社會體系以便使科學得以順利發展——都反映出關於智慧財產的各種相互衝突的概念。

無私性

科學如同一般的專業領域，包括了一種體制的元素，亦即「無私性。」所謂的「無私性」，不能等同於「利他主義」(altruism)與帶有自我主義的圖利行為。這樣的聯結，混淆了分析過程中「體制」與「動機」兩個不同的層次。熱愛知識、莫名的好奇，以及關心人類整體的利益和其他的動機，都被歸結為科學家的特質。去探索某些明顯的動機是錯誤的。因為表現出科學家行為特徵的各種動機，是由體制內一種特殊的模式加以控制的。只要體制所要求的是無私的投入，而且假設科學家已將此規範內化，那麼不服從的時候，就必須遭受制裁和面對自己的心理衝突。

在科學年鑑中找不到虛假——這和其它領域的記錄相比顯得極為特殊——原因有時可歸究於科學家個人的特質。是否這種說法，等於在暗示科學家是道德尊嚴異於常人的一群，我們找不到令人滿意的證據來證明事實是否真的如此；或許，我們可以從科學本身的某些特性，找到一個更可信的解釋。因為科學研究講求可驗證的結果，因此它必須接受其他專家的確認才得以成立。換言之——這種說法或許會被認為是大不敬——科學家的活動必須接受嚴格的管制，其程度或許是其他領域的活動無法相比的。對於「無私性」的要求，在科學的公共與可測試的特性中，有其穩固的基礎，我們或許可以推測，這種情況必須歸因於科學家本身的正直。然而，科學的領域充滿了競爭，「優先性」更被當成是衡量成就的標準，這使得競爭更為激烈；這種競爭的情境或許會產生一些誘因，使科學家可能運用一些不當的手段，企圖凌駕其他對手。但是整體而言，偽造出來的聲名，被看成是可鄙又沒有效用的。唯有將無私性的規範付諸實際行動，才是科學家博得同儕信賴真正的基礎。社會化的意見和權宜策略兩者之間大致都可吻合，而造成這種情形的原因，在於體制的穩定性。

從這些推論中，我們可以認為：科學領域不同於其他專業領域。科學家並不會像醫生與律師那樣面對外行的顧客。因此，科學家們也就不可能去利用那些外行人的輕信、無知與依賴性。相較於其他「服務性」的職業，在科學領域中比較不可能產生詐欺、謊言、不負責任的說法（吹牛）等現象。一旦科學家與外行人之間的互動關係變得不可超越，必然會發展出一些逃避科學成規的誘因。當符合資格的科學家們所操控的管制架構失去效力時，專家的權威就會遭受貶抑，一些「偽科學」甚至會大行其道。

在外行人的評估下，科學的聲望和它崇高的道德地位，主要來自科技的成就。每一種新科技都驗證了科學家的正直。科學實現了它自身的主張。然而，科學的權威可能被利用，事實上也被利用，以達成某些帶有利益色彩的目的，因為外行人根本無從分辨真與偽的權威。對於一個沒受過教化的外行人而言，極權主義者針對種族、經濟或歷史所做的一些看似具有科學性的宣示，和報紙中關於宇宙擴張與波動力學的報導，並沒有什麼差別。在這兩個例子中，事實真偽無法辨識，甚至可能違背常理。神話對一般大眾而言，似乎比經過考驗的科學理論更可信，當然也更容易理解，因為這些神話較接近日常經驗與文化偏見。因此，或許是科學所造成的後果，大部分的人開始懷疑一些用科學術語加以包裝的新神祕論。一些非科學性的教條借用了科學權威之後，多少都會獲得一些聲望。

組織化的懷疑論

「組織化的懷疑論」與其他科學思潮的組成元素，分別有著不同的聯結關係。它同時是方法論和體制上的要求。以實證和邏輯準則為基礎、暫時中止個人主觀的判斷、並且對於「信仰」保持距離加以審視，這些都使得科學有時會與其他體制產生衝突。科學質疑所有與「事實」有關的問題，包括潛在的可能性，涵蓋自然與社會的每一個層面——因此在處理相同的資料時，科學或許會與其他領域的態度見解產生衝突，因為其他體制早已具體處理過那些資料，甚至已將之套用在儀式化的規範之中。然而，一位科學研究者不會去區分神聖與世俗，或者區分何者必須全然地敬重、何者可以做客觀的分析。

正如我們所提出的，這種狀況是反抗所謂科學「入侵」其他領域的源流。來自於組織化宗教的反抗，相較於今日經濟與政治團體的反抗，已顯得較不重要。某些科學的新發現，或許可能會使教會、經濟或國家領域中的某些教條失去效力，但這並不見得是產生對立的主要原因。反而是因為懷疑論被廣泛地、經常是模糊地認定，因而威脅到當前的權力分配。只要科學將研究範圍，延伸到一些早已存在著體制化的態度的新領域，或是其他體制將控制領域延伸到科學，衝突便因此更加劇烈。在現代的極權社會中，反理性主義與體制控制權的集中化，都限制了科學的活動範圍。

※本文出處：Merton, "Science and Technology in a Democratic Order." *Journal of Legal and Political Sociology* 1 (1942): 115-26.

譯者：**黃涵榆**

102

價值體系與民主制度

作者：李塞特（Seymour Martin Lipset）

如果我們要比較各國價值體系，首先必須能將各國價值體系加以區別及分類。社會學者帕森斯(Talcott Parsons)曾提出一套有用的分類方法，即「模式變數」(pattern variables)的概念；此概念從董尼斯(Ferdinand Tonnies)區分「社群」(community)和「社會」(society)的古典分類中延伸出來。古典分類法主要是將兩類不同傾向的價值體系加以區分——一類傾向小範圍、傳統並經統整過的主流價值體系（即德文Gemeinschaft所指）；另一類則傾向大範圍、次要但多元的價值體系（即德文Gesellschaft所指）。本文所運用的模式變數主要涵蓋三類價值區分，分別是——「成就」與「命定」的區別(achievement-ascription)；「普遍性」與「獨特性」的區別(universalism-particularism)；以及「明確」與「模糊」的區別(specificity-diffuseness)。一般社會價值體系評定個體表現並加以定位時，主要運用兩種評定方式：一種是強調個體的卓越能力與成就，另一種則凸顯遺傳或其他先天特質（如種族、出身名門等），所造就出的個體成就；此即成就／命定所代表的不同著眼點。第二類區分模式中，「普遍性」是強調所有的社會分子應該依據相同的標準得到同等的待遇，如法律之前人人平等所代表的意涵。而「獨特性」的著眼點在於凸顯個體之獨特性，依其不同特質及不同身分，給予不同的待遇。第三類區分模式亦是著眼於如何看待個體；「明確」的概念強調依照個體在社會中占有的特定位置加以對待，而非籠統地將其視為具有群性的社會成員。

「模式變數」可分析社會現象的細微差異

社會學中一些舊有的二分法，如鄉村／城市(folk-urban)、機械／有機體(mechanical-organic)、主要／次要(primary-secondary)、整合／多元(Gemeinschaft-Gesellschaft)等分類，相較於巴氏的模式變數皆略遜一籌。模式變數是一種細膩的分類法：兩個經濟發展、社會複雜度相仿的國家，社會價值體系亦同樣發展至整合／多元並存狀態，巴式的分類模式仍能夠區別兩個國家價值結構的差異。此外模式變數也能夠描述單一社會中的差異。比方說，在某一社會中，其家庭結構傾向為具有特定屬性(ascriptive)且獨特性高(particularistic)，然其市場經濟結構卻發展為強調成就及普遍性(universalistic and achievement-oriented)的模式。此種差異所代表的意涵是：一個社會中親族的關係愈弱，這個社會便愈強調個人能力的重要。

以政治上較不穩定的法國、德國為例，這兩個國家的價值體系與美國、英國有諸多相似之處。法國自一七八九年的大革命之後，便採行美國發展出來的價值模式，如：講求能力及平等原則(achievement and equalitarianism)、訴諸普遍化及明確性(universalism and specificity)。正如美國的「獨立宣言」所訴諸的精神一般，法國革命中的「人權宣言」便是由上述的概念所迸發的一套信念。德國和英國的情形相仿；兩國在十九世紀皆面臨來自經濟上及社會上新興社群的龐大壓力，但兩國並未如美、法形成一次訴諸新價值觀的社會革命。德國的因應之道在於修改現存體制，並開發多元的價值模式來承載區分趨細的層級體系(hierarchical systems)，這些作法皆與英國相似。儘管如此，由於大革命的力量並不足以在主要社群間形成一致的價值觀，因此法國的進展仍不同於美國。而德國新的混合價值體雖然有力，卻和維繫一個非威權式的穩定政體格格不入。

法國社會的基本價值觀難以分類，泰半是由於社會上主要社群間所奉行的價值觀差異甚大，使得政治常呈緊張狀態。這種內部的分裂起因於法國大革命；革命的結果並未成功地消弭舊有的訴諸威權、命定等價值觀，亦未去除支持舊有價值體系的機構，如教會。因此，法國大部分的中產階級在階級和經濟方面支持大革命，卻又無法全盤棄絕傳統價值。①

法國社會的兩套價值體系：
經濟上傾向傳統價值，政治上傾向民主制度

相較其他工業國家，法國在工商業的發展上保留了較多的傳統價值。許多法商的經濟政策

在於保持家族的地位和財富，因而較不願冒險與他人競爭。中產階級亦趨向保守作風，強調維持現存企業的穩定，經濟發展的潛力因而受限。一般法國的雇主（尤以小工廠最為顯著）總企盼員工擁有高度的忠誠度。在歷史的演變中，法國的工業一直企圖剝除工會的代表權，在不得不釋出權利給工會的代表時（這意味著承認普遍化的價值優於舊有價值），卻認為工會擁有代表權是極不道德的！資本主義本身即帶有普遍化的價值觀，因此法商抗拒釋權的因素比上述的分析更為複雜。如布赫高(Francois Bourricaud)所指出：「中產階級(the bourgeois)的價值觀在中產階級金錢觀與舊有封建體制價值觀之間擺盪。這種曖昧的態度至少為中產階級雇主和員工不睦的現象提供了部分解釋」②。

除了雇主的立場之外，法國的勞工階層又是持何種態度呢？一般說來，勞工們大多以行動支持革命的主張；無法從行動上支持的人則至少在意識形態的層面上支持革命的理念，相信訴諸個人能力、平等與普遍性(achievement, equalitarianism, universalism)等價值。儘管在其他國家出現過相當個人色彩的變動，但在法國，個人或群體展開任何活動皆被視為極不道德的行為。中產階級十分厭惡勞工階級透過集體運動來改善自我的生活的方式，因此強調各地區應配合自身需求來發展工會型態(local particularism)，以此來防止各個工會串連成一個強大的全國性組織。發生在一九三九年九月至一九四〇年五月間的「假戰爭」(the "phony" war)，正足以說明雇主對工會的拒斥。在「戰爭」期間，法國的企業們透過組織化的運作廢止工會所有的權利。

在蓬勃的經濟體中仍堅持傳統價值，不但阻礙「訴諸能力」及「普遍化」等概念的傳播，並且使得依據此概念而生的民主國會制度窒礙難行。法國的每一個共和政體皆曾推行這一套民主的價值模式，並給予下層階級參與國會的平等政治權力。其他國家實行勞工參政權之時，皆成功地軟化下層階級的激進態度；而在法國卻未得到同樣的結果，開放國會參政權反而強化了下層階級的抗爭意識。

在法國的文化傳統中，最紛亂的要素來自於前工業時期和大革命後兩套價值觀的分歧。前工業期價值觀主要由上層階級和教會為代表，並持續對經濟發展有一定的影響力；而大革命的理念則影響了政治結構的發展。傳統強調命定、菁英及獨特性(ascription, elitism and particularistm)等概念，促進了不同階級間的政治運作；而革命中所訴求的平等、普遍等原則，造成下層階級不滿自己的社會地位。陶奎維(Tocqueville)針對這個現象作了一個誇大的比方，他說：「我們無法想像人們企盼在各方面皆平等的情況下，卻在某一點上永遠無法平等。因為，人們最終的目標是達成全面的平等」③。

法國的資本主義體制中保留了前工業期的價值模式，但並非所有法國工業皆如出一轍。許多大規模的企業就如同政府的運作一般，出現了官僚體系(bereaucratization)與合理化機制(rationalization)混合並行的現象，如：維繫穩定的權利與義務、有系統地組織威權關係、決策公開化、因分工之故而產生了處理人事的專家等。儘管一般皆預期大規模企業中的勞工較為激進，然而在法國卻非如此；較大且官僚化的企業體系中（大多集中在北方），企業家較願意接受工會是合法(legitimate)的組織這種觀念。因此，北方較少出現共產主義(Communism)或工團主義的主張(syndicalism，主張工廠、企業等應歸其員工所有並應由員工來管理)。在一九一四年之前，社會主義者(the Socialists)在擁有大企業的地區顯得相當強勢，而工團主義則活躍於抱持傳統獨特價值的小企業區域。這種差異也正好佐證兩次大戰的傾向——一次是傾向社會主義；另一次則傾向共產主義。一般說來，二次大戰後的法國政體中，共黨便代表著勞工階層，也幾乎取代了工團主義的勢力。

二次大戰前的法國政治上毫無生氣、國家出生率低、經濟上保守退縮，而戰後卻有極大的轉變。歐陸許多經濟蓬勃、生產消費量皆旺盛的國家，對法國及其他國家影響甚鉅。戰爭期間法國的出生率低於一〇〇（人口複製的比例），自一九四六年後，出生率盤旋在一二五左右。觀察家們認為：「得自於戰爭中的『新人和新觀念』（"new men and new attitudes"）使得法國和其他工業國家有著不同的發展。」霍夫曼(Stanley Hoffman)進一步指出：

在企業、公家單位、專業機構和軍隊等機構中，出現一群所謂的「技術管理階層」("technocrats")，他們是高度工業化和制度化的社會中，一群精於管理的人才。他們本身雖沒有資本，卻能賺進相當高的收入。在這樣的企業模式中，一場管理革命已然形成，並為收益(profits)帶來新的定義。在此概念之下，企業擁有者並不一定是企業的管理者，而公司的勢力也不僅限於擁有者的財富而已。④

法國這樣一幅「新興」("modern" France)的景象似乎不如想像中易於推動。由共黨分子所組成的工會和政黨(CGT)，持續以其勢力來拒斥這個新興模式。所謂「法國」今日政治體制的不穩定正是反映了政治實體承受過大的社會改變，而領導者本身堅持傳統想法，不願妥協。」——此種說法仍待商榷。共黨自一九三〇年代後期至一九四〇年代間所掌握的勞工選民，至今仍支持著共黨，但他們並未得到新的選民，而且還失去不少黨員及工會會員。如果大多數法國勞工仍支持共黨的話，那麼民調中所顯示勞工間的階級分化應該相當低才對，然而事實並非如此。以右派而言，他們是極端反民主（即the Poujadist movement)的倡導者，他們的選民大多來自蕭條的中產階級(the declining middle-class strata)，特別是那些分佈在經濟衰敗地區的中產階級。為什麼有這樣的現象呢？對於那些自身社經地位惡化的民眾而言，常會將此歸咎為社會變動所造成的結果，因此，這群人很容易被「反現行體制」的政治訴求所吸引。如阿爾及利亞戰爭(the Algerian war)所帶來的緊張情勢，其中也包含抗拒現代化的勢力。高樂派人士(the Gul-lists)第五次報告中便指出，將努力使法國的國家政策和價值觀能配和變動中的階級和經濟結構。然而事實上，個體對政治和經濟的忠誠不可能快速消失；因此，存在於政治體系中的各種矛盾衝突，常使政治體本身較其他機構更傾向於抗拒改革。

從法國歷史中檢視形成價值對立的肇因，便不難了解過去的對立如何持續至今。在就業結構中的白領階層可分為兩派——一派是受雇於私人企業的白領階級，另一派是受雇於政府的白領階級。在法國社會中，人們並不會使用「何種白領階級」來指稱這兩派人馬；他們使用兩個迴異的字眼來區分兩派人馬——私人機構雇員稱為 the employé，政府公右員稱為 the fonction-naire——此一現象顯示出兩者的對立其來有自。法國社會學者克洛契(Michel Crozier)對此現象作了如下的描述：

> **我們看到了兩個相對的社會團體；一派主要由銀行、保險等私人企業中的白領階級所組成，稱為元老派(paternalistic type)；而平等主義派(egalitarian type)則是由基層的公務員所組成。由於各自的同理心使然，兩派人馬形成兩套概念、兩種宗教觀念及兩類政治模式。這些差異在二次大戰後有逐漸淡薄的趨勢，但仍然形成兩個不同的小世界；一派是由非天主教徒(the lay)及反神職團體所支持，另一派則由元老派和教徒所組成。**[5]

這兩個非勞工階層(non-manual)從法國社會的各個團體中招兵買馬。如私人企業派傾向從天主教學校(the Catholic schools)招攬畢業同學（特別是經由專人推薦的學生）作為生力軍，以確保員工的來源無虞，許多私人企業非常審慎地調查各個員工的家庭背景及來歷。而公家機關則幾乎清一色從公立學校(state schools)招考員工；因為公立學校的教職員幾乎皆為左派，便於延攬人才；對於新進員工特別要求嚴格篩選並重視在校學術表現。這兩派在吸引新血上的努力與差異，深深地影響到工會的政治生態。比方說，天主教工會聯盟(CFIC—the Catholic trade-union federation)和自由天主黨(the MRP—the liberal Catholic party)的主要支持者便是來自私人企業的白領階級；而社會主義勞工聯盟(Force Quvrier—FO)和社會主義黨(SFIO—the socialist party)的強力支持群眾則來自基層公務人員。克洛契指出：

兩派人馬所形成的政治局勢是眾所周知的事實。因而中間派或第三勢力團體極難整合兩派的歧異，亦無法促成任何長久的合作。這種歧異支撐著（但也同時被其所支撐的對象所支撐）社會主義勞工聯盟(the Socialist FO)和天主教工會聯盟(the Catholic CFTC unions)的對立。而此種對立實根源於舊派白領聯盟（即CFTC的根基）的宗教傾向和社聯(FO)的傾向之間的衝突。⑥

綜上所述則不難理解法國政局擺盪之因。目前文化現代化(cultural "modernization")已發展至最後階段，而歷史因素所造成的對立，阻礙了政治現代化的發展；政體內部的主要問題總是環繞著國家收入分配的利益之爭。有關各機構的合法性(legitimacy)、教會和非教會學校所扮演之角色及威權結構等問題，仍然造成國家內部分裂的現象。放入歷史的框架中來看，在某種程度上，抱持傳統價值的右派拒絕接受企業中權力關係的改變，也拒絕承認工會的合法性，因此應該為法國勞工和政體的疏離負大部分責任（雖說相較歐陸其他地區，法國勞工較先擁有投票權）。⑦法國勞工大都支持無政府工團主義(anarcho-syndicalism)和共產主義等激進團體，然而保守權力階層卻認為拒將權力釋出並未違反道德。儘管基本價值觀的歧異可以消弭，但欲打破這種兩極化的惡性循環，實非易事。

德國社會的兩套價值體系：

經濟上傾向資本主義價值觀，政治上則傾向傳統層級觀念

德國政體上的困擾來源恰好與法國相反。兩國相較之下，法國政府鼓勵低下階層參與政治活動，但卻拒絕在企業上給他們權利；德國政府在企業經營上給勞工極多的保護與權利，卻限制他們對政策的參與。至少在一九一八年以前，德國貴族階級在非經濟領域成功地保住了發號施令的主宰地位(the ascriptive and particularistic values)，而在經濟領域面卻鼓吹普遍化、能者出頭的理念(achievement and universalism)，但並不主張平等主義(equalitarianism)。舊有的上層階級雖然同意或鼓勵勞工階級透過立法和工會來改善自身的經濟狀況，在政治權和社會地位上卻不願讓步。他們依舊以身世背景來判斷接納或排斥他人；也就是說，政治運作上仍如過去的階層社會一般，憑藉著獨特的出身和階級來決定個人的政治潛力。然而階級往往是仰賴企業中的組織形成；因此，各個政治團體無法在政體中穩固其地位。

我們可從一些歷史事例中進一步觀察上述的現象。如普魯士王國(the Prusian aristocracy)和威瑪立憲政體(the Wihelmine monarchy)雖然都對工會的訴求表示同情，卻在一八七八至一八九一年間阻撓社會主義分子組黨，接著又拒絕接受普魯士成為一個民主選舉政體的區域（普魯士是當時立憲政體國中最重要的一個城邦），後來於一九一八年企圖推翻立憲政體。這種拒絕工人代表權的作法迫使社會主義者採取較激烈的手段，促使社會主義運動一直保持著革命的面貌，在意識型態上則一直維持著和貴族對立的立場。然而事實上，工人運動並非企圖推翻國家，其

目的只在爭取代表權。德國南部階級制度因為比普魯士寬鬆，保守勢力同意工會進入政體，因此，社會主義政黨便發展成一套較溫和漸進的改革主張。在這些南方的邦聯中，愛德華・伯恩斯坦(Edward Bernstein)的修正主義路線最早獲得強力的支持；在一些邦聯中，社會民主黨(the Social Democrats)主張和非社會主義政黨合作，因而減緩階級對立的訴求。威瑪立憲時期的德國，社會民主黨發展成一個現代化組織，並在經濟大蕭條和納粹德國興起之時，便已吸收了大多舊派社會主義和共產主義的勢力。

許多保守團體，特別是那些在舊帝國階層體系中已有一席之地者，如擁有封地之貴族、教師、專業官員和服公職者，他們從未承認威瑪共和政體及其定下的規範。⑧而中產階級則處於擺盪不安的狀態——一方面擁護一個涵納普遍價值(the universalistic values)的政體，因為普遍價值也是他們長久以來所支持的理念；另一方面卻反對挑戰傳統特權和服從的價值觀。許多觀察者認為，在一九三〇年代初期，新舊中產階級對納粹主義的支持可由他們支持傳統命定(ascription)和菁英(elitism)價值觀的傾向中看出端倪。當時中產階級面臨極大的經濟威脅，這也意味著他們的地位岌岌可危，為了自保便轉求納粹政體的協助；主張國家社會主義的納粹政體宣示了動人的承諾，他們主張復甦經濟、帶動繁榮並保存層級社會(the Standestaat)的價值體系。

本文的重點在於討論模式變數如何應用來分析社會發展的現象；基本的立場是認為經濟方面比政治、社會層面更需要運用普遍、明確及成就等價值觀念。雇主必須以這些理念來看待員工；而工人們亦須藉此保障自身的權利。在現代社會的工廠中，勞工的主要訴求便是一視同仁的待遇，在政治運作上，要求平等的待遇常是伴隨著經濟抗爭而起的。就另外一個角度來看，中產和上層階級為保護自己原有的地位，便傾向遵奉菁英主義的價值體系。因此，勞工階級若在經濟上有所成就便感到相當滿意，而中產與上層階級若感到地位不保便會強力反彈。在威瑪時期的德國，大多數的工人因為已經獲得經濟保障和參政權，在政治活動上便顯得相當溫和；因上層保守勢力和中產階級遵奉傳統價值觀，在他們眼中便視工人的爭權為危害其地位的一大威脅，對於其視為理所當然的秩序可能不保也興起憂患意識；因此，他們在政治運作上，對勞工階層抱持相當大的敵意。

德國價值體系的主要改變是在二次大戰末期才漸漸發展出來的。軍隊和普魯士貴族這兩大捍衛傳統價值的陣營逐漸式微，普魯士統治時期較受傳統價值宰制的區域，則分佈在目前的蘇聯、波蘭和東德；而西德的保守勢力區域在一次大戰前便已接受工人階級參政。此外，納粹和二次大戰的失敗亦動搖了原有的階級結構，並因此削弱了傳統的價值體系。

在西德，傳統價值觀並非完全消聲匿跡。在某種程度上，這個社會仍重視個人的出身和地位，嚮往並尊重如教授、工程師等菁英分子。工人們雖已進入政治體系，卻未完全改變人們對階級的觀念；近來一項研究德國企業階層的結果亦指出類似的現象。哈特曼(Heinz Hartmann)指出，階層的觀念仍零星地留存於社會中，他說：「管理的理念並不會因為考量任何特定工作、團體或區域而訴諸菁英政策，它是以考量社會整體利益的角度而採行菁英主義。」事實上，德國的企業家常常標榜服從和權威等傳統階級社會所固守的觀念。哈特曼解釋說：

企業管理界經常提及過往的菁英人士的事蹟，由此便可證明他們仍有標榜高尚階層的

傾向。對此可以一例來說明，在一九五〇年，一次由年輕企業家(Young Unternehmer)參與的會議中，溫舒(Winschuh)於會中發表演說指出：「由於舊有的菁英已逝，因此，重建新菁英的責任即在企業家組織(Unternehmer)的身上。」此外，溫舒並提醒與會者，「封建制度與政治世家皆已消失，社會需要新的領導威權，需要更有效、更有魄力的管理。」；企業家組織有能力亦有意願擔負此任務。[9]

由此看來，西德的社會體系走向漸趨近英國與瑞典的模式。在某種程度上，目前波昂的威權主義傾向較威瑪時期的德國尤甚，總理阿德挪(Adenauer)所扮演的角色與帝國時期的宰相俾斯麥(Bismarck)相當，總理大選亦成為所有選舉的重頭戲。而德國的民主制度是否能夠穩定發展下去，仍有待時間的考驗。由勞工階層出身的社會民主黨人士(Social Democrats)向政壇奮力邁進之時，顯然將會與上流階層主導的價值觀相衝突，因此，目前德國的當務之急在於解決從政者之間不同價值體系的衝擊。

※本文出處：*The First New Nation: The United States in Historical and Comparative Perspective*, by Seymour Martin Lipset. New York: Doubleday, 1967, excerpted from pp.239-41, 251-74.

譯者：邵毓娟

註釋：

①陶奎維(Tocqueville)認為，中產階級對於社會革命的恐懼造成他們傾向天主教的信仰及教義。他曾在*The Recollections of Alexis de Tocqueville*(London: The Harvill Press, 1984)一書中指出：「一七九二年的革命，使得上階層級領悟了無宗教信仰的惡果及信仰的社會功能。……而一八四八年的革命也使企業家有著同樣的領悟。……神職人員強調建立可長可久的福祉，及對傳統價值風俗的維護，的確能吸引住嚮往安定的人心。」

②布赫高(Francois Bourricaud)的〈法國〉("France")一文，收錄在羅思(Arnold M, Rose)所編的《先進社會的體制》一書中(*The Institutions of Advanced Societies* [Minneapolis: University of Minnesota Press, 1958], p.478)。

③陶奎維(Alexis de Toqueville)所著的《美國的民主制度》(*Democracy in America* [New York: Vintage Books, 1956], Vo1.7, p.55)一書。

④摘錄在霍夫曼(Stanley Hoffman)所著的〈法國政治圈的迷思〉一文("Paradoxes of the French Community")，收錄在霍夫曼所編的《尋找法國》(*In Search of France* [Cambridge: Harvard University Press], p.61.)一書。

⑤選自《歐陸社會學期刊》(*European Journals of Sociology*1 [1960]:244-5)，其中收錄了克洛契(Michel

Crozier)"Classes san consience ou prêfiguration de la sociêtê sans classes"一文。

⑥出處同上。

⑦此處須注意的是，偏低的工資並非造成異化(alienation)的主要因素。亞朗(Raymond Aron)在其作《穩固與變化》(*Steadfast and Changing,*[Cambrideb: Harvard University Rress, 1962], p.49.)中指出：「與歐陸他國相較，法國的工資並不算太低；雖不及瑞典及瑞士的工資，亦比英國工資低一些，但比義大利與荷蘭高。與德國相比，工資的調整在法國可以作為交換權利的籌碼。」

⑧梅爾(J.P.Mayer)於《韋伯與德國政治》(*Max Weber and German Politics,* [London: Faber and Faber, 1956], p.64.)一書中指出：「從一九二〇年起，威瑪共和國的歷史便成了抗拒重新活化社會的阻力，而這些勢力正是俾斯麥建立國家結構的力量。這些勢力包括軍隊、大企業家及高階公務人員等。」

⑨摘錄自哈特曼(Hartmann)的《德國管理階層的結構與威權》(*Authority and Organization in German Management* [Princeton: Princeton University Press, 1959], p.242.)。

文化研究途徑：符號學

摔角的世界
The world of wrestling

羅蘭・巴特 (Roland Barthes)

食物作為象徵符碼
Food as symbolic code

沙林斯 (Marshall Sahlins)

118

摔角的世界

作者：羅蘭．巴特（Roland Barthes）

摔角是景觀

自由式摔角的旨趣在於，它是一發就不可收拾的景觀(the spectacle of excess)。我們從中找到一種必定是上古劇場所具備的極度誇張的表演風格。事實上，摔角是一種戶外景觀，因為觀眾環繞在四周的表演場或鬥技場之所以有別於其他場所，並不在於天空（一種適宜社交場合的浪漫值〔romantic value〕），而是光流垂直瀉下浸透全身的特質。即使隱藏在巴黎最髒亂的室內場地，摔角照樣展現陽光普照的壯麗景觀所特有的性質，而正是希臘戲劇和鬥牛所展現的——在這兩種場面，無陰無影的一片光亮激發情感幾乎到了無遮無掩的地步。

有人認為摔角是不入流的運動。摔角不是運動，是景觀；而且觀賞「受難」(Suffering)的纏鬥表演不會比觀賞莫里哀(Molière)《新娘學校》(*L'École des Femmes*)劇中的Arnolphe或拉辛(Racine)《安卓莫克》(*Andromaque*)劇中的Andromaque悲苦的表演要不入流。當然啦，是有冒牌的摔角，參賽者毫無必要地花長時間作秀演出公平的對打；這沒什麼意思。真正的摔角，也就是被誤稱為業餘摔角的那一種，是在二流的室內場地表演的，那裡的觀眾自然而然融入嘆為觀止的比賽現象，有如城郊電影院的觀眾；而且這一批人滿腔憤慨，因為摔角是一種預先套招的運動(附帶說明的是，這理當可以洗刷其惡名)。觀眾根本沒興趣知道比賽是否有暗盤——這樣是對的；他們沉浸在這一場景觀最主要的旨趣，亦即棄絕所有動機與後果：重要的不是他們想到什麼，而是他們看到什麼。

這些觀眾十分清楚摔角和拳擊的分際；他們知道拳擊是一種天主教詹森教派(Jansenist)的運動，以展示卓越為基礎。拳擊比賽的結果可以用來下賭注，這在摔角則毫無意義。一場拳擊賽是在旁觀者眼前營造出來的一則故事(story)；摔角卻恰恰相反，可理解的是個別的時刻，不是時間的過程。觀者對於擂台上運氣的起伏並不感興趣；他期待某些強烈的情感爆發出稍縱即逝的意象(image)。因此摔角要求當下解讀並列呈現的種種意義，如此則無需去連貫那些意義。合乎邏輯的競賽結局並不能引起摔角迷的興趣，與之相反的則是，拳擊比賽總是暗示未來的技巧(science of the future)。換句話說，摔角是種種景觀的總和，其中的個別景觀無一是續發的後果；每一個時刻都能使人全盤瞭解某種單獨爆發的熱情，從來不曾延伸到分出勝負的那一刻。

摔角的目的在完成預期的動作

準此，摔角手的目標不是獲勝，而是確實完成預期的動作。據說柔道含有隱而不顯的象徵層面；即使在緊要關頭，其肢體動作(gestures)也是經過衡量；精確但限制重重，招式有板有眼卻沒有厚實感。摔角正好相反，提供沒有節制的肢體動作，但求盡情發揮其作用。在柔道場上，一個人即使被摔倒了也說不上倒地不起——他翻身，他退縮，他避開了被擊敗的下場；要不然，如果後一種情況顯而易見，他便立刻消失；在摔角擂台上，一個被擊倒的人就是整個人徹徹底底倒在場上，其令人不忍卒睹的無力感完完全全充塞旁觀者的眼睛。

這種極度誇張的表演風格的作用確實和古代劇場一模一樣，其常規、語言和道具（面具和厚底靴）三管齊下，以誇張到肉眼可見的形式來說明一個「必然」(a Necessity)。被制伏的摔角手的肢體動作是在向世界表明如假包換的擊敗；他強調並持續那個肢體動作有如五線譜上的休止符，類似古代意在表明嘆為觀止的悲劇模式所用的面具。在摔角擂台上，就像在古代的舞台上一樣，人不會為自己受的苦難感到羞恥，他知道怎麼哭，他以流淚為樂。

此所以摔角的每一個符號都被賦予絕對的清晰，因為場內的人必須自始至終當下了解每一件事。交手的雙方一進場，角色黑白分明立刻懾服全場。就像劇院裡的情形，每一種體格類型都超乎常態地表達選手業經指派要扮演的角色。五十歲的陶凡(Thauvin)，肥胖、鬆鬆垮垮的身材，毫無性感可言的醜相總是招來女性化的綽號；他藉肌肉展示種種卑鄙的屬性，因為他要扮演的就是代表古典概念中教人反感的**下流胚**（*salaud*，任何摔角比賽的關鍵概念）。陶凡心甘情願激發的這個噁心感因此顯現出符號之大可用處：不只是醜陋在這裡用來表明卑鄙，而且醜陋還額外凝聚成特別令人避之唯恐不及的物性：完全喪失血色的屍身（大眾稱陶凡為**死豬肉**（*la barbaque*））；甚至於群眾激昂的咒罵不再是源自他們的判斷，而是源自他們最深層的幽默。醜陋因此和陶凡糾纏在一起，難分難解，所產生的觀念完全符合這種體型方面的淵源：他的行為將會完美搭配他的儀容在實質上的黏性。

摔角手的體態構成一個基本符號

因此我們在摔角手的身體找到了解這種比賽的第一個關鍵。我從一開始就知道，所有陶凡的動作、他的詭計、暴行以及懦弱的行為，不會不吻合他最初給我的邋遢印象：我可以信任他將巧妙而且細膩地展現一種無以名狀的所有卑鄙的肢體動作，而且把最惹人反感的下流形象發揮到淋漓盡致——下流的八爪章魚。摔角手因此具有一種毫不含糊的體態，就像即興喜劇（*Commedia dell'Arte*）的人物那樣，他們在開演之前先以戲裝和姿態展現各自扮演的角色內容：正如Pantaloon必定是老婆紅杏出牆的滑稽丈夫，Harlequin必定是鬼靈精僕人，Doctor必定是個老冬烘，同樣的道理，陶凡就是不入流的滑頭，Reinières（高個子、金黃色頭髮的傢伙，渾身軟趴趴、滿頭亂蓬蓬）就是逆來順受楚楚可憐的形象，Mazaude（矮個子，傲慢得像公雞）就是古怪的自負形象，還有Orsano（起初以藍、粉紅兩色家常袍亮相的娘娘腔小混混）就是說來幽默上加幽默，睚眥必報的**髒女人**，或母狗（因為我不認為*Elysée-Montmartre*的觀眾，和*Littré*的觀眾一樣，相信**髒女人**會是陽性字眼）。

摔角手的體態因此**構成一個基本符號**，像一粒種子包含整個打鬥。但是這一粒種子每逢場面翻新就增殖，因為它在打鬥進行當中千變萬化，使得摔角手的身體具有魅力，讓大眾得以享受到藉一個肢體動作自然表現出來的一種人品。不同層面的意義彼此互相輝映，形成最清晰易解的景象。摔角有如表音文字（diacritic writing）：在他身體的根本意義之上，摔角手安置不連貫但合時宜的解說，又不斷藉著肢體動作、姿態、模仿等使意向表露無遺的方式；幫助大眾閱讀打鬥。有時候摔角手跪在有運動精神的對手身上嗤鼻揚威；有時候他對群眾擺出極其自負的微笑，預告即將展開復仇；有時候，他被緊壓在地上，猛烈撞擊地板刻意誇大他處境之難受；有時候他擺出一套複雜的符號，要大家明白他名正言順就是永遠使人開懷的牢騷客形象的化身，沒完沒了閒扯自己的不開心。

摔角令觀眾做到當下解讀

因此我們是在處理一齣真正的「人間喜劇」（Human Comedy）：其中，社會所激發出來的最細膩的熱情（自負，公正，文雅的殘暴，一種「還債」的意識），總是恰如其分找到能夠接納它們、表達它們，並且得意揚揚把它們散播到整個場地的最清晰的符號。在這樣的場面，熱情是真是假顯然不再重要。大眾要的是熱情的意象，不是熱情本身。摔角場的真相問題不比在劇院來得多。在這兩個場合中，受到期待的是，以可理解的方式呈現通常被視為隱私的心境。這樣為了充實外在的符號而掏空內涵，這樣透過形式徹底消耗內容，正是傳承久遠的古典藝術的真諦。摔角是啞劇(pantomime)的近親，功能則遠在戲劇形態的啞劇之上；因為摔角手的肢體動作不需要軼聞掌故(anecdote)，不需要布景；簡言之，不需要透過心理上的移情(transference)，就獲致似真的效果。

摔角擂台的每一個時刻因此有如代數，瞬間揭露原因及其代表的結果兩者之間的關係。摔角迷看到精神機能如此完美發揮作用，必定經驗到一種知性的快感。有些摔角手是喜劇高手，逗趣的本事一如莫里哀筆下的角色，因為他們有辦法促使人當下解讀他們的本性。Armand Mazaud這位摔角手是個目中無人又突梯滑稽的角色（character；就像我們說Harpagon是莫里哀的《守財奴》〔*L'Avare*〕劇中的角色），總是靠數學般精密的模仿動作令觀眾開懷，把他肢體動作的造形發揮到意義的極致，使得他打鬥的風格具有學術大論戰所見到的激昂與精準；而在那樣的場合，危險的是傲氣的耀武揚威和形式上對真理的關懷之同時迸發。

摔角有若一幅受難圖

像這樣展示給大眾的是「受難」(Suffering)、「擊敗」(Defeat)與「正義」(Justice)的奇觀。摔角和悲劇的面具一樣放大呈現人的苦難，提供了被以殘忍聞名的捉牢(hold)——不論是鎖臂(arm-lock)或扭腿(twisted leg)——控制住而痛苦不堪的摔角手超乎常態的「受難」圖；像一幅原始風格的「聖母慟子圖」(Pieta)，他向所有觀看的人展示，他的臉孔因身心難以忍受的劇痛而極度扭曲。當然啦，節制在摔角擂台勢必沒有用武之地；箇中道理顯而易見，因為它和心甘情願賣弄的景觀背道而馳；和這種以「展覽受難」為目標的打鬥背道而馳。這就是為什麼所有產生苦難的動作都特別醒目，有如魔術師向大眾展示手中紙牌的肢體動作。「受難」如果看不出可理解的原因，則勢必令人一頭霧水，實際上，殘忍卻遮遮掩掩的動作勢必違背摔角的不成文規則，而且，也不會比神經病或寄生蟲的肢體動作更具有社會學方面的效益。真正的「受難」恰恰相反，應該是有所強調，務必使人信服；因為每一個人都必須不只是目睹當事人受苦受難，而且最重要的是了解他何以遭受苦難。摔角界所稱的捉牢，就是使對手完全動彈不得而任人宰割，便恰恰具有這樣的作用；以因因相襲因此能為人所理解的方式鋪陳「受難」的景象，按部就班奠定「受難」的條件。被制服的一方毫無動靜，這使得暫居上風的一方得以延續其殘忍，並向大眾傳達；折磨者確知這個慢動作可怕的後果；推磨毫無還手之力的對手的臉，或既狠又穩地用拳頭刮他的背脊，或至少在表面上做出這一類的肢體動作——摔角是唯一賦予折磨這樣一個外表化意象的運動。可是即使就這一點而言，摔角比賽所涉及的也僅僅是意象，旁觀者不會希望交手的人真正受難；他只不過是在享受圖像(iconography)的完美意境。說摔角是虐待狂的景觀未免有違實情，它只是一種可以理解的景觀。

另有一種招式，比捉牢更醒目；那就是前臂重擊(forearm smash)——前臂猛擊砰砰作響，沒頭沒腦地揮拳捶打對手的前胸，並且伴有沉悶的噪音以及挨揍的身體誇張的凹曲。在前臂重擊極其明顯地已到使對手無以復加慘痛的地步，使得這動作看來根本只是個象徵而已——這太過火了，這踰越了摔角的道德規範；因為在摔角擂台，所有的符號必須極端清晰，可是卻又不能讓人看出清晰的意圖。此時大眾叫囂「他太過分了！」，並不是因為他們惋惜看不到真的苦難，而是因為他們鄙棄耍手段；就像在劇院，演員過度入戲和過度拘泥都無法演活角色。

我們已經明白摔角手多方利用既定的體態資源的程度，無所不用其極以便在大眾眼前揭露一個完整的「擊敗」的意象。魁梧白皙的身體因一擊或一撞而癱瘓在邊繩，一雙手臂不由自主地搖搖擺擺，渾身軟趴趴；高頭大馬的摔角手在擂台上有彈性的表面可憐兮兮地四處彈來彈去，渾身有氣無力——清晰而又強烈表明被征服者典型的屈辱，莫甚於此。一旦喪失東山再起的能力，摔角手的肌肉就只是無以名狀的一團東西，癱在地板上招引不絕於耳的辱罵與歡呼。此時乍現的意義足以使人發思古之幽情，唯有羅馬部隊凱旋榮歸時存心要強調的意向堪與比論。在其他時候，另有一種古代的姿勢出現在雙人配的摔角手，就是懇求的姿勢，任憑對手擺佈，屈膝下跪，手臂高舉在頭頂上，在勝方的垂直壓力之下慢慢低垂。摔角不像柔道，「擊敗」不是因因相襲的符號，不會一經了解旋即棄甲曳兵。它不是一筆收入；恰恰相反，它是一段時間，一種展示；它延續古代公開「受難」與「受辱」的神話——十字架和頭手枷(pillory)。這仿如摔角手是在光天化日之下，當著睽睽眾目被釘上十字架一般。我曾聽到有人說一名躺在地上的摔角手：「他死了，小耶穌，在那兒，在十字架上。」言不由衷卻意有所指的這句話，洩露了景觀隱而不顯的根源，那種景觀確立了最遠古的淨化儀式正確的肢體動作。

摔角意在描繪「正義」的概念

不過，摔角最主要還是意在描繪一個純道德的概念：「正義」的概念。「付出代價」是摔角所不可或缺的，而群眾的「給他好看」最主要的一個意思就是「要他付出代價」。因此，不用說也知道，這是一種內含的(immanent)正義。「雜種仔」(the "bastard")的動作愈是下流，讓大眾看到他著著實實遭到還擊就愈感到高興。如果惡棍——他當然是懦夫——逃到邊繩外頭避難，恬不知耻地扮鬼臉表示其有權力，並這樣做，他當場就會受到無情的追逐，然後被逮個正著；群眾則因看到規則被破壞乃是為了罪有應得的懲罰而變得歡欣若狂。摔角手十分明白怎麼去迎合大眾嫉惡如仇的心理，方法是呈現正義感的極限，那是雙方面對面遭遇時所容許的最大限度；可以破壞規則，但程度僅止於打開通往毫無節制的世界的大門。對摔角迷來說，最精采的莫過於沉不住氣的一方滿腔怒火一心要報仇，凌空飛躍狠狠地朝佔上風的對手撲身而去卻落了空，徒然出現犯規動作自食惡果的意象。說來順理成章，此時重要的是「正義」的模式，而重要性則遠超過其內容——摔角特別是一種定量的補償系列(a quantitative sequence of compensations)，所謂以眼還眼、以牙還牙是也。這說明了何以形勢驟然改觀在老摔角迷眼中具有一種道德美感——他們樂在其中，有如欣賞小說中神來之筆的一段插曲(episode)，而且動作之漂亮與機運之逆轉兩者的對比愈是強烈——一個選手的好運愈是接近他的慘敗，則這一場生動的笑鬧劇(mime)就愈是讓人覺得過癮。「正義」因此是可能違規的一個動作的化身；它來自下述的事實：

有一套「律法」(Law)因違犯該律法的熱情的景觀而產生其價值……

摔角手，他們個個經驗豐富，胸有成竹，知道如何在打鬥中導演自發性的插曲，使之吻合大眾從神話崇高的傳說主題中所獲得的意象。摔角手可以發火或惹人討厭，他從來不使人失望，因為他總是透過漸進的方式逐步充實符號的內涵，十全十美地完成大眾對他的期望。在摔角擂台，一切無不是以圓滿自足的形態(the absolute)存在，沒有象徵，沒有引喻(allusion)，事事物物都是徹徹底底、毫無保留地呈現。觸目所及無任何陰影，每一個動作都揚棄所有的附屬意義，而且像舉行儀式一樣，一板一眼鄭重其事提供給大眾一個純粹且充足的含義，圓滿有如「自然」(Nature)。這樣極度誇張的表演風格，正是完全理解現實的通俗又古老的意象。因此摔角所描繪的是了解事物的一種理想——那是人超脫日常境遇中必不可免的曖昧，並得以全面觀照意義清晰可解，而且一判即明的「自然」時，領會到符號終於對應目標，沒有障礙、直截了當、沒有矛盾，油然而興的欣喜之感。

這齣戲裡的英雄或惡棍，幾分鐘以前還道德附身表現得慷慨激昂，因誇張的表演而被放大成一種形上符號的人；但走出摔角表演場所，他面無表情，毫不起眼；拎著小提箱，牽著太太的手。此時，沒有人能懷疑摔角具有壯麗的景觀和宗教崇拜所常見的那種化腐朽為神奇的力量。在擂台上，甚至在摔角手心甘情願作賤自己的時機，他們一貫是神的化身；因為在那短暫的時刻中，他們是通往「自然」的門戶，是使得善有別於惡的純粹的肢體動作，並且揭開了終於可以為人所理解的一種「正義」的形式。

※本文出處：Barthes, *Mythologies*. New York: Hill and Wang, 1972, excerpted from pp.115-25. Reprinted with permission of the Estate of Roland Barthes; Annette Lavers, translator; and Jonathan Cape, Ltd. *Mythologies* was first published in French by Editions du Serial in 1957.

譯者：呂健忠

食物作為象徵符碼

作者．．沙林斯（Marshall Sahlins）

生產過程的文化觀點

歷史唯物論事實上是中產階級社會的一種自覺——但似乎也是在那個社會底下才有的自覺。在將「生產」視為滿足需求的自然-實用過程時，這項自覺活動就冒著與中產階級經濟體制結合的危險，而把人與物之間的異化情況提升為一種人類更高等的認知能力。這兩者一旦結合起來，並用實效觀點來解釋體系時，實際運作中富含意義的體系就會被掩藏起來。如果這種掩藏的情況被允許，或偷偷被帶進來當作分析前提，那麼以馬克思主義為基礎的人類學研究與正統經濟學研究的情況就殊無二致，好像是研究者自己也被「商品拜物傾向」(commodity fetishism)所蒙蔽，與經濟過程中其他被迷惑的參與者一樣。如果只是從金錢多寡（交換價值）來考量貨品的生產和流動，就忽略那些決定它們「有用性」(utility)的實際性質是被賦予了文化符碼的，因此研究者依然無法解釋到底是什麼被生產出來……

為了提出一個解答，對生產過程做文化觀點上的說明是很重要的：使某個物件變得對某些種類的人而言有用處，這種社會意義在該物件的物質特性中並非顯而易見的，就如同它在交換過程中可以被賦予的價值也是看不見的。「使用價值」比起「交換價值」而言並非比較不具象徵性，或比較不能武斷認定。因為「有用性」並不是該物件的性質，而是該物件性質的「意義」。美國人認為狗不能加以食用而牛類是「食物」，其理由與肉類的價格一樣，都是感官所察覺不到的。同樣地，標示褲子屬於男性而裙子屬於女性的理由，並不必然關連到它們的物質特性或隨之而出現的關係。而褲子為男性而作，裙子為女性而裁，這是由它們在象徵體系的相互關係來決定的，而不是由於物件本身的性質或它滿足某種實質需求的能力——就好像一般而言，是由兩性的社會價值來決定為何某項生產活動是由男性來從事而非女性。人類社會中沒有一樣物件、一件事情，是具有本質意義或能夠流動的，所有的意義都是人類賦予的。

生產過程是文化結構中一個具連帶關係的面向。如果了解這一點，市場以及中產階級社會的運作理性，就可以從不同方面來理解。著名的「極大化」(maximization)邏輯只是另一種理性的外在面相，而後者大部分是未受注意而且屬於完全不同情況的。我們也有我們的祖先。情況並不像是我們沒有文化：調節供應／需求／價格的機制表面上看來，可以控制這些符碼，但事實上，此機制卻是受到上述符碼所限。

比如說，就來看看美國人為了滿足對食物的「基本需求」生產了些什麼……

以下這些對於美國人使用一些常見豢養動物的情況所做的評論，其目標非常有限：只是想要提示：在我們的食用習慣中存在著一種文化理性邏輯；在我們針對馬、狗、豬、牛等動物的可食性做絕對的區分當中，存在著某些有意義的關連，但重點並不僅止於食用上的興趣：美國社會與它自己或全世界環境的生產關係是經由對可食性／不可食性的評定來加以組織的；這種評定本身是以「性質」為標準的，絕對無法從生物上、生態上或經濟上的利益上來加以合理化。這些連帶關係上的結果，是從農業針對國際貿易與全球政治關係所做的「調整」延伸而來。對美國環境的開發利用與大地景觀之間的關係模式，這些都是由某種餐食模式來決定；這包含一道中心主要的肉品，周邊再佐以碳水化合物食品與蔬菜——而肉品所占有的中心地位，也是它所代表的「力量」觀念，使人聯想起關於食物的性別符碼中屬於男性的一端，這必然可以追溯到印歐民族把牛群或任何可增加的財產等同於男性精力的觀念。①不可或缺的肉食被視為「力量」，特別是牛排被當成富含精力之肉食的代表，這依然是美國飲食習慣中的基本情況（不妨注意一下運動隊伍的特別伙食，特別是美式足球隊）。因此而有農業生產家畜飼料的對應結構，而接著是與全球市場之間的特殊連結關係；倘若我們改吃狗肉，這一切都會在一夕間改變——供應-需求-價格與這種「食物喜好取向」富含意義的計算安排相較之下，不過是提供體系其制度化作法的利益，並不將生產成本包括在其自己的考量順位原則當中。我們經濟理性邏輯中的「機會成本」(opportunity costs)只是一種次要的構成現象，卻傳達著已經由另一種思維所賦予的關係；但此關係卻以後來才形成(a posteriori)的型態出現在意義層次其邏輯的約束當中。對於馬肉與狗肉的禁忌，使得消費食用某一類的動物變得不可思議，雖然生產牠們其實是實際可行的，而且就營養成分來看也無從非議。的確，飼養馬與狗，並結合豬與牛來做為食用，這絕對是可行的。現在甚至有龐大的產業從事馬的飼養，當作狗食之用，但這是因為美國是狗兒的聖地。

美國是狗兒的天堂

一個傳統的平原印地安人或一個夏威夷人（更不用提印度人），如果看見我們如何嚴格限制他們食用狗肉，卻任狗大量繁殖，可能會大為驚訝。狗兒在美國主要城市的大街上任意遊蕩，綁著皮帶帶牠們主人四處走動，隨牠們高興任意排泄在路旁與人行道上，而且必需採用一整套的衛生清潔程序來清除這些穢物——在當地人的想法中，雖然他們對狗本身有所尊重，仍將此視為「汚染」（然而，在紐約街頭步行漫遊，卻能使中西部乳牛牧草地上的危機，變得宛如在富有田園詩意的鄉間散步）。在住家和公寓中，狗兒爬上為人而設的椅子，睡在人們的床上，而且以它們自己的方式坐在餐桌前，等著屬於它們的那一份家庭餐點——所有這一切在於它們篤定地確信，自己永遠不會為了人們的需要或為了敬獻給神明而被犧牲掉，甚至不會因為意外橫死而被吃掉。至於馬兒，美國人確實可能會認為牠們是可以吃的；據說法國人就吃馬肉。但只要提到這件事，通常就足以激起一陣圖騰式的情緒反應，認為法國人與美國人的不同就如「青蛙」與人不同一樣明顯（「青蛙」，frog，是英美人士對法國人的蔑稱）。

在危機當中時，體系之中的衝突就會顯現出來。當一九七三年春天食品價格飛漲時，美國資本主義體制並沒有崩潰——情況恰好相反——但是食物體系中的不一致情況卻隨之浮現。負責任的政府官員建議，人們可以考慮購買比較便宜的肉塊，諸如腎臟、心臟或腸胃等部位——畢竟它們跟漢堡肉一樣營養。對美國人而言，這項建議使得像瑪莉・安大列皇后一樣浪費的人(Marie Antoinette，法王路易十六之后，以揮霍無度著稱)都似乎變成令人同情的典範。這種噁心感出現的原因，與同時期嘗試用馬肉來代替牛肉的這種令人嫌惡的作法所遭遇到的思維邏輯一樣。以下摘錄自一九七三年四月十五日的《檀香山廣告新聞報》(*Honolulu Advertiser*)：

愛馬人的抗議

(合眾國際社報導) 康乃狄克州，西溪群約二十五名騎馬或步行的人士昨日於卡爾森商行(Carlson's Mart)外頭遊行，抗議該商店販賣馬肉作為牛肉的便宜替代品。

「我認為在這個國度屠殺馬匹來供人類食用是很可恥的，」抗議活動的發起人克拉戈(Richard Gallagher)表示，「我們美國還沒落到這種地步，非得被迫殺馬來當肉吃。」

「馬兒是讓人寵愛，讓人騎乘的，」克拉戈說，「換句話說，馬兒是要人們對牠表現關愛，而牛才是養來當牛肉吃的……牛沒有人來給牠們愛撫，為牠們刷毛，這一類的事——把人家的馬買來屠宰，這我就是搞不懂。」

該商場是星期二開始販賣馬肉——有「馬腿肉」、「上等馬肉排」，以及「馬肉堡」。老闆卡爾森說，第一個禮拜就賣掉大約兩萬磅的肉。

克拉戈表示，大部分販賣馬肉的屠宰商都是買進「真的很老、沒有用處的馬」，牠們要不然就是被賣掉，「當作狗食或其他這類的東西」；然而，「現在他們卻挑幼馬下手。我們現在買不起這些馬，因為那些屠夫出價比我們高。」

人以自身和動物的關係來為動物定層級

美國食肉制度的設定，主要是以某物種與人類社會之間的關連為依據。「馬兒是要讓人寵愛，而牛才是養來當牛肉吃的……牛沒有人來給牠們愛撫，為牠們刷毛，這一類的事」②。讓我們更仔細來看看這一系列被馴養的動物：牛-豬-馬-狗。所有這些動物都或多或少融入了美國社會，但很明顯地彼此地位不同，而這也就對應了不同程度的「可食性」。首先，這一系列可以分成兩類：可食的（牛-豬）與不可食的（馬-狗）；但接下來，在每一個類別中又可以分為受喜好程度較高或較低的食物種類（如牛肉相對於豬肉），以及較嚴或較鬆的禁忌種類（如狗相對於馬）。這整組的動物顯然依照牠們參與伴隨人類的不同情況（或為主體或為客體），而被加以區分。再者，同樣的邏輯也延伸到對可食性動物本身的區分：「肉食部分」與內部的「器官」或「內臟」。套用結構主義慣用的口頭禪，「一切宛如」食物體系從頭到尾是透過「換喻」（metonymy）原則來加以變化的，以至於整個來看，「同類相食」（cannibalism）的行為構成了食物體系中一種持續的隱喻。

狗與馬是以主體的身分來參與美國社會的。牠們有專有的人名，而且事實上我們有與牠們交談的習慣，然而我們卻不會跟豬或牛說話③。狗和馬因此被認定是不能吃的，因為就如紅皇后(Red Queen，《愛麗斯鏡中奇遇記》的一個角色)所說的，「砍殺任何你被引介過的人是不禮貌的。」而且，身為家中共同生活的成員，狗要比馬更親近人類，將牠們抓來食用就更難以想像：牠們可是「家裡的一分子」。傳統上來說，馬對人類而言主要是用來從事勞役的工作；如果狗兒有如親人一般，那麼馬兒就像是僕人或無血緣的外人一樣。因此食用馬肉雖然不是一般的作法，至少還可以理解；然而吃狗肉的想法，可想而知，必然激起某些關於亂倫禁忌的嫌惡感覺④。另一方面，像豬與牛這類可食用的動物，一般相對於人類主體而言僅具有客體的地位；牠們過著自己不同的生活，既不能直接與人類活動形成互補，也不是其中的勞動工具。因此，牠們通常都沒有名字；如果牠們有了名字(如同某些乳牛的情況)，主要是做為人們之間對話用的指涉詞語。然而，豬做為在穀場附近活動的動物，而且食用人類的殘羹剩飯，牠們與牛比較起來更靠近人類社會。相對地來說，若以一片一片的肉相比較，豬肉就不是像牛肉一樣高級的肉品。牛肉是為了社會地位較高的人或較重大的社交場合所使用的食品；一塊烤豬肉就不具有上等牛肋骨肉其莊嚴慎重的含意，而且任何部位的豬肉都無法與牛排的地位相比。

可食性與人性之間具有反向關係。同樣的情況也出現在關於動物可食部位的喜好傾向與通用名稱上。美國人於「內在」和「外在」部位之間形成了一個絕對的分野；這對他們而言代表著以同樣原則來認定與人性之間的關連，且以隱喻方式延伸出來。肉身(flesh，如肌肉與脂肪)的有機性質立刻被隱藏起來，而對其食用性的偏好則由「肉品」(meat)這一通稱加以點出，並且再一次由特定的習慣用法,如「烤肉」、「牛排」、「肉塊」(chop)、「頸肉」(chuck)等等加以指明。然而內部的臟器則明白地被直接加以理解(或說成是「內臟」[innards]),以及被更仔細地說成是「心」、「舌」、「腎」等等——除非它們經由調理的過程並用委婉的說法轉變成諸如「胰臟食品」(sweetbread,表面字義為「甜麵包」)這類的產品⑤。換句話說,內部或外部的身體部位,個別地與人類身體的部位相結合或相區隔(人體內部結合動物內部;人體外部區隔動物外部)——所依循的是與我們將「內在的自我」理解為「真正的自我」的同樣一個模式;而這兩種類別就依此被排定為較適合或較不適合為人類食用。「內在」與「外在」的區別,因此複製了在生物界中所劃定的可食或忌口物種的區別,所有這一切就構成了兩個層次中的單一邏輯,而具有其對於「同類相食」禁忌一貫的含意。

就是這種象徵邏輯規範了我們的需求。相較於牛胃或牛舌,牛排或烤肉的社會價值就是其經濟價值差異的基礎。從營養的觀點來看,關於「上等肉」與「劣等肉」之類的觀念很難站得住腳。再者,牛排依舊是最昂貴的肉品,即使它的絕對供給量要比牛舌大許多;畢竟一隻牛提供的牛排要比牛舌來得多。然而,關於「可食性」的象徵體系結合了安排生產關係的體系,透過收入分配與需求的機制,構成了一個完全的圖騰制度;以某種安排其間差異的平行序列,將人的地位與他們所吃的東西結合起來:比較窮的人就買比較便宜的肉塊;比較便宜是因為它們是社會所認定劣等的肉品。但貧窮原本就被賦予了族群上與種族上的意義。黑人與白人以不同方式進入美國的勞動市場,他們的參與情況是由相對的「文明教養」這種惹人厭的區分來安排的。黑人在美國社會中就如同在我們當中的野蠻人一般,在文化本身當中屬於物質性自然。然而接下來，經由隨之而起的收入分配機制，黑人的「劣根性」也以他們調理食物時污穢褻瀆的作法被體現出來。「心靈食糧／屬於［內在］臟器的食糧」(Soul food，作者在此一語雙關)也許是種美德，但這只有在否定掉這種一般邏輯時才說得通；依照此一邏輯，文化上的墮落情況可由類似「同類相食」的飲食喜好來加以證實，而食物本身的這種隱喻屬性也由喜好者的身分地位加以證實。

圖騰制度已被包納到現代生產體系中

我不是僅止於因隨意而與《野性思維》(*pensée sauvage*，李維史陀一部著作的名稱)做類比才提起「所謂的圖騰制度」。的確，李維史陀在著述討論時，似乎認為在我們的社會中，圖騰制度已退居邊緣的所在或偶發的行為中。而且這樣說也很公允——亦即「圖騰操縱機制」(totemic operator)將文化序列中的差異連結到自然物種間的差異，這種情況已不再是現今文化體系的主要架構。但我們不禁如此猜想，是否該制度已經被所生產出來的各式種類物件加以替代；它們就像圖騰式的類別一樣，甚至能夠將個別的物件擁有人之間的區劃，轉變為社會分類的程序。（我的同事辛格［Milton Singer］如此表示，佛洛依德［Freud］關於國族差異的說法可以概括到資本主義上，而且這是基於微小差異而有的自戀情結）。然而，更為基本的是，難道圖騰式的與生產式的操縱機制不是擁有共同的基礎嗎：為自然性質加以文化編碼；亦即為自然界所呈現之形狀、線條、顏色，以及其他物質特性上的差異做對比來指定意義？由「中產階級思維」所促成的「發展」主要是在於有能力在社會自身當中，任意複製與結合這樣的性質差異。然而就此而言，資本主義的生產方式就是以同樣思維的等比級數規模擴增而成立的；以交換和消費行為做為其溝通的方式……

現代圖騰制度並不與市場理性邏輯相衝突；相反地，前者正是藉此而被提升，甚至到了交換價值與消費行為都依循著「有用性」的相關判定而定的地步。因為這些「判定」是依照產品之間實質差異的社會意義而定。正是藉由它們與其他貨品之間有意義的差異，物件才會變得可以交換；它們因此對某些人而言變成具有使用價值；而對應此一情況，這些人也與其他主體區分開來。同時，生產出來的貨品既然是人類創造力結合物質成分而產生的組合建構物，它們因此很獨特地適合於這一類型的論述。在塑造產品時，人不只是將他的勞力加以異化，因而以物體型態固結下來；而且藉由他所促成之物質上的變動，他也將一種思維沈澱成形。該物件是以外於自身之人類觀念的型態存在著；如同人與人之間透過事物的媒介來交談；而且在物體性質上做有系統的變化，甚至比起自然物種之間的差異，更適合充當一個廣大且動態的思維體系的媒介：因為就生產出來的物件而言，許多差異都可以立刻加以改變，有如由上帝操縱一般（科學掌控的程度越大，這種操縱行為也越精確且多樣化）；而且也是因為著眼於「有用性」之人類干涉行為所發展出來的每個差異必然有其意義，不像是那些依其自身理由存在於自然界的性質，其只是恰好適合於文化考量。換句話說，中產階級的圖騰制度可能比任何「野生的」類型更為精緻複雜；這並不是因為它已經從自然-物質的基礎中解放出來，反而正是因為自然已經被馴服了。如同馬克思教導我們的，「動物只能生產它們自己，而人類則將整個大自然再生產。」

然而，如果人類所創造的不只是一種存在，而是「他們自己特定的**生活模式**」；其結果便就是對整個大自然的再生產行為，造成了整個大自然被化為物件(objectification)。對賦予實質事物之上的有意義差別進行系統化的安排，如此文化體系也被體現為貨物構成的體系。貨物以物件符碼的狀態存在著，為個人與事件、功能與情境賦予意義並進行評估。依照物質上與社會上兩種對比關係之間相對應的特殊邏輯來運作，生產活動就是在物件構成的體系中對文化進行再生產。

※本文出處：Sahlins, *Culture and Practical Reason*. Chicago: University of Chicago Press, 1976. Excerpted from pp.166-79. Reprinted with permission of the author and publisher.

譯者：**林明澤**

註釋：

①比如說，參見Benveniste關於pasu vira的討論：「我們必需將祆語(avestic)中的vira或pasu vira理解為動產的組成部分。人們用這個辭語來指可移動之私人財產的總和，包括人和動物在內。」*Le*

Vocabulaire des institutions Indoeuropenées. Vol 1. *Économics, parenté, société* (Paris: Edition de Minuit, 1969) p.49.

②「假設某個有吃狗肉習俗的人向我們詢問不吃狗肉的理由，我們只能回答說，那與習俗不合；那麼他就有理由說狗對我們而言是有某些禁忌的，就如同我們有理由談論原始人民當中存在著禁忌一樣。如果我們被逼問理由，我們可能說，排斥吃狗肉與吃馬肉的原因是基於，把做為同伴的動物吃掉是不恰當的。」Franz Boas, *The Mind of Primitive Man* (1938; New York: Free Press, 1965) p. 207.

③法國與美國的命名作法在此顯然有所不同。李維史陀(Levi-Strauss)對於法國人賦予動物名字這方面的觀察(*The Savage Mind*, Chicago: University of Chicago Press, 1966, pp.240ff)只有少部分適用於美國習俗。只要稍微做點民俗考察，就足以顯示後者的情況在這方面要複雜許多。然而，一般的原則是：「被命名的」相對於「不被命名的」，就等於「不可食的」相對於「可食的」。狗和馬的名字（除了賽馬之外）有時候「就像藝名一樣，構成一個與人們日常生活中的名字相對應的系列，或者，換另一種說法，就是隱喻式的名字」(205)——比如說，公爵(Duke)、國王(King)、史考特(Scott)、槍手(Trigger)。然而，更常見的是，在英文中使用的名字是屬於描述性的；雖然這同樣是隱喻性的，但卻是從一般話語的序列中抽取出來的：小灰煙(Smokey)、顏料(Paint)、藍藍(Blue)、好奇寶寶(Snoopy)、小花(Spot)等等。法國人卻把這一類名字保留給牛使用。我們的牛通常是沒有名字的——乳牛例外。牠們通常都有雙音節的人名，如蓓西(Bessie)、露比(Ruby)、派蒂(Patty)、蕾娜(Rena)——這些是從語料供應人(informants)那裡收集來的。勞動用的馬（有別於騎乘用的馬）也有人類的名字。

④李奇(Edmund Leach)在討論英國動物分類的文章中就發展了這個論點；這些類別配合一套以與自

我關係親疏程度的根據，安排出對人關係與對動物關係兩者之間有系統的對應架構（參見"Anthropological Aspects of Language: Animal Categories and Verbal Abuse," in Eric H. Eneenberg, ed., *New Directions in the Study of Language* (Cambridge, MA: MIT Press, 1964) pp.23-63）。李奇聲稱這套架構有極寬廣的適用範圍，雖然不算是舉世皆然，然而，（比如說）對食用家居飼養之狗的人們來說，這套架構需要做某種置換。夏威夷人對預定做為食用的狗極為同情，「而且經常屈就自己，拿嘴裡的芋泥來餵它們」（Robert Dampier, *To the Sandwich on H.M.S. Blonde* (1821; Honolulu: University of Hawaii, 1971) p.50）然而，預定做為食用的狗卻不准吃肉（Peter Corney, *Voyages in the Northern Pacific* [1821; Honolulu: Thos. G. Thrum, 1896] p.117）到底它們是被飼養的家庭所食用，或者是向美拉尼西雅群島(Melanesia)的豬一樣，同樣是在家庭中受到悉心照料，但只留著用來送給別人，這就不是很清楚了。

⑤肉品的分類法當然比這些普通的稱呼要複雜許多。比如說，牛排就有它自己的一整套字彙，其中有些會指涉到有機臟器，但通常不是應用於人體上的字眼，如上腰肉(sirloin)、丁骨肉(T-bone)等等。小牛的肝臟對現在所有的討論來說是個例外，為何如此我並不清楚。

文化研究途徑：戲劇學

框框外的活動

Out-of-frame activity

厄爾維恩・高夫曼 (Erving Goffman)

巴里島鬥雞賽之為戲劇活動

The Balinese cockfight as play

吉爾茲 (Clifford Geertz)

144

框框外的活動

作者・厄爾維恩・高夫曼（Erving Goffman）

主要活動與次要活動

假設你要觀察一連串的活動——這些活動具有依照特殊規則而編排訂定的固定框架，並且是所有經過認可的參與者(ratified participants)的主要注意力的共同集中點；然而，當這樣的活動正在發生的同地、同時，似乎無可避免的，其他模式或線路的活動（包括狹義的溝通活動），也同時在發生著。當人們著手處理（如果真的有人去處理）這類與「官方／主要活動」相異的次要活動時，往往會把他們和官方／主要活動分開來看。換句話說，活動的參與者所遵循的「活動進行路線」(line of activity)——或稱為「故事發展線」(a story line)——事實上橫跨了許多被認定是「框框外的活動」的事件；而這些框框外的活動之所以淪落到次等地位，其實完全是官方／主要活動所主導的特殊規則規範的結果。

當然，參與活動的個人，可以在外表上裝出一副努力參與的模樣，但事實上注意力卻早已轉移到別的事物上去了；這種表面工夫，本身就足以使人分心，因此往往會造成特殊的互動張力。雖然這是很有趣的話題，但它卻不是本篇論文要討論的。在此，我要做的是，檢驗那些被我們列為主要(official)注意力焦點的事物（或者我們認為有必要列為主要注意力焦點的事物），到底具有哪些特質；我將不討論人們是否會在活動進行的時候，百分之百地把注意力集中在這些眾人默契所定的焦點上。

讓我們在這裡採用一個意象。假設在任何情況，每個人無時無刻不在參與著某個活動的主要故事發展線；我們另外還可以假設，而除了主線之外，同時還有許多隨場景更迭而有異的素材可供處理。從參與者的角度來看，所謂素材指的是一種集中注意力的能力(capacity)；而從狀況本身來說，指的則是一種管道或「路徑」(a channel or "track")。運用相同的意象，我們可以繼續觀察次要活動的路徑。所謂次要活動指的就是那些（至少）在表面上被我們視為游離、不重要的行為或事件。

任何一個「活動」，不論大小，重要或不重要，都有一個意義非凡的特徵：就是它的參與者必須具備對其他同時正在發生的相抗衡活動(不論實際或表面上的)「視而不見」("disattend")的能力。在這裡，「視而不見」一詞指的是注意力或意識上的完全保留。在參與者集中注意力的過程中與情況發生的管道中，處處隱含著足以干擾注意力的因素。這些因素當中，有些因為是立即存在於現場的，所以會對活動參與的品質造成威脅；其他的因素，雖然主要的發生處所不是在現場，但仍然會造成干擾。

讓我們仔細討論將「視而不見」的作法發揮到極致的個案，如此，或許可以更進一步說明我剛剛所講的一切……當然，最典型的例子是一般百姓對衛兵的軍事紀律所產生的反應：

〔倫敦報導〕一位造訪倫敦的女性遊客，昨天見到聖詹姆士皇宮外一位直立如石雕的衛兵時，突然大聲尖叫。

衛兵的手，因為被自己的刺刀所傷，血流不止。但這名士兵卻仍然筆直的站著，目視前方，上嘴唇一動也不動。

尖叫的女人和另外一名女人跑上前去，用手帕包紮該士兵受傷的手。

這名士兵一直保持不動的姿勢，直到一名警官向值日軍官通報，接替者踏步而來之後，這位受傷的衛兵也才一路以中規中矩的步伐行進而去：抬頭挺胸，嘴唇仍是一動也不動！①

由這個例子我們可以推想，當個人被完全同化成某個整體架構中的一個元素時（例如舞台上表演中的舞蹈即是如此），排除運作障礙的機制(mechanism)就有存在的必要了。排除過程本身亦會依循某種方式，被原先的整體架構所同化——就好像這些情況是發生在一艘潛水艇內，這時我們需要的是一種特別的氣鬧，讓我們可以取出原先存在於內部的某個東西，卻不會讓水流入潛水艇內。所以，為了移走一位在台上抽筋，而被逐出「框框之外」的舞者，現場必須暫時將布幕放下……

無所不在的干擾

衛兵的紀律引發了關於注意力分散的話題。令人遺憾的是，每當個人被納入活動之中扮演著某種角色時，他們在身為表演者、「人體機器」的同時，往往也要面對生理機能(physiology)的欲求——想要輕微的擺動、搔抓、打哈欠、咳嗽，想要找到能夠提供「生物性解放」(creature release)的活動慾望。

處理這些微小的「緊急事件」有四種方法。第一種是壓抑。在中產階級社會，壓抑的方法幾乎會出現在所有的社會情況裏。第二種方法是把真真實實發生了的「解放」行為當作沒有發生過一樣（以上兩種方法是類似閱兵場上或值勤的衛兵所使用的方法，利用形式上的設計，使正在扮演著某個角色的表演者，能夠走出隊伍，完成告退的程序，完全的脫離活動的框框。這種程序有時候也有別的版本，例如當外觀一模一樣的任務執行者無法繼續執行任務時，他們就沒有辦法自己進行合宜的離場儀式）。②

第三種方式是，表演者在事件發生時，盡量讓別人無法察覺到有任何差錯發生了；他可以使用各式各樣的扭曲和變形方式，或者也可以把失誤的發生處局限在身體的某個別人看不到的部分。第四種方式則是讓這個表演者完全的獲得自由，公開地做當下能令他感覺舒服的事；公開徵詢現場人士的同意，讓他進行某件事，或者默許他已經做了的事；這時多半是因為此人所擔任的角色條件要求不是那麼嚴格，所以容許稍稍的暫時性脫軌行為。

在第四種情況之下，表演者既能照顧到他的生物性需求，而其他在場的人也有意地忽視了他的行為（以這種方式，一位演講者在開始說話前，可能會朝聽眾席上的某人無聲地打個招呼，或和主席彼此交換微妙的示意動作；在演講的當中，可以適時地停頓一下，喝口水、擦擦眼鏡，或者調整他手上的便條紙的次序——在做這些動作時，他都暫時跑到「框框之外」了。同時，他也持續地參與著「框框之外」的活動，例如玩弄手上的筆，或碰碰講台上的東西）。

閱兵場上對士兵注意力集中的要求非常嚴格，但是，正式棋賽（例如西洋棋）的情況則和前者大不相同。棋賽對參賽者的紀律要求不高，而下棋者的注意力是否中斷或不集中的問題，也很容易地可以和進行中的棋賽分開來討論。擔任挑戰者或主角的棋手都必須專心了解棋局，多多少少以泰然自若的表情，盡量在正確的時刻讓棋子抵達計劃中的棋目位置；超出棋板空間之外，身為一個人，棋手可以自由參與現場其他的旁支次要活動。也許，（我等一下就會指出）因為棋賽在激發參與感這方面的設計非常嚴密，所以形式上的規定是不必要的。更重要的是，真正參與棋賽的，不是「人」而是「棋子」，或許因為如此，操弄棋子位置的個人，在肢體動作上才能不必受限——畢竟棋子本身就像錫製玩具兵一樣紀律嚴明，既不會鼻塞、搔癢，也不需要清煙斗。

我們可以進一步利用這兩個極端的例子（閱兵場以及棋賽）來和戲劇的搬演做對照。劇場比閱兵場更嚴格要求演出者斷絕與所有暫時性「生理性解放」活動，以及與其他次要活動(side involvements)之間的牽扯，但是對應於這樣的做法，在劇場中，這類的「斷裂」(disruptions)有特殊的句構價值(syntactical value)。舞台上不管是在哪一個特殊的場景中對哪一個角色的要求，所投射的都是一個完整的「自然人」；也就是具有完整身分認同的個體。在這樣的情形下，表演者必須刻意演出適當的生理性解放動作；因為很明顯地，演出者與角色之間典型的齟齬就在於演員必須把自己融入角色當中。因為他的任務就是要扮演一個看起來具有真實感、性格完整的人物。但這些小小的動作和表情，當然都清清楚楚地書寫(scripted)在舞台上預先成形的交互流動行為當中了，於是它們根本不再構成真正的次要活動。當一名演員無法在表演進行當中，把自己繼續包裹在他所扮演的角色中時；當然，他可以試著把這個「斷裂」的行為同化成他正在扮演的劇中人的行為，彷彿劇本早已預定了這種的矛盾的存在；而其他同台演出的人員可能會和這位演員合作掩飾，稍微調整自己的台詞和動作，試圖讓意外「自然地」成為戲劇的一部分。不過，假使這類的補救措施未能奏效，那麼情況也許就會變得比閱兵場上或發生在任何其他正式活動中要來得更尷尬得多；因為，當場難堪的是演員本人，而不是他所扮演的角色，而且這種難堪超越了他與其他角色共同營造的戲劇活動的層次。③

很清楚地，在許多的場合中，不僅僅是某些事件，某些「人」也會被視而不見。保鏢、門警和技術人員在功能上常被視為「非人」(nonpersons)，他們出現於某些場合執行任務，但卻被當作彷彿不存在似的(在商務性質、政府部門或學術圈的會議當中，有時會有年輕的女性出現在會場中倒倒茶水、分發紙張、從會場外送紙條給會場中的某個人等等，她的一舉一動——包括走路、講話和坐姿——都非常低調，現場其他人對她所做的事，視而不見)。當然，這種視而不見也有一定限度。一九六七年在加州的奧克蘭(Oakland)發生的反戰示威遊行中，醫生和教士表明了他們的身分，希望被當成非示威人士看待，但是警察顯然對他們一視同仁。這些醫生和教士後來嚴正地提出聲明，抱怨他們的權利——身為這個事件的局外人的權利——沒有受到尊重。

當我們仔細地檢視變化過的互動關係——例如那些在舞台上展現的活動——之後，我們當然會發現事情看起來好像是：官方／主要活動的領域與涉及這個領域的人物，和活動範圍更廣的、被視為「視而不見的事物」的周圍，被畫了一條鮮明的界線。我們在非西方劇場中可以發現某種極端的例子……

歐洲觀眾在觀看中國戲劇的時候，往往會覺得又驚訝又不愉快——為什麼那些穿著便衣的工作人員會在台上走來走去；但是對有經驗的觀眾而言，舞台工作人員的非舞台裝束本身就在宣示：他們和舞台上的表演不相干；這就像對坐在觀眾席上的觀眾而言，因帶領客人入席而進入我們視線的帶位者，也和舞台上的活動不相干。④

當然，觀眾並非是唯一表現這種「視而不見」的意向的一群人。演員所扮演的劇中人物也很有系統地「忽視」身在舞台另外一邊的人的行為——不管他們是看戲的觀眾（他們可以對坐立不安、遲到進場等類似的行為「視而不見」），還是球賽的觀眾（例如在拳擊賽或棒球賽進行時，球員往往系統化地忽視吵雜的加油聲或噓聲）。

「視而不見」的範圍因個別情況而有（相當大的）差異。據說在戰場上奮勇抗敵的士兵在抵達營地之前，不會感覺到身上傷口的疼痛，甚至察覺不到身體有什麼不一樣的狀況。有一回，一家位於拉斯維加斯市中心的賭場失火——我剛好在現場——煙霧和焦味開始從二樓往下蔓延；現場有救火車的聲音；救火隊員衝進火場，帶著救火設備奔向二樓；接著更多的煙冒出來了；最後，消防隊救完火後離開了。但是這段時間內，一樓的莊家繼續作莊，而賭客也一直在玩。另外一天晚上，在同一家賭場，我看到一位雞尾酒女侍與一個客人發生爭執，從背後把他的襯衫撕裂了，然後把他趕了出去——從頭到尾沒有人抬頭多看一眼。在另一方面，那些曾經在蘇格蘭鄉村的原野上工作過的人了解，最細微的干擾——一隻鳥、一隻狗或一個觀光客走過——都足以構成理由，讓人停下來看看發生了什麼事。在戲劇舞台上，正在飾演某劇中人的演員可能早有心理準備，把來自觀眾席的干擾——遲到的觀眾，玩弄手鐲的、咳嗽的、擤鼻涕的觀眾，糖果紙的沙沙聲、太早出現的掌聲、座椅發出的噪音等等——當做沒有發生一樣，但是他們卻通常不願意忍受在表演中被人拍照。有時候演奏家的情況也一樣：

但是在安德烈・西高維亞(Andres Segovia)的獨奏會上，發生了愚蠢至極的事：一個神經病突然從觀眾席上站了起來，試圖要拍照。這時大師停止演奏，然後用動人的語氣說了一句不正確的英文：「不可能的，請！」⑤

更進一步，劇場裡的不成文傾向是，雖然往往台上每次只有一個人是注意力的焦點，但台上其他的演員依舊在同時進行觀眾看得到的其他活動。不過，在另一方面，廣播劇就無法容納這樣的複雜度，因為我們對聲音的分別能力遠比對視覺的分別能力要低得多。

對付「分心」的方法，隨著時間與空間而有相當大的不同。相較於十八世紀，今天我們對劇院裡觀眾席的細微噪音的忍受程度算是比較小的，因為今天我們對觀眾紀律的要求，普遍來講，比西方舞台史上其他時期的要求都要嚴格許多……

想一想，除去音量的因素，某些聲音是否比其他聲音更難忽視？在我們的文化裡，長短不規則的聲音很顯然地比長短一致的聲音更容易讓人分心。更重要的是……無法分辨是從何而來、在什麼情況下產生的聲音，似乎最易讓人分心。

我們相信，任何活動在其個別狀況的規範之下發生的當時，另外一線的活動也同時在進行，但卻受到了有系統的忽視，被當成是「框框之外」的活動，被剝奪了任何形式的關心或注意。如果大略以特定的意向來說明，那麼可以說承載故事線進行的主軌道，往往與另一個受到忽視的軌道相呼應，兩者同時並進。但現在，我們必須考慮到第二條，也就是「框框之外」的活動路徑，這一條路徑對主事件而言，甚至或許比第一條路徑更重要，但是（就某個程度來講）也更加受人忽視。

指向性的標誌

在涉及多軌道聯合參與(joint participation)的活動中，我們可以發現一連串被摒棄於活動內容之外，但卻作為管制活動的手段的符號——它們限制、強調並修飾活動中各式各樣的元素和詞彙。我們在此談到的是「指向性的標誌」(directional signals)，以及（就隱喻方面加以申述）支持這些標誌的軌道。

「指向性的標示」中最明顯的例子當然就是「文學標點」(literary punctuation)了，因為它是由一組規範組合而成，一種經過有意識的學習（通常是太過強烈的意識）而得到的符碼。在任何的例子裏，這些符號優雅地展現「事件流向」(the directional stream)的特殊性格；這種未被當成目標來注視的特性，精密地組織著我們所注意的事物。

事件流向的一個有趣的部分是，我們可能會稱之為「接連組織」(connectives)的東西。在所有的活動當中，特別是口語活動，我們是否能夠為活動中「誰在做什麼」做定位，是一件很重要的事。在面對面的談話當中，「定位」(location)通常要靠聽者藉由他兩個耳朵間所接受到的聲音強度的相對判斷、他對說話者的個人風格的認同、他在視覺上感受到說話者的嘴唇動作等等來完成。在電話交談中，在那些因為電話兩端的兩人不夠熟悉而無法做聲音辨認的例子裏，我們往往得依賴社會性的分類（如性別、年齡、階級等等），或迅速的跟對方報上名字來建立「定位」；而且，通常我們會假設話筒的另一端只會有一個人在說話。

當然，以上提到的因素會大大地限制問題的範圍。在小說裏，接連組織一樣也會出現；舉個例子來說，句子後或句子前常常會接上「他說」、「他回答」、「他答道」等等的類似附加結構（很有趣的是，讀者這時會表現很好的耐心，等待整句話結束後才開始找尋接連組織）。此外，偶爾我們會看到用空間的安排來取代此種制式化的接連組織，特別是當說話者的說話內容會讓人很容易就辨識出是誰在說話的時候。

……這裏的重點是，雖然在書面的對話中，接連組織到處可見，而且差不多都一個樣子，卻很少被仔細地當做標準化的結構來觀察——我們很少像分析文本一樣地來檢視它們……

不只表面上如此，事實上在「視而不見」的那條軌道上所承載的東西，常常會被塗抹掉，但是代表方向的線索卻不會，因為我們必須對它們有概念，它們才能夠完成任務。另一個理由是，它們所做的工作具有規範的效果(a framing effect)，決定（或戲劇性地重組）什麼該先，什麼該後，所以在此連音量最小的錯誤，都會變成清清楚楚的噪音。

我們平時以輕鬆的心情面對那些我們認為可以視而不見的活動，但是，當這些原本可以被忽略的活動被解讀成具「指向性活動」(directional flow)的一部分時，就會變成不安定的因素了。例如，在一場戶外的政治活動進行當中，一隻狗的叫聲，通常多多少少都會被現場聽眾很有效率地忽略掉；但是，如果這隻狗的叫聲碰巧和進行中的主線活動相應合，那麼狗吠聲就可能被當做是針對現場剛說的話所做的註腳；由於狗吠聲不偏不倚地應合了某句話，因此我們很難忽略它。觀眾對於這種現象，一般的反應不是爆出笑聲，就是忍住不敢笑。類似的脫序狀況也曾發生過……指向性的陳述一不小心就融入了故事線……

我已經表示過，個人除了在互動系統中支援主要故事線的發展之外，還能同時參與在次要管道所進行的活動。這暗示著人不僅能避免表現出關心某個焦點，還能夠投注極少的（如果真的有的話）注意力在認知範圍之內的某些事物上，特別是在認知範圍中的規範性線索。我認為話題的重點不在於「個人在任何時刻都應該僅僅對故事主線的發展產生興趣」，而在「個人無時無刻不在環境之下為自己定位，管理自己的注意力，如此他才能夠在任何連接點(juncture)上，在任何有需要的時候，順利地面對某種令人分心的事物；在其生成之前繼續執行自己主要活動中的任務，包括經由隱秘的管道傳遞偷偷摸摸的訊號。這種面對各種（不管是預期中的或意外的）干擾而能處理得宜的能力，以及在表面上顯示出對干擾的最小注意；當然，是「互動能力」(interaction competency)——一種經由「經驗」而發展的能力——的基本特徵。

※**本文出處**：*Frame Analysis* by Erving Goffman. London: Penguin Books, 1975. Excerpted from pp 201-23.

譯者：古佳艷

註釋：

①《舊金山記事報》(*San Francisco Chronicle*)，一九六二年六月十七日。

②典型的例子是幾個世代之前在傳統的教室裏常用的手勢訊號，那時的小孩子用舉起一隻或兩隻手指頭的方式傳達他要告退的理由。

③類似的情況是，當觀眾目睹演員忘記台詞而且聽到提詞者的聲音時，整齣戲的氣氛就被破壞了；這時不只是那個把事情搞砸了的人的問題而已，問題出在錯誤所發生的句構層次(the syntactical level)上。我們可以用隱喻的方式談論一位演員在日常生活中忘記他的台詞，必須有人幫他提詞；但是我們很難把日常排練中的忘詞狀況，等同於演出時所出的同類差錯。值得一提的類似例子是，一個人在介紹他的老婆時，竟然忘了她的名字。當然，小孩子能夠接受他們在學校所演出的戲出現任何的差錯，他們的觀眾也一樣有這種容忍度，但那是因為沒有人期望會在看戲的時候入戲，所有人只會把注意力集中在那些小小演員所做的努力上，而不是他們是否演得逼真感人。基於同樣的理由，孩子們做了，而且是想不做都不行的做著那些雜耍式的「舞台外互動」(offstage interaction)，這就是所謂的孩子之所以「被看作」是孩子的部分原因罷。

④見蘇珊・蘭格(Susanne K. Langer)《情感與形式》(*Feeling and Form*)一書(New York: Charles Scribner's Sons, 1953)，頁三二四。當然，從蘭格寫了這些話之後，不斷尋求新噱頭的編劇和導演已經把這些做法納入他們的舞台作品中了。另外我們亦不可以認為，過時的做法不會再度成為翻新的手法。通常劇場的慣例或成規都是有跡可循的，不是一成不變的僵硬規則。

⑤見賀柏・卡恩(Herb Caen)《舊金山記事報》(*San Francisco Chronicle*)一九六八年三月二十四日的報導。

巴里島鬥雞賽之為戲劇活動

作者：吉爾茲（Clifford Geertz）

鬥雞盛會

鬥雞賽（當地人稱為tetadjen或sabungan）在大約五十呎見方的競技場進行；一般而言，是在稍晚的下午才開始，持續三、四個小時，直到太陽下山時結束。一場比賽由九或十組互不相干的配對賽(sehet)所組成，配對賽的形式每組都一模一樣，沒有所謂總決賽，而且個別配對賽彼此之間沒有任何關聯。每一場比賽的形式千篇一律，順序則是完全機動的，沒有事先規劃。一場戰鬥結束，現場殘餘情緒便完全冷卻（輸贏的賭金結算完畢了、該咒罵的話都發洩過了、鬥雞的死屍也處理好了）；之後，七、八個、或甚至十幾個人又抓著一隻雞迅速地溜進場裏，開始為它找尋適當的對手。這個尋找對手的過程很少在十分鐘之內完成，通常都拖得很久；進行的方式則相當低調，拐彎抹角，甚至爾虞我詐。那些沒立即加入的人頂多側目注視，假裝關心，而那些尷尬參與的人，則試圖假裝若無其事。

參賽的鬥雞決定之後，其他懷抱希望的就以同樣刻意的冷漠退居旁觀位置；然後，大家為這兩隻即將比賽的鬥雞裝上「鐵距」(tadji)——由數支四、五寸長的鋒利鋼製劍鋒組成的武器。為鬥雞裝鐵距這種「特殊任務」，只有極少數的人會做，每個村子大概只有五、六個人知道怎麼做。裝鐵距的人，也就是提供鐵距的人；如果由他裝了鐵距的雞贏了，雞的主人就會把戰敗的那隻雞裝著鐵距的腿給他。裝在鬥雞腿上的鐵距，座上有長繩，裝鐵距的人就是利用長繩把雞的腿和鐵距繫在一起的。鐵距的綁法每次不太一樣，但那絕對是一種刻意經營的複雜任務，理由我馬上會說明。有關於鐵距，有說不完的故事和傳說：例如，鐵距必須在日月蝕發生時和沒有月亮的晚上磨利；還有，必須放在女人看不到的地方等等。此外，不管是使用中的或廢棄了不用的鐵距，巴里人一樣都以對待儀式器物般地小心翼翼，大費周章的態度來處理。

裝好了鐵距之後，兩位控制者(pengangkeb)——控制者可以是，也可以不是鬥雞的主人——於是把兩隻公雞帶入鬥雞場的中央，面對面就定位。巴里人以果殼上鑿了小洞的椰子沈入水中的時間，作為鬥雞賽進行的時間。通常，大約二十一秒鐘椰子就會完全沈入水裡；這段時間叫做 tejeng，前後以鑼聲作為起迄。在這二十一秒當中，控制者可以碰觸他們的鬥雞；如果——有時候會發生這樣的事——鬥雞在這段時間內沒有相互攻擊，控制者就會把兩隻雞都抓出場外，拉扯羽毛，用尖物加以戳刺，不然就用其他的方法挑激，然後再放進會場裏，重新開始比賽。有時候，鬥雞根本拒絕攻擊對方，甚或有時發生一隻鬥雞一直閃躲逃避的情況，這時牠們就會一起被關進柳條編製而成的籠子裏——進了籠子裏往往就對上了。

在大部分的情況下，鬥雞一進場就開始撲打對方，翅膀拍動、用頭衝撞、用腳互踢，爆發出動物性的憤怒；如此純粹而絕對，方式如此美妙，幾乎可說是抽象的，柏拉圖式「忿恨」觀念的化身。沒有多久，兩隻雞的其中一隻就會以鐵鉅重擊對手；這時攻擊成功的那隻雞的控制者立即把雞抓起來，以免在對方的還擊下受傷。如果操控者不這麼做的話，比賽就很可能在兩隻雞狂亂的互戕之下，以兩敗俱傷的方式結束。「兩敗俱傷」的情況並不罕見，特別是當一隻鬥雞的鐵鉅已經刺入對手的身體時，更容易導致這樣的情況；因為這時攻擊者（失去了鐵鉅）只有任憑受傷對手擺佈了。

經過了第一回合的攻擊之後，兩隻雞現在都被控制者抓在手裡；等待椰子沈進水裏三次的時間之後，方才成功地攻擊了對手的鬥雞，這時必須再次進入場中，向觀眾展示牠沒有受傷；牠必須在場內悠閒地走動約莫椰子沈入水裡一次的時間，讓觀眾確認牠沒有受傷。然後，經過椰子再度沈入水裡兩次的時間之後，戰鬥重新開始。

在這段休戰的時間裏（大約兩分鐘），受傷鬥雞的控制者通常會很激動地企圖挽回頹勢，宛如拳擊教練在兩個回合拳賽之間補強被打傷的選手那樣；鬥雞的控制者也盡力地想讓手上的鬥雞恢復精神，以便繼續上場做最後一搏。控制者會對著鬥雞的嘴巴吹氣、把整個雞頭放進自己的嘴裏又吸又吹、撥撩牠的羽毛、在牠的傷口上擦上各式各樣的藥；也就是說，嘗試任何他想得到的方法，激發可能還潛藏在鬥雞體內的最後一口氣。當必須再度把雞放進場子裏的時間到了的時候，牠通常已經滿身都是血了。在有賞金的鬥雞賽裏，好的鬥雞控制者的價值相當於與他自己體重相等的黃金；技術高超的控制者，甚至可以讓幾乎已經死了的雞繼續在場子裏走著，至少撐一段時間，賽完第二局或最後一局。

在第二回合的比賽裏（如果真的有第二回合的話，因為通常受傷的雞在控制者的手中就死了，或者在第二度被放進鬥雞場內時，馬上就斷了氣），在第一回合中已經造成對手重創的鬥雞，通常只是再度進場，把虛弱的對手終結掉而已。但是並不見得每一場比賽的結尾都是如此，因為如果雞還能夠走，就還能鬥；還能鬥，就能殺死對手。因此，要看哪一隻雞先倒下去斷了氣，才見勝負。如果鬥雞能夠向對手刺上一刀，並且在對手倒下之後還可以搖搖欲墜地走著，那麼它就算是正式的獲勝者，不管它是不是幾秒後也跟著倒了下去。

擁擠地圍繞在這齣好戲周圍的是一整套複雜又精細的遊戲規則。一圈圈的觀眾彼此緊緊地靠坐在鬥雞場的周圍，屏息注視著場內的動靜，全身肌肉緊張，視線隨著場內那兩隻鬥志昂然的動物而移動。他們用無聲的手勢為優勝者加油，不時扭肩、轉頭；當他所支持的鬥雞為了衝向前去給予對方致命一擊，而往鬥雞場的一側衝撞時，全體觀眾頓時一致往後倒下（據說，如果不這麼做，有時候看得聚精會神的觀眾，一不小心就會被鬥雞的鐵鉅刺瞎了眼，或割斷手指頭）；而當兩隻兇狠的雞將戰場移動到競技場的另一側時，觀眾則又蜂擁向前靠。

鬥雞的遊戲規則以及長久累積的各種與鬥雞有關的傳說故事，都寫在椰子葉上。這些保留在椰子葉片上的手稿（當地稱為lontar或rontal）代代相傳，被視為是村子的一般律法傳統以及文化傳統的一部分。在鬥雞進行的過程中，「裁判」（saja komong; djuru kembar）——也就是比賽時操控椰子殼的人——負責比賽規則的執行，擁有絕對的權威。我不曾看過任何人質疑裁判的裁決，甚至連輸得最慘的人也不會向裁判抗議；私底下，我也不曾見過指控裁判不公或抱怨裁判處理手法不當的例子。因為在巴里島，只有特別受到信賴、穩重，而能夠面對這麼複雜的律法規則的賢達博學人士，才能擔負裁判的重責大任。事實上，也只有在這類夠資格的人在場的時候，才會有鬥雞賽。而當有作弊（雖然這種情況相當罕見）或是爭執的情況發生時，也都由裁判裁決。此外，兩隻鬥雞同時斷氣的狀況並不少見；所以當這種情況出現時，到底誰勝誰負，還是兩者平手（這是巴里人不喜歡的結局），也要由裁判來定奪。鬥雞賽的裁判就像是法官、國王、祭司、警察，他是以上所有人的化身，在他充滿自信的引導之下，鬥雞賽所洋溢的「動物性激情」與「公民對律法的信心」並肩齊步。我在巴里島看過數十場的鬥雞賽，從未見過任何人對規則有過爭執；也就是說，除了雞與雞之間的戰鬥之外，我沒有看過任何公開的口角……

賭注與深層鬥雞賽

巴里人只要想得到更複雜的方法，便從來不會喜歡簡便行事；鬥雞賽的賭注，也不例外。

首先，賭注(toh)分為兩種：一種是在主角(the principals, toh ketengah)之間形成的軸心賭注；另外一種，則是觀眾席上的觀眾所形成的一小群、一小群的邊緣賭注(toh kesasi)。通常前者金額很大，後者金額很小；前者是集體的，下賭的人聚集在某隻鬥雞的主人旁邊一起下注；後者則是個人對個人的賭注。前者是一種刻意的安排，非常安靜，幾乎可以說是鬼鬼祟祟的，參與者和裁判一起擠在鬥雞場旁邊，像是在密謀什麼似地；後者則由場外邊緣的一大群心情激動的人所組成，充滿了激動喊叫聲、公開邀賭、公開接受邀請。奇怪的是（我們等一下就會看到有多明顯），**前者有的特性，後者一定沒有**；軸心賭注的特點，恰巧和邊緣賭注相反。

在鬥雞場中央下的賭是正式的，必須遵循繁複的規則；軸心賭注算是鬥雞的兩位主人之間的賭注，而裁判則是監督者與見證者。我剛才提到過，相較於別組的賭注，軸心賭注總是比較大的，金額有時甚至大得驚人。但是賭金往往不是名義上的下注者（鬥雞的主人）自己一個人拿出來的，而是四、五個，甚至有時候七、八個伙伴（親戚、同村的朋友、鄰居、好朋友）一起湊出來的。如果鬥雞的主人不是特別有錢的話，他甚至可能不是出資最多的人；然而，為了證明自己沒有放水，他出的錢在賭注總金額的比例中不能佔得太低……

巴里人試圖創造一種有趣的，（如果你同意的話）我們姑且可以稱為「深層的」（"deep"）比賽：他們把中央的賭注儘可能加大，如此，兩隻鬥雞的實力看起來就「勢均力敵」；在這樣的情況下，誰勝誰負顯得無法預測，令人膽顫心驚。但並不是每次比賽都是完美的配對，因為將近有一半的比賽看起來乏善可陳，平淡無味——借用他們的詞，這就叫做「膚淺的」（"shallow"）比賽。但是「大部分鬥雞賽是無趣的」這個事實並未和我的詮釋之間產生矛盾，正如我們不會因為大部分的畫家、詩人和劇作家都是平庸的，就質疑藝術創作是否是朝向深層的活動；是否是一種以某種固定頻率有意趨近深刻的活動。鬥雞賽的確精確地表現了藝術技巧的形象：中央的賭注是一種為了營造「有趣的」、「深沈的」比賽的手段，而不是比賽之所以會有趣、成為他們希望來源的理由；至少不是主要的理由。關於「鬥雞賽為什麼會有趣」這個問題（的確，巴里人那麼全神貫注地注視著比賽），其實不能看成是「形式」領域裏的問題，而應當放進更廣闊的社會學和社會心理學領域來探討；而所謂「深層」的賭博，更不能看成是純粹的經濟觀念。

在深層的鬥雞賽裏，賭注的金額非常大，但除了金錢之外，還有很多事物也都包含在賭注裏；那就是尊嚴、榮耀、崇高與敬重——簡單地說，就是巴里人相當看重的「社會地位」。在鬥雞賽裏，社會地位當然只是象徵性地受到比賽成敗的影響；因為（除了一些好賭成癖的人之外）沒有人會因為賭局的勝負，而在現實生活中產生社會地位的變化；鬥雞主人受到的影響，都只是暫時性的認可或暫時性的侮辱而已。但是對巴里島的人來講，再也沒有任何事物比間接的冒犯更令人竊喜；同理，再也沒有任何事物比間接的侮辱更令人痛苦——特別是當雙方都認識的人都在場看得一清二楚的時候，一齣眾目睽睽的鑑定賽，真是夠「深層」的了。

我必須在這裡強調，我的意思不是說錢對他們來講不重要，也不是說巴里島人覺得輸五百元與輸十五元差不多，因為那樣的結論非常荒謬。就是因為在這個稱不上是「非物質社會」的地方，錢很重要，而且非常重要，所以面對風險的不只是錢而已，還包括了其他的東西（例如一個人的尊嚴、鎮定、冷靜、男子氣概）；這些無形的東西都暫時在眾目睽睽之下，冒著很大的風險。在深層的鬥雞賽裏，我們將會看到，鬥雞主人與他的伙伴，以及身在外圍的支持者（他們的參與程度較小，但對比賽還是相當投入），把他們的錢投注在他們的地位上。

由於在高階的賭注上，絕大部分「損失」的邊際效益性（the marginal utility of loss）非常大，因此參加這種賭局就是把公開的自我(public self)透過鬥雞為媒介，以隱喻的方式間接地也拿來作為賭注。雖然對邊沁派功利主義者(Benthamite)來講，這看起來可能只是更加強整個事件(enterprise)的非理性層面，但是對巴里島民而言，它所增加的主要是整件事的意義。此外，如果遵循韋伯(Weber)而非邊沁的說法，將意義賦予生命，是人類生存的主要狀況與目標；追求意義就顯得比追求經濟成本的回報要來得更重要……

這種「拿地位來賭博」的累進式交互作用配合深層鬥雞賽，以及相反的以「金錢的賭博」搭配的膚淺鬥雞賽，是相當平常的；下注者在這些情況下，成為這個階層系統(a sociomoral hierarchy)裏的一員。如同我們早先所指出的，在大部分的鬥雞場裏，接鄰著鬥雞場的周圍，總有大群心不在焉、純粹靠運氣的賭局（轉輪盤、擲骰子、丟銅板、碗蓋藏豆（the pea-and-shell））在進行著，由場內經營販賣店的人主持。只有女人、小孩、青少年和各式各樣不參加（或者還沒開始加入）鬥雞賽的人——例如最窮困的人、最受人鄙視的人、個性最古怪的人——才玩這類遊戲；當然，他們每次下注的賭金都很小，而參與鬥雞的男人恥與這類人士為伍。地位比這類人稍高的，則是那些在鬥雞賽旁玩著小型配對賽的人。再往上，則是那些參與小型或中型配對賽，但沒有地位參與大型鬥雞賽的人；雖然這一類的人偶爾也會在大型鬥雞賽的旁邊下注賭一下；最後便是那些真正在地方上有分量、在當地社區生活中擁有舉足輕重地位的人。這些人不僅參加大型的鬥雞賽，也在大型的鬥雞賽下注。在目光聚集的焦點中①，最引人關注的是：通常這些人主宰並且定義比賽的方式，就像他們主宰並定義整個社會活動的方式一樣。當一位巴里島男人以幾近崇敬的語氣談到「真正的鬥雞勇士」（the true cockfighter）、「下注者」（the bebatoh, "bettor"）或「雞籠的主人」（djuru kurung, "cage keeper"）時，他所指的就是這一類的人，而非嗜賭的無賴、逢迎拍馬屁的人，以及那幫把「豆子與碗蓋」那套不登大雅之堂的投機心態，帶入氣氛完全格格不入的鬥雞場的人。對這樣的一個人而言，鬥雞賽的真正意義和所謂的potet比較接近，這個字有「小偷」或「攸關榮譽的決鬥」（affaire d'honneur）的附屬意義（雖然從巴里人對於現實想像的天份來看，這裡的血腥暗示也只是比喻性的而已），而和我們一般對於賭博的刻板印象，如愚昧的、機械化的賭具運作比較沒有關聯。

因此，使得巴里島的鬥雞看起來具有深層涵義的原因不是金錢本身，而是金錢所造成的後果，金錢涉入愈深，情況就愈是如此——我們在巴里島的鬥雞體系裏，看到社會階層的縮影。在心理層次上，它以伊索寓言的模式再現了理想的／神魔的（ideal/demonic）自戀男性自我；在社會學的層次上，它也同樣地運用了伊索寓言式的再現手法，表達複雜的張力場域——這個場域是經由控制良好的、噤聲的、儀式性的互動關係營造而成的，而這種互動則來自於在場的個人所深刻體認到的日常生活人際關係。鬥雞可能是主人性格的替代品，以動物做為鏡子來反映心理狀態；但是比賽則是——或者，講得更精確一點——「刻意模擬」真實社會的體制，呈現社會中橫切、重疊與相互合作的各個群體（同村的人、親族、灌溉小組、同在一個廟堂敬拜的同修、「同一種姓階級」）都遵循傳統的規範一起生活在社會中的狀況——維護個人的名聲、保衛它、歌頌它、把它正當化，以及自然地接受它（因為在巴里島的階層系統中，汲汲營求的態度是不被接受的）的必要性，可能是整個社會最重要的推動力，所以它也正是鬥雞賽——移動式的陽具、血祭和一旁熱絡的金錢交換現象——的重要動力。這個看起來很有趣的休閒活動，如果借用厄爾維恩‧高夫曼（Erving Goffman）的另一句話來講，就是「身分地位的大屠殺」（a status bloodbath）。

「詩不會造成任何影響（Poetry makes nothing happen）」奧登（Auden）在寫給葉慈（Yeats）的輓歌中如此說過，「它只會在自己述說的山谷中迴盪……一種發生／發聲」（it survives in the valley of its saying...a way of happening, a mouth.）。鬥雞賽也是如此，就這層口語意義而言，它不會造成任何影響。人繼續象徵性地互相羞辱，不斷地被羞辱；日復一日，勝利的人在這經驗裏，靜靜地散發出光輝；而失敗的人，則只是把日常生活中的挫敗稍為公開地表現在大家的眼前罷了。然而，**沒有一個人的地位因此而改變**；你不可能因為贏了鬥雞賽，而在地位的階梯上往上爬；作為個人，你根本沒有辦法在社會階級的階梯上更上一層樓；你的地位也不可能真的因此就下降。你所能夠做的就是享受、品嘗，或者忍耐、承受那遽烈的瞬間律動，沿著那長梯的美感，經歷一種鏡後的地位躍動——只有鏡像而沒有實質的變化。

就像任何藝術形式一樣（而這就是我們最後要處理的東西），鬥雞賽讓平凡的日常生活經驗變得可以理解；其方式是展現行動和物體對象，抽離其實際後果，並減低（也許你比較喜歡說「升高」）到純粹的表象層次，讓意義更有力地凸顯出來，又精確地被感受到。只有對場內的鬥雞而言，比賽才是「真正的真實」——比賽不會真正傷害任何人的肉體、不會損害任何人的男子氣概、不會把任何人的地位降到與動物同一等級、不會改變人與人之間的階級差異、也不會重新創造階級的排列；甚至，它也不曾造成任何具有意義的財富重新分配。鬥雞賽所做的也就是《李爾王》(*King Lear*)或《罪與罰》(*Crime and Punishment*)所做的（對於稟性與遵奉的習套不同的人而言，兩者都能產生類似作用）——它捕捉死亡、男子氣概、憤怒、驕傲、損失、慈悲、改變等主題，以更具有包容性的結構來呈現它們、拋棄它們的基本性質，以產生新的局面。鬥雞賽利用新的結構，重新詮釋這些特質與主題，使它們產生意義，讓那些在歷史上躬逢其盛的人能夠欣賞到這個結構——在觀念的構成層次上看得見、摸得到、捉得住「真實」。作為一種意象、虛構、典範與隱喻，鬥雞賽是一種表達的手段；它的功用不是緩和或鎮定社會的激情，也不是強化這種激情（雖然它近乎玩火的行徑，可能在無意間促成了這兩種情況發生），而是藉由羽毛、血腥、群眾和金錢來展示激情。

有關我們如何感知那些我們不覺得可以確鑿地宣稱實際存在的事物性質——諸如繪畫、書籍、旋律、戲劇等的特質——這個問題，近年來已經成為美學理論的中心議題了。藝術家的情感（那終究還是他個人的東西），與觀眾的情感（那終究還是屬於觀眾自己的）都不足以解釋另一幅畫裏的騷動或某幅畫裏的靜謐。我們把弦樂的聲音歸類為華麗、機智、絕望、豐富茂盛；我們把石頭的特質描述為輕盈、活力、暴力、流動性；小說有震撼力、建築物滔滔雄辯、戲劇有動感、芭蕾舞安詳恬靜——在這個充滿了怪異描述詞語的領域裏，我們如果說鬥雞（至少在完美的例子裡是如此）是「焦躁不安」，也不算全然不自然，只是令人有些迷惑，我剛剛已經否認過它的現實後果。

鬥雞賽與巴里經驗

不安之所以會發生，「或多或少」源於鬥雞賽的三個特徵：它的臨場戲劇形式、它的隱喻式內涵，以及它在社會脈絡中所處的地位。作為社會環境中的一個文化現象，鬥雞賽同時是驟然爆發的動物怨忿、參與者象徵性自我間的模擬戰爭、以及社會地位張力的角力場，它的美學力量來自於把以上各項不同的現實合併在一起。它之所以令人不安，不是因為它會帶來物質上的效應（物質效應一定有，但那是次要的）；它令人不安的真正理由是——把驕傲併入自我、把自我併入鬥雞、把鬥雞併入毀滅——在想像層次上，實現了某個在正常狀態下看不到的巴里經驗。藉由將鬥雞賽詮釋為令作者和觀眾同樣感到不安的東西，或者（甚至更不吉利的），讓人們感覺到自己就是打鬥中的雞，鬥雞賽讓參與活動的人把重心轉移到本身相當空洞、一成不變的景象裏（一場場充滿了鼓動的翅膀與顫動的腿的打鬥）。

作為戲劇的形式，鬥雞賽顯現了一種不太明顯的特色，幾乎讓我們覺得它根本不必存在：那就是「原子般的結構」（atomistical structure）——每一個比賽自成一個單元，比賽和比賽之間，就像散落的微粒子；有配對的步驟、有下注的動作、有鬥雞的激烈打鬥、有勝負輸贏——完全的勝利與完全的失敗——還有匆匆忙忙、面有赧色的交錢、收錢過程。賭輸的人沒人安慰，大家都躲開他，避開他的眼光，留下他獨自思考自己在經濟上到底有多大的損失，然後換上一張新的臉孔，若無其事地再回去參加下一場打鬥；贏了比賽的人也沒人來道賀，他也不會因此有特別的變化。一旦比賽結束了，觀眾的注意力馬上轉移到下一場，再也不會回頭去看前一場比賽了。當然某一場比賽的影子會在當事人的心裏留下印子，甚至一場深度鬥雞賽也可能會在旁觀者的心裏留下些印象；正如觀賞了一齣精彩的好戲之後，離開戲院時，人們心裏總是會留下了一些想法；但是，這種印象很快地就會褪成概略的記憶（一種散發的光芒或抽象的戰慄）；而且，在絕大部分的時候，連這種程度都談不上。任何的表達形式都只活在「當下」——它自己所創造的那一刻。只不過在這兒，那個「當下」變成了一連串的閃光，有的比較明亮，有的比較黯淡，但他們彼此之間只是不連接的美麗獨立單元。不管鬥雞賽說了什麼，它的表達方式永遠像傷口濺血那樣的迅速、駭人……

如果鬥雞賽的某個結構層面（它缺乏時間上的方向感）使得它看起來像是典型的廣泛社會生活類型寫照；則若從另一方面來看，它坦率的、面對面的（或鐵鉅對鐵鉅的）攻擊火力，卻也使它看起來像是自我矛盾、自我反悖，甚至自我顛覆的活動寫照。在日常生活裏，巴里人對公開衝突的害羞程度，簡直可以說是有點兒違反常態。間接、小心翼翼、低調和良好的控制，都使他們足以堪稱為「委婉」與「虛偽」的行家（他們稱之為alus，「有教養的」、「溫和的」態度）。只要是他們能夠避開的，他們很少會去面對；只要是他們能逃避的，他們很少會去反抗。但是在這裡，他們的自畫像是野蠻的、嗜血的，偶爾還摻雜了殘忍人性本能式的猛烈爆發。這種強烈意象是巴里人最不希望看見的——借用傅萊（Frye）描述葛勞契斯特（Gloucester）變成瞎子時的用語，當這樣的描述或生活寫照被擺在範例狀況中時，人們就宛如面對著它；而且，客觀環境暗示，就算不是直接的描述，這樣的寫照也還是比空想要來得實際。於是，「不安的感覺」

(disquietfulness)油然而生。這裡所謂的不安，指的是鬥雞賽的不安，而不是（或不一定是）參與者的不安，因為參加鬥雞賽的人，事實上從比賽裏獲得相當的樂趣。場內的屠殺描述的並不是人與人之間的事物表象——不過更糟的是，從某個角度看來，這場屠殺顯示的是「想像中」的人際關係。

當然，這個角度是階級的角度。如同我們已經看到過的，鬥雞賽表達得最明顯的，就是階級關係，它所彰顯的是比賽中所涉及的生死問題。在巴里島，不管是在哪裡（在村子裏、在家裡、在經濟上、在國家大事方面），一個人的「名聲」都是相當嚴肅的事情。

巴里島民的階級尊嚴——波里尼西亞的頭銜制度與印度種姓制度的特殊混合體——是整個社會的道德支柱。但是，只有在鬥雞賽裏，階級制度賴以維繫的情感因素，才顯露出他們的本色；在別的地方，它們都被裹上一層像是迷霧的繁文縟節——數不清的委婉言語表達、儀式、手勢與典故。在鬥雞場上，薄薄的一層動物面具取代了現實生活中的繁文縟節，這層面具遮住的比它揭露的要少得多。在巴里島，忌妒就像平衡一樣是生活的一部分；兇狠就和魅力一樣隨處可見；但是若沒有鬥雞賽，人們對兇狠與嫉妒就不可能有這麼多的認識了。我想，這也就是為什麼鬥雞賽被賦予這麼高的價值的原因吧。

任何表現形式都能藉由打散語意脈絡(semantic contexts)的方式來發揮功效；這樣的做法可以使傳統上歸屬於某種東西的特質，被劃歸到性質不同的東西上，然後讓大家看到，真正擁有這些特質的是一些非傳統的東西：例如史蒂芬斯(Stevens)所形容的：風跛腳了；像荀白克

(Schoenberg)的固定音調；音色操控；或者（舉個和我們比較近的例子），和侯噶斯(Hogarth)一樣，把藝評家描述成一隻放蕩的熊等。這些都是跨越觀念界線的做法：「物」與「特質」間既有的聯繫被改變了，而現象——如秋天的氣候、旋律的線條或文化新聞——都被原先在正常狀況下指涉其他事物的符碼所覆蓋住。依據類似的道理，把公雞間的打鬥接連（再接連、再接連）人類社會明顯的社會階級劃分，意圖乃在於邀請大家把感覺從前者轉移到後者：一種同時是描述，又是判斷的轉移（在邏輯上，當然這樣的轉移可以往相反的方向發展；但是，就像我們一樣，巴里島的居民對了解人比對了解雞要感興趣得多了）。

使鬥雞賽脫離日常生活的軌道、脫離尋常生活的實際面，讓它被賦予更多重要性光環的並不是——如同功能主義者的社會學(functionalist sociology)所講的——鬥雞賽強化社會地位區分的作用（這種「加強」在隨時宣示著他們的社會裏，根本就不太需要）；而是它對於社會把不同的人分成不同的固定階級，然後將這些階級一一組織起來，形成集體的生存現象，提供了後設的社會評論(metasocial commentary)。它的功用，如果你願意用這樣的名稱來稱呼它，是詮釋性的，它是巴里島人在閱讀巴里經驗，一個他們自己說給自己聽的故事……

※本文出處："Deep Play: Notes on the Balinese Cockfight," in Geertz, *The Interpretation of Cultures*. New York: Basic Books, 19. Excerpted from pp.417-26,431-6,443-8. Reprinted by permission of *Daedalus*, Journal of the American Academy of Arts and Sciences, "Myth, Symbol, and Culture," vol. 101,no.1, Winter 1972, Boston, MA.

譯者：古佳艷

註釋：

①參見厄爾維恩・高夫曼(Erving Goffman)的*Encounters: Two Studies in the Sociology of Interaction.* Indianapolis: Bobbs-Merrill, pp. 9-10.

5 Culture and Society

文化研究途徑：涂爾幹理論

過渡儀式與社群
Liminality and community
維多・透納 (Victor Turner)

污染象徵秩序
Symbolic pollution
瑪麗・道格拉斯 (Mary Douglas)

維多利亞時期純潔觀裏性的象徵意義
Sex as symbol in Victorian purity
凱羅・史密斯・羅森伯格 (Carroll Smith-Rosenberg)

176

過渡儀式與社群

作者：維多・透納（Victor Turner）

簡倪樸(Van Gennep)曾指出，所有的成長或「過渡」儀式主要包括三個階段：隔離、過渡（或limen，拉丁文為「門檻」的意思）和回歸團體。第一個階段隔離，包含了象徵性的行為，意味著個人或群體自社會結構中原先某個特定的位置、某種文化狀態，或這二種情況脫離。在過渡期間，參加儀式的主人翁（「過客」），其社會位階並不明確；所經歷的文化領域亦與他的過去或未來鮮有雷同；甚至完全不一樣。到了第三個重新回歸團體的階段，整個過程才算圓滿完成；接受儀式者，無論個人或團體，再度處於比較穩定的身分地位，且因為如此，對於社會結構上清楚界定的他者，才具備權利與義務；而一般也期待他的行為能夠依循該社會位置在整個體系中須遵從的例行規範與倫理標準。

過渡階段或處於這個階段的人，屬性必然曖昧不明，因為這個階段或這些人，逸出或滑出了文化空間裡一般定位身分與階級的分類網路。在法律、習俗、成規或典禮所預設的位置上，處於過渡階段者是無法歸類，既非彼亦非此。因此，許多舉行過渡儀式的社會，有各式各樣的象徵，表達這些模稜兩可的臨界屬性。而這些屬性經常被比喻成死亡、處於母體內的狀態、隱而不見、黑暗、具有双重性徵、荒野以及日、月蝕等。

處於過渡階段者，例如行成人禮的青少年，一般被認為是一無所有。他們也許假扮成怪物，身上只繫著一塊布，甚至全身赤裸，表示這些正在跨越生命中門檻的年輕人，既沒有社會地位、財產、勳章；也沒有衣裳標示他們在血統關係上的位置或角色。簡單地說，這些年輕人彼此之間也無從區別。一般來說，他們表現得順從謙虛，默默遵從導師的指示，對於恣意專斷的懲罰也從不抱怨，彷彿被降級磨鍊到整齊劃一的狀態；為的是重新打造，並且獲得新的力量，能夠應付未來生活中的另一個階段；而且，年輕人之間也彼此培養了親密的同伴情誼與人人平等的態度；世俗的區分、等級或地位消失，大夥兒一視同仁……在需要長期隔離的成人儀式裡，例如許多部落社會的割禮或秘密社團的入會儀式，經常出現跨越社會門檻的象徵。

有趣的是，這些跨越社會門檻的儀式，既融合了卑微與神聖的色彩，也具備一視同仁的同伴情誼。典禮儀式中，我們看到「時間中的一刻，同時也是超越時間之外的一刻」，進出世俗社會結構的過程；無論時間多麼短暫，（透過儀式中的「象徵」，不一定是語言）多少可辨識到一般籠統的社會聯繫已經終止，並同時瓦解成多樣的結構關係。這些結構關係，在人類學家所喜愛的、非現代化國家的社會裡，或者以種姓、經濟階級、社會層級來組織，或者以分裂對立的形式呈現。在這裡，彷彿有二種主要的「模式」同時並置而且隨時變更，來說明人們彼此是否有相互關係。第一種模式的社會業已結構、細部劃分，包括政治、法律、經濟各種層面，具有各種評估標準，將人們依據貧富多寡的角度來加以區分。第二種社會則處於過渡時期，尚未結構化，或略具社會結構的雛形，但尚未進一步分化；甚至是一群人彼此平等共存，共同遵從長者的權威。

與英文裡的「社區」(Community)一字相比，我比較喜歡用拉丁文的Communitas（社群）表示這種社會關係的型態，以便和「共同生活的區域」作區分。社會結構和社群的區別不是一般所熟悉「世俗」與「神聖」的區別，譬如政治與宗教的區別。在部落社會裡，某些特定的職務就具備許多神聖的特質；而且事實上，每個社會位置都具有某些神聖的特質。但是，「神聖」的特質在成長儀式的過程中，是隨著改變的社會位置才能獲得；因為透過成長儀式，接受儀式者改變了既有的社會位置。在儀式中，短暫的羞辱和一時失去依循，略微顯得神聖不可侵犯，可以改變、節制某些較高職位者所表現的驕傲。誠如弗提斯(Meyer Fortes)剴切地指陳，這種儀式不僅賦予社會結構性位置的合法正統①，而且也彰顯了基本天生的人類關繫；如果沒有這層關繫，也就沒有社會可言。過渡階段意味著所謂尊卑高下乃一體的兩面；位尊權高必須從卑微開始。類似這種想法，倒有個具體的例子。幾年前菲力浦親王決定將他的兒子——未來大英帝國王位之繼承人——送到澳洲一所叢林學校受訓，希望王子能學習「忍耐不方便的生活」。

由上述情況推論，社會生活對個人或團體而言，是一種辯證過程，涉及一連串尊卑高下、社群與結構、同質與差異、平等與不平等的經驗。從較低的社會位階變遷到較高的社會位階，必須經歷沒有任何社會地位的過渡階段。實際上，在這期間，前面所列舉的對立狀態，彼此相互共存。而且，每個部落社會有各色人物、團體和階級，其也有它的發展週期；因此，在某個時刻，社會上有固定的社會位置，也同時存在許多處於過渡時期的位置。換句話說，每個人的生活經驗，包括不時觸及社會結構與社群並參與各種身分與過渡變遷的階段。

尚比亞拿丹布族的成長儀式

這裡可以舉一個扼要的例子說明。這是有關尚比亞拿丹布(Ndembu)部落的成長儀式，有關該族具有最高社會地位的資深酋長Kanongesha……

這裡的儀式表現了過渡階段的特色。儀式開始時，先在離主要村落約一英哩遠處，用樹葉塔建一間小屋。在當地，小屋名為Kafu或Kafwi，是拿丹布族取自Ku-fwa「死亡」一詞的涵義；因為小屋正是未來酋長脫胎換骨的地方。拿丹布族的過渡儀式充滿死亡的意象；就像是小男孩行割禮的場所既秘密又神聖，稱為ifwilu或chifwilu，也是源自「死亡」一詞。在這個儀式中，未來的酋長幾乎一絲不掛，只在腰間繫塊碎布。他儀式中的妻子，可以是他的長妻(mwadyi)，或者是特別挑選的女奴，稱為lukanu（表示王族的手鐲），也是類似的穿著。日落之後，他們由Kafwana召喚進入小屋。附帶一提的是，在儀式中，準酋長本人也稱為mwadyi或lukanu。他和妻子二人都是由人帶領進入小屋。在屋中，二人蹲坐著，顯得羞愧或謙卑的樣子。這時有人用混著卡杜剛歐尼河(Katu-kangonyi)河水的藥物為他們浸洗。卡杜剛歐尼河域是南方朗德族

(Lunda)的祖先，從Mwantiyanvwa的府城一路遷徙，在還沒有各自獨立劃分領域之前，曾經短暫居住過的地方。此外，給準酋長夫妻的木材，絕不可以用斧頭劈，必須是從地上撿起來的。這意味著木材是大地的產物，並非人為加工。由此，我們再度見到古代的朗德精神結合了大地的力量。

接下來，進行「Kumukindyila」儀式，字面上的意思是「詆毀或羞辱」；亦即「辱罵準酋長」的儀式。開始的時候，Kafwana在準酋長左手內側刻個凹痕，緊接著在該處戴上手環，將藥物塞入凹痕內；又在手臂上堆個墊子，並強迫準酋長和他的妻子要坐在墊子上——酋長的妻子絕不可以懷孕，而且這對夫妻在這些儀式舉行前幾天，絕對禁止性交，因為接下來要舉行破壞生育力的儀式。

Kafwana於是開始以下的訓誡：

安靜！你這個卑鄙、自私、脾氣暴躁的笨蛋！你不友愛同胞，只向他們發怒。你既卑鄙又偷竊！但是，在這裡我們已經說出來了，而且，我們宣佈你必須繼承領袖的地位。因此，捐棄卑鄙，不要發怒，不與人通姦，立刻改正！我們授予你酋長的地位，你必須與族人一同進食，你必須與族人和好相處。不准濫用會危及族人性命的藥物，這是禁止的！我們寄望你；而且只有你；做我們的領袖。請你的妻子為來到這兒的人們準備食物。不要自私、只是佔著領袖的位置！……

裁判族人的任何法律案件，尤其是你自己的孩子牽涉其中時，你絕不可以偏頗。你必

須表示：「假使有人與我的妻子共枕同眠，或中傷毀謗我，我也絕不會裁判不公，我絕不心存憤恨。」

經過一番訓誡之後，任何人若覺得他過去曾遭準酋長傷害過，這時便有權痛斥他，可以充分表達他的積忿，盡情暢所欲言。整個過程裡，準酋長只得掩面靜坐，謙卑而有耐性。同時Kafwana用藥水潑灑在他身上，偶爾甚至辱罵他、踢他的臀部。不少資料提供者告訴我，「在成為酋長的前一晚，準酋長就像奴隸一樣。」……

在這個例子中，酋長重返社會團體時，包括了公開盛大的排場儀式。有關拿丹布族領導模式的研究裡，這個儀式相當引人側目，也是目前英國社會人類學中主要的研究方向；不過，這與本文無關。本文的焦點放在過渡階段與宗教儀式的力量。這可以從二方面來看。首先，Kafwana和其他拿丹布族人具有特權，能對未來最具權威的領袖展現威權。在儀式中，尋常百姓占了上風。再者，至高無上的政治威權被當作「奴隸一般」，使人想起西方天主教儀式中教宗加冕時，教徒要求他做伺候神的僕從「servus servorum Dei」的情形。當然，這種儀式具備了威爾森(Monica Wilson)所謂的「預防功能」。②在儀式中，領袖必須自我控制，以便日後面對權力誘惑時，也能自我把持。不過，在各種過渡的情況下，卑微領袖這個角色，只是常見主題中一個極端的例子。一般討論這樣的主題時，並沒有談到過渡儀式前後的一些特色……

過渡儀式中的受禮者必須像一塊空白的石板，能夠刻上該族的知識與智慧，足以擔任新的職位。試煉與羞辱，經常施加於受禮者的身體上，一方面表示除去他們過去的身分，一方面也陶冶他們的本性，協助他們承擔新的責任，並事先防止濫用即將賦予的特權；且必須讓他們明瞭，他們只是土或塵，只是普通的質料，他們的形式是社會所賦予的。

因此，就教育意義來看，這種過渡儀式對以下二種脫離社群的行為頗不以為然。第一種，一切作為只依據社會所賦予的職位權利。第二種，不惜犧牲同胞，順從個人心理或生理的衝動。大多數的過渡儀式，都賦予人性神秘的色彩，而且多數文化認為這個階段與神明保護或懲戒的力量息息相關……

過渡狀態已被納入體制

上面談到的許多特質，一般認為是構成基督教傳統裡宗教生活的特色。當然，回教、佛教、印度教及猶太教也有許多類似的宗教特色。但是，隨著社會文化日趨演變分化，社會分工日趨複雜，部落社會中主要表現在文化與社會方面的過渡性特質，已經變得制度化。不過，宗教生活中依然可以找到若干過渡性特質；譬如：「基督徒是世間的異鄉人、旅人、朝聖客，尋不著棲身的住所」。在這裡，過渡階段已成為恆常不變的狀態。世界各大宗教紛紛將這種過渡狀態納為體制，其中最明顯的莫過於修道院和僧侶制度。

在其它文化層面，大多數社會也有鮮明的象徵及相關信仰；譬如「弱者的力量」；換句話說，位卑者總是或有時具備神聖的特質。另外，國際之間某些領土狹小或政治勢力薄弱的國家，也扮演了宗教道德價值護衛者的角色；例如古代近東地區的希伯來人、中世紀初期基督教世界的愛爾蘭，以及現代歐洲的瑞士。

民俗文獻裡也有許多象徵性的角色，諸如「賦予聖職的乞丐」、「幼子」、「小裁縫師」和「傻子」，往往除却位高權重者的虛飾自負，揭露尋常人性、脆弱的一面。而且，傳統「西方」也記載著神秘、四處流浪的「異鄉人」，沒有名聲或錢財，剷除欺壓佃農的大地主，協助地方政治權力在法律、倫理方面達到均衡。許多受歧視或不受法律保護的族群或文化團體，在各種神話及民間故事裡扮演重要的角色，表達人類普遍的價值。其中較為知名的包括和善的撒馬利亞人、在契訶夫的短篇故事〈羅斯柴德的提琴〉裡的猶太籍提琴手羅斯柴德、在馬克吐溫《頑童歷險記》中逃亡的黑奴吉姆，以及在杜斯托也夫斯基的《罪與罰》中拯救那個尼采式「超人」諾斯柯寧可夫的妓女桑雅。

較著稱的社群當屬所謂千禧年的各種宗教運動⋯⋯值得一提的是，許多這類的運動在初期即跨越了部落與國家的界線。社群，或稱為「開放群體」，在結構上與這類宗教運動，或所謂「封閉群體」不一樣，因為理論上社群可以無限延伸至全人類。當然，實際上這類運動背後的動力很快就會耗損，「運動」也會變成其它體制中的一員；而且，由於它自比人類真理的唯一捍衛者，這類運動遠比其它體制來得狂熱好戰。

現代西方社會裡，「披頭族」(beat generation)的文學和行徑，可說是把社群價值發揮得淋漓盡致。他們的下一代是所謂的「嬉痞」(the hippies)，其中不乏十幾歲的少男少女。這些「酷勁」十足的青少年不參加全國性的成長儀式，自外於講究位階的社會秩序，不刻意擺架子，穿著像游民，習慣四處游蕩，喜好充滿民俗風味的音樂，臨時打工也是從事僕役的差事。他們重視人際關係而不是社會責任；性行為在他們看來是多樣、能夠促進社群的親密交往，而不是為了長久維持層級化社會的基礎。有關性自由的功能，詩人金斯柏格（Allen Ginsberg）的辯才，頗能動人心絃。而且，社群原有的「神聖」色彩也未曾消失；因為嬉皮經常使用諸如「聖人」、「天使」等宗教語彙描繪同伴，表現他們對禪學的興趣。禪所謂「眾生一體，一體皆空，空即眾生」的說法，充分表達早期社群普遍、不分階級的特色。他們崇尚自由、當下此刻與「存在」，明白凸顯了社群與社會結構截然不同的意思。社群是屬於現在；而社會結構根植於過去，並且透過語言、法律和習俗延伸至未來……

社群潛入社會結構的罅隙，表現在成長過渡儀式，存在於社會結構的邊緣；例如邊緣性的社群，或是來自社會的底層，像是弱勢團體。無論在那兒，社群幾乎都被視為神聖不可侵犯，可能因為它超越或消融了政府建立的規範以及體制化的關係，並且提供前無僅有、充滿活力的經驗。

人情相近的概念，或「人類共通性」的感觸，都不是某種動物本能的表現，而是「完整人性充分流露的結果」。過渡成長儀式、邊緣性族群和社會弱勢團體，經常產生各種神話、象徵、儀式、哲學體系和藝術作品。這些文化形式為人們提供了一套樣板或模型，就某個程度，在不同時期，將現實、人與社會、自然文化的關係重新歸類，而且，不只是分類而已，這些作品也激發人們去行動、思考。每種作品都具有多音特質，表現多重意義，同時在心理與生理層面都能感動人群。

因此，社群與社會結構之間產生了辯證關係。社群中原本直接密切的關係，在社會中不復存在。然而，在過渡儀式裡，人們自社會結構解放、進入社群，經由社群經驗重新攝取活力，再返回社會。可以確定的是，如果沒有這種辯證關係，任何社會均無法適當運作。過度彰顯社會結構，很可能導致社群滋生病態，游走「法律」之外或對抗法律。反之，過度彰顯社群，就像某些宗教或政治運動，可能接踵而來的便是獨裁、過度官僚作風，或其它型式的結構性僵化體制。

※本文出處：Turner, *The Ritual Process.* Chicago: Aldine, 1969. Excerpts from pp.94-113, 128-30. Reprinted with permission from Victor W. Turner, *The Ritual Process: Structure and Antistructure.* New York: Aldine de Gruyter. Copyright © 1969 by Victor W. Turner.

譯者：**楊麗中**

註釋：

①Meyer Fortes, "Ritual and Office," in Max Gluckman, ed., *Essays on the Ritual of Social Relations.* Manchester: University of Manchester Press. 1962. P.86.

②Monica Wilson, "Nyakyusa Ritual and Symbolism." *American Anthropologist* 56(2)(1954): 46-54.

186

污染象徵秩序

作者．瑪麗．道格拉斯（Mary Douglas）

污穢是系統分類下的副產品

長久以來，比較宗教學著魔於探究醫藥衛生學。有些人認為即使是最怪異的古老儀式也講求健全的衛生概念。有些人雖然同意，原始儀典具有淨化的目的；但他們不認為這些儀式能符合衛生標準。對後者而言，我們對衛生學的嚴格定義與原始部落的荒謬幻想有天壤之別。然而這兩種觀點並無大用，因為兩者都不去仔細探討我們自己對衛生與污穢預設的看法……

仔細分析我們對污穢的想法，如果能撇開其中病原論與衛生學的成分，所見的便是一個對污穢的古老看法，認為它是脫序的事物。這個研究方向非常有啟發性。它隱含兩個條件：一方面有一套符合規範的關係；同時有違反此規範的種種可能。這麼看來，污穢絕非獨立偶發的事件；有污穢必有體系。我們可以說污穢是系統分類下的副產品，因為秩序管理的過程都不免要摒除不合宜的成分。對污穢的這種看法逕將我們帶入象徵系統的領域中，使我們得以進一步地討論它與已明顯象徵化的純淨系統之間的聯結。

我們這樣談污穢，實際上是把污穢當成無所不包的字眼來使用，涵蓋所有被制度化系統排斥的事物。污穢其實是個相對性的概念。舉例來說，鞋子本身並不髒，但把它們放在餐桌上便是骯髒；食物本身也不髒，但把烹飪用具擱在臥室或把食物潑弄在衣服上就令人覺得髒；其他的例子，像是浴廁設備出現在客廳，衣服亂放在椅子上，室外用具擺在屋子裡，樓上用的東西扔在樓下，內衣外穿等等，都是一樣的道理。總之，我們的污穢行為是一種反作用：用來抗拒任何可能擾亂或抵觸我們遵行的分類體系的種種事物。

我們不該強迫自己把注意力只放在污穢上。根據這樣的定義，污穢看來好像只是一種被我們慣常的分類系統排斥在外的剩餘物，假如真的把注意力集中在污穢上，我們其實會違反最根深蒂固的思考習慣。因為似乎我們感知的一切都被規範定型，而身為感知主體，我們大抵與這些模式的形成脫不了關係。感知並不是用聽覺或視覺器官，去被動地接收外來現成的印象，彷彿在調色盤上滴入油彩似的。認知與記憶可不是喚起往日印象的舊意象這麼回事。一般認為我們所有的印象早就被先驗決定了。感知主體在所有感官刺激中只選擇我們所關心的，而我們所關心的又是被尋求規律的傾向所主宰，有時可將此傾向稱之為先驗圖式。我們處於各種瞬息萬變的印象混沌中，各自建構出一個穩定的世界，讓其中物體有可辨識的形狀、立體，且具恆常變的特質。感知外在世界的同時，我們其實也在建構秩序，遵守某些指示，而摒棄那些明顯符合建構模式要求的東西。此外，我們容易將模稜兩可的事物當成好像可融入此模式的其他部分；不和諧的事物則被排斥在外。它們若被接納，原有的認知結構就必須修正。隨著學習過程的推進，事物被命名，之後這名字影響下一回它們被感知的方式：一旦被貼上標籤，事物在未來更輕易被擲入既定的框架。

隨著時間流逝及經驗累積，我們對標誌系統的投資與日俱增，保守的偏見於焉成形。它帶給我們信心。任何時候我們都可能要修正認知系統以容納新的經驗，可是現在的經驗與過去愈一致，我們對原有的看法便愈有信心。那些無法融入既定系統的不愉快事實，我們就加以忽視或扭曲，以免既成的種種預設受到干擾……

混亂雖會破壞既定模式，卻也為模式提供了構成要素

混亂雖會破壞既定模式；卻也為模式提供了構成要素。秩序意味著有所限制；從所有可能的素材中選出有限的幾項，在各種可能的關係中，只使用少數幾種。因此混亂意指無限，其中找不到任何固定模式，但它將事物模式化的潛能是無限的。這便是為什麼，雖然我們想要創造秩序，卻不一味排斥失序。我們了解混亂失序會破壞現有規範；同時也明白它的潛力。混亂象徵著危險與力量……

想想我們對那些社會邊緣人的看法。他們不知怎麼在社會秩序化過程中被遺忘排斥，無處可歸。他們也許並沒違反什麼道德戒律，但其身分無法被界定。以母親腹內的胎兒為例，它的現狀曖昧不明，其未來也是如此，因為沒人能確定它的性別或者它是否能平安度過嬰兒期的種種危險；胎兒常被看成既脆弱又危險；里拉人(Lele)認為胎兒及懷孕的母親時時處於險境，但他們也認定胎兒具有無法捉摸的惡意，因而可能威脅他人的安全；里拉族女人懷孕時都儘量避免接近病人，以免她腹內的胎兒使咳嗽或發燒等症狀惡化。

現存記載中尼亞裘撒族人(Nyakuysa)有類似的想法。他們相信懷孕的婦女若接近農作物，該作物的產量便會減少，因為她體內的胚胎貪婪無度地攫取了穀物。若沒有先做表示善意的儀式動作來避凶，她不得與任何在收割或釀酒的人交談。他們把胚胎說成「張著大嘴」攫取食物，並說這是「體內的種」和「外面的種」之間無可避免的纏鬥：

「肚子裡的孩子……像巫婆；它會施展巫術般毀壞作物；啤酒變味難入喉，穀物不發，鐵匠的鐵難打，牛奶味道也不佳。」

甚至是胎兒的爸爸也會因妻子懷孕而在打仗或狩獵時遭遇危險。

李維・布魯爾(Levy-Bruhl)指出經血與流產有時衍生相同的迷信。毛利人(Maoris)認為經血是不成形的人——如果經血未被排出，就有可能形成人，因此它具有無法想像的存在狀態——從未活過的死人。李氏指出當地人普遍相信早產的胎兒有惡靈，會危害活人。在此布魯爾並未歸納出危險來自邊緣地帶這樣的結論；另一學者簡倪僕（Van Gennep）則提供了社會學上的見解，他把社會看成一個有許多房間與迴廊的房屋，在其中穿梭出入是危險的。危險來自於轉接的狀態；就因為轉接本身模糊無法定位，它既不是原先的狀態，也仍未形成新樣態。處於轉接狀態的人本身有危險，並且將危險禍及他人。此災禍可透過儀式化解；儀式確切地將過渡人與原先的身分兩分，隔離他一段時間後再公開宣稱他正式邁入新階段……

要描繪原始世界的權力與危險，我們必須強調對有形與無形事物種種想像的交錯作用。許多對權力的理解源自這樣的概念：社會是各種有形事物的組合，環伺其外與之相對的是無形無體。有形物有其力量，但力量亦存在於它處：難以表述之境、邊緣地帶、模糊不清的畛界、超越外在分界之處。若污染是一種特殊的危險，要了解它在危險世界的確切位置，我們必須清點所有權力的來源。在原始文化中，天災不像人禍那般意義重大，天災帶來的毀壞舉世皆同：旱災就是旱災，飢荒就是飢荒；傳染病害、童工剝削、衰老孱弱——各文化對這類經驗的感受大同小異。但每個文化有其獨特法則來統理這些災禍的來去。個人行為被用來解釋此人為何遭殃倒楣，因此若要清點各種權力，便必須從各種個人介入他人命運的方式分門別類來進行……

先談談這樣的情況：在上位者濫用他的經世權力。如果他明顯地行為不當，有失權責，他便不配擁有該職位所代表的精神力量。因此，在信念系統中應有便於處理掌權者缺失的轉圜餘地。他應扮演巫師的角色，使用非自主、不公平的權力而非刻意控制的行政權。因為濫用職位的官員違反禮制——形同篡位者、夢魔、害群之馬，是社會系統沈重的負荷。當權者使用其非常權力時，我們經常見到這種意料之中的身分轉換。

在聖經撒母耳記(Samuel)中，撒羅(Saul)是個濫用天賦神權的領袖。當他失職，導致他的子民不服從神時，他的魅力不復，同時可怖的憤怒、沮喪及瘋狂折磨著他。撒羅濫用職權時，他失去了主動控制的能力，連朋友都覺得他可怕。失去理性後，領袖變成無法掌握的危險。撒羅的形象說明了這樣的概念：意識控制的精神權力存在於明確的禮教制度之中，而不受控制的非理性災禍則存於禮制的敵人內。

拉格伯拉人(Lugbara)有另一種類似的方式來處理權力濫用與一般信仰的衝突。他們賦與族內長者召喚祖先的特殊權力，以此管束不以族群最大利益行事的晚輩。此處我們又再一次見到刻意控制的權力支撐維繫明確的社會結構。但如果眾人認為某一長者行事只為個人私利，祖先不會相信他的話，也不會讓他再使用他們的權力。所以我們在此看到一個掌權者濫用職權的例子。他的合法正當性受到質疑時就必須被撤換，為了要拉他下馬，他的對手指控他的道德已淪喪，還施展邪魔妖道，在夜裡肆行神秘違常的巫術。控訴本身即是武器，用來滌清、鞏固社會結構，它讓人能把罪惡的源頭指向混淆不清之處。以上這兩個例子對稱地說明了這樣的想法：在一方面，理性控制的權力是由結構中位居要職者運用；就另一方面而言，危險源起於結構中幽暗不明之處……

污染破壞的力量……存在於意念結構本身……用以懲罰違反象徵系統規制的行為——拆散原本該被結合的事物，或連結該被分隔的事物。由此推之，如果沒有明確界定的天理人常，污染破壞這樣的危險是不可能發生的。

污染破壞的始作俑者需負全責。他犯下某種失誤，或僅是跨出某條不可跨越的界線，而此位置錯亂為他人帶來危險。不像魔法或巫術，散播污染乃是人與動物皆具備的能力，並不只有人類才會造成污染。污染可能是故意犯下的惡行，但意圖其實與事情結果無關——污染更可能是突發事件……

污染意識有助於維繫現在道德體系

污染意識提供一種制度化懲治惡行的方式，這便是維繫現存公認道德體系之道……

1. 當某一狀況用道德標準難以明判之時，污染意識可做為事後判定此狀況是否構成侵害行為的準則。
2. 道德原則互相衝突時，污染邏輯能藉著提供簡明的焦點來減少混淆困惑。
3. 當某項行為被認定是敗德，卻不能挑起眾怒時，深信污染會造成傷害性後果的想法具有誇張該惡行嚴重性的效果，並可將輿論引領至正義的一方。
4. 如果沒有實際的制裁行為來強化道德感時，污染邏輯可以用以嚇阻犯罪。

某些污染後果嚴重，不容始作俑者倖存。但大多數的污染有非常簡單的化解方式，例如各種儀式，像反向操作、解開死結、埋葬、清洗、擦拭、燻香等等，只要少許時間及力氣便能將它們適度地去除。道德犯罪能否去除取決於受害者的心態及復仇的快感。某些踰越失禮造成的社會影響擴及各處難以彌補。彌補過失的和解儀式具有儀式本身改造的效果。這些儀式有助於遺忘往日過錯，並有益於培養正當意識。試圖將道德過錯淡化為可立即用儀式去除的污染越界，這樣的努力對社會整體而言必然有其益處……

※**本文出處**：Douglas, *Purity and Danger*. London: Routledge and Kegan Paul, 1966. Excerpted from pp. 41-9,114-19, 128-36,158-9. Reprinted with permission.

譯者：**黃宗儀**

維多利亞時期純潔觀裏性的象徵意義

作者·凱羅·史密斯·羅森伯格（Carroll Smith-Rosenberg）

維多利亞人對純潔有一套很獨特的意識形態

維多利亞人在意識形態上否定壓抑他們的性慾，這件事特別引人注意的地方何在？答案極可能在維多利亞人對純潔有一套很獨特的意識形態。我們不會在美國歷史上找到任何一個時期對性壓抑的種種觀念有更詳盡的描述。這種禁慾觀念於一八三〇及四〇年代乍然出現，強烈對照十八世紀或二十世紀的性開放。我們在此要加以釐定的「清教主義」是在前工商資本主義的最後階段興起於美國……

傳統上歷史學家從性的規範來推想性行為，但規範畢竟不等於行為。筆者不把早期男性道德改革家的論點看成可窺探傑克遜時期性生活的陰暗變形的窗口，筆者建議另一種看法，即是視他們的論述為表達當時價值觀與社會關懷的文化宣言，是隨著美國社會經濟日益複雜而產生的眾多意識形態之一。宗教歷史學家研讀神學不是為了了解上帝的本質，而是要明白產生蘊育該神學的文化特性。讓我們試著不將性純潔的討論與床笫行為相提並論，而是就前工業發展末期美國社會狀況及美國家庭結構來討論……

一開始談貞潔是種男性改革運動。各種相關手冊書籍作者清一色都是成年男性。他們訴求的讀者也毫無例外都是年輕男子。諸如席維斯特・葛拉姆(Sylvester Graham)的《與青年談貞潔》，伍渥德(S. B. Woodward)的《給年輕人的提示》(*Hints for the Young*)，威廉・艾爾柯特(William Alcott)的《青年手冊》(*Young Man's Guide*)和《婚姻生理學》(*Physiology of Marriage*)，這些書都直接或間接試圖教化各地青年，像是在寄宿學校或大學就讀的學生以及在都市城鎮工作的年輕店員。當葛拉姆在一八三〇及四〇年代以公眾演說家身分展露頭角時，他的聽眾便是這些年輕男子。他訴求的對象不是年長男性或者農村青年，而是新興後革命大學的學生以及參與新都市文化講座的店員……充斥這類書刊的是青少年面對的煩惱、焦慮及誘惑。鉅細靡遺刻畫青少年縱慾後果的種種故事，一再呈現於讀者面前。這些講求貞潔的人士關懷的對象是青年男子。年輕男性的道德養成及生理健康是他們自許的重責大任……美國社會未來的幸福穩定有賴青年之純潔。正如葛氏書中開宗明義所說：「任何時代最優秀最睿智之人都對青年福祉表達最深切的關注。並且也都仔細權衡青年男子的智育、德育、體育、人格及所有攸關個人、社會及人類文明福利的狀況……青年能獲得適當教育是國家繁榮幸福的基礎。」

道德改革家認為性高潮及自慰會破壞自然秩序

男性改革家一面強烈抨擊一般醫藥界，一面鼓勵戒酒及素食，他們以此塑造出一個生理學模範：他們視男性性高潮為萬惡之首，敗壞個人身心及社會風氣。這些改革家辯稱，以滿足私人樂趣為主的性行為在生理上造成重大損害，個人也因此而有失其社會責任。男性性高潮之所以存在，只有一個正當的目的：生育後代。禁慾應該是男人一生大部分時間的典型行為，尤其是少年十五二十時。年輕男性在他們二十好幾或三十出頭結婚之前都必須是處男……

最重要的是，嚴禁青年自慰。在這些書刊中隨處可見對青少年自慰此種常見性行為的恐懼。法勒大力譴責自慰，認為它是「各種性慾中最放縱違常的行為」。約翰・紐曼說它是「完全違反自然、有百害無一益的罪行，只有像猴子那類野獸才會有這種低下行為。（法勒 1856, 48；紐曼 1856, 56），自慰會耗損美國青年的活動與純真，有礙他們的身心健康。「在年輕人身上，自慰造成的不良後果更見嚴重……他們不會明白縱慾自慰使他們流失了多少體力、心智與道德感。」另一個醫生在一八五〇年代有此一說：「自慰的情形愈早發生，這可怕的惡行造成的結果愈嚴重。」（葛拉姆1837, 77—9，艾爾科特1866, 67—8, 72—4）自慰只在私下進行，成人無法知曉也難以管束。靠著幻想滋養，自慰越過現實的界限。男性自慰的情形十分普遍。伍渥德說，「我所交談過的十二歲的男孩，沒有一個不懂得如何自慰，他們也都知道一般用來描述自慰的語言。」

（1856, P.5）……

這些針對婚姻性交與自慰行為的種種訓戒，背後隱藏著對男性性高潮根深蒂固的恐懼。性高潮無法抵抗、難以控制又狂暴猛烈。它放蕩叛逆，不受管束的特性使其具有極大的摧毀力……葛氏表達了男性改革家的恐懼：「放縱性慾而生的抽搐震動是最興奮的感官刺激，它會讓人全身受到極強烈的撼動。它以狂暴颶風之姿襲捲腦子、心臟、肝肺、皮膚及其他器官。極度興奮痙攣的心臟，以可怕的凝聚力將血液驅送到主要器官，造成壓力、刺激、衰耗、激動、躁熱，有時還會擾亂身體機能。這些一再發生的縱慾行為必然會導致最駭人的結果。」（葛拉姆 1837, P49）。

男性性高潮通常被視為出柙猛虎，它可能破壞身體井然有序的功能。當時一般醫學專家和男性道德重整家同樣視身體為一封閉的能量系統。個人在精神及營養上能量有限，身體依照不同器官在男性整體代謝系統的重要程度妥善分配這些能量。道德改革家認為性興奮及高潮會破壞此自然秩序，將血液及精力輸送到男性最低下、最無用的器官——性器。而其他較高尚的器官諸如腦、心、肝、肺等等，所有那些男性的重要部位，都將因此被剝奪了力量，「性器官充血，『刺激興奮』，並貪得無饜。」（葛拉姆1837, P58, 74）……

道德改革者試圖管制性慾

為了抗衡這種他們在男性性衝動中見到的不安浮躁，道德改革者試圖使用僵化、不受意識控制的律法來管制性慾。這些道德改革家所處理的其實不是男人而是一套法制系統。他們一再把人體視為一個均衡的建構，一個和諧的系統……約束男性性交行為的特定法則則是女性的排卵週期。性交只應發生在婚姻關係之中，而且要在妻子適孕時，而時候對不對，她的直覺會知道。丈夫必須讓妻子採取主動。因此婚姻性生活應每月一次直到妻子受孕，之後須停止性交直到孩子斷奶為止。非排卵期的性行為對男女都會造成難以彌補的精力虛耗——男人會失去雄風，女人也失去其女性特質……

年輕縱慾者面對的威脅不只是疾病與死亡。道德改革家斷言自慰者不僅會失去健康，還會喪失男子氣概。自慰會迫使他陷入飄忽不定的狀態，游移於男性雄風與女性特質之間……骨相學家兼道德改革者法勒提出警告：「所有自慰者視其耽溺此惡習的程度，或多或少地喪失他的男人本色。」「這樣的男性不顧自身高尚情操、榮耀尊嚴及男子氣概，變得不再勇敢果決、堅定上進、高貴威嚴，而淪為軟弱溫馴、優柔寡斷、膽小怯懦、無法確定計畫……對個人及社會都只是個沒用的懶人。」(1856, PP.28—91)。卓爾也宣稱自慰的人會變得「膽怯、杯弓蛇影、舉棋不定……男兒本色及遠大志向不復見，他無法抬頭挺胸、昂首濶步。他走起路來是副小人物卑躬屈膝、搖尾諂媚、自卑自賤的模樣……自慰這種偷偷摸摸的行為在身體、心理上都戕害了他的男性特質，也因此消滅了男人本有的高貴情操與處事效能，並玷污敗壞其性靈。」(1856, pp. 55—7)。

有許多證據顯示，道德改革家可能也是用自慰暗指同性戀行為。失去男人本色的自慰者表現所有男同性戀的刻板特質。此外，女人似乎惹他討厭。專家們此起彼落地苛責自慰者迴避女人、不肯結婚……

控制身體的目的在於維繫社會秩序、維護社會某些特定族群的制度

我們身為歷史學家，能用什麼樣的秩序邏輯來重新了解、規範這種充滿生理學謬誤及性壓迫的系統制度？如此這般的信念——以控制身體為重點，強調如何約束性行為，如何在封閉系統內建立上下有別的秩序，並管制踰越秩序的行徑。凡此種種並非僅見於維多利亞時期的美國。歷史上許多時代、許多地方，或保守或先進的社會中我們都可找到類似的信念。過去十年以來，人類學家已開始將此類意識形態視為象徵系統，從中可看出社會變遷及文化衝突。他們發現具有此意識型態的社會都不約而同地高度關切社會控制，並都亟思挽救制度與家庭瀕臨瓦解的狀態。抽絲剝繭之後，這些意識形態其實是一套僵化的管理制度，其中融合了種種道德規範及身體控制，在此系統中沒有所謂偶然之事，任何與肉體有關的細節，即使再微不足道，對於維繫個人、家庭或族群命運的平順都有舉足輕重的意義。任何禁用或可食的物品，以及所有的身體行為都無法免於社會監控。身體的吸收與排洩必須達到精確的平衡。疾病與罪惡密不可分，疾病是越軌惡行招致的罪罰。（道格拉斯1970, PP.111, 114, 124—5）。

我們之所以如此詮釋是因為看到個人透過情感及象徵邏輯把他與社會、家庭、身體各種關係拼湊成形。這樣的邏輯構成文化象徵形式的基礎……複雜分歧的環結將有形肉體納入管制身體的象徵系統之中。肉體之於社會組織整體而言，既是其縮影，也是其對比。人的身體一方面

象徵社會整體，一方面又具有肉慾需求——這些慾望會破壞抽象身體的純潔。（道格拉斯 1970. PP.98, 99, 191）。

然而，用具形的肉體來象徵無形的秩序並不是要否認肉體會讓人聯想到肉慾。正是此種既是心理又是肉體的特質將身體轉化成象徵符號。人類學家維多・透納曾說，事實上所有的象徵都具有兩極的特性，既是感官象徵又具有社會學的意義。正是這些符號的感官層面把社會團體常用的各種原始情緒其歷時不變的情感效應加以整合，將感官經驗及超越歷史的想法熔鑄成為社會公眾共同認定並用來表達具體價值的經驗詞彙（1967, PP.28, 29—47）……

如果身體是符號，那麼企圖控制身體功能、制定法規及違紀處分的種種決心也就代表了想要控制或維護社會某些特定族群的慾望。假如身體被看成脆弱無力、容易受到無法掌握的力量殘害，那麼很有可能是這個社會或社會族群本身懼怕改變，這些改變被當做無法控制的洪水猛獸。所有社會的形成有賴秩序能否被推行以及混亂能否被約束。在符號與隱喻的世界裡，秩序本身擁有權力，得以維持本身安定並收束混亂失序的力量。但混亂本身也擁有狂野無形的威力。道格拉斯說秩序與混亂在所有文化中都被視為對立相抗的事物……當社會或該社會中的特定群體經歷劇變時，任何無法具形的事物便顯得更加猙獰可怕，不管這改變是放鬆舊有結構的管制，或是採納實驗前所未行的架構。

在前工商化資本主義後期的美國社會便是如此。知識分子與社會史家向來在傑克遜社會中所見的衝突爭端，其實大多可解釋成有形秩序與無形混亂間永不止歇的纏鬥。傑克遜時期的人反對儀式化、結構化、傳統守舊的秩序，而支持「不受束縛」的個人主義的創造力、西方新開發土地的潛力及吸引力、交通運輸革命、新型重要都市的興起等等。上帝的聖靈乍然降臨，造福窮人、婦孺及沒受教育者。保守派懼怕這種力量，他們認為這是對現有社會結構的挑釁。這些結構有其自身的權力來源：政府權力分立、相互制衡，財富與影響力、傳統、父系家庭、有威望的教會、受良好教育的神職人員、強調訓練及潛修的神學。保守派及進步派兩者都怕一股更無法管束的力量──它可能來自野蠻人、未經文明洗禮之地、「普羅米修斯式的個人主義」、離經叛道，以及「不受管束」的天性。因此所有的傑克遜人──惠格黨及民主黨，拓荒者與高階社會分子──活在相同的秩序與情感系統裡，必須與混亂力量不屈不撓地對抗。值得注意的是，在傑克遜時期男性道德改革家所創建的性觀念體系中，可怕危險的不是射精或插入女性身體的動作，而是性高潮本身的爆發力，狂野無法管束，充塞男性身體，竊取精力，擾亂秩序。

致力反抗混亂無秩序的世界觀背後潛藏著疑慮，懷疑那些不屬於明白可辨的結構或游走於不同族群的人。有兩種可能的狀況──其一是邊緣性，沒有權力地位，在社會分工複雜體系中不占核心位置；其二是過渡性，個人在兩種狀態間移動，因此不具任何身分與責任（透納1967，PP.93—111）……邊緣人及過渡人生性處於界外，不知秩序及控制為何物。當人們認為傳統秩序深受威脅時，邊緣人及過渡人無論對自己或他人，都顯得難以駕馭，格外危險。他們位處邊緣，界於有形和無形之間。是混沌無序力量的化身。他們時時得以進入有形秩序的世界，他們是潛藏的第五縱隊。

但同時這兩者各自代表本身獨特的反抗形式以及危險。邊緣性相對來說是一種持續不變的狀態，它是指個人或族群在社會結構中的位置。道格拉斯說只要社會必須有人扮演危險曖昧的角色，這些人就會被看成無法控制、不能自主、危險不安，且社會不容的力量。(1969, 99) 他們被視為反社會，特徵是「污穢淫蕩、無法無天。」① 過渡人同樣可怕。過渡性通常指一種轉接過程。所謂過渡人主要是自身經歷重大改變，而非與社會體系中其他人有所不同。最典型的例子是在人生歷程中由某階段轉移到另一階段。因此我們可以說過渡性指的是自然法則，而邊緣性則與社會位置有關。

成年禮是用來遏阻青春期少男可能帶來的危險

青春期少男是過渡人物的典型。成年禮一向用來遏阻他可能帶來的危險。美國的傑克遜時期，除了普遍對青春期的恐懼之外，還有本身的經濟社會複雜性。青少年若沒有見習經驗，他不僅是過渡人並且身處邊緣的地位。在十七、十八世紀見習工作有兩個重要的社會功能。它讓身心都尚未成熟的青少年脫離父母的家，隔離他們，繼之儀式化地確認他們的轉型身分。見習完成後便儀式性地代表他們在性行為及社交兩方面正式步入成人期。見習系統還有一個重要的社會經濟功能，那就是訓練未成熟的少年，使其具有一技之長，繼而在前工業化階段世界中占有一席之地、負起相對的社會責任。當階級化、穩定的社會經濟秩序在十八世紀崩潰時，見習制度所扮演的雙重角色——既可管理青少年社交及其性生活又有重要經濟功能——便隨之消失無蹤。社會上不再有任何實際或象徵性的措施可供青少年男子安然跨入秩序化世界。就在用以管束過渡期的見習制度消逝的同時，青少年也隨之淪為社會邊緣人。男性貞潔擁護者選擇傑克遜青年來代表混亂、改變及性衝動不是沒有理由的。他們認為這些力量危害男性生理，進而危及理想化，平靜穩定的十八世紀父權世界。在傑克遜時代青年身上，過渡性及邊緣性隱含的種種危險縱橫交錯……

傑克遜時期的青少年都被看成危險分子。他會給自己和後代惹上許多疾病（艾爾科特1866, 77），更令人擔憂的是，無法管束的青少年性慾會危害社會秩序與結構。在一八三〇及四〇年代，倡導男性貞潔的作家視青年為潛在的專權勢力，能無視民法及道德規章，從事非法商業行為，破壞既有商業規則，最後可能侵吞及破壞社會秩序。年長者無力遏阻他們：「難道不是這樣嗎？……青春肉慾會燃成一股專橫暴力的熱情，繼而使不更事的青年不是破壞民法及道德規範而耽溺於非法商業活動，便是私底下沈淪在益發墮落敗壞的自瀆罪惡之中。那麼道德規範及民法條例又有何用……當火山蠢蠢欲動，內在火焰已燃起之際，我們得試著防範它的爆發，並力挽狂瀾，使世界不致分崩離析……。」（葛拉姆1837, 63）。

當青年進入新的教育系統（像是寄宿學校、中學、大學）或在城鎮擔任職員，或住宿在外時，這些未受過見習訓練的青年的生活，都不屬於核心家庭及商業經濟結構。他們是傑克遜秩序裡真正的過渡人。他們的性慾被當成洪水猛獸，他們自慰自殘又貽害子孫。

對男性道德改革家而言，各種學校，尤其是寄宿學校、新興的中學及大學，都具有雙重危險。這些學校可說是用來因應商業化、都市集中的新經濟型態的體制化措施，加快青年邁入新世界的腳步。同時，這種機構化空間的開創使青年文化得以單獨發展。在這樣的環境中年輕人可跨越年齡相互結合，過渡人可組織起來反抗傳統秩序。隨著見習制度的消逝，沒有適當的成年儀式來滌清青少年的危險性並引領他回到組織化的社會。可笑的是，道德重整家試著讓家庭重新成為重心，用以管束青少年尋求自主成熟的慾望……

學校是危險地帶，城市也成了大染缸。青年或通學或住寄宿學校，即使情況是後者，他們的青春活力、純真無邪以及師長的警戒，都可以讓他們不受聲色犬馬迷惑。但在城市裡事情就不是這樣，青年租房在外、日日夜夜和其他「放浪形骸」的年輕人鬼混，學校裡的危險因此加倍，父權控制減弱，不只如此，城市本身被勾引誘惑，繼而腐敗墮落……

都市充滿各種聲色誘惑。它提供形形色色新鮮奇異的食物——這是城市中產階級的生活情趣。從進口茶葉、咖啡、可可粉、香濃醬汁、新奇香料、餐後甜酒，乃至精心烹調的肉類——凡此種種都會讓人血脈賁張，性慾旺盛，然後忍不住衝動而自慰。葛拉姆曾嚴斥那些溺愛孩子又崇尚時髦的父母：「如果我們讓小孩子很早便習於享用肉食，讓他們吃慣山珍海味，讓他們學會喝茶、咖啡、酒及食用其它刺激物……文明生活不幸受到種種口腹之慾污染，我們無異是用羽毛軟床及輕裘霓裳讓孩子們失去男子氣概。」「簡言之，若我們一逕縱容孩子，讓他們養成敗德惡習：奢靡懶惰、放蕩逸樂，那麼對他們無可救藥的墮落，我們將難辭其咎。真的，我們怎麼眼睜睜看他們淪為情慾的禁臠卻無動於衷……」(1837, 59)。

這一套由道德改革家制定的生理行為的懲治制度，完全符合典型污染禁忌系統的特色。攝取禁忌食物不僅毒害身體機能，同時也敗壞違紀者的道德理性。性幻想、性高潮，尤其是自慰都會造成類似的結果。自慰者「慾火焚身」，「腐敗污穢」(法勒1844 P.xii，卓爾1856, PP.25—6，伍渥德1856, P.7)……在性行為及飲食上違反特定法則，自然而然會讓身體遭受明確的懲戒報應。

卡爾漢(Calhoun)在《遺精》一書中(1858)敘述此污染行為，自慰的影響緩慢但後果無可彌補：「自殘行為……戕害身體……這樣的損害速度緩慢並非立即可見；但其持續的破壞力無庸置疑。自慰行為在體內放毒，若沒有適時化解，死期不遠」(P.8)。只有自慰的人才會受夢遺之害。這種見不得人的壞事招致的惡報是同樣不可告人、根本難以察覺的隱疾……在此傑克遜道德體制中，過渡人被視為萬惡根源；各種過渡性行為，例如不以生育為目的的性高潮、自慰、同性性行為等等，都是不能觸犯的禁忌。緩慢而無法察覺的毒素無情地處罰違紀者。

污染禁忌體系衍生出一套迷信，認為特定行為會遭受神秘的天譴……反之，如果個人犧牲肉慾歡情，那麼青年與其家庭及社會因此而得到的好處不可勝數。如果這些純潔青年不觸犯改革家對飲食及性行為的各種禁忌，那麼一個美好世紀便在眼前展開：疾病痛苦、雞鳴狗盜皆不復見。十九世紀初對於遺傳的想法沿用了許多當時的實踐主義及樂觀精神……其操作邏輯絕非決定論，而是認為個人可自行強化或削弱本身的體質。而且這些改變體質的行為，不論好壞，都會遺傳給後代；因此，身體衰弱容易生病的人可藉由奉行適當的養生之道及性規範來強化本身體格並改善遺傳因子。他的後代子孫及他們的世界可臻完美……如同法勒在其婚姻手冊《愛與婚姻》的引言中所述：「只有當人類適當地**相戀**、**結婚**然後適當地**生養教育**後代，才配成為『萬能上帝』神聖快樂的子民，不像那些橫行人世，教養不當，悲慘墮落的代罪羔羊。啊！人類的神性充滿了無限的可能與完美！唉！可嘆的是那些畸型缺憾！」「……善良貞潔的青年，絕不可能招引混亂與天譴，他們成為新救世主。在十九世紀新教的圖像研究中，節慾青年取代了聖母，腳踩蛇頭、屹立於塵世之上。」……

男性貞潔提倡者將女人視為妓女或聖母

在討論男性貞潔的文獻中，女人不是妓女便是聖母。對性行為採取主動的女人不是變成以色誘人的禍水，就是閹割陽具的巫女。她的性慾中潛藏著窮凶極惡的禍根，毫不留情地危害男人。她是一種詛咒。這樣的巫女不只是迷惑男人，她也勾引女人。為了滿足自身性慾，她帶領她純真的姊妹初嚐自慰之樂，讓「貞潔善良」的少女成為妓女。艾爾科特警告大家：「我們越脆弱、越怕受害的地方，就越見她們前來摧殘凌虐。」②重要的是，男性貞潔提倡者認為美國女孩天性純潔，她們之所以墮落全要歸罪外地傳來的敗壞惡習。舉例而言，如果年輕女孩一味仿效歐洲女人，離家到新的女子寄宿學校或學院接受高等但有違自然規律的教育，那麼各種外來惡習便會使她墮落。其中特別嚴重的是從別的女孩那兒學來，跟著大家一起做的自慰惡習。葛拉姆大聲疾呼：「但我們千萬不能讓那些虛偽生活中的腐敗風俗將我們親愛的家園化為撒頓(Sodom)一般的惡土。」在此他用了一個奇怪的意象描述女性性慾——尤其是女同性戀(1837, p. 20)。這些新女性遭遇的問題和上述的新男性一樣，在新的社會環境裡，他們在追求增長個人智識的同時，自己可能面臨墮落的危險，而且也可能危害他人。新女性不再是過去父權秩序的守護者。

反之，純潔冷感，全心照顧孩子，堅守法統家庭崗位的女性便扮演家庭及社會救贖者的角色。倡導男性貞潔的作家授與這類女性對男人至高無上的性權力。在性行為上，男人要採取配合的態度，服從女人所代表的繁衍後代的力量……相對於她們享有的性權力，女人對自己性慾的約束，比起她對丈夫的管制得有過之而無不及。大家也認為，她應該在生活其他方面服侍丈夫及孩子；她必須自我設限，把客廳及育嬰室當成她的天地，在這裡，她必須溫順服從，自我犧牲，慈愛關懷……如果青年男子需要一個為正義犧牲小我的受難榜樣，那麼非自己的母親、姊妹，或妻子莫屬。到頭來，婦女與家庭儼然象徵了秩序和諧、生生不息。婚姻像是「金鎖鍊……將社會結合在一起……婚姻是一種責任，我們各級教育系統都必須視其為主要課題，切實教導」（艾爾科特1866, p.14）。

男性道德改革家所用的意象及象徵有多重功用，可處理多種狀況。一方面他們表達了亙古不變的種種恐懼，懼怕性高潮的威猛難當、不可控制，害怕伊底帕斯情結，也恐懼男人對女人性慾及生殖力又愛又怕，無法自持。另一方面，他們為新崛起的城市中產階級提供了理想的性規範，這些中產階級突然必須改變前兩世紀的生育行為……

儘管這些解釋相當準確重要，它們仍不免以偏概全。這些論述無法系統化地處理種種有關純潔的爭論及意象……不論是象徵或隱喻層次的大眾信仰。除了其中某些放諸四海皆準的重要元素之外，這些信仰還是必須被看成文化的縮影。

這些信仰也必須被當成環環相扣的整體來分析。我們不能斷章取義，只在整體中抽出特定隱喻及論點來個別討論……

維多利亞時代視社會為無形對抗有形的世界，認為危險是來自社會上的過渡人。這是個污染禁忌系統，用意在於帶領美國家庭安然渡過一個可能摧毀家庭及社會的過程，亦即青少年狂飆期。在此系統內，道德重整家以匪夷所思的方式改造傳統病原學及治療學的理論，他們不合理的性規範，如果不能用來認知事物，至少是用來教導人們如何約束情感。那些規範在其文化中的功能在此已明白可見。

※本文出處：Smith-Rosenberg, *American Journal of Sociology* 84 Supplement (1978). Excerpted from pp. 212-47. Reprinted with permission of the author and the *American Journal of Sociology*.

譯者：黃宗儀

註釋：

①當進入學院的女性越來越多時（尤其是一八九〇年代開始），社會上不乏相似的論調，強調教育可能危害女性身心健康。疾病和角色轉變被看成直接相關。我們在此又再見到成年男性將青少年與女性一概而論——特別是他們在處理角色轉變這類問題的時候。（參見史密斯・羅森伯格1973）。

②身為母親的女性也會扮演誘惑者的角色。卓爾（1853, P29）認為性衝動是口腔刺激的產物——也就是說，是吃了不該吃的食物而造成的。卓爾也將母親當成孩子最早最主要的誘惑者——「母親犯了

大錯……她們持續地剝奪她們嬰孩的食慾，然後用各種葷食引誘填塞他們，直到孩子完全被迫愛上那些他們生來直覺地討厭的食物。」卓爾的說法相當地重要：就心理分析的層面而言，這樣的論點顯露了男性對女性的懼怕與憎恨。就象徵系統的意義而言，此論點與污染禁忌密切相關——攝取禁用有毒的食物，繼之在身心兩方面都要付出重大代價。

參考書目：

Alcott, Wiliam. 1866. *The Physiology of Marriage*. Boston: Dinsmoor.

Calhoun, George R. 1858. *Report of the Consulting Surgeon on Spermatorrhoea or Sexual Weakness. Impotence, the Vice of Onanism, Masturbation, or Self-Abuse and the Diseases of the Sexual Organs*. Philadelphia: Howard.

Douglas, Mary. 1966. *Purity and Danger: An Analysis of Concepts of Pollution and Taboo*. New York: Praeger. 1970. *Natural Symbols*. New York: Vintage.

Fowler, O. S. 1844. *Love and Parentage*. New York: Fowlers & Wells. 1856. *Amativeness, or Evils and Remedies of Excessive and Perverted Sexuality*. New York: Fowlers & Wells.

Graham, Sylvester. (1834) 1837. *Lecture to Young Men on Chastity*. 3d ed. Boston: Light & Stearns.

Newman, J. B. 1856. *Philosophy of Generation: Its Abuses with Their Causes, Prevention and Cure*. New York:

Fowlers & Wells.

Smith-Rosenberg, Carroll, and Charles Rosenberg. 1973. "The Female Animal: Medical and Biological Views of Women's Role in Nineteenth-Century America." *Journal of American History* 60 (September): 332-56.

Trall, R. T. 1856. *Home-Treatment for Sexual Abuses. A Practice Treatise.* New York: Fowlers & Wells.

Turner, Victor. 1967. *The Forest of Symbols.* Ithaca, N.Y.: Cornell University Press.

Woodward, S [amuel] B [ayard] . (1838) 1856. *Hints for the Young in Relation to the Health of Mind and Body.* Boston: Light.

6 Culture and Society

文化研究途徑：馬克思主義

互助共生的儀式
Rituals of mutuality
湯普森 (E. P. Thompson)

男子氣概與工廠勞動的關係
Masculinity and factory labor
保羅・威利斯 (Paul Willis)

212

互助共生的儀式

作者：湯普森（E. P. Thompson）

十九世紀初期新英格蘭是多種勢力並存的社會

長久以來，一直都沒有人分析「古英格蘭的消逝」。假如我們記得工業革命並不是一個底定的社會情境，而是處在兩種生活方式之間的過渡階段的話，整個變遷的路徑就可以更清晰地浮現在我們的眼前。此時映入我們眼簾的不應該是一個「典型」的，而是眾多並存的共同體……在所有的共同體之中，有數道匯流的交互影響不斷地流動運作，一起湧向勞動階級意識的訓育與增長。

十九世紀初期的勞動階級既不是家長式管理(paternalism)，也非衛理公教會(Methodism)之下的產物，而是有高度自覺心的勞動階級不遺餘力的結果。在曼徹斯特或紐加賽爾(Newcastle)等地的工會與互助會的傳統，以及他們對自我訓育、心存大我的重視都可回溯到十八世紀。從一七五〇年代曼徹斯特的小件織工那裡流傳下來的規矩，就可以證明他們早就相當拘泥於程序以及體制所要求的禮數。委員會的委員必須照一定的秩序坐好，門也要鎖上；保管一個「存放基金的盒子」也有許多鉅細靡遺的規定。會員們不時被叮嚀「生活無度、滿懷敵意以及褻瀆神聖，是把所有社會賴以維生的資源啃噬殆盡的害蟲」。

如果我們不把這個協會看成就是一群人湊在一塊，猛灌麥酒、狂抽香菸並且插科打諢；而是把它看做是一群人正襟危坐，保衛一宗數百人……賴以維生的交易中的權利與優惠……假如會員們自己亂成一團，在所有的議題上都無法達成協議，那這番景象看來將會是令人何等汗顏。

「有禮與紀律」變成了標語；一般人甚至期望，一旦「仕紳與地方官」也能遵守這類的秩序，「他們反倒會尊敬而不會想要懲罰這樣的協會」。

214 互助會有助於形成新的工作倫理

雖然想藉由這樣的冷靜嚴謹來贏得在位者好感是很不切實際的期待，不過這的確代表了懂得自重的技匠所遵循的法則。像哈地與普來司這些人都在倫敦的同一所學校受教育，但是當工業革命越演越烈，這樣的法則（有時以道德規範的形式出現）也擴展到越來越多的勞工朋友身上──小商人、技匠、工人等等。所有的人都設法想藉由加入急難救助社(box clubs)或者互助會，讓自己在生病、失業時以及葬禮的開銷上還有所依恃。但是保管基金時講究律則、把會議開得中規中矩以及讓爭議案塵埃落定等等，不僅需要自律的功夫，同時也包含了新的工作倫理。只要我們稍加檢視在拿破崙戰爭期間，紐加賽爾等地的互助會所立下來的規矩，我們就可以見識到：一張罰鍰表當中所透露出來的那種嚴苛是一個波爾頓(Bolton)的棉花老闆也比不上的。根據聯合協會(General Society)的規定，以下的行為通通要罰錢：「詆毀」領取生病津貼補助的會員、在安息日喝酒、毆打他人、「羞辱別人」、醉醺醺地進入社團辦公室、有辱上帝之名等等。馬斯特(Malsters)的兄弟會也規定，凡是喝醉或者沒去參加兄弟或老婆的葬禮者都要加倍罰錢。玻璃製造業協會（在一七七五年就已經成立）也規定以下的行為一律要接受罰鍰：不來開會、不照著主管所擬定的工作分配表輪流做事、該肅靜時不肅靜、一起講話、頂主席的嘴、在俱樂部裡頭打賭，或是（這條是一般的規矩）在協會以外的地方公開秘密。更有甚者：

聲名狼藉、品行不端、無理取鬧，或者是習慣在公眾場合大肆喧鬧的人一律不准入會……礦工、煤船員、掘井工人，或是船工也不行。

為了不想被別人看扁，船工協會也不遑多讓地多加了一道條款，明訂任何「因為玩不乾淨的女人而得病，或長天花、感染性病」的弟兄一律沒有任何福利的保障。相互嘲弄或彼此挑釁，導致讓大家都亂了性子的弟兄也全要罰錢。一旦發現領取生病補助的會員在「酒館裡頭賭博或者喝得醉醺醺的」，萬眾一心的協會作法是把其福利金停掉。為了維持大家用同一個鼻孔出氣的和諧氣氛，這個協會有一條罰款的規定，警告會員們不得「就政治或教會的事務，或者對政府以及首長發表評論或是有所爭論」。各行各業互助會(The Friendly Society of All Trades)有一條接近在下棋時「可以從棋盤上挪走那支本該、但卻沒有攻下一城的棋子」(huffing)的規則；「假如有任何會員有機會罰他弟兄的錢而沒有把握住的話」，那就要換他被罰錢。製鞋工人協會針對未經主席的許可在室內喝酒抽煙的行為，多加了一條罰款的規定。家庭木工以及窗櫺工協會也明令嚴禁「背叛的態度」或者「政治歌曲」。

當然可能有些諸如禁止談論政治、禁唱政治歌曲的規定並不能完全盡信。在這些協會之中，有些是在精挑細選之下，僅僅由二、三十個技匠組成，或經常在小酒館裡聚會的病患社團，而其它的協會則有可能是充當工會活動的臥底；跟歐菲德(Sheffield)一樣，在兩大法案(Two Acts)通過之後，紐加賽爾的互助會都是為了當雅克賓組織的掩護才開始形成。(一八一六年的某個「伙伴」互助會，就是許多紐加賽爾的互助會都將「忠貞、愛國、冷靜」行諸條文的最佳例證；

不過它也抱怨這些條文通常不足以防制「熱烈的辯論以及粗暴的語言」)。在戰時，有關當局對協會都懷有相當高的戒心，立下那麼多規矩的其中一個目的，便是要取得地方長官的信任，以保登記案順利通過。但，凡是熟悉今天的一些工會以及勞工團體依然對程序與禮數奉行不渝的人，應該會知道，現存的作法其實只是蕭規曹隨的結果。一併來看，它們都代表了自律的達成，以及一個著實叫人眼睛一亮的秩序經驗的播散。

根據統計來看，在一七九三年互助會的會員大約有六十四萬八千人，一八〇三年有七十萬四千三百五十人，一八一五年有九十二萬五千四百二十九人。在一七九三年通過的第一套互助會法案之下，雖然直接向地方長官辦理登記註冊可以讓基金受到法律的保護，免於被怠忽職守的官員耽誤，但還是有很多（雖然不知道有多少）社團不是對當局懷有敵意或是格局小又懶散，就是不要讓人知道它們的葫蘆裡賣的到底是什麼藥。侯蘭博士(Dr. Holland)就發現，在一八四〇年代初期的歇菲德，這種神秘兮兮的態度依然強到使他的調查困難重重。幾乎所有在一八一五年以前的協會都有相當強烈的地方性格與自治的色彩，而且也把醫療保險的功能跟快樂的社團聚夜以及一年一度的「短程旅行」或餐宴結合起來。某位觀察家於一八〇五年在馬特拉克(Matlock)附近目睹到——

……大約有十五名婦女跟在一位拉著歡樂曲調、孤獨的小提琴手後頭。這是某個婦女的慈善公益團體，剛剛在伊言(Eyam)聽完佈道，準備一起吃頓晚餐，順便唱唱歌，跳支舞，抽口煙，喝喝溫熱辛辣的調酒。而我們歇菲德的婦女公益團體只是喝個茶，決不會耽溺在這樣的奢華之中。

互助會是一股統合的文化力量

在互助會的成員之中，很少有人擁有比職員或小生意人更高的社會地位；大部分的人都是工匠。每個弟兄都有基金存在協會裡頭的事實，不僅讓會員人數呈現穩定的狀態，也讓大家謹慎地投入自我管理的行列。它們幾乎沒有中產階級的會員，而且一旦有些雇主肯定他們，他們的實際行為會讓家長式的管理操控沒什麼插手的餘地。因為估算上的生澀而導致失敗的例子相當多見，怠忽職守的官員也不在少數。他們遍佈國家的各個角落，提供大家許多學習經驗——通常也是令人傷心欲絕——的機會。

互助會的神秘面紗，以及在上層社會的調查下仍然一副捉摸不定的模樣——這些都在在證明了獨立的勞工階級文化與體制的成長。在這樣的次文化裡頭，孕育出在運作上不是那麼穩定的工會，也訓練出工會的官員。在許多狀況下，工會的規矩和病患社團中那套如出一轍的行為範式雖然同屬一個版本，但卻仔細許多。拿梳理羊毛工的工會來當例子，有時在這套規矩之中會加入神秘共濟會的作法：

外邦人啊！我們的家園是用愛與團結設計而成的，靠著平等的律法建立起來的自衛

——一旦你經歷過我們的神秘權利，我們所有的秘密將會在你的面前一一揭開。

一七九〇年代之後，在雅克賓騷動的影響之下，互助會序言(preambles)內容注入了一層新義；在哲學的啟蒙運動中，「社會人」(social man)這種語彙的提出，帶來了許多深遠的影響；連固定在工業英國的酒館中聚頭的不知名社團所立下的規矩裡頭，我們都可發現此類語彙的影子，它的影響力由此可見一斑。亭畔(Tyneside)的「社會」以及「博愛」社團經常透過一些詞語來表達他們的抱負。這些詞語涵蓋的範圍甚廣，從隨時都可以脫口而出的詞句，像是：「一個明確、延綿不絕、充滿關愛的社會」、「加深友誼並推廣真正基督教的慈善」、「人來到世界上並不是為了自己」等等，一直到更為鏗鏘有力的哲學斷語都有：

從身體的構造以及心靈的傾向來看，人根本就是為了社會而打造的生物……作為這個社會的一分子，我們理應嚴肅思考人一生來就是社會存有……不斷需要彼此相互扶持的事實；在人的組構裏，本來就交織著那些當我們在目睹任何同袍的苦難時心中不免油然而生的同情心……

在許多不同的共同體中都存在的互助會是一股統合的文化力量。雖然因為經濟以及法律上的因素，使得互助會之間的結盟速度緩慢異常，但它們在地方與全國工會的合縱連橫上，卻是功不可沒。同時「社會人」的語彙也為勞工意識的高漲作好了鋪路的工作。它把基督慈善的語彙以及在衛理公教會和基督教聯合兄弟派中「我們都是一家人」這種令人陶醉的景象，與歐文(Owenite)社會主義所肯定的社會觀結合起來。許多早期歐文式的協會與商店，都會引用以賽亞書第四十一章第六節的經文來當條規的序言：「他們幫助每個是他鄰居的人；而且每個人都對他的弟兄說，要有良善的勇氣」。在一八三〇年代之前，有一堆專門發展這個主題的互助會與工會讚美詩以及歌曲四處流傳。

雷蒙・威廉斯(Raymond Williams)先生曾說，「自從工業革命以來，一條在英國的生活中相當關鍵的分隔線……就出現在兩種對社會關係的不同看法之間」。迥異於中產階級的個人主義觀或者（差強人意的）服務觀，「所謂的『勞動階級』文化的真諦……是一種基本的集體觀念，以及就此為出發點而成形的體制、態度、思考習慣與意向」。互助會不是從一個觀念「發展出來」；觀念和體制都是因應某些共同經驗而興起的東西；不過之間的分別相當重要。在互助會的簡單基本結構中，因為相互協助的工作倫理的關係，我們不難發現在商業公會、合作商店、漢普登社(Hampden Clubs)、政治協會以及民主人士的聚會所中，有許多特質都以更為深刻、複雜的形式重新出現。同時，協會可說是將廣佈在勞工大眾的個人關係中，各個「具體而微」的細節裡頭的互助倫理具象化的結果。在十九世紀前半葉的各種見證人——牧師、廠長、激進的政論家等等，都曾在最貧困的地區中的互助情形發表過看法。在危急、失業、罷工、生病、生產的時候，都是窮人在「幫助每個是他鄰居的人」。在普來司對蘭克郡(Lancashire)的民風變遷發表評論的十二年後，庫克・泰勒(Cooke Taylor)對蘭克郡的勞工「極度悲慘」的處境表示不敢置信：

帶著一種道德尊嚴的崇高語調，一種恰如其分的感覺、一種高貴與秩序……這些怎麼也不值得被我所目睹的深沈苦難所糟蹋。我看到了全天下曾經存在過、最高尚、最珍貴的人群正逐步在毀滅之中。

「幾乎所有我在曼徹斯特北部見過的悲情工人……都對被迫要領教區救濟金才能度日有著極度的恐懼」。

假如把這樣的看法視為大有建樹的「勞動階級」倫理那就錯了。技匠和工匠的「貴族」抱負與犯罪以及道德淪喪一樣普遍。不同生活方式之間的衝突不僅在中產與勞動階級之間開打，也在勞動階級團體的內部上演。不過在十九世紀初期以前，我們還有可能說，集體至上的價值主導了許多工業團體的發展；那時有明確的道德規範，對雇主或是魚肉鄉民的「爪牙」都有所制裁，同時也不容許有不合常理的行徑或是個人主義的作風。在政治理論、商業工會大會與道德的辭令中所刻意揭櫫以及宣導的就是這種集體至上的價值。這樣的集體自覺，再加上與之常相左右的理論、體制、訓育和團體價值，正是十九世紀的勞動階級與十八世紀的暴民之間的分野。

十九世紀英國勞動階級的性格已經起了廣泛而且根本的改變

政治基進主義與歐文社會主義都對這種「基本的集體價值」有所運用，也有所開展。法蘭西斯・普來司(Francis Place)說的沒錯，一八一九年蘭克郡群眾的不同作風，的確可以歸因於自一七九二年保健與相關協會開始活躍以來即風行全國的政治意識大躍進：

為什麼現在可以有十萬人聚集而不會引發暴動？……大家都有一個目標，對這個目標的追求讓大家懂得自重，也讓大家在意見上面攀升到一個較高的層次，同時因為這個緣故，以前專門帶頭暴動的人現在也搖身一變，反倒以和平的守護神自居。

另外有觀察家則把蘭克郡的變化歸因於科貝特(Cobbett)與主日學的影響，同時也注意到勞動階級的性格已經起了「廣泛而且根本的改變」：

當窮人吃盡苦頭、四處碰壁時，他們只開會，不搞暴動——他們會把矛頭指向內閣，而不會去攻擊鄰居。

自尊自重與政治意識的長進是工業革命帶來的一大收穫，它趕走了某些迷信以及降尊紆貴的形式，讓人對某些壓迫形式不再忍氣吞聲。有充分的證據顯示，在合併法案(Combination Acts)廢除之後，以看似合法的地位而興起的工會及商業社團，其本身的力量與講究禮數的自豪(ceremonial pride)足以證明，互助共生的倫理已見穩定的成長。一八二五年，在布萊德福的梳理羊毛工人的罷工期間，我們可以發現，在互助會的發展上相當根深蒂固的紐加賽爾，光是贊助布萊德福基金的就包括了鐵匠、水車工人、木工、鞋匠、摩洛哥皮加工、櫥櫃工人、造船工人、鋸木匠、裁縫師、梳理羊毛工人、製帽工人、製革工人、織工、陶匠與礦工等工會。除此之外，互助會也把熱愛慶典、尊重技匠同業公會的地位等特質，帶進商業工會運動之中。這些傳統在十九世紀初期某些老字號，經過皇家特許而且也加入協會的公司，或者是在雇主同業公會之中依舊展現了驚人的活力——這些同業公會的定期慶典在在表現出雇主以及他們的出師徒弟在「行業」上的自豪。舉個例來說，在一八〇二年就有一個普雷斯敦（Preston）「同業公會」的慶典。在為期一週，不管是貴族、仕紳、商人、店主或者製造業者都會共襄盛舉的遊行與展覽之中，出師徒弟的地位可說是舉足輕重：

在羊毛梳理與羊毛工人的前頭……有二十四個正值青春年少的女孩，每個人手上都拿了一支棉花樹枝，後頭跟了一台由人扛著的紡紗機，再後面有台由雪橇拉著的織布機，而每台機器都有工人辛勤地操作著。

在布萊德福一八二五年大罷工的前夕，羊毛梳理工人的布雷茲主教慶宴就辦得超乎平常的炫（extra-ordinany splendour）：

有二十四個專門將羊毛分出等級的工人騎在馬背上，而每匹馬都將羊毛披穿在身上。三十八個紡毛紗的工人與製造商騎在馬背上，肩上披有一束羊毛以及白色的毛織肩

帶；馬的脖子上則佈滿了用粗毛繩織成的巢。

這類的噱頭不勝枚舉。之後我們看到了

布雷茲主教

牧羊人與牧羊女。
牧羊童。
一百六十個專門將羊毛分門別類的工人騎在馬上，頭上帶著裝飾精巧的
帽子以及披著各種顏色的毛束。
三十個梳子工人。
燒木炭的工人。
羊毛梳理工人的旗幟布條。
樂隊。
四百七十個頭上頂著羊毛假髮的羊毛梳理工人等等。
樂隊。
四十個染色工人戴著紅色帽章，穿著藍色圍裙，把紅藍毛束交織披在身上。

但在大罷工之後此類的慶典已不復見。

不管是從舊有的「行業」觀到雇主組織的一分為二，或是到商業公會的形成，都讓我們見識到了工業革命中的主要經驗。然而不亞於雇主組織，互助會與商業公會同樣也想盡力維持舊有傳統裡的自豪與慶典氣氛；的確，因為技匠（也就是一般人嘴中稱呼的生意人）覺得自己才是生產者，雇主反倒要仰仗他們的技術才得以維生，所以他們對傳統也就更加重視。在廢除合併法案之後，他們的旗幟公然飄揚過街。在一八二五年的倫敦，泰晤士河船舶防漏工人工會公開宣示他們的格言：「心手相連」、「活力、真實、和諧、積極」等等，都顯露出中古技藝的驕傲。製索工人工會在遊行時，高舉著上面畫有一群蜜蜂飛繞在蜂窩周圍的布條：「工業之子啊！工會賜給你們力量」（他們停在曾經答應他們調薪的雇主家門口，向他們鞠躬致敬）。身為倫敦「商業」的領航員，約翰·蓋斯特(John Gast)的泰晤士河造船工人救助工會所揮舞的藍色絲旗，足以讓所有的旗幟相形見拙：「橡樹心保祐歷經歲月摧殘的東西」；六匹紅棕色的馬拖曳著一艘漂亮的船，三個身穿藍夾克的左騎、一支樂隊、一個委員會，會員們手上拿著更多的布條與旗幟——以及一群來自薛爾德(Shields)、桑德蘭(Sunderland)、紐加賽爾的商業代表；會員都戴著藍色的薔薇花飾，手上拿著橡樹枝，船裡頭坐著年邁的造船工人；這些工人當時正住在位於史戴普尼(Stepney)的工會榆樹小屋中。一八三二年在南特維治(Nantwich)，鞋匠們企圖運用他們的旗幟標語，維持工匠技藝公會的地位於不墜：「一整套秘密訂單——獻給克瑞思賓王的皇服、長袍、經過裝飾點綴的圍裙、一頂皇冠以及王袍」。一八三三年，國王騎著馬行經城鎮，身旁有帶著「特許狀、聖經、一大副手套以及漂亮的紳士淑女鞋靴樣品」的隊伍；指揮和官員隨伺在側：

大約有五百人參加遊行，每個人都身穿裝飾得相當俐落的白色圍裙。隊伍的後頭是由一位背著打包好的行李，手上拿著行路杖的指揮，以規律、沈穩、有秩序的步伐緩緩前進。

沒有一個理由可以用來充分解釋，勞工大眾在態度上所做的明顯改變；我們也不應該誇張改變的幅度。喝的爛醉以及聚眾喧鬧的情況依舊在街上處處可見；但是在戰後的二十年間，每當勞工大眾以最嚴正的行動來宣示自己的權利時，他們通常都會表現出最高度的冷靜與自制的現象，卻也是一個不容否認的事實。因此，我們無法接受冷靜只不過是，或者甚至主要是在福音派的宣傳之下所製造出來的效應。一旦把銅板翻過來看它的反面，我們倒也同樣可以了解到這一點。一八三〇年之前，不只是英國國教會，連衛理公教會的重振也在勞工階級聚集最多的中心，遭遇到來自不受常理約束的思想家、歐文社會主義者、脫離教派的基督徒的犀利抵拒。在倫敦、伯明罕、南蘭克郡、紐加賽爾、里茲(Leeds)以及其它的城市裡，都有為數不少的人追隨擁護卡力索(Carlisle)與歐文的自然神教信徒(Deist)。衛理公教會的信眾一向相當堅守他們的立場，但是他們也逐漸傾向於為生意人以及享有特權的勞工團體說話；因此，在道德上與勞工階級團體的生活漸行漸遠。某些重振派的中心倒行逆施，變成了「異教派」(heathenism)。在紐加賽爾的沙門（Sandgate），一旦衛理公教會的信徒開始變得「祈禱與酗酒一樣著名、唱讚美詩與口出穢言也同樣出名」時，他們在一八四〇年之前便失去了所有窮人的支持。在蘭克郡的部分區域，紡織團體跟工廠的工人一樣，大多變得不願跟教堂打交道，開始隨著歐文主義以及獨立思考的潮流而聚集起來：

> **假如沒有主日學的話，不必等到今天，社會早就已經陷入一種可怖的狀態……異端以驚人的速度成長……大家只讀加力索、泰勒（Taylor）以及其他異端的著作，聖經或其它的任何書籍大多乏人問津……我曾經週復一週，看到一群織工聚集在一間可容納四百人的房間裡頭，對於高談上帝並不存在的人給予喝采……我也會走進在我常去的教堂附近的農舍，發現有二十個人兜在一塊，正在閱讀異端的著作。**

跟重振派以前所做的一樣，歐文社會主義以及俗世運動就像「在草地上的金雀花」一樣起火燃燒。

恩格斯（Engels）根據他一八四四年在蘭克郡的經驗，認為除了愛爾蘭人、「少數的老人、半中產階級、事不關己的人以及領班工頭等諸如此類的人」之外，「勞工是沒有宗教信仰、不上教會的」。「在勞工群眾之間，最時興的現象便是對宗教幾近全然的漠視，頂多就是帶有一點點自然神教的影子而已……」恩格斯事實上是言過其實，因而削弱了他的立論；不過答德（Dodd）以史塔克港（Stockport）的一間工廠為例，發現裡頭十個工人有九個不上任何教會，而在一八四二年，庫克・泰勒卻對蘭克郡工人在挑戰基督教正統時，所展現出來的聖經知識與熱忱感到大吃一驚。「如果我認為上帝是在我周遭所有苦難的始作俑者」，有個人跟衛理公教會的牧師這麼說道，「那我就不要做這樣的禮拜，而且我也要說：這位並不是我心目中的上帝」。同樣地，在高喊民主改革的人民憲章年代（Chartist years），有成千上萬的技匠與工程師都屬於理性的獨立思考者。一件工作雇用兩百人，「上教堂的不會超過六、七個人」。一名工人這麼說，「勞動階級」：

正在累積知識；累積得越多，他們與其他不同派別之間的鴻溝就越深。之所以會如此，並不是他們不懂聖經。我本身對聖經相當尊敬……當我細讀它的的時候，發現預言家就站在壓迫者與被壓迫者中間，同時不管造孽的人是何等有錢有勢，總是會遭到他的嚴厲譴責……一旦牧師回歸這本古老的書，我一定回去聽他們講道，不過不到那個時候我是不會這麼做的。

主日學帶來了意想不到的收穫。

教會的凝聚力日漸低落絕不是代表著勞動階級的自尊、自重以及自律的敗壞。相反地，因為擁有一個工業與政治組織的大傳統，曼徹斯特以及紐加賽爾在人民憲章的年代，就是以懂得節制的大規模示威活動著稱。以前是每當「既可怕又野蠻的礦工」用暴力硬闖進紐加賽爾時，市民和店東就要被迫拉起警報；現在卻演變成礦坑的坑主要去城市的貧民窟裡搜查，把賣糖果的小販或是撿破爛的人挖出來，以便把罷工的礦工趕走。在一八三八及一八三九年，成千上萬的技匠、礦工、勞工之中，有十分之一會一週又一週、很有秩序地走上街頭，在距離軍隊經常只有咫尺之遙的時候，他們通常只是擦肩而過，盡量避免任何滋事、挑釁的行為發生。「我們的群眾很有教養」，其中一個指揮回憶道，「我們需要的並不是暴動，而是革命」。

譯者：**邱彥彬**

註釋：

①勞工大眾特別重視葬禮。一個寒酸的葬禮絕對是件無法為社會所接受的事。典禮在民俗之中是一件大事，同時一個垂死的人心中唯一放不下的也是這件事。「但願」，一個遭到咒罵的工潮滋事分子寫道，「約翰・羅森、約翰・羅伯以及約翰・羅普能來抬我的棺木；親愛的太太，剩下的三個的妳就自己挑吧！」見 *The Suprising...History of "General Ludd"*，頁二三九。

②這就是當局對互助會允許會員在罷工的時候提領基金所不斷做的抱怨。在一八一二年，麥克雷司

費爾得(Macclesfield)就被形容成「非法集會的窩，充斥著像是革命的癌細胞的病患與葬儀協會」。見C. S. Davis, *History of Macclesfield*，頁一八〇。

男子氣概與工廠勞動的關係

作者：保羅・威利斯（Paul Willis）

工作與文化唇齒相依、緊密關聯

從什麼方面來看，我們可以說文化與工作緊密相連？當我們行為最自然、最平常之時，也是我們最富有文化的時刻；當我們所扮演的角色看起來最明白，最理所當然的時候，其實其中的一舉一動都已經是學習摹仿而來的，絕不是自然而然的。每當我們面臨壓力，趕不上期限，或滿懷憂慮的時候；每當時間緊迫，不容許我們深思自己的所作所為，不讓我們戴上面具面對世界時；每當情況不允許我們做任何選擇，被迫從事任何可以得到的工作，以求安然度過眼前的時候，我們似乎都是照著同一種不容置疑的方式行事，那就是依順「現實」的指示。凡此種種是我們在社會中生活經常經歷，相對卻又並存的。在工作方面也是如此，對很多人而言，死氣沈沈的時光、人類的時光往往被出賣，以求換取往後真正的生活：似乎在人類經驗最明顯的範疇裏，禮節、文化、技藝最不可能參與日常生活。

這樣的看法是不正確的，在此，被誤解的並不是工作的本質，而是**文化**的本質。文化不是技藝、禮節，不是維護週日上教堂的華服、下雨的午後和演奏廳。其實，它就是我們日常生活的素材，是製造常識、感情、反應的磚瓦和漿泥。我們依靠文化既成的模式及象徵度過每一分每一秒，仰賴潛意識的、社會性的反射動作讓我們成為社會群體的一分子；因此，當我們行為最自然，最隨興的時候，或者你可以說是我們**最**平常的時候，就正是我們最溶入文化當中的時候。一旦我們將生活看成好比是舞台劇的一景一幕，從一個重要的意義來說，我們因此便已經與真實存在而且有血有肉的文化脫節了。

很明顯地，在這裏所說的文化的概念是一項特別的用法。雖然不完全是如此，我們可以將它看成人類學的用語，在人類學中，文化不只是用來指超俗不凡，歷經錘煉，形態鮮明的經驗；實際上，**所有**的經驗，尤其是那些攸關生命的鬥爭與活動，在在都是文化分析的適當焦點。

若從這個角度出發，情況便很清楚。我們不僅可以從文化的觀點來分析工作，而且若是要追求文化周延的意義，任何類似的企圖皆須以工作為中心。絕大多數的人將清醒的寶貴光陰都花費在工作上，他們根據工作上的各項活動來建立自我的身分，別人主要也是藉由他們與工作之間的關係來認定他們……

那麼我認為，我們根本不應該將文化和真實，或者是生產活動，分開來談，好像在社會主要的定形力量，亦即基本社會關係當中，文化似乎並未扮演什麼舉足輕重的角色。我這麼說是要反對人家淡化輕忽文化概念、工人階級的文化，特別是關於工人階級的文化的中心議題——生產過程當中的文化關係／爭鬥／型態——**淡化輕忽**。文化的意涵不只是對隱蔽或是模糊「適當」理解的壓力所採取的**反應**，也不僅僅只是因應挫敗而起的補償作用和調整功能——這些其實都只是機械性、反動性的解釋模式。文化形式所在之處也就恰恰是資本為了費勁彰顯自身與持續累積資本所爭之地，不多也不少。在生產的直接經驗中所有可能不同的邏輯原則比在資本關係中的要多。並不是因為資本想要將工人看待成機器人，他們就會成為機器人。生產的直接經驗在多元文化論述的實踐中一再地被徹底改造，重新整理。毫無疑問地，這些論述並非全然是來自於生產活動，其許多重要的內涵與內在的關係可能是來自於外來的力量或機構，像家庭、國家與工運組織等等，不然便是與它們相互呼應串聯。同樣也很清楚的是，到目前為止，在這個社會，這些文化形式的實際結果是為了確定生產的方式仍然能夠延續資本主義的模式。不過，即便是工廠文化沒有提供我們可資辨認的名號或稱呼，這種種都不能讓我們不去看清工廠文化裏的複雜性，以及當中的爭奪與緊繃的關係。在生產的據點中具體明確的人為組織的確產生實踐的效應，既提供資本主義生產關係的存在條件，同時也局部地滲透及或多或少地挑戰這些關係。

生產，以及生產關係，從頭到底都充滿社會性與文化性

自生產場所孕育而生的工人階級文化力量特別對於整個工人文化具有形塑的力量。生產不只是一具社會總體的巨大引擎，對社會其他的層面產生無以名狀的影響。生產，還有生產關係，從頭到尾都充滿社會性與文化性。它也是工人階級文化專擅的場所及其濫觴的源頭，不僅因為它們幾乎無所不在，也因為在其中發生的爭鬥圍繞一定的方式組合；在工作場所上種種論述以及外在的因素縱使與生產毫不相干，它們也實際正影響工作場所，讓生產與生產關係以一定的方式發展，顯露出固定的模樣。工作便是利用潛在、抽象的勞力，也運用勞力的具體文化形式來滿足資本的種種要求。不論文化的型態如何地千變萬化，終究離不開這個參考中心點。非關工作的活動的確提供工作許多分類的範疇以及意義，但是若不從它們與工作的關係這個角度來看，便無法令人了解，而且它們終究是要由工作來重新界定的。

儘管現在資本主義是「人模人樣」的，其制度的本質不變，仍舊使用資本換取勞力，將勞力從勞動者剝離，再轉而將之投入商品生產的過程，目的仍在為他人牟取利益。勞力自原本的擁有者手上被奪走。極明顯地，勞力的目的並非用以滿足供給勞力之人，其用處乃是為勞力的新主子牟取利益。假使這個制度果真要求工人在非人無理的環境中工作，那麼，資本主義本身的邏輯無法提出任何足以防範於未然的辦法。

雖然我們應該區別工作與工作場所的差別，但是關於在工作場所中衍生的工人階級文化有

一件絕對重要的事那就是，儘管勞力遭剝削，就算情況再惡劣，即使外界強迫要求，不管遭受多大的凌辱，工人們仍然尋求意義，追求一定的模式，還是會在工作中求安適，施展各種能力，在象徵意義上和實際情況上，他們重新奪回他們的經驗與能力。說來似乎匪夷所思，在槁木死灰的工作經驗當中，工人卻交織出一個生力十足的文化，而且這絕對不只是因為受挫而有的反射動作。這個文化絕不是經過機器剝削的殘渣，而是將經驗給予正面性的轉變，是工人對於在意象、工藝、事物等方面能分享共同價值的喜悅。它提供工人們機會，讓他們去認識自己，甚至能夠發展自己的能力。正基於此，工人階級的工作文化絕對不只是介於人類與逆境之間的泡綿軟墊、橡膠隔膜。它是基於本身權益而生的挪用舉動，是技巧的運用，是有目的之行動與作為。即使是身處困境面臨欺壓，這個文化仍舊保有極人性的特色。

這種文化有那些成分呢？首先可見的是，他們依靠一種心理上與肉體上的勇猛魄力在困境中求生存，利用難以控制的素材達成困難的工作。很自然地，人們很容易用浪漫的眼光來看待這項特質。從一方面來看，這麼做可以凸顯惡劣的工作環境是如何地傷人，但是從另一方面來看，面對一連串很明顯是漫無止境來勢洶洶的要求的時候，使用孔武之力以及粗糙的技術是最早的、人類最基本的反應。在這一點上，他們即已表現出尊嚴與自重，這是人類要應付工作從不止歇的壓迫時，在賭桌上投下的賭注。這其實是進步文化重要的先決條件，而且是成功地將情況處境給予基本原始的人性化處理。它為剝削勞力的行徑劃上防堵的界線，中止人生意義的節節敗退，主動採取控制，以便於之後能從事更具體的創造活動。這種工作經驗的原始根基同時也是人們得以自傲的本錢，下文還會詳細說明，這也是用以塑造男子氣概的神話故事的材料。

以下是一位退休的鋼鐵工人述說二次大戰前在蘇格蘭西部煉鋼區域鍋爐的狀況：

那些是冰冷、硬梆梆、用手操作送料的機種，是為強壯的人訂做的。十個鋼鐵工人裡頭大概只有一個能夠成功地忍受這種苦，這也是其中一個原因為什麼鍋爐工在重工業的世界裡永遠都備受崇拜。另外一個原因是他們得到的薪水最高。他們比任何人都容易口渴，在那個世界裏這是值得驕傲的習慣……還有關於這些冶煉工的故事傳奇逐漸流傳……整個區域還有以外好多英哩的地方都是鋼鐵工人，鐵漿工作，煤礦的溫床。這裡是專門讓人崇拜力氣與耐力的地方。真的，要有力量才能正視這裡，要有耐力才能在這裡生存下去。

下面將引的話也許在表達方面比較不清楚，不過也正因為這樣它更具有說服力，它同樣表達出對於能夠做好一件困難工作的自視自重。同時也說明，在某些方面最艱苦的環境也能夠變成最自然的環境。其中也有怨懟，被迫接受為了適應工作而讓他們普通的社交生活產生巨大轉變，即使同時這也是將充滿敵意的工作環境轉化成適合居住之處的主要方法之一。下面是一位鑄模工在家裏談他的工作。

我在鑄造車間工作……就是倒模子。你對這有任何了解嗎？……你不知道……嗯，工廠，你知道洛富大街一直走下去有一座工廠，有很大的噪音，你在街上就可以聽得到

……我在那邊是打大鎚子的……可有一些重量呢！到現在我已經做了二十四年了。吵得要死，不過現在也習慣了……很熱……我都不會無聊……新的東西一直進來，你要找出最好的方法來做。……你要一直做……而且工作很重……主管是做不來的，廠裡沒有幾個人力氣夠大，可以把鐵抬起來……一個禮拜我可以賺到八、九十英鎊，不壞吧？……工作不輕鬆，你絕對可以說每一分每一角都是結結實實地賺來的。……你要跟得上速度，你知道。……那個經理，我會跟他說，『哈囉。』負責進度的主管來，我就會說……『都很好』（翹起大姆指）。他們認識你，你知道，……一群人圍在旁邊看著你……工作……我喜歡那樣……好像是什麼……看你……工作……就像那樣……你要跟得上速度做出足夠的東西，那地方可要靠你做的東西。習慣了噪音，可是他們說我耳聾，不管別人，可是我才不聾呢。……這樣你才跟別人談得上話，別人工作時說的閒話也聽得比較清楚。我聽得見他們在說什麼。我很會說話，這比較容易，可是在廠裡，你要發音準確，不是嗎？對啊，你一定要說，要說得很清楚，那真是磨人啊，有時我一下子聽不清楚……他們會說，『你這個聾老頭。』不是的。只是，嗯，只是，我還在適應噪音當中。在工廠我的耳朵很靈……。假如我看見兩個主管在工廠那一頭，我知道，我知道他們兩個在說什麼。

也許有人會提出反對的講法，堅持工作的模式已經不同於往常：現在已經沒有艱苦的重活兒。況且，有人會說，力氣大與自傲並不是什麼英雄行徑。在科技昌明的今天，那些不僅都顯得老舊不合時宜，粗魯無禮，令人難以忍受，而且是十足表現要不得的大男人主義與過時的男子霸氣。

粗活中培養的價值觀對於工人階級文化有相當影響

不管怎麼說，其中有兩件事很明白。粗重辛苦，難度高的工作仍舊比比皆是。從建築、營造、鍋爐、鑄造到深海打魚等等這些工作依然需要過人的體力。其二，在這樣的粗活中培養的基本態度和價值觀，對於整體的工人階級文化，尤其是其工廠文化而言，仍然具有舉足輕重的地位。其重要性與實際從事如此沈重工作的人數相比顯得極端不成比例。即使是在所謂的輕工業或是在高度器械化、男女也許一起工作的地方，雖然純靠體力的粗活已經大為減少，關於表彰男子氣概與榮譽的比喻語言，像力氣、勇敢等等，仍然流傳在多樣化、明白可見的工廠文化當中。

讓我們就從這個普遍基本的大前提出發，進一步探討幾種比較明確完備的工廠文化。在當代活生生的工廠文化當中有一項特色，那就是它對「工作任務」近乎神話，發自本能的應對。這是一種對科技具有熟練經驗之後而產生的自主感，或者至少是與科技共同分享權力的感覺。在最正面、最極端的例子中，這不僅只是意味著完成工作的諸項要求，它還是一種奇怪的歌頌。它顛覆了中產階級常有對工廠的黑暗、有如地獄一般的描述。

每一片空地上都堆滿金屬塊，有一些是直接從煉鋼場運來的金屬條、鐵片，有一些則是焊接好的龐然大物，上面都是褐色的。然後我走進廠裡主要的工作坊，每一個房間，他們管這叫通廊，都有一百五十尺那麼寬，至於長度嘛，則從五萬碼到七萬碼都有。其中幾座鍛冶坊並排在一起。起重機的吊臂在頭上轉來轉去，每一個起碼都能夠吊起兩百多噸那麼重的東西。當一座起重機從我頭上過的時候，我驚嚇的樣子讓在那裡工作的人覺得很好笑。當我穿過一個通廊的時候，對我戲謔的玩笑持續不斷，大部分的時候，他們其實是好心地建議我，叫我趁著年紀還輕的時候快點兒離開工廠，不過，這樣的念頭我從來都沒有想過，因為怎麼會有人討厭這種不斷顯現權力與蠻力，偉大剛勇的地方呢？

當然，這是牽涉具有專業能力和菁英態度的工作觀的特殊例子。近來在勞動過程發生的各種變化，在在都使這樣的看法沒有立足點。但是我們不能低估有一件事是如何地協助工人安度困境：**熟練**、**靈巧**地掌握使用生產工具（暫且不論勞力是否被剝削）居中調解舒緩生產過程的種種命令要求，容許工人有可能有像安適自在的行動力這一類的能力，他們即使不能改變深層的結構，至少可以利用特定的工作經驗減輕負擔。

甚至，或者可說是尤其是，在生手及技術半生不熟的工人之間有一獲得技術的過程，好似技術是從四周環境點點滴滴地擴散出來的。在工廠文化中，工人展現能夠勝任的神態，而且總是在仔細的情況確定之前就已經表露無遺。這不總是全然來自於能力，而是還要加上幾分吹噓與自信。光憑此，工人即可安然通過任何工作和麻煩的考驗。接著是一位工人談論他的經歷。他讓我們一窺打通不同工作職業的途徑。順便一提的是，這些路徑使得我們不只是可以將工人階級看作是一個利益相近的抽象社會群體，也可將它看成像一個能夠自我學習的有機體，具有真實、實用的內在連結。

嗯，我作過四種工作，你知道，我這個工作才開始七個禮拜，我現在當鑄造工，……我以前做過金屬打磨。工作很髒，不過薪水很高，你知不知道金屬打磨這個工作？……對了，我也會幹過鑄模工，在下面倒模子，不然要怎麼辦呢？我想現在外面這個樣子，什麼工作賺錢，你就要去那裡做。打磨賺的錢最多，不過不穩定，四五個月旺季以後就沒有工作可以做了。……你看我不是不做了嗎？我的朋友幫我在MMC找到一份工作，……我曾經在修車廠作過，嗯，……我還替議會做過，貼壁紙，做裝潢，我替一個傢伙工作過……冬天掃煙囪，夏天油漆裝潢。不過，不管做什麼，我都很用心去做。我是說，我的彈性和適應力還不錯，可以這麼說，你是知道的。我一直養著一部車子，車子壞了就自己修，憑著一點一滴的經驗，自己摸索，後來學會修理汽車。……貼壁紙，做裝潢，我不是有一個姻親嗎？他是做裝潢的，教我很多竅門。……我是一路靠嚇哩人的功夫摸熟裝潢的，我提過我當過裝潢工，幫議會做過工程。實際上我是議會的包工。他們丟給我一棟房子要我做，裡面什麼都沒有，我把他裝潢好，不賴吧？那個什麼檢查員從議會下來看，對我的裝潢十分滿意。你知道，只要檢查員滿意，什麼都好說。我只是用一點大腦而已。

從一方面來看，我們可以將此看成是工人對自己的勞力以及如何運用它重新獲得的一些控制。由此我們可以發現工廠文化的另一項重要特質：工人大舉嘗試以非正式的方法求取控制工作程序。自泰勒以降，從管理階層的角度出發的研究發現，限制產能，或是「對系統抗爭」、「囤積貨品」的局限。但是證據顯示，現在有更協調一致的努力出現，尋求掌控權力，雖然其方式仍舊是非正式的。從任何角度來看，很多工廠裏，男性工人本身，都至少實際掌握著生產的人力以及速度。當然減少到什麼程度是視維持工人生活的費用而決定。如果要控制生產，那即是要掌握極大也要控制極小。不過不管怎麼說，對生產的控制是不能被減低的。下面是一位在汽車引擎生產線上工作者所說的話：

並不是那些工頭當家，管事的事實上是弟兄們。你看，我是說如果有一個工人對你說：『好了，今天該你做這個做那個。』你是不能夠反駁他們的。並不是工頭給你飯吃的，是在線上的弟兄給你工作的，他們負責工作的交替，讓大家輪流。你看，工作就這樣圓滿完成了。假如工頭來分派工作……他們會在早上叫一個人做，而且他去做，你知道，我想他整個禮拜都會做同樣的事，而他們只要拉下工具就行了。……線上有四種重活兒，其他好幾十種都是那些，你知道，老實說連兩三歲小孩都可以辦的事。可是大家輪流做。是弟兄們負責分配的。

這種趨勢基本上是依憑非正式群體具有的社會力量。就是在這裏，工人發展、傳播各種策略技巧，從官方掌權者手上奪回對象徵和真實空間的掌控能力。正因為如此，非正式的組織大量出現在工廠，自其衍生的文化，也就與中產階級的工作場所文化截然不同

工人之間還常常會以物易物，「修理圈外人」、「欺騙報假帳」、「撈油水」這種事在工作場所中屢見不鮮，而且還有一套地下規則支持這樣的行為。如果有人不協助維護這個世界的獨立，使官方或工頭不會不斷地介入插手，那麼驅逐隔離便是應得的處罰。

工頭這種人，你知道我說的意思，他們想繼續幹下去，他們想往上爬，為達到目的他們會揮人家的脖子。你在工廠總是會看到這種人。當然，這些傢伙死命地盯著工人，什麼技倆都使得出來。你知道我說的是什麼意思，……吉姆不只拿一副眼鏡，而是兩副，你看，還拿了一兩副面罩和六副手套。這個馬丁通通看在眼裡，實際上兩天以後我們發現他向工頭密告要看好工人。工頭當場在辦公室抓住吉姆，工頭真的去抓他……嗯，我是說，他還有臉活著見人嗎？你說是不是？沒有人願意跟他說話，沒有人管他，沒有人理他，管他會不會累死。……你看，下次他就不敢了，下一回就不會再犯了。有一天早上他把一壺水放在爐子上，他們就把壺打翻，不是嗎？你看，把裡頭的水倒光光，再把沙子塡進去，像這樣的事。……假如他去向工頭告狀，說：『有人把我整壺的水倒掉了。』或是說：『有人把沙子倒在我的杯子裏。』等等像這樣的廢話。『那是

誰幹的?我不知道是誰。』他永遠也不會找出是誰幹的。

工廠文化有其自身諸多特色

另一個工廠文化的特色是其獨特的語言及其已經有完整形式卻又咄咄逼人的玩笑。在工作場地中很多的對話是把工作當成簡單輕鬆的事來談。工作好像是笑話,有如「拉尿」、「玩笑」、「簡單小事」(windups)。若要能夠流利地耍弄這種語言,必須要具備真正的功夫,知道別人開的是什麼玩笑,而且能夠很快地準確回擊,以免再被欺負。這種嘲弄的語言當然不容易用錄音機記錄,或者是以原音重現,可是,只要是經常身歷其中的人很容易就能知道,這種戲謔賦予工廠裡的交談極端獨特的風采。以下是一名鑄造工的話:

唉呀,有各種各樣、成千上萬的笑話呢!『你想要知道他怎麼說你嗎?』其實,你知道,那人其實什麼也沒說。當然你知道在工作的地方大家說『你說過我什麼?』『我什麼也沒說。』『噢,你真是超級大說謊家。』像這樣的話。

經常和這種具體明白的口語戲謔交互運用的是由來已久的肢體玩笑:尤其是惡作劇。這些玩笑充滿活力,敏捷尖銳,有時甚至非常殘酷,而且內容經常是關於工廠文化的各種主要想法,像破壞生產，或者是顛覆老板的權威與地位等等。工人又說：

他們開你的玩笑，幾個傢伙會把箱子的夾子打掉，你知道，他們把膠抹在你的榔頭底部，那種軟軟的小玩意兒，你把榔頭放下，再拿起來，你就粘得滿手都是膠，你知道，就像這一類的事。人家會走過來，將注射管扣進一大罐的膠桶裡，桶子大概有這麼深，一會兒注射管就沈到桶底了，你要把手伸進去把注射管撈出來。……這真的是骯髒的把戲，可是他們就是會這麼做。他們會下命令，那些工頭命令查理去泡茶。你看看，查理在那兒已經有十五年之久，而他們還對他說：『去，給我泡茶去。』他就跑進廁所裡，對著壺撒了一泡尿，然後再將茶葉丟進去泡茶。你知道，這可是千真萬確的，你知道。他說，你知道，『叫我泡茶，他們敢叫我去的話，那我就在壺裏撒泡尿。』他就起身，尿在壺裡，把茶包放進去，然後再加熱水。……其中一個工頭第二天早上就不對勁了。『今天早上我的胃可不是只有一點兒不舒服。』之後他告訴他們是怎麼一回事，他們什麼話都罵出口了，『以後不准你再給我們泡茶。』他說：『我知道你不會再找我去泡茶了。』

這個文化另一項重要的特色是，實踐比理論重要。這個道理在工作場所中，尤其是在一般的工人階級之間，被強烈的感受到，像在某一個工作場所裏就有一幅大型手寫標語，其中的語句是借用火柴盒背面的話，並由一位工人豎起，當中標語寫著：『一丁點的銳利抵得過一整屋的文憑。』在工作場所裏，到處可以聽到種種捏造的故事，述說關於只重理論的愚蠢行徑。實際操作的能力永遠是占第一位的，而且是其它種種知識的前提。對中產階級的文化而言，知識和資格被視為提升個人可能有的各項實踐操作能力的一個方法，然而在工人階級的眼裡，理論是依附在特定的生產操作之下的。假使理論無法應用在工作上，那就該揚棄它。下面是一位正從事金屬打磨的工人說的話：

在陶安路上有一家修車廠，我以前在那兒打過工。廠裡有一個老頭，當了一輩子技工，那時他大概也有七十來歲了，他是銀崗村的好手，曾經是職業拳擊手，他是老傢伙，是講求實際的人，他很實際嘛，他跟我說，我那時在和他說話，我們談的是這麼回事，他說：『這位仁兄滿腦子理論，大概什麼事都要去查書。』他說『你知道嗎？』他說：『有一回他去要一本書，結果運來的時候是裝在一個木箱子裡，現在書還是在裡面，因為他不會開箱子。』當然這不是真實的故事，不是嗎？可是道理卻是千真萬確的。那不是真人真事，從來都沒有發生過，不過他要說的是沒有問題的。那人不能查書，因為他不懂怎麼打開木箱！你說，那有什麼用呢？

工廠文化最稀鬆平常但事實上也最驚人的部分，或許是勞動工作力都用肯定明確、專屬於男性的字眼來描述。各種陽剛氣質及意義成為原始的、神話般的挑戰「非常任務」的一部分。像若干前面討論過具體有啟發性的，或是具抗爭性的文化措施：反抗威權、透過社群進行控制、戲謔和語言、不相信理論等等，也是透過**表達**男性氣概才有可能實行。這幫助我們深思，我們為何無法正確地看清資本主義利用勞力的**內在**本質，也有助於了解**外在**性別定義與家庭生活的形式。對勞動工作能力的一些看法與在工廠文化中某種對性別的定義相互結合構成工廠工人組織基本的特色之一。但經常可見的是，大家不能認清，或是誤解這項道理。男性工廠文化中性別歧視的態度，維護良好的機器上的年輕女人海報、言語之中各種性暗示及黃色笑話，都被視為工廠文化的本色。我們重要的任務之一便是批判性地理解這層關係。

勞動工作被賦予男性陽剛的氣質

勞動工作被賦予男性陽剛的氣質，以及若干訴諸感官的聯想。為了工作本身以及分工制度所需，為了不帶英雄主義或任何輝煌光彩的純粹資本主義邏輯，勞動工作的辛苦與粗重開始展示男子氣概的風采以及附加的種種喻意。無論苦差事帶來什麼特別的麻煩，基本上，那些都是男人的問題，需要大丈夫剛勇的能耐方能克服。我們或許可以這麼說：正當廣泛剝奪勞力此一主要原則自內抽空工作的意義，另一種變質的父權制度自外重新賦予工作的意義。對工作產生的不滿不再透過對政治不滿的方式宣洩，因為弄不清真正的道理，這種不滿經過一番曲折反而轉進性別象徵的領域裏。

工作狀況的艱難一部分被重新詮釋成為需要剛強地面對外來工作的英雄行徑般的試煉。難以駕馭、惡劣不順或是危險不安的處境不是衝著他們而來的，而是要考驗他們是否具男子的應變能力以及剛強耐力。人們如何評判他們，多半是以他們面對困境時所能承受的能耐為標準，而較不重視他們面對的工作性質。

儘管在工作當中很難獲取才幹與尊敬，可是工作所提供的成就，為工作所付出的犧牲以及所需的力氣，在在都提供男性工人足以自滿自傲的理由。這種自滿來自於圓滿達成目標的成就感，並不是所有的人，尤其不是女人能夠辦得到的。薪水袋帶來自由與獨立，是在工作中施展男子氣概而獲得的特別獎賞。這造成了對薪水袋的盲目崇拜。人們並不是從行業的本身分高下，也不是就它能否提供豐厚的財源來分高低，而是看它是否能夠讓從事該行業者在家中扮演中心的角色。很明顯地，金錢有它一定的重要性，但它終究是衡量的標準，而不是其基本精神。『靠打磨你就能維持一家的生計。』大家視男人賺的薪水是家庭的支柱，這並不只是因為其中的錢比較多，同時也是因為這是男人在真槍實彈的世界裏仗恃勇健的氣魄打拚得來的，靠女人孱弱的特質是辦不到的。於是在家中男人貴為賺錢養家之主，是真正的工人，而女人所掙的只是貼補家用。當然，經常可見的是，女人的薪資其經濟價值並非只是蠅頭小利，而且她在家中付出的勞力在家庭經濟中佔據樞紐的地位。在此，薪水袋被看成男子氣概的表徵，深深地支配家庭文化與經濟，同時宰治男人與女人。

勞動工作被渲染成男子氣概的行為，完成工作的意志、認真從事工作的意志，被宣揚成男子行為的準據規範，而不會納入剝削的邏輯中來討論。『當男人開始一件工作時，是男子漢的決心驅迫他完成工作。』由於苦力與男人的工作已經被混為一談，把人定勝天當作終極目標，以及其中牽涉的實際權力，就成為男子氣概的特質而非其產物。男性氣概本身即是力量，如果它立即的表現就是為他人完成工作，那又有什麼了不得的呢？它總是得在某處被表現出來，因為這可是存在的一項特性。它是某種自信及自尊必然產生的結果。當無情艱難的任務可能渙散氣力心志、瓦解群體的努力時，凌駕一切的男性雄風，在此其實是換湯不換藥的完成生產目標的精神，便起帶頭作用，驅除疲勞，並暫時擱置對工作目的理性的考慮。

假如在工作上表現的男性陽剛特質變成一種代表朝目標邁進的精神、象徵成就和生產，那麼女性陰柔的特質則常與停滯不進的狀態聯想在一起。女性的勞動工作被當成本體不變動的存在，並不是朝目標不斷演變的運動。家管不是成就，而只是維護既成的地位。煮飯、洗衣、打掃在在重複執行原本既有的事物。女人在家的工作純然只是像「媽媽」或是「家庭主婦」一類的瑣事。媽媽永遠都是克盡其責的，而且大家一直都期待她這麼做。這是確定她身分角色的一部分，而父親的身分則靠薪水袋與工作的世界來決定。

儘管這只是臆測，我提出以下的結語，寄望能夠揭露拆解文化建構的約束力。勞工運動公開明白的爭鬥，十之八九反而遮蔽隱藏下洶湧的暗流——工廠文化。之所以這麼說，斷無輕視工會歷史地位之意。所要提出供大家思考的是，我們所討論的這種陽剛氣概與角色如何深深地影響了工會運動的形式。接受工資制度，以及接受因此而生的衝突，給英國工會運動帶來深遠的影響，關於這點，已見智者闡述。我們是否能夠再補充一點呢？那就是不論是明白意識到的或是潛藏在意識裏的男性化結構，鞏固了這個現象，更促進了典型工會意識的發展。無論從這兩種說法當中的那一點來看，我們都不該忽視工會反過來影響文化形式的力量，或者至少該重視它們為工廠文化的抗爭以及重新奪回勞力正式發展出胚芽形式。

當然，工會人員或者是其他在工廠的工作幹部運用特定的工廠文化，像威嚇的姿態或者是充滿男性氣概的強硬，挑釁語言等等，動員「這些弟兄漢子」，這種方法的確能夠確實地表達憤怒的情緒和反對的立場，在短期之內也許非常有效，而且絕對是不容忽視的力量。可是，這麼做只是選取使用某些類型的文化形式，而此一特定部分卻很不幸地附和了工資制度的若干基本特質。也許，就長期的標的而言，至少正如其他的文化形式裏或多或少已經表達的，我們不能以這樣的方法構思，而且就某種程度而言，在最基本最直接的層面上的輕忽方式會使長程目標窒礙難行。孔武的正面衝突要求適當體面的解決對策，也就是明確立即的退讓。如果說這是開出的價碼，那麼對方大可以用最具體的方式，也就是用「現金」支付。但是以這樣的方式（增厚的、男性化的、被盲目崇拜的薪資牛皮紙袋）取得對方的讓步，就更長遠來看，實際可能在控制權與擁有權這類較不起眼的事情上潰敗而不自知。短程、鮮明而富戲劇性的讓步有可能滿足強猛甚至是令人懼怕的要求，不改變那些凶猛暴力原本似乎要打倒的基本結構。

也許正因為男性雄風文化與工資制度惡性地交互為用而阻絕了其他種類的工廠文化發展的可能性，也就此決定了它將以何種方式影響其他的社會領域。

※本文出處：Willis in John Clarke et al., eds., *Working Class Culture.* London: Hutchinson, 1979. Excerpts from pp.185-98. Reprinted with permission.

譯者：李紀舍

文化研究途徑：後結構主義

性論述與權力
Sexual discourse and power
米歇・傅科 (Michel Foucault)

藝術品味與文化資產
Artistic taste and cultural capital
皮耶・波赫居 (Pierre Bourdieu)

性論述與權力

作者：米歇·傅柯（Michel Foucault）

重點在於性被「置入論述網絡當中」的方式

決定對性持肯定或否定的態度、加以禁制或許可、承認它的重要性或否認它的效應、是否在用來描述的字彙上加以琢磨潤飾……，這些都不是重點，要緊的是，性被談論的這項事實應該要有個清楚的說明，同時也要了解言說者是誰、他們從什麼立場和觀點發言、有哪些機制促使人們去談論它，並且負責貯存以及播散相關的言論？簡而言之，重點在於全盤的「論述事實」，也就是性被「置入論述網絡當中」的方式。職是之故，我主要關心的是標明權力的形式、它的運行途徑、它滲透哪些論述俾便深入最細微、最私密的行為模式、有哪些管道可以促使權力貫穿鮮少被覺察的慾望形式、權力如何穿透並控制日常的快感——這一切必導致拒絕、封鎖、失效、以及刺激、強化……等等效應；一言以蔽之，我所關心的是「權力的多樣態技術」……

直至十八世紀末，除了成規及輿論的約束外，公然監管性活動的不外以下三種戒律：天主教教規、基督教牧會教規、民法。它們各自以其不同的方式來裁決所謂的合法或非法。婚姻關係是他們的關注焦點：婚姻的義務、履行義務的能力、遵循義務的態度、伴隨著婚姻義務而出現的種種要求與暴力，以婚姻義務做託辭所進行無謂的或不當的愛撫、生育與節育的方式、索求性的時機（懷孕及哺乳期乃是危險期，四旬齋及齋戒禁酒時則是禁慾期），以及進行的頻繁與否等等。在這個領域中各種條例禁令無所不在。夫妻之間的性受到種種規定或勸告的包圍。婚姻關係是一切約束的聚焦所在；比其他事項更常常被談論；被要求提供細節交代也更甚於其他關係。婚姻關係隨時都處在監控之下：一旦稍有差池，就必須站出來說明清楚。相較之下，「其他」各種關係多顯得叫人捉摸不清：要明白這一點，我們只消想想對所謂雞姦的一知半解或對孩童性慾的漠不關心就知道了。

尤有甚者，這些不同的戒律並沒有去區分違反婚姻法和違反慾望的常規兩者之間差別何在——唐璜的一生把兩者都顛覆了，至於他是同性戀、自戀狂、性無能，就留待精神分析師去推測吧。

關於婚姻的自然法則以及關於性慾的內在規律後來逐漸被劃分開來，儘管劃分的方式不無延宕與曖昧的地方，但兩者還是被登錄到不同的領域裡去了。一個與違法亂紀的世界有所交集，但又不僅僅是它的變種的變態世界開始成型，和過去的浪蕩者大異其趣——儘管仍有些許相似——的另類族群誕生了。自十八世紀末以迄我們這個時代，他們在社會的夾縫之間穿梭遊走；他們總是遭到迫害——但不盡然是為法律所逼，也總是受到囚禁——但並不一定是關在牢房裡；他們或許有病——但其實也是可惡的、危險的受害者，被詭異的邪念，或曰惡行、罪愆所俘。這些人是心智年齡超越實際年齡的孩童、早熟的小女孩、懵懂的學童、可疑的僕役及教師、殘酷或顛狂的丈夫、孤獨的收藏家、懷抱古怪衝動的清談家；他們出沒於懲戒所、充軍地、法庭、瘋人院；他們背負惡名去見醫生而將疾病交付給法官。這就是為數眾多的性變態族類，他們和罪犯稱兄道弟，和瘋子血緣親近。在本世紀中他們承繼了「道德上的愚昧」、「性神經官能症」、「遺傳本能變異」、「墮落」、「心理不平衡」等等的標籤。

操控依舊嚴苛，只是方式不同

這些邊緣的性慾模式的出現究竟有什麼含意？難道是表示規矩變得沒那麼嚴而使得這些模式得以重出江湖？還是說它們所受到的強烈關注適足以證明相關制度變得更為苛刻，使他們受到更嚴格的看管？由壓抑這個角度切入問題，事情會變得更模糊不清。假如我們記得在十九世紀有關防制性犯罪的戒律已大不如以往嚴苛，而律法在醫學面前通常也不敢越俎代庖，我們可以說在風氣上的確是開放不少。但是一旦想到種種的控制媒介以及透過教育與治療法來操作的監控機制，我們又會發現戒律其實嚴苛依舊，只是多加了一些障眼法的伎倆而已。在此之前的兩百年中，也許教會對婚姻性行為的介入干預以及對種種違反生殖取向的「詐騙」的排斥都不再那麼強硬，但是醫學卻硬是強行介入了伴侶之間的快感：它從「不完整」的性活動病癥之上，建立起一整套有機的、機能的，或精神的病理學；仔細區分關於歡愉的一切形式；納入「發展」和本能「阻礙」等概念加以整合；並致力於管理、掌控這些活動。

也許我們所要考慮的不是耽溺的問題或壓抑的程度，而是權力操作的形式。當各類迥然不同的性慾取向分別被標籤化，好像要將它們一一區隔開來時，難道目的是要把它們排除在現實之外嗎？事實上，在這個案例中發生的權力功能，它的作用不在於禁制，而是包含了與簡單的禁令相當不同的四種運作方式。①

1試看關於血親通婚的古老禁令（既繁多又複雜）或對通姦的譴責，頻繁發生的罪行仍舊難以避免；或從另一方面來看，晚近所使用的控制手法使得兒童的性慾自十九世紀以來便遭到降格，而他們一貫的習性也受到干預：很明顯的，我們所面對的權力機制與以前並不相同。這不僅是因為以前涉及的是律法與責罰的問題，而後來則關係到醫學及組織化的問題；也是因為兩者使用的策略並不相同。表面看來，兩者除惡務盡的努力雖然註定失敗但卻也都勉力為之，從頭來過。然而「亂倫」的禁令是想使得它所譴責的對象數量呈漸近線式的遞減來達到目的；而企圖控制全部異類的權力機器目的並不在壓抑它，反而是要給它一種分析性的、看得見的、永久的真實性：它被植進身體裡，潛入行為模式底下，成為分類的原則及可理解度的標竿，成為存在的理由、存在於混亂中的自然秩序。不是要去排除這些數以千計的變態的性慾取向，而是要加以一一標明，讓其中的每一種都有所屬的固有畛域。這種擴散背後的策略是要賦予其真實性，並使其與個體整合為一。

2比起舊有的禁忌，現在這種權力形式更需要恆常、貫注而奇特的呈現，以便發揮作用；其前提是如影隨形(proximities)；它透過檢視及持續的觀察而進行；它要求論述言說(經由強求承諾許可的問題)和(超越被提出之問題的)信念有所交流。它隱含肢體的毗鄰性以及強烈感覺的交互作用。性特異現象的醫學化既是這種權力運作的效應也是它的工具。仰賴保健病理科技，性的殊異性被鑲嵌於肢體之中，成為個人獨具的特點。反過來說，由於性慾取向是一個醫學的或可被醫學化的客體，我們必須試著深入其器官機質、體表癥象，或就其行為符碼，來偵測其中是否有機能障礙、官能異常或其他任何病象。以這種方式掌控性慾的權力著力於接觸肢體，以權力的眼睛撫弄肢體，強化各個區域，個人的體表感應著權力的電流，困惑麻煩的時刻也都被加以戲劇化。權力將性慾化的身體玩弄於其股掌間。無疑地，權力更有效率地延展了它掌控的範圍，但其中也涉及了權力本身的感官化及附加的快感。這產生了雙重的效應：權力在運作之際更增添了一份動力；情感回饋了負責監督一切的統轄權，並使它的效力行之更遠；告解的激動強度使發問者的好奇心不斷滋長；權力在圈限快感之際不斷得到它所發掘的快感所給予的回報。但眾多急切的問題所加強的，是被要求做答的那些人所感受到的快感。他們在凝視下被釘牢，他們所獲得的注意力將他們分離凸顯出來、使他們更生氣勃勃。權力如同凝聚吸引力的機器般運作著；它從它所監控的範圍內萃取出那些特異的部分。快感擴散到剝奪快感的權力範圍內；權力成為它所掘發的快感的支柱。

醫學檢驗、精神科學研究、病理學報告，以及家庭約束似乎都指向同一個顯而易見的整體目標：向偏頗的、無生產力的性慾說不，但事實上其運作機制具有雙重的動力驅策：權力與快感。快感得自操作權力的種種方式：詢問、追蹤、監視、偵測、追查、觸診、揭露；在另一方面，快感也因為必須閃躲這種權力、逃離它、愚弄它、曲解它，而變得更加熾烈。權力讓它本身所追逐的快感侵略穿透自己；另一方面，權力也在炫示、中傷、抗拒的快感中得到肯定。擄掠與誘惑，針鋒相對與相輔相成：父與子、成人與少年、教師與學生、醫生與病人、精神病學家及其歇斯底里和變態的個案，自十九世紀以來，一直持續參與這場競賽遊戲。這些吸引，逃遁，這些重複循環的刺激，都繞著身體與性打轉，沒有可以跨越的疆界，只有**權力與快感糾結的永恆迴旋**……

十九世紀的「中產階級」社會——事實上這個社會今天仍存在——是一個乖張的、分崩離析的變態社會。這並不是偽善所造成的，因為沒有什麼比這種現象更明顯、更繁冗、更明白地由種種論述和機制所掌管。變態社會的形成並不是因為之前它企圖對性慾作太嚴格或太廣泛的禁制，反而造成變態傾向的反撲，甚至一整部性本能的病理史因此寫成。關鍵要點毋寧是：加諸在身體和性之上的到底是什麼類型的權力形式。事實上，這種權力既不具律法的形式也沒有禁忌的效力。相反的，它是靠著將特異的性慾取向繁複化來產生作用。這種權力形式不曾劃定性慾取向的疆界；不同形式的性慾在權力的作用下沿著各種不定的路線延展開來。這種權力並沒有把性慾排除在外，反而是把它銘刻在身體上，使性慾的模式也成為標明個人特性的方式之一。這種權力不曾設法迴避性慾；它利用權力與快感互相增強的糾結迴旋來吸引種種不同形式的性慾。它不曾設立藩籬；它提供最大飽和度的空間。它生產並決定了多樣拼貼的性。現代社會是變態的，這並不是說儘管社會有其清教主義的一面卻仍是變態的，也不能說是偽善的反作用力挑起這種變態；現代社會事實上直截了當地就是變態的。

事實上，多樣化的性慾——例如在不同年齡層出現的性慾取向（嬰兒或孩童時期的性慾）、集中於某些特殊的癖好或行為上的性慾（同性戀、戀耆症、戀物癖者的性慾），或是那些滲透貫注某些關係（醫生與病人、教師與學生、精神分析師與患者）的性慾、縈繞於特定空間（家庭、學校、監獄）存在的性慾——這些都會形成與實際權力運作程序呼應的相關物。我們不應該誤以為，當足以複製生產力及家庭形式的這種性慾形態被要求扮演管制的角色的時候，以上所說的這些一度被容忍的事情才遭到警告或輕蔑的處置。這些多樣態的行為事實上是由人們的身體及快感中擷取出來的；或者說，它們在身體和快感中得以落實；各種繁雜的權力謀略抽取、揭露、孤立、強化、整合它們。變態的成長率並非是足以使一絲不苟的維多利亞子民耿耿於懷的道德化主題。它是某種權力形態侵逼身體和快感所造成的真實產物。西方很可能尚未能夠發明任何新的快感，無疑也尚未發現任何史無前例的惡行，但對於這權力與快感的競賽遊戲，它卻已訂出新的規則。這些倒錯的凝像正是這遊戲的固著點……

現代工業社會將導致一個性壓抑更強烈的時代——這是一個我們所必須拋棄的假設前提。

我們不僅見證了非正統的性慾取向的顯著爆發；更重要的是，我們看到了一種相當不同於律法的部署配置——雖然免不了仍局部依賴禁令與程序——如何透過環環相聯的各種機制網絡，確保特定快感的增殖擴散及另類性慾的繁複化。據說過去沒有一個社會像現在這個這樣假正經；權力的機構也不曾如此費心地對它們所禁制的那件事佯裝無知，彷彿決定不去干預它似的。然而至少在重新檢閱回顧事實跡象後，我們發現一切剛好相反：當今權力中心之多是前所未有的；它所展現及賦諸言語的注意力、它循環流通的各種接觸及鏈結，也都是前所未有的；強烈的快感和持恆的權力所攫取占有的地盤也是空前的多，為的是把觸角擴展到其他地方。

※本文出處：*Foucault, The History of Sexuality,* Vol. I: An Introduction. London: Penguin Books, 1979, excerpts from pp.11,37-49.

譯者：黃宗慧

註釋：

①原文經本書（*Culture and Society: Contemprany Debates*）原編者節選後僅列舉出兩種方式，即原文中的第一點與第三點，此處按節錄後的文章標示為1，2。

藝術品味與文化資產

作者：皮耶．波赫居（Pierre Bourdieu）

感知活動必牽涉到無意識符碼

不被視為闡釋行為的闡釋行為——也就是立即而恰當的「理解」活動——只有出現在下列特定狀況，才會是可能而且有效：亦即，那些使闡釋行為成為可能的文化符碼(cultural code)被觀察者（經由培養出來的能力或性向等形式）立即且完全地加以掌控，並且與那促使作品被察覺的文化符碼相結合……

每當這些特定條件沒有實現時，誤解就難以避免了：立即理解的假象造成了因為用碼錯誤而產生的虛假理解。在沒有意識到作品是被編碼過的，而且是以另一種符碼加以編碼的情況下，人們會無意識地採用適合於日常感知活動，且用來闡明熟悉事物的符碼，並施用於具有不同形式傳統的作品上：感知活動沒有不牽涉到無意識符碼的，因此駁斥「新奇眼光」(fresh eye)這樣的迷思有其重要性（這種「眼光」向來被認定是具有「率直」和「天真」之類的德性）。為什麼在我們的社會中教育程度較低的觀眾會如此強烈地要求具有寫實風格的描繪？其理由之一是：在缺乏特定感知類型的情況下，除了那種他們用來理解日常身邊物件，並將其認定為有意義的符碼之外，他們無法對學術文化施用其他的符碼。即使是最低限度的，而且顯然是最直接的理解行為（這是最單純的觀察者所進行的，僅能夠讓他認得一棟房子與一棵樹而已），這也是以藝術家和觀看者之間部分的（當然也是無意識的）協同默契為前提；這種「默契」牽涉到某些定義何謂「真實再現」的類型，而且也是因為這些類型在某個特定歷史的社會中被認定是「寫實的」。

「自發性藝術感知」的理論是以「熟悉性」與「直接理解」的經驗為基礎——而這其實也是一種未被深究的特定狀況。

受過教育的人對學術文化能夠感到安適自在，是因為他們被導向某種「族群中心思想」（也可以稱作是「階級中心思想」），認定某一感知方式是自然的（換句話說，就是理所當然，且以自然為基礎的）。但這種感知方式不過是其他可能方式中的一種而已，是透過普遍的或特定的、有意識或無意識的、已被或未被體制化的教育學習而獲致的。

藝術品會被認為是一種象徵性資產（而不是經濟性資產——雖然它也可能成為後者），是只有對一個有辦法去占取它（或者換句話說，有能力去闡明它）的人而言才是如此。①

藝術資能可以被定義為對分類體系的熟悉掌握

某一行為人的藝術資能(art competence)，是取決於他掌握一套（某一時間裡可獲致的）占取藝術品的方式達到什麼程度來加以衡量的：也就是說，是取決於他如何掌握一套占取藝術資本所必需的詮釋體系，或者是一些闡明某一特定時期某一社會特有之藝術品所必需的條件。

藝術資能可以暫且被定義為一種初步的知識，將再現事物的領域分隔為相互補足的類別。透過對這種分類體系的熟悉掌握，使得這個領域的每個分子都可以被放置在一個類別中；這個類別必然是相對於另一個類別而加以確立的，亦即其本身的建構是藉由有意識或無意識地將所有不屬於此一類別的藝術再現事物納入考量而成的……

藝術資能因此被定義為，事先具備有關純屬藝術性分類原則的知識，使得某一再現事物，經由針對它所包含的風格表徵加以分類之後，可以被歸類在構成藝術領域的（而非構成日常物件——或者，更精確地說，器具——領域的）再現可能性當中，而且也不是在符號領域當中（後者將相當於只是把此再現事物當作是一個表記物〔monument〕，換句話說，只是一個用來傳達形而上意義的溝通工具而已）。以真正屬於美學的方式來感知藝術品（也就是說，將它當成不意指自身之外其他事物的表意物〔significant〕），並不是如一般所說的，在「不論感情或理智方面，不將它與自身之外任何事物關連起來的情況下」來考量它（簡言之，就是只關注在藝術品中所了解到之不可化約的獨特性），而是將它與所有那些構成它所歸屬之類別的其它作品（而且只有這些作品）關連起來，而發現它**獨特的風格性質**……

藝術符碼作為一種可行的分類原則，將某一時間某一特定社會其再現事物的領域分隔成相互補足的類別，這是具有社會體制性質的。

作為一個特定歷史下建構出來的體系，而且以社會現實為基礎，這一套某一時間某一特定社會用來占取藝術財富（或者更廣義地說，文化財富）的感知工具，並不是仰賴個人的意志與意識所獲致的，而是在個人不知道的情況下，加諸於他們之上，決定了那些他們能夠做得到的、或注意不到的區分……

想要占取文化財富的傾向，是由一般的或特定的、體制化或非體制化的教育所造成的，這種教育製造出（或培養出）藝術資能，做為用來掌控占取這種財富的手段，而且同時也製造出「文化需求」（能夠製造這些需求，所憑藉的是提供滿足此需求的方法）。

占取文化財富之手段是經由緩慢的熟習過程而得

一再地感受某種風格的作品，是一種無意識的內化過程，將那些支配此作品生產之法則加以吸收。就像文法的規則一樣，這些法則並不是直接加以理解的，而是以比較不明顯的方式被歸納整理而成：比如說，一位古典音樂的愛好者可能既無察覺也不了解他所熟悉的這種聲響藝術所遵循的法則，但是他所受的聽覺教化，讓他在聽了一段主和弦後，會急切地去等待主音的出現，對他而言，這樣似乎「很自然地」總結了這段和弦；而且，對於以其他原則為基礎所做的音樂，他在理解其內部的和諧性時就會有困難。這種對占取（文化財富之）手段加以無意識的掌握，是熟悉文化作品的行為基礎，那是經由緩慢的熟習過程，一長串（就如萊布尼茲[Leibniz]使用這個詞語時所意指的）「細碎的感知」(little perception)行為而獲致的。鑑賞能力是一種「技巧」(art)，就像思考技巧或生活技巧一樣，是無法完全以教導或指示的形式來傳授的，而其見習的過程可以被推想為，相當於傳統教育中門徒與師父漫長的親炙接觸，在此也就是意指與該作品（或是與同樣類別的諸多作品）重複的接觸。

而且，就如同學生或門徒可以藉由投注在技藝中，不去對典範行為的組成因子做分析與檢選，而仍無意識地吸收該技藝的法則——甚至還掌握那些師父自己也不甚了解的部分；所以，藝術愛好者也可以藉由以某種方式縱情於作品中，而內化其建構的原則和規矩，不需要清楚地帶入意識中或明白地整理出來。這就是藝術理論家與鑑賞家之間全部的差別，後者通常無法明白地解釋做為其判斷基礎的原則。

就如同在其他學習領域上一樣（比如說，學習母語的文法），學校教育傾向於鼓勵學生對早已無意識間掌握的思考、感知與表達模式進行有意識的反思，明白地整理出創造性文法的原則（例如和聲與對位的法則或圖像構成的規矩），並提供必要的言語或觀念題材，以便於對先前完全以直覺方式經驗到的差異命名。學術形式主義的危險顯然根本就存在於任何理性化的教學中，傾向於在學理體系中編造教義、規定、法理，明白地加以描述和教導，通常是負面的多過正面的；而傳統教育是以「習慣」(habitus)的方式來傳授，「本能地」(uno intuito)直接體會，有如整體的風格，不接受分析式的拆解……

即使教育體制鮮少提供嚴格定義的藝術訓練（法國和許多其他國家情況就是如此），即使它並不特別鼓勵文化活動，也不提供特別適合於造形藝術作品的觀念體系。教育體系仍一方面傾向於啟發對藝術領域的某種**熟悉性**——以此為受教養的階層賦予歸屬感，讓在其中的人們覺得自在且彼此熟悉，有如自己是作品所指定的訊息接收者一般（而且這份訊息可不是隨便傳達給任何人的）；在另一方面，它們傾向於灌輸一種**培養出來的性情**（至少在法國和大多數歐洲國家，於中等教育的層級裡是如此的），成為一種持久且普遍化的態度：這裡所指的是對藝術品價值的認知，以及藉由類別範疇（generic categories）來加以占取的能力。②雖然校內教育處理的幾乎都是文學作品，但此種教育一方面培養一種可以置換的意向（transposable inclination），會去欣賞由學校所認可的作品，使得欣賞或喜愛某些作品（或者某些類別的作品）成為一種義務，而這些作品也似乎逐漸與某種教育與社會地位串連在一起。

另一方面，教育也培養一種普遍化的、且可以置換的性向能力，使學生能夠根據作者、作品類型、學派，以及時期來做分類，能夠掌握文學分析所用的教導類別，能夠操縱基本符碼來支配其他不同符碼之使用，至少能夠讓學生在其他領域裡學到相似的類別，累積某些基本知識（這種知識即使無關緊要或流於瑣碎軼事，而且不管有多麼不足，至少能促成一種基本的理解模式）。因此，第一流的圖像理解能力就展現在對全部作品總集的掌握中，能夠指出它們之間的區別，並且在指出區別時加以理解：這些包括著名畫家的名字——達文西、畢卡索、梵谷等等——把他們當成某種作品類型，因為人們可以說某幅畫或某個非比喻性的物件「有畢卡索的味道」，或者說某個讓人或多或少想起佛羅倫斯(Florentine)畫家風格的作品「看起來像達文西的畫」；這也包括一些大範圍的類別，像是「印象派」（一個通常被認為包括高更〔Gauguin〕、塞尙〔Cezanne〕與竇加〔Degas〕等人的畫派）、「荷蘭畫派」(Dutch School)、「文藝復興風格」。特別具重要性的是，當教育水準提升時，人們以區分畫派的方式來思考理解，其比例也很明顯地上升；包括更廣義的、感受此種差異所需的作品類型知識也是如此提升……

所謂的個人意見，是受過教育所帶來的結果

能夠形成辨識能力，或所謂的個人意見，更是受過教育所帶來的結果。能夠丟棄學校所加諸的束縛，更是某些人才有的特權。他們已經充分地吸收學校教育，足以養成自己的自由態度，來面對學校所教導之學究文化；此種態度深深地蘊含於社會主流階層的價值觀中，因此能接受時下流行的、對學校教導所採取的輕蔑姿態。能夠區分「領受的」(accepted)、僵化定型的、(或如韋伯〔Max Weber〕所說)「成慣例的」(routinized)文化，以及「真實文化」(genuine culture)兩者之間的差別，這只對極少數的受教育者而言是有意義的。就他們的情況而言，文化已經成為第二天性(second nature)，被賦予所有顯示出「天分」的樣態，而充分吸收學校教養則成為加以超越、通往「自由文化」的先決條件(「自由」者，擺脫其學校出身之意)；這是中產階級及其學校所認定的所有價值中的終極價值。

關於訓練培養的一般原則，就學校教育而言也是成立的——這個情況的最佳例證就在於此

一事實：亦即某單一個人的作為，特別是屬於某一社會階層或擁有特定教育程度的一些個人的作為，傾向於構成一個體系；因此，在任何領域中某種類型的作為都極可能暗示著，在其他領域中有與之相應類型的作為。所以，經常參觀博物館的活動幾乎必然地關連到相同頻率的戲院觀劇行為，或者（在較低的程度上）聆聽演奏會的行為。同樣地，一切似乎都顯示出，知識與品味喜好傾向於構成具有明顯特色的連結體，而且也明顯地關係到教育水準，因此在繪畫上某種典型的品味愛好型態極可能關連到在音樂或文學上同一典型的品味愛好型態。

因為學校的特有功能就是有系統地發展或創造一些傾向，以製造出受教育的人，並且（在數量上，也由此而在性質上）奠定他們持續且熱切地追逐文化的活動基礎，所以只有像學校這樣的體制能夠（至少是部分地）抵銷掉某些人起初的不利處境（這些人無法從他們的家族圈子裡得到鼓勵以從事文化活動，也沒有得到任何探討作品活動所需的資能）。但學校能夠這麼做，其先決條件（而且是唯一的先決條件）是，它使用所有能夠使用的方式，來分解任何文化教育都無法避免的永無止盡之累積過程。因為，如果對藝術品在強度上、型態上，以及在其存在本身上的理解，是仰賴觀看者對於作品類型或其特有之符碼的掌握，也就是仰賴他部分得自於學校教育的資能的話，那麼同樣的情況也發生在（於其他眾多功能中）負責傳播學術文化其作品符碼的教學溝通活動上（該符碼同時也是該文化據以促成此傳播行為的符碼本身）；所以，溝通活動的強度與型態在此又與文化本身具有連動關係（此處「文化」是指一套感知與表達的體系，以及在歷史時空下，受社會情境制約的思維）。此文化是其收受者得自於他的家庭圈子，且或多或少近似於學術文化，以及學校用來促成此文化之傳播的語言與文化模式。如果考量到，對於學術文化其作品的直接體驗，以及獲得文化教養的體制化組織行為（後者是充分體驗這類作品的必需條件）這兩者是遵循同樣法則的話，很明顯地，要將促成文化資本去吸引更多文化資本的累積效應這樣的序列加以打破是很困難的。事實上，學校只要放任文化散播的實際體制去運作，而非有系統地透過教學訊息本身去給予所有人那些透過家族傳承而賦予某些人的東西（也就是促成正確接受學校訊息的方式），如此學校就是在被認可的情形下，增大或加深由社會情況所造成之文化資能上的不平等，且把它當作是天生的不平等，換句話說就是天賦的不平等。

「天縱英明」的意識形態(Charismatic ideology)是奠基在將藝術資能與教育之間的關係懸置不論的作法上(這點若是加以揭露則至為明顯)：其實只有教育才能夠培養那種認知文化財富價值的性向，以及那種賦予此性向其意義的資能，使其能夠占取這種財富。因為特權階層成員的藝術資能是由不知不覺的熟習過程與性向的自動移轉行為所造成的，他們自然地傾向於認為文化傳承是一種自然天賦。但這其實是經由無意識訓練過程所傳遞下來的。然而，更進一步來說，他們之間受教化最深的人與文化所保有的關係，其中的衝突與曖昧是被這樣一種弔詭觀念所允許，甚至加以鼓勵的：亦即將文化的「實踐」定義為**變為自然**(becoming natural)的過程。既然文化只有藉著否定自身性質（也就是說否定屬於人為或人為獲取的因素）才加以成就，才變成第二天性，成為一種習性，將「擁有」(possession)化為「存有」(being)，那麼，判別品味的名家似乎也獲致了美學天賜恩典的體驗，如此完全地擺脫文化的束縛，不受它產生時所經歷的漫長、堅忍訓練過程所影響，以至於，若有任何事物使人想起促成這一切的條件與社會制約活動時，似乎是如此的明顯，同時又令人驚訝。所以最有經驗的鑑賞家自然是「天縱英明」意識形態的擁護者。該意識形態賦予藝術品一種神奇的轉化力量，能夠喚醒潛藏在少數受檢選者心中的潛能；此意識型態也將對於藝術品的真實體驗當作是內心的「感動」或本能的直接啟蒙（相對於智識的費力處置與冷酷評斷），因此忽略掉潛藏在這種「體驗」底下的社會、文化條件，同時把經由漫長熟習過程或施行有計畫訓練而獲致的興趣技能當作是天賦權利。對「占取文化」（或者，說得精確一點，對獲致文化資能，意即對掌握所有特地用來占取藝術品的方式）此一行為的社會先決條件保持沈默；這是一種自願的沈默，因為如此才有可能合理化其社會特權，假裝那是天賦資質。

無所謂藝術天賦，藝術資能是由社會文化條件促成

謹記文化並非某人本是如此(is)，而是某人去得到擁有的(has)，或者應該說某人變化形成的(become)；謹記是社會條件促成美學經驗以及某一些人——藝術愛好者或「品味人士」——的存在，只有對他們而言此經驗才是可能存在的；謹記藝術品只授予那些知道如何去獲得將其占取之方式的人（他們若不是經由得知如何去獲取的方式，使得從事獲取的行為真的變得可能，而因此「早已」取得藝術品的話，他們是不會嘗試去求取的）；最後謹記，只有一些人能夠利用博物館展出的作品（這個理論上慷慨賜予所有人的可能性），並真的有可能從中得利——所有這一切就是要揭露，促成文化其大部分社會用途之效果後面所隱藏的動因。

促成文化，使文化變為天性，一種培養出來的天性，具有一切「天賦」與「恩賜」的樣態，

卻又是學習得來的——將促成這一切的社會條件懸置不論，這是「天縱英明」意識形態的先決條件，使它可以在中產階級的社會統治(sociodicy)中，賦予文化，特別是「愛好藝術」的行為，全然重要的地位。很自然地，在成為培養出來之天性的文化當中，或是已經變成天性的文化當中，中產階級找到合理化其特權的唯一可能原則：既然無法求助於「身世之權」(right of birth；這種權利中產階級長久以來都是捨棄給貴族階層的)，或是「自然」(因為根據「民主主義」的意識形態，這代表著普遍性，也就是一種基底，在其中所有的差異都被廢除)，或是美學價值（雖然這曾經使第一代的中產階級能夠喚起他們自己的優點)，那麼他們只可以訴諸於培養出來的天性以及成為天性的文化，和有時候稱之為「階級」的東西，或是藉著一種洩漏底蘊的口誤而訴諸於「教育」，和所謂的**卓越不凡**(distinction)——一種成為美德的（天賦）恩典，也是成為恩典的美德，一種不經學習的美德(unacquired merit)，用來合理化他們沒有資格擁有的所得學識(unmerited acquisitions)，也就是遺產傳承。為了讓文化能夠實現其首要的意識形態功能，遂行階級收編(class cooptation)，並合理化這種選擇模式，因而有必要（而且這樣做就足以）將文化與教育之間同時既明顯又隱藏起來的關連加以忘卻、掩飾並且否認。

天生的文化教養，以及由自然贈予某些人的文化天賦——這種不自然的觀念與對於體制運作的盲目不察，兩者是密不可分的，因為體制確保文化傳承是有利可圖的，並且合理化其傳播過程，同時掩蓋它進行此一運作的事實：亦即學校事實上是這樣的一種體制，透過它外表上看來無從非難的裁定，將文化方面因社會條件造成的不平等轉化為成就上的不平等，並且將此解釋為天賦上的不平等，同時也是美德擁有上的不平等。柏拉圖在《理想國》(*The Republic*)一書結尾時記錄這麼一段：所有即將轉世的靈魂都必需親自在各式各樣的「生命模式」(patterns of life)中抽籤，一旦做了選擇，他們必需在返回塵世之前喝下忘川(Lethe)的水。柏拉圖歸於忘川的功能，在我們現在的社會中則交付給大學：在其公正無私的外表下，雖然聲稱對學生在權利與義務上是一視同仁的，只因他們在天賦和美德上的不平等而有區別，其實大學是根據他們的文化傳承，也就是根據他們的社會地位來判定，並賦予個人學位等第。

藉著在象徵層次上，把區分他們與別的階層之間差異的要素由經濟領域移轉到文化領域上；或者應該說，藉著在純屬經濟層次的差異之上，也就是在那些因單純擁有物質財富而造成的差異之上，附加經由擁有象徵性財富（諸如藝術品）而造成的差異；或者說，藉著追尋他們在使用這類（經濟上或象徵性的）財富時其作法上的差異；簡言之，就是藉著把所有決定他們「價值」或他們「卓越不凡」的事物轉化為「自然事實」（所謂「卓越不凡」，根據李特(Littre)的說法，就是藉由「優雅」、「高貴」、「良好禮儀」等特色將某些人與一般大眾分隔開來的差異表徵）——藉由這些方式，中產階級社會中的特權分子將兩種文化之間的差異（這其實是社會條件造成的歷史產物）置換為兩種文化間的本質差異，一種是自然培養出來的天性(naturally cultivated nature)，另一種是自然生就如此的天性(naturally natural nature)。因此，將文化與藝術加以神聖化，滿足了一個重要的功能：亦即促成社會制度本身的神聖化。要讓受過教育的人相信「野蠻天性」的存在，而且說服他們底下的「野蠻人」走入自己「野蠻性格」的道路上，而他們本身所要做的就是設法掩藏他們自己，以及掩藏這些社會條件的存在；就是後者，不僅促成文化之為第二天性，讓社會以此來認知人性的卓越或「良好儀節」，並將這些當作是統治階層其美學觀在習性上的「實踐」；而且，也促成某種特定的文化定義占有被合理化的優勢（或者，如果您願意這樣說的話，占有合理性）。為了讓這個意識形態的循環迴圈可以完全封閉起來，他們必需要做的就是，在將社會二分為野蠻人與有教養人士這樣本質性的呈現時，去找到他們擁有某些條件的合理藉口；就是這些條件造成文化被擁有或是被剝奪，一種因為「生而如此」的人們基於「天性」而注定要出現的「自然」狀態。

如果這就是文化的功能，如果就是因為對藝術的喜好決定了所做的選擇，如同透過一道看不見且無法超越的障礙分隔開那些被給予以及那些得不到（天賜）恩典的人，那麼就可以得知，博物館在其型態與組織的微末細節上透露出它的真正功能：加強某些人的歸屬感以及其他人的被排斥感。③這些公民殿堂，中產階級社會在裡面儲存了它最神聖的所有物（也就是從不屬於它的過去所繼承來的遺物）；這些藝術的神聖場域，在其中被檢選的少數人前來培養一種藝術名家的信心，而盲從附勢的人與虛偽的愛好者前來搬演一場階級儀式；這些古老宮殿或偉大的歷史家宅，十九世紀時為它們加上堂皇的建築體，通常以希臘羅馬公民殿堂的形式加以建造——在這裡的所有一切都標示著，藝術的世界是相對於日常生活的世界，就有如神聖者是相對於世俗者一般。不准觸摸物件的禁令、加諸於參訪者身上宗教般的肅穆氣氛、館內總是稀少且不舒服的設施所暗含的清教徒禁慾作風、近乎有系統地拒絕給予參訪者指導的作法、其內裝潢與施行儀節的莊重肅穆感覺、樑柱高聳的走廊、寬廣的展示廳、精雕細琢的天花板、巨大堂皇的樓梯——從裡到外，每件事物似乎都是用來提醒人們：從世俗領域移轉至神聖領域，其先決條件就如涂爾幹(Durkheim)所說的，要經歷一種「真正的轉變」，一次徹底的精神變化；也提醒人們：將不同的領域接合在一起「本身就是一種複雜精細的作為，需要小心謹慎與或多或少複雜的啟蒙過程」；還提醒人們：「除非世俗世界捨棄他們的特定性質，也就是除非他們自己在某種程度上變得神聖起來，否則轉移領域是不可能的」④。雖然藝術品因其神聖的特質而具有需要特別收藏或理解的素質，它做為回報的是：替那些滿足其需求的人，為那一小撮因為具有回應其召喚之性向而自詡的菁英分子，賦予神聖的地位。

有如公共遺產一般，博物館給予所有的人光榮過去的紀念物，亦是奢華地用來榮耀過往歲月之偉大人物的工具。這是虛假的慷慨度量，因為自由入場也是擇人入場，只保留給某些人；他們既然被賦予能夠占取作品的能力，就有使用這種自由的特權，接著發現自己因為擁有特權而被合理化（所謂擁有特權，就是擁有占取文化財富的工具，或者用馬克思・韋伯的說法，就是獨占對文化財富的處理，以及對［由學校頒發之］文化救贖的體制標記的處理）。作為一種體制的基石（而且該體制又只有在掩藏其真正功能的情況下運作），以「天縱英明」觀點來呈現藝術體驗，只有在訴諸「民主主義」的語彙時才能實現它製造迷思的功能：宣稱藝術品有能力喚醒任何人心中美學啟蒙的（天賜）恩典，不管那個人對文化事物是多麼地一無所知；認定在所有的情況下，都應當將那種完全屬於教育資源不平均分配所產生的性情傾向，歸因於天賜恩典其無法臆測的出現以及「天賦」的隨機賦予；因此將繼承而來的性情傾向當作是天生且應受讚賞的個人美德。如果「天縱英明」的意識形態不是唯一外表看來無懈可擊的方式，用來合理化繼承人承接文化遺產的權利，而且不會與形式上的民主理念相衝突的話；如果在一個聲稱「民主地」給予所有人過去貴族時代遺物的社會中，該意識形態沒有致力於確立中產階級將藝術寶藏據為己有的權利、在象徵作法上（也就是唯一合法的方式上）將之占取的權利，認定是天性所致的話——那麼這個意識型態就不會那麼牢固。

※本文出處：Pierre Bourdieu, "Outline of a Theory of Art Perception," *International Social Science Journal* (1968) 2(4); excerpted from pp.589-612. Reprinted with permission.

譯者：**林明澤**

註釋：

①支配藝術品感知行為的法則是文化傳播法則的一個特別情況。不論訊息的性質為何——是宗教預言、政治演說、公關形象、科技物件等等——感受行為仰賴收受者其感知、思想與行動的類型。當此在一個經過分化的社會裡，所傳播之資訊與群眾的組成架構間因此確立了一個密切的關係。當此資訊儘可能直接地符合收受者其隱約或明顯的期望時，其「可讀性」以及其有效性也就越高；收受者的這些期望主要是源自於他們的家庭教養與社會環境（而且，至少就學術文化而言，也源自

於學校教育），它們也由參照團體(reference group)藉由不斷地呼應標準常規而產生之遍佈各處的壓力來加以支撐、維持、加強。訊息傳播的層級，以及被視為收受層級指標的群眾組成架構——就是在這兩者之間關連的基礎上，才有可能建構博物館參觀活動的數學模式。

②學校教導總是實現某個「合理化」的功能，即使只是藉由讚許那些它認為值得欣賞的作品，因此幫忙確立了在某一時期某一特定社會中被認可的文化財富之尊卑順序。

③勞動階級參觀者明白表達他們遭排斥的感覺是很常見的，然而這種感覺在他們所有行為中都顯而易見。因此，在缺乏任何有助於他們參訪活動之指示的情況下（沒有箭頭指示遵循方向，解釋用的鑲板等等），他們有時候感覺到有刻意排斥外行之人的跡象。提供教學以及指導的輔助措施事實上並不能彌補學校教育的缺憾，但至少可以標舉人們有權利不懂，有權利在不懂的情況下來這裡，不懂的人有權利來這裡，然而作品的展示以及博物館的安排等等一切細節都在挑戰這種權利。就如我在凡爾賽宮(Chateau of Versailles)不經意聽到的一句話所顯示的：「這座宮殿不是為人民所造的，而它也從未改變過。」

④E. Durkheim, *Les formes élémentaires de la vie réligieuse* (Paris: PUF, 1960, sixth edition) pp. 55-6. 在里耳(Lille)博物館的古老製陶室所舉行的一場丹麥現代家具與器皿展覽會，為參訪者帶來這樣的「轉變」，可以用下列這些對比加以簡述，也就是存在於一家商店與一所博物館之間的對比：吵雜／肅穆；觸摸／觀看；快速、隨機的探索，沒有特別的順序／悠閒、有系統的檢視，根據固定的安排；自由／拘束；對可供買賣的作品作經濟上的評估／對「無價」的作品作美學上的賞析。然而，與所預期的情況相反的是，雖然這些差異都與所展出的物件緊密連結，博物館所造成的肅穆（以及疏離）效果依舊可以感受到，這是因為在丹麥展覽會的觀眾組成結構比較是「貴族階層的」（以教育程度上來說），而不是博物館裡的一般參訪大眾。因為作品在一個神聖的所在中展

出就變得神聖，單單這個事實本身就足以深刻地改變它們的含意，而且，更精確地說，提升它們所流露氛圍之層次。

Culture
and
Society

〈第二部分　導論〉

實質的論爭：

道德秩序與社會危機——透視現代文化

Substantive debates：

Moral order and social crisis——perspectives on modern culture

實質的論爭：道德秩序與社會危機——透視現代文化

作者．史蒂芬．謝德門（Steven Seidman）

亞歷山大（Jeffrey Alexander）在第一部分中已檢視了文化分析所涵蓋的一些概念上的困境。然而，如何才能掌握意義，並不只是社會研究學者在分析上才會遭遇的問題；那同時也是我們每一個人日常生活中的實際問題。因為只有在大家彼此了解的情形之下，日常生活才有可能繼續進行。因此，詮釋（interpretation）不只是社會科學所專用的方法，它同時也是一種維繫社會生活的實際能力①。

此外，研究人員和一般人的詮釋效應之間存在著一種微妙的關係。研究者必須要能夠感受被研究者的生活世界，符合科學精神的了解才有可能。研究者必須與研究的對象分享一些意義與規範，才有可能發展出「第二序的科學詮釋」（the second-order scientific interpretation）②。再者，科學性的詮釋必定是建立在日常生活的意義上；而這些意義無可避免地暴露了科學的立論基礎與思考架構。從反方向而論，研究者所做的詮釋也有可能會成為日常生活的一部分③。以科學的角度詮釋社會事件，會因此形成社會力(social configuration)。和他們所研究的象徵架構(sym bolic forces)一樣，研究者本身也會產製具有象徵意義的論述，有助於建構身分認同(identity)、為體制提供合理化的依據，以及形塑社會凝聚力等。由此可見，社會或人文學科占有一種相當奇特的位置：那就是，必須意識到本身所建構的知識，造就它們所要研究的生活形式。在本文中，我將依據以上的觀察，介紹當前有關現代文化的論爭中的一些主題。

觀念的架構：從千年至福(millennial)和啟示錄的角度談現代性(modernity)

人文學科誕生於社會危機之中。受到現代化的衝擊，西方社會的基本物質結構(material infrastructure)因而有所變動。現存的一些能夠賦與個人或群體生活秩序、身分認同和價值觀的象徵架構，已無法涵蓋正在興起的體制秩序和權威現代結構。當時許多人迫切地感到需要以一套超越基督教的語言，來創新的認知現實的模式、規範道德的辭彙、以及表達象徵意義的方法。大約到了十八世紀後期，科學，或更廣泛地說，一種世俗的分析理性(a secular analytic reason)，儼然已成為一套為大眾接受的語言。也就是說，以這種理性為基礎所提出的真理和道德規範已取得正當性(legitimacy)。

人文科學藉由建構出新的人類本質、新的社會體制和新的歷史觀，達成建立「後傳統秩序」

(post-traditional order)的目標④。根據這個觀點，十八、十九世紀大量出現有關人性和社會的論述（例如：契約理論、古典經濟學、人類學、德國歷史學派的新歷史、社群主義和社會主義理論、社會達爾文主義、社會學以及馬克思主義等），都可視為是基督教與亞里斯多德式的天文學的替代品。它們所扮演的角色在於界定一個時代，解釋其起源及歷史意義，並規劃出可能的未來。人文學科將現代性的出現置於人類歷史發展的脈絡之中，以形塑出它所具備的特質。因此，十八、十九世紀中湧現的宏觀社會理論，並不只未開發社會科學，而是反映了個人或群體在面臨猶太／基督教傳統式微時，對於象徵秩序和意義的需求。它們的作用有如世俗化的天文學，提供一幅人性的全貌，抑或是一些大敘述(grand narratives)，解釋了我們是誰、來自何處、在歷史中所處的位置以及將面臨的未來。相對於認為二十世紀已從社會思想的時代轉型為社會科學的時代的觀點，我們只需指出：有關人類興衰成敗的大理論在目前並不見得就不值得注意⑤。儘管我無意忽視這些理論在分析或解釋上所做的努力，但是我們仍然必須正確地認識到它們只是一些帶有神話特質的構思。它們為我們的起源和現在所處的狀況編造了一套完整的故事，賦與我們的生命過程一些意義和關鍵時刻。

士林學派(philosophes)和他們十九世紀的繼承人都是以一種世俗的、人類進化的千年至福的神話架構思考現代性的問題⑥。對於啟蒙思想家而言，現代社會的來臨有其世界性與歷史性的重大意義。它標示著人類獨立自主運用理性開創自我的時代來臨了。現代社會透過科學推理擺脫原始的迷信和玄奧的幻影，開啟了人類掌控世界的新世紀。現代性所帶來的是一個前所未有的自由幸福的年代。在自然界、人性和社會之中發掘出來的普遍真理，以及它們全面性的傳佈最後將促成了啟蒙時代的來臨、社會的進化和更完美的人類。因此，現代性開啟了「歷史的終結」(the end of history)，人類歷史興衰成敗反覆交替的循環過程即將在此結束。

認為人類不斷進步的世俗千年至福神話在十九、二十世紀的社會思想中占有同樣顯赫的地位。孔德(Auguste Comte)對於士林學派極為反感；但他仍認為人類的歷史述說著一個社會不斷進步、人性日趨完美的故事。他還認為人類心智遵循著法則，而有三個不同階段的發展，因此人類進化乃屬必然。現代社會，或所謂的「實證階段」(Positive Stage)，標示著人類歷史發展的終極。因此，人世間的事務也都井然有序地依循著「人類持續不斷進步」的法則進行。十九世紀另一位啟蒙思潮的批判家馬克思(Karl Marx)，也一樣熱烈地賦與現代性千年至福的意義。儘管馬克思駁斥了視歷史為理性不斷進化的過程的唯心論，他仍然從社會經濟結構的興迭中找出社會進步的軌跡。馬克思認為，以資本主義為主導的現代社會必將進化為共產主義社會。共產主義和孔德的「實證政體」(Positive Polity)都渴望著一種充滿自由、社會和諧以及完美人性的後歷史年代(post-historical epoch)。孔德和馬克思在十九世紀的繼承人是涂爾幹(Emile Durkheim)，在《社會勞力區分》(*The Division of Labor in Society*)一書中，涂爾幹撰述了人類如何從原始的社群生活進入現代化初期的個人主義的社會⑦。涂爾幹在書中結語部分宣稱，個人主義的社會體制必然會衍生出內部的緊張和不滿。因此只是歷史的過渡時期必定會進入後歷史年代，屆時，個人自由和社會凝聚力才會共容於平等公正的社會體系之中。

儘管兩次毀滅性的世界大戰揭露了人類極端殘酷的本性，二十世紀的文明也持續不斷地科學化，我們都不會因此而捨棄現代性所具有的千年至福的意義。從康多瑟（Condorcet）的《描繪人類心靈進化之歷史圖像》（*Sketch for a Historical Picture of the Progress of the Human Mind*）、史賓塞（Hebert Spencer）的《社會演化》（*Evolution of Society*）到帕森斯（Talcott Parsons）的《現代社會之演化》（*The Evolution of Modern Societies*）可看出一脈相承的聯貫性。這些著作之間共同的論述方向，都是以一個關於進步進化論的後設敘述（metanarrative）為本，講述著從人類歷史起源到現在的故事。不論帕森斯分析的重點在於現代化社會的基督教化（Christiani- zation），或是過去兩世紀以來接連發生的政治、經濟、教育變革；他故事的重點都是人類正在穩定進步。特別值得一提的是，帕森斯發現能夠免於重大危機和衝突的社會，在美國得到完全的實踐。帕森斯的千年至福論在二十世紀的社會思想中並非時空錯亂。後意識形態和後工業時代的理論家均暗示出對於現代性的千年至福神話的支持，並認為此一神話即是後歷史時期。所謂「意識形態之終結」（the end of ideology）指的是：所有系統化的社會衝突都已結束，只遺留一些個別的、區域性的社會問題有待解決。在後工業時代裏，管理和技術專家取代了意識形態論者，僅需略為調整一部已能正常運轉的社會機器。可以確定的是，這些後意識形態的理論家，和康多瑟或馬克思相較之下，格局顯得極為狹隘。哈柏瑪斯（Habermas）最近為現代性所做的辯護展現了類似但溫和的千年至福論。他同時與各派後現代與反後現代的批評家交鋒；他從現代性的理想中發掘出一些生活規範和形式，認為這些有助於建立一個理性社會⑧。

依據千年至福論的觀點，現代性產生於一種人類重生和不斷進步的歷史年代之中，自然有不少人對這種觀點提出批判。從一些和浪漫主義與哲學保守主義相通的社會思想潮流中，我們不難發現有一些論述從反證的角度刻畫現代社會中末代啟示的現象。所謂的反啟蒙思潮就認為現代性造成了文化失序、社會敗壞與精神破產等現象⑨。十八世紀的反啟蒙思想權威，如柏克(Burke)、波納德(Bonald)、梅斯特(Maistre)以及沙維尼(Savigny)，為現代社會描繪出一幅荒涼的景象：科學的興盛帶來了諷世論(cynicism)與道德相對主義(moral relativism)；世俗化的產物則是社會道德淪喪與虛無主義的傷痛；個人主義深化了自我中心和社會疏離的程度；而民主化則蘊育了「群眾的紛亂」，造成一種既平庸又盲從的文化特質。這些反啟蒙思想的論述最重要的部分在於警示現代性必然會引發永久無法克服的社會危機。危機的來源則是世俗化的理性根本無法建構出象徵架構，是以提供整體、必要的價值觀與方向，無法使我們的生命得以完滿而有目的。

這些反啟蒙思想的主旨在十九世紀的社會理論中相當明顯。舉例來說，儘管韋伯(Max Weber)在價值觀和政治立場上都是一個現代主義者，他仍然以富有洞見的啟示論眼光，描繪出現代社會的景象。在討論新教思想和資本主義的論文中，韋伯刻意用啟示論的展望取代啟蒙思想家的千年至福論：

沒有人知道誰會住在這未來的洞穴裏，在這巨大的演變結束時，是否會出現新的預言家，舊有的觀念與理想是否會復興，會不會變得僵化不堪、有如痙攣般地自以為是。在此文化發展的最後一個階段裏，我們可以這麼說：專業人員沒有靈性，感傷論者失去感性；此一虛無卻想像著已達到前所未有的文明境界。⑩

令人驚奇的是，這些反烏托邦的主題也出現在法蘭克福學派(Frankfurt School)的社會理論中。法蘭克福學派相信，繼資本主義之後出現的不會是社會主義，而是法西斯主義，或是某種威權主義的變形，因此他們一直都將對千年至福的期待排除在外。從一九四〇年代開始，他們的著作始終強調現代社會退化頹廢和非人的特質。在《啟蒙之辯證》(*The Dialectic of Enlightenment*)一書中，霍克海默(Horkheimer)和阿多諾(Adorno)敘述了一則令人驚悚的故事：一個黑暗、敗壞的時代就要來臨了！而啟蒙思想家認為可以為我們帶來社會革新和進步的理性思維正好加速了這個時代的到來⑪。馬庫色(Marcuse)則是一方面將這些反啟蒙思想的主題融入他的社會評論，另一方面也保留了對千年至福的期望。他認為科學／技術理性已建造一個極權的社會，人性被貶抑成單向度(one-dimensionality)⑫。然而吊詭的是此一批判也成為激進的千年至福論。因為人類要能重生，必先經歷文明全面性的轉型，如後現代性所揭示的方向，而只有科學和技術理性，才能帶來此種轉型的效能⑬。

當代的社會思想家大多混合了千年至福與啟示論。例如，柏格(Peter Berger)與貝爾(Daniel Bell)似乎同時接受「現代性標示著一前所未有的社會進步的時代」與「世俗化製造了持續性的文化危機」兩種概念。事實上他們堅稱，這種危機並非如馬克思與涂爾幹所言來自現代化的不足或方向錯誤，而是因為文化的現代化過程中散佈著強調批評、個人主義、平等主義、因而腐化人心的風潮。他們抨擊啟蒙思想認為理性有助於建構合理社會的想法。相反地，他們期待著能更新社會文化的宗教復興運動⑭。

以上這些千年至福論和啟示論的觀點不只呈現出現代性的具體面貌，也為它所代表的意涵做了界定；它們的作用有如一種後設架構(meta-framework)，提供觀看現代社會最根本的角度。同時，它們也整合了有關現代社會的一些較特殊、較區域性的故事。我們接下來要討論的正是這些「較小的故事」(smaller stories)和爭端，不過這些區域性的「小」故事仍然會針對現代性做出「大」敘述。接下來我將循著本文選的組織，針對和現代文化相關的三個主要論點，進行概括性的討論。

宗教論戰：現代文化是世俗或神聖秩序？

不管是支持者或批評者，大多把現代性看成是一個「後基督教的」、甚至是「後宗教的」概念。士林學派與天主教進行意識形態抗爭時提出了一項說法：宗教必然會從歷史中消失。而十八世紀的啟蒙思想家則採取了演化論的立場，把宗教看成是人類歷史發展中一個過渡時期，終將被另一世俗文化取代。他們還特別宣稱，猶太／基督教傳統會繼續偽裝自己仍然扮演著整合市民文化的角色。但科學將取代宗教發揮解釋世界的功能，而規範行為準則的任務則由世俗化的道德理論負責。換言之，基督教形塑社會規範與習俗的力量將大為減低。雖然世俗文化未必會完全取代宗教，但宗教將會成為小眾純屬私人、自發性的信仰。

十九世紀的馬克思與韋伯從社會學的角度，大力闡述視現代社會為世俗化體系的概念。若士林學派所定義的「世俗化」是理性進化的結果，那麼，馬克思則直指其社會性的源頭，特別是資本主義。市場運作所釋放的功利主義和以創造利益為導向、持續理性化的勞動過程，都將宗教排擠出公共領域。當馬克思在描述資產階級與資本主義日益壯大所造成的衝擊時，其遠見與千年至福的論點總是令人摒息：「資產階級若要生存，便必須不斷改革整體的社會關係……所有固定的、急速僵化的關係與其中古老、謹守的偏見都要被掃除，所有新的關係在未定型前就已經被淘汰。所有穩固化為空氣，神聖化為褻瀆，人們被迫認真地面對真實的生存狀況」⑮。資產階級的資本主義代替了宗教文化，建立起世俗、國際、精緻的文化，成為共產主義社會的基礎。

縱使韋伯並沒有像馬克思一樣對千年至福論懷抱希望，他卻依然堅信現代社會是屬於後基督教的時代。韋伯追本溯源地釐清宗教自主的理性化過程：始自猶太教建構一個超脫世俗生活的宗教世界，完成於新教思想激烈地將所有神明的力量與施行魔法的儀式從人類世界中排除⑯。由新教所建構的沒有超自然力量的世界形象，一直延伸成為現代科學。這種受宗教驅策的動力最終的產物是一個世俗化的、破解迷咒的現代文化／一個純粹由自然科學的規律控制、由人類的意圖與事件構成的宇宙。

宗教的論爭一直是二次世界大戰後的時代特徵。就這方面而言，貝格的著作可說是當前從社會學的觀點針對世俗化的主題所做的重要論述。⑰貝格巧妙地結合了馬克思與韋伯的理論。他一方面延伸韋伯的觀點認為猶太／基督教傳統的內部自有其世俗化的歷程。既然上帝已離開人世，而所有魔法也已破解，文化便得以往理智化的道路前進。另一方面貝格援引了馬克思式的分析，主張資本主義或高度工業與官僚體制的社會運作，因為依賴著效率、多產、能見度、理性的運算以及環境控制等原則，帶來了世俗化的大眾文化。宗教一旦失去其公共的體制基礎，便再也無法發揮整合文化的功能。再者，它現在必須和非宗教的象徵力量相互競爭，如哲學的世界觀或政治上的意識形態。宗教不只被推入私人領域，甚至成為一種逐漸失去社會支持的個人信仰。

事實上也有人針對把現代文化視為世俗文化的觀點提出批判。批判的意見剛開始主要屬於哲學與道德論方面。例如，柏克(Burke)就指出基於人性本質便帶有宗教性，會產生宗教文化也是必然。柏克與其他保守的哲學家相同，提出一種潛在的功能論(functionalism)，認定只有宗教才能穩固道德與社會秩序。涂爾幹則是第一個以社會學為基礎，提出嚴肅而有別於世俗化命題的論點。他認為宗教所代表的象徵體系將事物事件加以分類，納入神聖／世俗的區隔範疇之中，而現代社會也有其獨特的宗教文化。特別的是，涂爾幹將現代「人」的宗教詮釋為猶太／基督教傳統的變型：保留了後者的超越論(transcendentalism)、道德普遍主義(ethical universalism)、個人主義以及千年至福論。在現代社會中，與「個人」(individual)相關的概念、「信仰」、「儀式」以及「習俗」，都成了宗教實踐的客體。事實上涂爾幹還指出，基督教和現代社會中被神化的個人，有著歷史性的關聯：

> 基督教的獨創性正在於個人主義精神顯著的發展。若古代城邦的宗教以外在習俗為主，那麼，基督教精神則展現於內在的信仰、個人的意念以及根本的虔誠之中……道德生活的中心，於是由外在轉移到內在，個人也被提升為自我行動至高的裁判……因

此，認為個人主義的道德論是基督教倫理規範的對立面是一種怪異的謬誤。事實恰好相反，前者肇源於後者。⑱

現代社會中，「人」和對於「個人主義」及「自主性」的信仰，正是獨特的宗教文化核心。不論是為「世俗化」主題辯護或持批判立場的學者，似乎在一項議題上都有著相同的看法，亦即：世俗化的意識形態或文化再現(cultural representations)無法提供必要的架構，以建立個人、道德與社會的秩序。例如，貝拉就主張功利主義和個人主義的意識形態無法「為個人和社會的生存提供有意義的模式」⑲。貝格則認為世俗化的結果必然導致文化危機。他在最近的著作中更特別指出，世俗化的理性無法形構出值得信賴的象徵架構以穩定身份認同和綱常秩序⑳。一些文化復興的運動也因而提出要使現代文化再次神聖化(resacralization)的呼籲。然而，這些論點使我們從宗教論爭接著討論到有關現代社會中意義的問題，與世俗化理性的命運。

世俗理性可以創造文化秩序？論「意識形態之終結」

啟蒙運動思想家相信，宗教失去重要的社會影響力象徵著社會的進步；宗教代表一種社會落後以及不自由、不真實的生存狀態。許多啟蒙思想家甚至認為宗教是教會或世俗菁英加諸一般人身上的幻想，只在鞏固某種特定的社會與政治階級時才顯示出重要性。因此，對宗教的批判可說是現代社會提升人類自主與幸福的過程中不可或缺的一環。如果能從一些讓人養成依賴性卻又不快樂的宗教迷思中解放出來，人類將得以依據自我的想法獨立自主地開創自己的生命。

在這樣一個現代社會的藍圖中，世俗理性被賦予重望，期能在文化層面上取代宗教。畢竟現代人在思想上與倫理上仍舊需要一些判別的準則，生活才得以完整、有目的。此一任務現在依附在思考方式上，只能依賴自身與人類和自然世界中的事實，以此建構出文化秩序。科學將提出對世界的見解；道德理論提供合乎理性的倫常；美學則確立了品味鑑賞的標準。只要這些理性思維的架構深植於現代體制之中，並使日常生活合理化，就能達成建立文化共識的目標。人類也將因此進入「後意識形態」時代，所有的衝突都將只是區域性、非意識形態的，亦即與基本信仰、規範無關的小衝突。

十九世紀時，啟蒙思想家對宗教的批判也延伸到了世俗理性。社會和政治思想家將士林學派對宗教的冷嘲熱諷轉而攻擊世俗理性。啟蒙思想家所賴以提供理性思維與道德準則的分析性的世俗理性，也被批評為僅能製造假象，背地裡卻與統治關係糾葛不清。社會科學或道德理論（例如康德主義或功利主義）中的理性思維，背負了某些特定的社會和政治利益。理性似乎和宗教一樣都無法擺脫社會偏私的羈絆。

十九世紀的社會思想因此有了一大轉折：社會批判的焦點從宗教轉移到世俗理性或其產物，如政治、道德、美學或社會科學的概念。然而，縱使世俗理性經常被認定具有意識形態色彩，許多十九世紀的啟蒙思想家仍然繼續期待後意識形態時代的到來：期待意識形態之爭能在未來結束。例如，馬克思將兩個不同時代相互對比：一個是當前意識形態的時代，與階級社會的存在相符；另一個是未來將建立在文化共識的基礎上、無階級之分的後意識形態社會。

二十世紀的社會思想家一方面承續對理性的懷疑立場，另一方面也期待理性救贖和發掘真理的力量能獲得最終的勝利。理性有其利益色彩，使人不免對於期望理性能建立不受壓迫的文化共識的啟蒙思想有所懷疑；理性似乎總是牽涉到某些特定的社會議題。然而，「意識形態之終結」此一主題卻一直未曾消失過。最顯著的例證出現在有關政治意識形態命運的辯論之中。

一九五〇年代關於大眾文化和大眾社會的辯論，可說是討論現代文化最重要的場域。令人好奇的是，此一論爭的兩個敵對陣營，竟以極端不同的方式處理「意識形態之終結」這個主題。其中一方的法蘭克福學派的理論家宣稱意識形態正逐漸失去其社會公信力。然而，這並不代表理性的勝利，反而是理性的毀滅，繼之而起的是具壓迫性的新共識。當文化被融入資本主義的商業體系時，意識形態就無法再以社會重整的政治議題為中心，以整合各種不同的世界觀。大眾文化或「文化工業」(culture industry)取代了意識形態，創造出一種同質性的文化：信仰與價值觀大多一致，身分認同和行為模式極度刻板，以消費形式為中心的生活型態無法提供廣大的選擇空間㉑。大眾社會透過需求與慾望的商品化，將個人融入整個體系之中㉒。它在各種相互衝突的社會利益之間強加上一種消費主義的文化，允諾只要消費性的商品不斷擴散、消費層次往上提升，所有的安全、幸福與滿足就能完全實現。社會和意識形態的衝突因此被掩蓋在大眾文化與大眾社會的一致性與無所不至的壓迫之下。總而言之，「意識形態之終結」對法蘭克福學派而言代表了理性思維就此消失於現代社會體制與文化之中。

和法蘭克福學派分庭抗禮的是一群崛起於二次世界大戰後的美國理論家。諸如貝爾(Daniel Bell)、李塞特(Martin Lipset)、席爾斯(Edward Shils)、帕森斯等社會理論家都將茅頭指向法蘭克福學派對大眾文化所做的批判。這些理論家創作於美國二次大戰勝利的餘威中;他們宣稱西方社會中主要的社會隔閡與衝突都已經消失。儘管目前西方的資本主義和東方的共產主義之間仍存在著爭端,但兩者間也都有了共通的科技/工業基礎結構與追求經濟成長的目標,因此同樣都往後工業社會的方向邁進。在後工業社會中,諸如社會主義或法西斯主義等意識形態已失去強大的社會性。社會衝突或許依然存在,但只是一些區域性或行政管理上的問題,不會產生大規模的政治運動。伴隨著對革命政體的幻滅,系統化的社會衝突也就此消失,因而促使公共領域從意識形態轉向一個更務實、以行政管理為趨勢的政治空間。根據這些自由派理論家的說法,意識形態的滅亡所反映的並不是技術官僚體系的抬頭,而是恰好相反:與個人相關的自由、權利、平等、正義、民主等啟蒙思想所堅持的信念與規範將被體制化。因此,當帕森斯回應那些將現代社會看成是具壓迫性體系的批評家時,他特別凸顯了現代社會中個人自主與建立共識的特質:

美國,和許多知識分子的看法相反,絕大多數工作獨裁體制區現代社會,都比以前的社會將範圍更廣的自由落實於制度之中,……這些自由可從免於受到生命威脅的自由說起:諸如,建康不良、壽命過短……它們也包括消除暴力和增加消費的自由……還有婚姻選擇、職業、宗教、政治立場、表達思想與言論等自由。從比較和演化的觀點

而言，二十世紀後期的社會已成功地將前一世紀自由主義的價值觀體制化。㉓

的確，帕森斯相信高度現代化的社會已實現了啟蒙思想不斷創造出自由、平等的個人之理想社會，這是相當重要的一點。

關於大眾文化和社會的爭論自有其特定的社會／歷史脈絡可循。法蘭克福學派的批判源自歐洲對法西斯主義的體驗；而美國在二次世界大戰中獲勝，戰後的繁榮以及國際關係日趨緩和，造成自由主義者起而為大眾社會辯護，對後工業社會懷抱憧憬。然而不論是肯定或批判「意識形態之終結」的理論，都受到一九六〇年代興起的激進主義的挑戰。以群眾為基礎、追求社會重建的社會運動（如：婦女、同性戀、黑人、反戰、生態保護等運動）興起之後，讓法蘭克福學派認為「在完全被管理、單面向的社會中已無真正的對立」這個論點，以及自由派「假定後工業社會的來臨乃是以一種非壓迫性的文化共識為基礎」的期望都站不住腳兩種觀點。關於意識形態的論爭就在這種歷史情境之中被重新定位㉔。

意識形態政治興起的餘波之後，高德納(Alvin Gouldner)嘗試重新思考「意識形態之終結」這個主題㉕。他提出一種介於法蘭克福學派與強調共識的自由主義理論家之間的立場。他認為在高度資本主義的社會裏，對大多數人而言，各種意識形態都不再具有形塑身分認同與政治動員的力量。今天，「合理化」(legitimation)的基礎存在於大眾消費，以及國家行政管理對於和平、社會秩序與財富的保障中。也就是說，個人的身分認同建立在大眾文化所提供離散的意義框架上。然而，高德納認為，生於啟蒙思想中的批判文化在我們的知性文化層面中仍然占有重要地位。蘊育這種批判文化主要的機構是大學，但是它同時也透過許多不同的公共組織和大眾媒體深入一般社會大眾之間。在這種批判文化之中，意識形態的政治角力依然活躍著。也就是說，政治動員仍舊以意識形態的抗爭為焦點，繼續影響著當前的社會。

近幾年來，關於意識形態的論爭已有了新的方向。對於理性是否有能力創造不受壓迫的文化共識的懷疑已大量增加，這也使得諷世論者對理性更加不抱希望。理性似乎一直與社會運作和權力關係糾葛不清，而啟蒙思想對於宗教的懷疑也已到了盡頭，理性淪為只是一種透過其他手段進行的政治機制。如果說一般人已不再對理性超越利益爭鬥的可能抱持希望，那麼，認為「現代性」涵蓋一套解放人類的規劃的想法也值得懷疑。後結構主義的論述並不認為人類事務有可能脫離權力關係與社會衝突，而能不在既定的結構或論述中進行。後結構主義論者認為，根本沒有所謂的「人性」正等待被解放或實踐，他們不以本質論的角度觀照人性，轉而認定所有的自我、身分與行為都是由結構、論述和再現所決定的。許多社會觀察家認為，後結構主義做為一認識論的轉向，正點出了西方更龐大的文化改變。現代主義的文化遭受挑戰，有些人甚至說後現代文化的輪廓早已浮現。此一爭端已成當前論爭現代文化的中心議題。

道德秩序之瓦解或重建：爭辯現代／後現代主義

雖然到目前為止「現代性」的意涵尚未獲致共識，但是我們仍然可以從文化層面中掌握其概要。「現代性」包涵了諸如以下的概念：演化論的歷史觀、西方世界主導了人類的未來；社會進化根植於高尚藝術、科學、道德律法等文化領域的發展;完整的、本質論的個體觀念;人類的解放預示了自我實現與控制駕馭之終結。雖然這些觀念已受到反啟蒙思想者的批判,但是他們的立場大多是「前現代的」。至於以一種前瞻的或「後現代的」立足點批判現代社會一直到後二次世界大戰之後才逐漸成形。相對於其它反現代主義的批判,後現代主義一方面接受了現代社會存在的事實,另一方面則援引其中較不顯著的傾向加以攻擊。

我們可以準確地釐清後現代主義論爭的過程:它最早出現於一九六〇年代後期,而於一九七〇年代晚期和一九八〇年代成為文化辯論的焦點。當中部分的討論乃是針對一些細微的美學特質以區隔現代主義和後現代主義。因此,相對於現代主義講究形式上的繁瑣、重視美學要求和普遍論的觀點,後現代藝術大多瓦解了高尚藝術與通俗藝術之間階級性的區分,以折衷的立場融合了不同的美學模式,接受生活與藝術的區隔,眷戀過去與地方性傳統,並且偏好遊戲與反諷的態度,沒有現代主義那種嚴肅的道德感。然而,大部分的詮釋者總是將這些美學上的變化,解釋成我們的社會結構和文化中範圍更廣的變化的一部分。本書所收錄的文章和本篇簡論就是以後現代主義為主題,描述出我們的感受、規範和價值觀、認知與政治局勢中那些範圍更廣的變化。

貝爾認為現代主義與後現代主義之間存在著一種「文化延續」(cultural continuity)的關聯性㉖。現代主義的文化觀中最核心的主旨在於個體追求自我的實現與能力的掌控。後現代主義則延伸此一概念,歌頌個人行為中純粹的特異的意圖和本能的衝動。

貝爾提供一種批判的視角,關照當代的現代,認為它的文化根基和資本主義的命運有密切的關聯。十九世紀時，支撐著資本主義的文化對於個人主義極為重視，但是也賦與它一種自我克制和社會責任的倫理觀。當前的資本主義則陷入了危機。受到十九世紀浪漫主義文化的刺激所產生的背棄道德的、無政府主義的個人主義在二十世紀時隨著美學上的現代主義的勝利，已取得主導的優勢。這種現代主義的文化是排他性的；它攻擊自由主義的小資產階級對理性秩序、紀律、自我犧牲的要求；它所推崇的是行為表現中本能衝動的泉源、不斷探索經驗與自我實現。貝爾雖然指出一八五〇至一九三〇年之間是現代主義充滿創造力的年代，但是他認為當現代主義在一九六〇年代成為主流的文化思維時，其創造動力也終告枯竭。後現代主義代表一種將晚期現代主義推演到極至的文化思維。現代主義中對自我的禮讚轉變成後現代主義中對於理智的律動、感官的即時體現和情色享樂主義的歌誦。貝爾認為，後現代主義對於秩序、限制與區分無情的憤怒演變到最後成了虛無主義：

因此，當後現代主義反對以「美學」的角度為生命找到合理解釋時，它事實上是以「本能」做為立論基礎。本能的衝動和享樂才是真實的、肯定人生的；其它一切則都是精神病的症狀和死亡……後現代主義撕裂所有的區隔，堅持要「做出來」(acting out)而不是製造出區分，才是獲致知識的唯一道路。「發生」和「環境」、「街道」和「景觀」是生命而非藝術真實的領域。㉗

後現代主義目前已根深蒂固於通俗藝術與大眾文化之中。它在文化上占有的優勢代表的不只是中產階級的危機，同時也是現代主義的危機，因為它已腐蝕了自由主義／資本主義體系的心理和道德基礎。

哈柏瑪斯從不同的角度切入，針對後現代主義提出了左派的批判㉘。身為一位新保守主義者，貝爾對於晚期現代主義和後現代主義都抱持批判的立場，因為兩者都擾亂了資本主義的運作；哈柏瑪斯則捍衛現代主義反對後現代主義的批判。哈柏瑪斯認為，後現代主義和新保守主義一樣，都放棄了進步的啟蒙思想的傳統。

哈柏瑪斯所定義的「現代性」是一項社會重建的計劃，而不是美學或文化運動。就文化的觀點而言，「現代性」象徵著一個統整的世界觀已分解成三個獨立的知識領域，亦即：科學、倫理學以及美學。哈柏瑪斯認為隱涵在啟蒙思想中的「現代性計劃」有兩層意涵：首先是要各自發展出能夠反映「真理」、「道德」與「美」的知識，這些論述將可作為評定人類行為和社會機制的準則。其次是要在這三個文化領域和日常生活之間建立固定的交流，如果能將日常生活融入這些由專業的文化領域所展現的理性思維架構之中，日常生活必能豐富其內涵、提升層次。由此可見，現代性之目標在於促進人類在理智、道德以及美學等方面的發展。

哈柏瑪斯還認為後現代主義遠離了現代社會的解放精神。後現代主義者不滿這些文化領域與日常生活脫節因而導致心理與社會上的錯亂，以及以工具理性控制為導向的行政官僚征服了文化領域。然而對哈柏瑪斯而言，這些後現代主義者以現代社會為攻擊目標是一大偏差。他認為整個後現代主義批判的方向都錯誤了。我們的目標不應該是詆毀，而應該是完成未完成的現代社會的計劃。

貝爾和哈柏瑪斯都對後現代主義抱持批判的立場。貝爾批評後現代主義延續了晚期現代主義中虛無主義的精神；哈柏瑪斯則認為後現代主義偏離了現代社會的烏托邦希望。在某種程度上，這些批評分別反映了貝爾與哈柏瑪斯兩人的新保守主義與新馬克思主義的立場。後現代主義畢竟產生於一些同時對抗資本主義和新馬克思主義的新社會運動。後現代主義最堅持的捍衛者大多是一些認同這些社會運動的後馬克思主義的左派分子。例如，傅柯(Foucault)、布希亞(Baudrillard)和李歐塔(Lyotard)等三位後現代社會理論大師都是經由馬克思主義的批判以及對新運動的認同，才導引出他們自己的立場。

例如，從李歐塔的《後現代情境》(*The Postmodern Condition*)就可看出這種源流的痕跡㉙。後現代主義對李歐塔而言是一種對「大敘述」(grand narratives)與所有統整化、本質化的理論的反擊。啟蒙思想中進步的神話、馬克思主義中解放人類的故事、為科學和文化提供理性基礎的哲學，都已失去社會權威與合理化的力量。面對這些偉大的理論時，後現代主義所捍衛的是知識的區域性與獨特性。後現代的科學傾向於發掘差異性與分析異質的生活方式；它更能接納理論中的不可化約性(incommensurabilities)，追求的是實驗與革新，而不是整體理論的建構、整合與強化。後現代主義承續了現代主義在認知論的層面上與基本論和理論主義決裂的立場；它代表一種重視各個區域性鬥爭的政治訴求。李歐塔宣稱，就體制面而言，權力已不再集中在國家機器或某一階級；相反地，它分散在社會的不同機制，在大眾媒體，在各種不同的論述和學科。因此反對運動在目前較不以階級為基礎，而是分散在各種不同的社會環節中的抗爭。最後，現代主義欲建立一個人性得到解放的後歷史時代的烏托邦夢想也被另一種更開放的、重視差異、允許慾望、身分、體制秩序不斷流動的去中心的(decentralized)社會理論所取代。

很顯然地,胡森(Andreas Hussen)在〈描繪後現代〉("Mapping the Postmodern")一文中極力從正面的方向將後現代主義與新的社會運動加以聯結㉚。的確,胡森巧妙地聯結了後現代主義和一九六〇年代持續至今的各種不同的社會反叛與文化實驗的潮流。胡森反對一些像貝爾或柯雷默(Hilton Kramer)的新保守主義的批評家;在他的辯護之下,後現代主義成了一種面臨文化現代主義式微而產生的文化復甦運動。胡森也反對詹明信(Fredric Jameson)、哈柏瑪斯等左派批評家,他認為後現代主義激進的意圖展現在它對階級區分、抽象的普遍主義、社會/文化的規格化,以及美學功能論的批判㉛。

後現代主義的核心在於反抗愈來愈凝滯的高尚的現代主義文化,因為它已經成了過度修飾的菁英文化和主流體制專屬的美學。後現代主義混合了高尚/通俗文化,以及各種符碼與文類,消除美學標準和生產中心,它代表一種文化重生的運動。它的社會基礎在於社會邊緣團體(例如:婦女、黑人、西班牙裔、男同性戀和女同性戀)要求社會包容和擁有權力。這些團體所追求的不只是政治權力,同時還包括為他們獨特的社會習俗和文化生產尋求正當性。他們依據自身獨特的區域性語言和傳統,向高尚的現代主義文化的偏狹標準宣戰:白人、中上階級、以異性戀為主的男人的菁英分子所灌輸的標準。將藝術分散到各社會階層與捍衛文化異質性,正好和左派致力去除政治中心的企圖相吻合。後現代主義的政治脫離以階級為根據的國家政治,轉變為區域、機制和文化抗爭。

本文所談的三種論爭當然無法窮極當前文化論述的全貌。例如，有一些重要的討論針對的是性意識、性別或種族等議題，以及它們和個人的身分認同或道德、社會秩序有何關聯。過去二十年之間最重要的思潮……詮釋學、象徵人類學、符號學、結構主義、後結構主義、批評理論和女性主義……已將文化分析置於人文科學的中心。當前最重大的政治和道德抗爭，至少在工業化的西方國家，主要是針對涉及個人身份認同、社區建設、社會合理化和包容、道德秩序以及日常倫理等議題。本書的目標在於呈現以文化／社會關聯性為主題的學術或道德實踐的論辯。

譯者：黃涵榆

註釋：

①參閱葛達瑪(Hans-George Gadamer)，《真理與方法》(*Truth and Method*)(New York: Seabury, 1975)。

②參閱哈柏瑪斯(Jurgen Habermas)，《溝通行為理論》(*The Theory of Communicative Action*)，第1冊(Boston: Beacon Press, 1984)。

③參閱季登斯(Anthony Giddens)，《社會理論之重大問題》(*Central Problems in Social Theory*)(Boston: U of California P, 1979)。

④參閱貝克(Ernest Becker)，《罪惡之結構》(*The Structure od Evil*)(New York: Free P, 1968)；傅柯(Michel Foucault)，《事物之秩序》(*The Order of Things*)(New York: Vintages Books, 1973)；謝德門，《自由主義與歐洲社會理論之起源》(*Liberalism and the Origins of European Social Theory*)(Berkley: U of California P, 1983)。

⑤參閱史凱納(Quentin Skinner)編著，《大理論之重現》(*The Return of Grand Theory*)(Cambridge: Cambridge UP, 1985)。

⑥參閱貝里(J. B. Bury)，《進化之觀念》(*The Idea of Progress*)(New York: Dover, 1955)；倪士比(Robert Nisbet)，《進化之觀念史》(*History of the Idea of Progress*)(New York: Basic Books, 1980)；波拉德(Sidney Pollard)，《進化之觀念》(*The Idea of Progress*)(New York: Penguin, 1968)。略微修正之論證請參閱蓋伊(Peter Gay)《啟蒙思想》(*The Enlightenment*)，全二冊(New York: Norton, 1977)。

⑦涂爾幹，《社會之勞力區分》(New York: Free Press, 1964)。

⑧哈柏瑪斯，《現代性與後現代性》("Modernity Versus Post- modernity")，《新德國批判》(*New German Critique*)，二十二期(Winter 1981)，pp. 3-14。

⑨參閱柏林(Isaiah Berlin)，《反啟蒙思想》("The Counter- Enlightenment)，《反潮流》(*Against Current*)(New York: Viking Press, 1980)；曼海姆(Karl Mannheim)，〈保守思想〉("Conservative Thought")，《曼海姆選集》(*From Karl Mannheim*)，巫爾夫(Kurt Wolff)編著(New York: Oxford UP, 1971)；倪士比，《社會學傳統》(*The Socialogical Tradition*)(New York: Basic Books, 1966)；謝德門，《自

由主義與歐洲社會理論之起源》(*Liberalism and the Origins of Euorpean Social Theory*)。

⑩韋伯(Max Weber),《新教之倫理與資本主義之精神》(*The Protestant Ethic and the Spirit of Capitalism*)(New York: Free Press, 1958), p. 182。

⑪霍克海默與阿多諾,《啟蒙之辯證》(New York: Herder & Herder, 1972)。

⑫馬庫色,《單向度的人》(*One-Dimensional Man*)(Boston: Beacon, 1964)。

⑬參閱懷布克(Joel Whitebook),〈救贖之政治〉("The Politics of Redemption),〈〈泰勒斯〉〉(Telos),六十三期(Spring 1985),pp. 157-63。

⑭貝爾,《資本主義之文化矛盾》(*The Cultural Contradictions of Capitalism*)(New York: Basic Books, 1978)·,貝格,〈從宗教危機到世俗危機〉("From the Crisis of Religion to the Crisis of Secularity),《宗教與美國》(*Religion and America*),道格拉斯(Mary Gouglas)與狄浦登(Steven Tipton)編著(Boston: Beacon Press, 1982)。

⑮馬克思,〈共產主義宣言〉("The Communist Manifesto")《一八四八年之革命》(*The Revolutions of 1848*),費爾巴赫(David Fernbach)編著(New York: Vintage Books, 1974),pp. 70-1。

⑯參閱韋伯,《宗教社會學》(*The Sociology of Religion*)(New York: Free Press, 1956)。

⑰參閱貝格,《聖篷》(*The Sacred Canopy*)(New York: Doubleday, 1968)。

⑱涂爾幹,〈個人主義與知識分子〉("Individualism and Intellectuals),《論道德與社會》(*On Morality and Society*),貝拉編著(Chicago: U of Chicago P, 1973)。

⑲同上,p. 339。

⑳貝格,〈從宗教危機到世俗危機〉。

㉑霍克海默與阿多諾,《啟蒙之辯證》。

㉒馬庫色，《單面向度的人》。

㉓帕森斯，《社會之演化》（*The Evolution of Societies*）(Englewood Cliffs, N.J.: Prentice-Hall, 1977）。

㉔關於最近一些將意識形態的概念理論化的著述，參閱湯普森(John Thompson)，《意識形態理論研究》（*Studies in the Theory of Ideology*）(Berkeley: U of California P, 1984）。

㉕高德納，《意識形態與科技之辯證》（*The Dialectic of Ideology and Technology*）(New York: Seabury Press, 1976）。

㉖貝爾，《資本主義之文化矛盾》。

㉗同上，pp. 51-2。

㉘哈柏瑪斯，〈現代性與後現代性〉。

㉙李歐塔，《後現代情境》（Minneapolis: U of Minnesota P, 1984）。

㉚胡森，〈描繪後現代〉，《大分化之後》（*After the Great Divide*）(Bloomington: Indiana UP, 1986）。

㉛參閱詹明信，〈後現代主義或晚期資本主義之文化思維〉（"Post- modernism or the Cultural Logic of Late Capitalism)，《新左派評論》（*New Left Review*），一四六期(July-August 1984），pp. 53-92。

宗教的地位：現代性是世俗或神聖秩序

世俗化過程的社會起源

Social sources of secularization

彼得・柏格（Peter Berger）

世俗化過程的社會起源

作者：彼得・柏格（Peter Berger）

世俗化過程最早起源於經濟方面

社會世俗化過程最早起源於經濟方面，特別是受到資本主義與工業化過程影響的經濟區域。當然，現代社會的各個層面，視其與資本主義與工業化過程的關係遠近，受到世俗化過程的程度有所差別。高度世俗化就出現在緊臨發生這二種過程的地區。換句話說，現代工業社會已產生了類似宗教「解放地帶」的「中央地帶」。世俗化的過程從這個地帶「向外發展」，進入社會的其它層面。這種變化其中一個有趣的結果，就是宗教朝「二極化」發展的傾向：介於體制次序中最公開與最私密的領域，特別是介於國家與家庭體制之間。即使日常生活已相當世俗化，好比生活就是工作，或生活中都是圍繞著工作的各種關係，也依然可以找到與國家或家庭體制有關的各種宗教象徵。譬如，對於「工廠大門前、宗教止步」的說法，一般視為理所當然，可是如果要發動戰爭或結婚，一定少不了傳統宗教的象徵儀式，一般也視為天經地義。

這種現象，如果按照普通社會學的說法，就是經濟世俗化過程與國家、家庭的世俗化過程，二者之間有「文化的落差」。就國家而論，意思是說：若干國家，在成為現代工業社會的過程中，依然延續政教合一的傳統。英國就是一個例子；它是第一個發生這種現象的國家。另一方面，有些資本、工業化發展依然落後的國家，政治勢力卻已發生世俗化的現象，例如十八世紀末的法國和今日許多未開發國家。因此，社會經濟現代化和政教分離，二者的關係並不單純。但是，目前的趨勢是政治秩序隨著工業化社會發展，逐漸脫離宗教。明白地說，就制度而言，目前的趨勢是國家與宗教分離。究竟這個趨勢是否與反聖職人員無關（如美國），或者與反神職人員干政，甚至反對宗教有關（如法國），視不同國家社會的特殊歷史因素而定。就當前全球情勢來看，似乎出現了脫離宗教體制影響，或政治行為不再基於宗教考量的國家體制。同樣的情形也出現在一些「古典」的案例，譬如英國及瑞典，同樣的政教分離過程始終裝飾著政教合一的傳統象徵。實際上，這些案例中，傳統的象徵予人時空錯置之感，只是凸顯世俗化過程這個事實早已發生。

世俗化過程最重要的結果是政教分離

世俗化過程最重要的結果是，國家不再像以前一樣是強勢宗教體制的執行代理。實際上，包括美國及法國的版本，在政教分離的政治信念下（姑且不論其它的差異），這是一項主要的信條。而且這項信條也同樣明白地表現在各式各樣宗教包容、宗教自由的信念裡，即使這些信念在英國、德國及北歐等國家並未以政教分離的名義明文規定。國家現在扮演的角色，就是與各種互相較勁的宗教團體面對面，這個角色相當類似它在放任式資本主義下的角色；基本上，國家的角色是在各自獨立自主的競爭者之間扮演不偏不倚的秩序守護者。稍後，我們會提到，經濟與宗教的「自由企業」這個類比絕非偶然。

當然，不同國家社會對宗教採取的態度不一，可是如果記得宗教不再具強制性這點基本上相似，那些不同的態度似乎沒有那麼重要。譬如美國的情況與歐洲共產國家的情況截然不同；在美國，國家對宗教非常友善，各個不同的宗教團體都可以根據免稅法保證自其財政收入獲利；至於歐洲共產國家，由於本身意識型態的緣故，無論理論或實務，國家對宗教都抱持敵意。不過，重要的是，若與傳統「基督教社會」比較，上述二種情況的相似處在於教會不再依恃國家這隻政治手臂施行忠於宗教的要求。在美國及歐洲的共產國家，各個教會各自「獨立」吸收自願加入的信眾。不同的是美國政府協助簡化教會的負擔；而共產國家則設法阻撓它們。同樣有意思的是，社會現代化過程中，由國家強制、以傳統方式維持宗教的嘗試，結果都未奏效。近代的西班牙和以色列都是有趣的例子，這些國家的嘗試幾乎都逐漸失敗。我們可以斷言，這些國家惟一的成功機會恐怕是要逆轉現代化的過程，重新回到工業化以前的社會，當然，這在歷史上是幾乎不可能發生的事情。

其中的道理，並非難以理解。追根究底在於社會現代化所展現的合理化過程（亦即，先是建立資本主義社會，然後是建立工業化的社會經濟秩序）前面提過，自宗教範疇「解放的領土」主要「位置」集中、圍繞著資本主義、工業化的經濟區域。因此，如果嘗試以政教合一的傳統作風「重新征服」這種經濟，就會危及現在這種經濟型態的持續運作。現代工業化社會需要大量科技人員，這些人才的培訓以及接下來的社會組織，預設了高度合理化的過程，這個過程不僅發生在底層結構，也會影響意識方面。因此，如果嘗試重新回復傳統作風，往往會瓦解現代社會的理性基礎。而且，資本主義、工業化的合理過程中，世俗化的力量與日俱增，並且越發強大。隨著資本主義、工業化的情形日益擴張，社會各階層也受到這種社會的理論基礎所主宰，因此越來越難用傳統的方法控制他們。由於資本主義、工業化的擴展已趨國際化（今日可說是遍及全世界），越來越常見的現象是，如果阻止某個國家社會進行合理化的過程，那麼這個社會就會陷入經濟落後的狀態。現代大眾傳播及大眾運輸（二者恰好都集中表現在觀光事業方面），對當代西班牙的衝擊也許是個具體的例子。由於現代國家面對龐大工業生產的經濟機構有越來越多的政治及法律要求，為了達到這個目標它必須調整本身的結構及意識形態。在結構方面，最重要的，就是建立高度合理的官僚體制；在意識形態方面，國家則維持其正統合法，配合這種官僚體制的存在運作。因此，無可避免地，結構與「精神」、經濟與政治領域之間，發展出密切的關係。於是世俗化的過程，由經濟到政治領域，以幾乎銳不可當之勢不斷「擴展、普及」。國家必須取得宗教上認可的現象，不是完全淡化，就是成為裝飾性修辭、缺乏實質社會意義。而且，對於工業化進步的國家，不論其政治秩序合理化的過程是發生在資本主義或社會主義、民主或極權的狀態之下，國家是否取得宗教上的認可似乎都無關緊要。國家世俗化過程的決定性變數，似乎不是財產關係制度化，也不是不同法律制度內的細目條文，而是合理化的過程，這也是現代工業化社會的必要條件。

宗教對家庭、社會，依然有相當實際的潛在影響

雖然現代政治體制下的宗教，儼然成為意識形態的修辭，但這並不表示是對立的「極端」。宗教與家庭、社會息息相關，依然具有相當「實際」的潛在影響；也就是說，在日常社交活動裡，就動機及人們的自我詮釋而言，宗教仍然關係密切。實際上，宗教與家庭的象徵關係，可以追溯至古代，以親屬關係為基礎。在某些案例中，維持這種關係也許只是一種制度上的「遺風」。不過，更有趣的是，即使在高度世俗化的社會階層，如當代美國中產階級，也再度透過宗教標示家庭的正統地位。在這些例子中，宗教以極為現代的形式出現，成為一個能夠賦予正統地位的綜合體，由具有自主性的顧客自願採納。如此一來，宗教成為日常生活的私密領域，並具備該領域的種種特徵。特徵之一是「個別化傾向」，亦即宗教是個人或小家庭的「選擇」或「偏好」，沒有普遍、共同義務的特質。這種私密性的宗教特質，不管對信仰者本身而言是多麼「真

實」，不再具備宗教的傳統任務，肩負建設大同世界、人人領受終極意義的義務。事實上，這種宗教信仰的特質屬於社會某些特定範疇，與現代社會其它方面區隔。個人宗教信仰的價值，與外在體制條件無關，屬於個人私密的領域。例如商人或政客奉行宗教規範的家庭生活，但在公共領域的活動中卻不涉及任何宗教價值。我們不難想見，將宗教區分為個人私密領域，具有相當的「功能」，能夠維持現代經濟、政治體制下高度合理化的程序。實際上，宗教的傳統成為個人私密領域的一部分，對體制方面的論述而言，是一項問題，不過，在此我們暫不討論這個問題。

前面提過宗教「二極化的傾向」，這種現象所產生的全面性效應，非常有意思。宗教成為公共性的修辭以及個人的道德價值。換句話說，如果宗教是大眾共同共有，它就缺乏「實質的意義」，如果宗教具有「實質的意義」，它就不會是大眾共同共有。這個情況與宗教的傳統任務截然不同，宗教的傳統任務是為現實世界建立一套整合型的定義，作為社會各成員共同的意義中心。但是，現在，宗教建設世界的力量局限於構築較小、零碎的意義世界。而且，在某些情形下，比較合理的結構不過是核心家庭的大小。眾所周知，由於現代家庭是相當脆弱的體制（這是它與其它私密領域共同具備的特點），這意味著宗教如果建立在這樣的結構之上，宗教本身勢必也會變得單薄。簡單地說，「宗教的偏好」就像它當初被接納一樣可以隨時捨棄。如果要避免宗教過於單薄，就必須找尋基礎較為寬廣的結構組織，通常包括教會或其它宗教團體。不過，就社會角色的屬性來看，由於教會乃自發性的組織，主要仍屬於個人私密領域，它們只能有限度地增強結構組織本身的力量和韌性。

宗教變得多元化

世俗化過程導致宗教趨於「二極化的傾向」，同時不再具有普遍共同共有或「實質的意義」，這個現象也可以說是世俗化過程促成了多元化的情形。當然，「多元論」一詞通常只適用某些情況（其中，美國是個典型的例子），譬如政府不僅容忍各種不同的宗教團體，而且團體之間彼此自由競爭。我們無須在用語上爭論，而且就這個詞的狹義用法來看也並無不妥。但是，如果檢視產生這種多元論背後的社會力量，世俗化過程與多元論之間更深厚的關係便昭然若揭。也許，就像我們前面討論過，世俗化過程使宗教傳統無法獨斷專權，於是實際上促成了多元的情況……

不論歷史背景下種種的細節，多元化社會的主要特徵是宗教不再獨斷專權、不再將信眾的宗教虔誠視為理所當然。由於對宗教的忠誠乃是出於自願，因此在定義上顯得較不明確。因此，以前可用權威強迫接受的宗教傳統，現在則必須在市面上銷售。宗教必須「販賣」，顧客不再被迫「購買」。多元化的情形，最重要的就是形成市場。在這個市場裡，宗教體制成為銷售代辦，宗教傳統成為消費商品，而且，許多宗教活動受制於市場的經濟邏輯。

我們不難想見，市場經濟對各類宗教團體的社會結構產生深遠的影響，簡單地說，宗教團體搖身一變，由獨斷專權成為彼此競爭的市場代辦。從前，宗教組織作為一種體制機構，可以完全掌握信眾；現在，這些組織必須追求、遊說消費者，與其它具有同樣目標的團體競爭。突然之間，「結果」變得很重要。過去獨斷專權的情況下，宗教團體不必背負任何必須交出成果的壓力，因為外在條件已預設了必然的「成果」。例如中世紀的法國，照理來說是個天主教國家。可是當代的法國，只有不去理會那些截然相反的例證，才能勉強稱得上是個天主教國家。實際上，它已成為徒具天主教使命的國家。因此，天主教教會必須面對本身的社會結構問題，特別是為求達到傳教的「成果」。為了處理這個問題，大體上說明了為什麼近幾年來法國天主教總是擾攘不安。

在彼此競爭的情況下，要求「成果」的壓力，促使社會宗教組織趨向合理化的發展。儘管這些組織仍是由神學家統籌主持，各團體處理一般世俗事務的負責人，必須注意團體的組織結構能夠合理地執行該團體的「使命」。就像現代社會中其它的體制，這種組織的合理化過程，主要表現了官僚體制化的現象。

宗教體制變得官僚化

透過宗教體制推廣官僚式結構，導致的結果是不論它們的神學傳統多麼不同，就社會學的角度來看，這些官僚結構彼此越來越相像。關於「政治」事物的傳統字彙經常模糊了這個事實。譬如，某個位置、位置甲也許在二個不同的宗教團體，執行同樣的官僚式功能，可是這種功能可能在一個團體得由乙信條認可、合法化；在另一個團體則須由丙信條合法化，而且實際上，這二種宗教上的合法過程也許互相衝突，只是沒有影響到位置甲的功能罷了。以投資基金為例，在某個宗教團體也許由主教負責，在別的宗教團體也許則是由教外人士所組成的委員會主席管理；不過，這個位置必須從事實際的官僚式活動，這與主教或教外權威的傳統合法過程，幾乎沒有任何關係。當然，這個過程中的官僚式活動有不同的模式(Leitbilder)。例如，歐洲的新教具有較久的政教合一經驗，趨向政治的官僚模式；而美國的新教則傾向於仿效工商企業的官僚式結構。另一方面，天主教的主要行政體系，則維持本身的官僚式傳統，依然相當抗拒現代化的趨勢。可是，這些例子對於合理化過程的要求卻非常類似，而且對個別的社會宗教結構都產生強大的壓力。

因此，當代宗教的主要特徵是宗教體制逐漸官僚化。不論體制本身或體制之外的社會關係，都明顯受到這個過程的影響。就體制本身來看，宗教體制不僅行政管理日漸官僚化，而且平時的運作也受制於官僚體制的「邏輯」及所衍生的問題，就體制外而言，宗教體制透過典型的官僚式互動與其它社會體制、其它宗教團體進行交涉。譬如與消費大眾建立「公共關係」、對政府進行「遊說」、透過政府與其它私人代辦「籌募基金」以及多方面參與教會以外的經濟活動（特別是透過投資管道），諸如此類的「使命」。這些宗教體制不得不運用方法求取「成果」。當然這些方法與其它有類似問題的官僚式機構所採取的方法極為相似。非常重要的是，同樣的官僚式「邏輯」也適用於宗教體制彼此之間的交涉。

官僚體制需要特殊型態的人員。這些人員不僅具有特殊的功能、需要特殊的技巧，其心理特質也很特別。官僚體制選擇培訓有助於體制運作的人員，這意思是說不同的宗教團體，不論其傳統的型式如何，都會出現類似的領導指揮。官僚體制的種種要求揚棄了將宗教領導作「先知」對「神父」、「學者」對「聖者」之類的傳統區分。所以，官僚體制內的負責人員是來自新教傳統的「先知」或天主教傳統的「神父」均已無關緊要。重要的是，該名負責人員能夠符合適應官僚角色的要求。可能的話，會保留傳統的教條，使這些社會心理型態與過去不同的人員合理化；如果不行的話，也可以修正教條，讓官僚體制成為宗教體制的一部分，譬如，依據傳統，神學研究對新教的神職人員相當重要，可是現在對負責「批發」（官僚行政）及「零售」（在地銷售）的神職人員已逐漸無關緊要；因此，新教培訓神職人員的教育機構已經改變，連帶地也修改了相關合法化的條件。宗教體制一旦形成官僚化，所培育的領導人才，自然而然酷似其它體制內的官僚人員，在社會心理方面，顯得積極主動、實務導向、不從事與行政無關的思考、擅長人際關係、既具行動力同時也表現保守。這種型態的人員，在不同的宗教團體，也是使用相同的語言，所以很自然地了解相互彼此的問題。

宗教多元化的效應並不局限於它的社會結構層面，也擴展到宗教市場代辦銷售的產品，亦即宗教本身。從前述有關結構方面的討論，我們不難想見情況為何發展至此。只要宗教體制在社會上獨斷專權，其宗教內涵就會依據配合宗教領導的神學研究來決定方向。當然，這並不表示宗教領導階層以及相關神學方面的決策絲毫不受如社會權力中樞等社會大環境中各種勢力影響。宗教總是受到一般世俗高度的影響，而且影響的層面甚至波及最精微的理論架構。但是，多元化的情形，引進了前所未有的世俗影響，不只像過去一樣影響國王的期許或各個階層的利益，恐怕更具體地修正了宗教信仰本身，亦即消費者的偏好相當有彈性。

我再重複一次，宗教多元化之後，在社會學或社會心理方面的主要特徵是，宗教不能再強迫接受，必須透過市場銷售。幾乎必須優先考慮的是，若要將宗教商品銷售給不受脅迫的消費者，就不能不考量他們對商品的期望。當然，宗教體制仍然可以倚恃傳統的聯繫，避免某些信眾在宗教抉擇上過於自由，因為就市場的角度來看，某些「老顧客」依然有強烈的「產品忠誠度」。而且，宗教組織多多少少可以藉由各種促銷活動減少信眾們不滿的情緒。儘管如此，基本上必須以懇求的姿態面對大眾，這表示消費者才是市場產品的主導。

進一步來說，這也意味著情況頗具彈性，原則上就算不是時時生變，可是變數很大，這對宗教衛道主義者而言，造成相當程度的衝擊。換句話說，這種情況下，各個宗教傳統越來越難維持其不變真理的地位。反倒是在宗教的領域裡消費者的偏好深具彈性、變化。宗教的內涵成為「時尚」追求的對象。雖然這並不一定意味著變化快速，或神學裡不變的原則終將屈服，但目前的狀況肯定是有改變的機會。情況遲早會改觀，或者就神學的理論層面來看，這種改變也終將合理化，成為宗教體制的一部分。雖然某些宗教團體顯然較其它團體容易接受這個事實（例如，新教比天主教容易接受），不過任何宗教組織均無法完全規避這種效應。

消費者的偏好有變化、有彈性，並不能決定宗教的實質內容，原則上，只能說消費者的偏好容易改變，但不能決定改變的方向。不過，同時代一些其它的因素對變化的特性具有實質的影響。由於消費者的世界乃世俗化的世界，他們的宗教偏好正可以反映他們的世界。也就是說，與那些無法與時俱進的產品相較，消費者喜歡那些與世俗化意識一致的宗教產品。當然，這也會隨著不同宗教組織成員的階層而有變化。以美國為例，住在郊外中上階層的消費要求，與南方農業區的消費要求不一樣。可是世俗化是全球普遍的現象，宗教內涵朝世俗的方向修正，也是舉世皆然，在某些極端的案例（例如進步的新教與猶太教），也許會刻意自宗教傳統裡剷除幾乎所有「超自然」的成份，並將過去純粹以世俗角度體現的制度繼續保留、予以合法化。在其它的案例中，也許只是淡化「超自然」的色彩或索性避而不談，而宗教體制則以迎合世俗口味的價值標籤「出售」，例如，天主教會與大多數新教教會比較，顯然不願淡化它的神話色彩，可是傳統的天主教與「先進」的新教，都被大力地廣告，能夠鞏固強化國家的道德秩序，或提供心理的慰藉（如平靜的心靈等）。

另一個實質的影響來自宗教在當代社會的「位置」。由於宗教的社會「關係」(relevance)主要是在私密領域，消費者的偏好反映了這個領域的「需要」。意思是說，如果能證明宗教與個人私生活相關，而不是把它吹捧為需要特別依賴大型公共體制，那麼宗教就比較具有市場。這對於宗教的道德以及治療功能格外重要。因為如此一來，宗教團體可以照顧個人私生活中道德及治療的需求。當代宗教團體在推廣及舉辦活動時，最重視的就是個人問題──強調家庭、鄰居相處及個人私生活的心理「需求」。一般來說，儘管宗教的觀點對政治、經濟問題可說是「毫不相干」，可是即使在高度世俗化的社會層級，宗教始終「息息相關」。順帶一提，這也說明了為什麼教會對信眾的經濟及政治觀念幾乎沒有什麼影響，可是始終在他們的私生活占一席之地……

因此，宗教不再壟斷獨占社會結構或是社會心理改變的過程。不再是由宗教認定「這個世界」是否合法，反而是不同的宗教團體面對多元彼此競爭的世界，透過不同的手段嘗試維持獨特的世界觀。同時，多元化的宗教內化為個人意識的一部分，個人知道可以從多元的機會中選擇。實際上，任何選擇都是相對，並非絕對的。因為信念無法再由外在、眾人共享而且理所當然的世界獲得，篤定的信念必須掘自個人的主觀意識。「掘取」這份信念可說是「發現」所謂存在或心理的資源。宗教傳統已喪失了過去代表社會大眾的象徵位置，必須另覓整合型的象徵地位。凡是依舊抱持傳統宗教世界觀的人，認知上會覺得處於少數的地位，在社會心理以及理論上，也會產生問題。

※本文出處：*The Sacred Canopy* by Peter L. Berger. Reprinted by permission of Doubleday & Company, Inc. Also reprinted by permission of Faber and Faber, Ltd., from *The Social Reality of Religion* by Peter Berger.

譯者：**楊麗中**

9 Culture and Society

論「意識形態之終結」：世俗理性可以創造文化秩序嗎？

文化工業再探

Culture industry reconsidered

阿多諾 (Theodor W. Adorno)

從共識形態到工具性控制

From consensual order to instrumental control

馬庫色 (Herbert Marcuse)

西方世界意識形態之終結

The end of ideology in the West

丹尼爾・貝爾 (Daniel Bell)

超越壓迫與危機：迎接一個自由意志的新社會

Beyond coercion and crisis: The coming of an era of voluntary community

帕森斯 (Talcott Parsons)

論意識形態、文化機器與新興的視聽感官工業

Ideology, the cultural apparatus, and the new consciousness industry

艾爾文・古德奈 (Alvin Gouldner)

318

文化工業再探

作者：阿多諾（Theodor W. Adorno）

「文化工業」一詞最早大概是出自霍克海默和我合著的《啟蒙的辯證》一書當中，該書於一九七四年在阿姆斯特丹出版。我們在草稿裡原本用的是「大眾文化」，後來更改為「文化工業」，以免自始就附和「大眾文化」捍衛者慣常的詮釋：這些人認為所謂大眾文化就是從群眾中自然生成的文化，也就是當代的大眾藝術形式。文化工業的意涵必須和這樣的理解截然二分；文化工業用新瓶舊酒的方式賦予古老和熟悉的事物新的特質。在它所有的分支當中，為促進大眾消費而量身裁製、從而決定消費本質的產品，或多或少都是按照計畫製造的。文化工業的分支彼此構造雷同，或者至少彼此互相契合，共同組成幾乎沒有間隙的系統。文化工業的系統之所以能如此緊密相連，除了經濟和行政集中的原因之外，還依恃當代科技的發展。文化工業企圖以由上而下的方式整合消費者，它強行結合數千年來涇渭分明的高尚藝術和通俗藝術，也因此戕害了兩者。高尚藝術在人們考慮其實際的效用時，特質便被摧毀殆盡；通俗藝術也因禮俗的箝制而失去原本它在社會未被完全控制時先天具有的反叛力。由此可知，文化工業雖然明確地著眼於它的目標，致力推敲大眾的意識和潛意識狀態，但群眾僅是次要，而非其首要的關懷；他們只被當成物品來計算，只是文化工業大機器的附加物。文化工業要我們以為顧客主宰一切，但事實並非如此；消費者不是決定文化工業的主體，而是文化工業的對象。舉例來說，像「大眾傳播」這個專為文化工業創設的詞語早已將重點轉移至與利害無涉的層面上。其重點既非關懷大眾亦非發展傳播技術，而是充斥在文化工業中的基本精神——在上者的旨意。文化工業濫用關懷群眾之名，為的是行複製、統制、僵化群眾心態之實，視群眾心態為一成不變，全然不考慮它如何可以被改變。儘管文化工業若不適應群眾，便幾乎不可能存在，但大眾並非它的準據，而只是它所塑造的意識形態神話(ideology)。

文化工業是以求取利益為動力

布萊希特(Brecht)和蘇爾康(Suhrkamp)三十年前就曾言明，左右文化工業產品的是商品兌換價值的原則，而非其本身獨特的內涵及和諧的結構。整個文化工業將其求取利益的動力赤裸裸地加諸在文化藝術形式之上。自從創作者為掙錢謀生而將文化作品當成貨品在市場上販賣的時候開始，作品就多多少少具有求取利益的性質。但是，那時候創作者只是在追求作品內在獨立自存的價值之外，再間接地追求市場利潤。文化工業與此不同之處在於它直接了當、毫不掩飾地講求產品的效用：如何精準地預估產品的效用是它首要的考慮。藝術品受制於諸多因素，純粹性、獨立自主性本就難求，現在，不論操縱者是有意或無心，文化工業在他們的運作下抹滅了作品的自主性。文化工業的控制者包括命令執行者與權力擁有者，從經濟的角度來看，他們一直追求新的機會，在經濟發達的國家裡，將產品轉化成資本，事實上，文化工業單憑集中過程便得以呼風喚雨無所不在，結果舊有的機會越來越岌岌可危，文化，就其真正的意義來說，不僅止於順應人的生活；它同時一直針對人們生活處境中僵化的社會關係提出抗議，藉以尊崇人的地位。只要文化全然被收納、整合於這些僵化的關係當中，人類生活就往後倒退一大步。文化工業裡典型的文化項目不僅是所謂的「商品」，而是徹頭徹尾商業化的物品。由於量變如此巨大，全然不同的現象於焉產生。到最後，儘管文化工業以追求利潤出發，卻可以不必四處直接刻意地牟利。利潤追求已然在文化工業的意識型態裡物化，甚至不須作任何推銷，大家都得要接受。文化工業搖身變成公關維護者，製造所謂「社會公益」，而不用顧慮是否為某個公司或某些產品推銷。要大家接受的是四處通行、不加深究的共識，是為整個世界裁製的廣告，因此文化工業的每樣產品都成為它本身的廣告。

儘管情況如此，昔日種種文學商品化的特質今日依然可見。無庸置疑，文化工業有其本身的本體論（ontology），我們可從像十七世紀末、十八世紀初的商業化英國小說裡找到此一由極端保守的想法建構出的骨架。在文化工業裡，所謂進步、所謂日新又新一直是幌子，用以掩飾其一成不變的本質；到處可見表面的改變遮蔽了實際的情況：自從文化工業掌握文化主控權至今，內裡的骨架和謀利的動力一樣，幾乎沒有改變。

所以，讀者不能按照字面解釋「工業」一詞，它的意思不只是指生產的過程而已。此語意指事物的標準化（影迷熟知的典型西部片即是一例）以及分配、行銷的正當、合理化。電影在文化工業中位居核心的地位，生產過程與許多物品的生產模式類似，同樣也是利用廣泛的分工、機器生產以及勞動者不擁有生產工具（此點可見於活躍的藝術家與掌控實權者之間永不間歇的衝突、爭鬥）等方式。不過，儘管電影與一般工業生產有諸多相似之處，它仍保有一些獨特的生產形式。它的每一項產品都捏造出與眾不同的樣貌；而此獨特的面貌正加深意識形態的侵害，一旦文化工業撩起獨立個性的幻象，這全然物化(reified)和經過處理的想法也就會被當成逃避直接面對生活的藏身處所。現在和以前沒有兩樣，文化工業仍是為「服務」第三者而存在。它與其源頭——商業交易——以及日益集中的資本始終維持親密難分的關係。文化工業尤其擅用出自充滿個人主義色彩的藝術活動和商業剝削行為的名人推銷術。文化工業的操作方法和內容越不符合人的本性，它就越能有效成功地扣人心弦，推銷所謂的偉大人格。說文化工業也是「工業」的一種，那是從社會學的角度來看的。文化工業採用工業生產的組織方式而無物質的生產，這種情形有如辦公室採取企業合理化的組織一般，並不是真的有什麼物質產品透過合理化的技術生產出來。由此看來，文化工業的錯誤投資為數可觀，引用新的技術不但未造就改進的契機，反而使其若干分支無法擺脫落伍的局面、迎頭配合，因而陷入危機。

文化工業所講求的技術始終和作品本身沒有根本的關聯

在文化工業裡所談到的技術和藝術創作中所講求的技術只是名同而實異。在藝術創作方面，技術是指作品內部的組織和內在的邏輯；文化工業的技術則與此殊異，從一開始它便是指分配、行銷和利用機器複製產品的方法，因此始終和作品本身沒有根本的關聯。只要文化工業小心謹慎地避免和作品內在具有強大潛力的技術相混，它便能在意識形態的層面上獲得支持。它寄生在與藝術無關的物質生產技術之上，全然不理會本身的功能性(functionality)須要與藝術的內在配合達到整體的統合，卻又很重視展現藝術獨立自主的表面形式。我們看到文化工業只重表面的結果一方面是效率、精準和拘泥表象的僵硬等性質的雜匯，另一方面是個人主義的殘餘、濫情主義與經過合理化的浪漫主義等態度的拼盤。在此我們可以沿用班雅民(Benjamin)的理論來說明。他認為傳統的藝術作品具有氛圍(aura)，顯現作品真義已然消逝、不復存在。文化工業則可說是不抵制、反對藝術作品的氛圍，反而保持逐漸消褪的氛圍，使其愈發像朦朧的薄霧。藉此，文化工業自暴其短，顯露其濫用、操縱意識形態的技倆。

近來社會學家和文化評論權威指出，文化工業就增長消費者見識而言意義非凡，同時他們不忘警告大家絕不能低估文化工業的重要性。我們當然不能拘持文化沙文主義而輕忽這項見解。在實際運作的層面上，文化工業的確很重要，它代表橫行當今的潮流。誰要是心存懷疑，無視文化工業灌輸眾人的東西，那麼他便是幼稚無知。然而專家學者要求我們正視文化工業的這番建言不過是華而不實的告誡。他們局限於自己所扮的社會角色當中，避談像文化工業的品質如何、它所提供的訊息是真是假、它展現的美學價值何在等等諸多令人不安的問題，要不然便是拒絕將這一類問題納入所謂傳播社會學的討論範圍之內。批評文化工業者則被冠上避居象牙塔的罪名。吾人明智之舉是指出文化工業蠶食大眾而不為人察覺，其所謂的重要性其實有負面的意義。即使文化工業影響成千上萬人的生活，其無遠弗屆的效果並不是它的品質保證。文化工業雖然在建構大眾的精神文明上扮演重要的角色，但我們並不能便因此不用實在的科學來深思它是否合理、正當，以及其本質為何。相反的，正因為它重要，我們絕對有必要深入探討。既然文化工業的角色不容置疑，要認真地研究它便要有方法讓我們不懼文化工業的壟斷，並能提出深切、理性的批判。

若干知識分子急於和這樣的現象妥協，渴望能找到通用的說法以表達他們對於文化工業的力量抱著既保留又尊重的態度。除非他們能為文化工業欺人的倒退行徑創造新的神話，否則在他們表達關於文化工業的意見當中，仍處處可聽到雖不滿意卻不得不接受的語調。他們宣稱，續集不斷的暢銷小說、電影與家庭電視節目、愛情專欄與星象預測專欄等內容為何實是人盡皆知。不過，根據他們的看法，這些東西都無傷大雅，甚至可說是民主的表現，因為它們是順應需求而生的（雖然需求本身是文化工業刻意製造的）。他們也指出，大眾傳播透過種種方式嘉惠大眾，像幫助大家吸收知識、採用良好的意見、學習處理日常生活壓力等等。當然，從針對像大眾的政治知識如何這一類基本的社會學測量研究中可知，文化工業給予的是匱乏、拙劣的教育。再說，從文化工業的皮相中獲得的只不過是空洞陳腐的建議，更糟的情況是學到忝不知恥的順民行徑。

在面對文化工業奴役個人的情況時，不僅只有上述的知識分子抱持模稜兩可的態度，消費大眾的了解與想法也是處在分裂搖擺的狀態，他們一方面追求文化工業提供的種種樂趣，另一方面又對這些福祉有難以掩藏的疑慮。所謂「世人皆愛受騙」，沒有任何時刻比現在更真切地印證這道理。大家不只甘心受騙，假如文化工業只給予瞬間即逝的感官享受，消費大眾甚至明知其虛假仍希望上當。即使明白文化工業產品製造的動機，消費大眾在面對施加於他們的種種時，仍是矇眼自欺，同聲附和。他們雖然表面上不承認，卻意會到只要無法沉溺於空無的官能滿足當中，生活便會變得全然難以忍受。

當今文化工業最大膽的辯詞是宣揚其精神（保險的辦法是稱做意識形態）旨在建立秩序。在混亂不安的世界裡，文化工業提供類似可資遵循的標準，單憑此，它似乎就值得我們稱道。但是實際上，文化工業捍衛者以為文化工業使之得以保存的事物其實在文化工業下被摧毀無遺。彩色電影破壞溫馨古老酒館的程度遠遠超過炸彈威力所能及：電影殺光它的影像。生活中所有安身之處在經過電影的稱頌讚揚後皆寸土不留，在此過程中安身之處賴以存續的特質被轉換成不變的單調劃一。

能被正當地稱為文化者則是痛苦和衝突的一種表現方式，它致力追求美好生活的理想。文化工業遮蔽美好生活的理想，讓人誤以為眼前的事實便是美好的生活，以為它傳播的準則與範疇才是最真確的依據。不論是現狀、成規，還是不合時宜的準則都不能算是文化。假如文化工業代言人對此的反應是文化工業與藝術無涉，那是他們慣用的說法與思考方式，為的是規避應負的責任，這樣的解釋絕不可能修正錯誤的行為。

文化工業散播的訊息毫無效用又充滿謊言

只訴求秩序卻不提出具體的內容是徒勞無功的；只注意宣傳行為標準而不將標準放在現實或是思考中驗證，效果一樣是空泛的。文化工業將客觀社會約束力的概念推銷給大眾，因為他們非常需要它。但在未經內部自我驗證以及未真正在實際生活應用之前，這樣的想法是不能成立的。可是這正是文化工業所不願碰觸的問題。文化工業強力地灌輸大眾現狀即是秩序的說法，即使這一類觀念對接受者而言毫無具體實質的內容可言，它仍不被分析質疑，一本其非辯證式的預設之面貌。文化工業的絕對道德命令和康德的概念全然不同，與自由的價值不再有任何的關聯。它向世人宣示：你們要服從（但從不說明該依循的是什麼），要順從現有的一切，要遵循大家認為是反映遍存權力的事物。文化工業的意識型態威力強大，用服從心態替代了自主意識。在這個情況下，從中產生的秩序從未面對它聲稱要處理的問題，也從未考慮人類真正的利益。秩序本身不一定就是好的，除非它是好的秩序。文化工業忽略這項分判，反而大肆吹捧空洞不實際的秩序，由此可知文化工業散播的訊息毫無效用又充滿謊言。它宣稱為困惑之人指引迷津，其實只是用虛妄的衝突來蠱惑他們，讓人們拿原本的衝突來交換這套假的衝突。文化工業只是在表面上為他們解決衝突，而真實生活上的衝突卻不得解決。文化工業各產品所演出的劇碼雷同，人之所以身陷困境只是為了後來能毫髮不損地獲救，解圍的英雄通常代表一群溫和親切的人，雖然社會在一開始便提出和個人利益衝突，似乎無法協調的要求，透過不著邊際的大團圓結局，個人和社會整體在結尾時得到妥協。為達到此目的，文化工業甚至伸展到像輕鬆的音樂表演這類與概念性思考無關的領域當中。在聆聽即興演奏時，聽者陷入混雜的音樂(jam①)，掉入節奏的困局，但這一切隨即可以經由基本節拍的大獲全勝而豁然開朗。

儘管如此，連文化工業捍衛者也難公然牴觸柏拉圖的箴言：對人類而言，客觀、本質上的虛假不可能同時是主觀的善與真理。文化工業的劇碼既不可能是幸福人生的圭臬，更不是表達道德責任的新藝術，它只是要求大眾效忠的強硬言詞。文化工業一再宣傳共識，以此鞏固其既盲目又模糊的威權。假如我們不從它自身的實質內容與邏輯來看，而只是從它的效能、它在現實裡所占的地位以及檯面上的虛飾來度量文化工業，假如我們專注的焦點是文化工業一再訴求的「效能」，如此只會倍增隱含在它的效應中的潛能。不過文化工業的潛能存在於如何推銷、操縱薄弱的自我一事之上。而此軟弱的自我正又是在權力集中的社會裡眾人難逃的命運。他們的知覺、意識更進一步地萎縮退化。難怪，一位憤世嫉俗的美國製片人要他們的電影連十一歲的小孩都能懂。他們這麼做是真的想將人矮化成十一歲的稚子。

無可諱言的，至今仍未有完整的研究能提出無懈可擊的論證來證明文化工業產品所造成的開倒車效應。當然，從假想的實驗中我們更容易成功獲致這項讓資本家坐立難安的結論。無論如何，我們還是能毫不猶豫地同意滴水穿石的道理，尤其，包圍大眾的文化工業難容越軌行為，一再重複要大眾操練相同的行為模式。大眾在潛意識中仍深藏疑惑，這是對於藝術和實際經驗分野最後僅守的些許堅持，唯有在此處個人才能領會為什麼在歷經長久的時間之後大眾仍不全然依照文化工業所建構的模式去觀照世界及接受現狀。即使文化工業所傳送的訊息符合原本的考慮與目的，毫無傷害性，可是無數的情況顯示，這些訊息顯然並非無害。例如星象學家若只是建議讀者在某日開車要特別小心，那當然不會傷害任何人；可是當星象學家宣稱，每天都成立，因此其實是很愚痴的建議還是需要經過占星的認定，這樣的痲醉便會給人帶來莫大的傷害。

也許再也沒有人能比某位美國受訪者更加逼真地描繪出文化工業投射的遠景：奴役人類。此人認為只要眾人聽從顯赫人格(prominent personalities)的引領，當代所有的困境皆得以柳暗花明。而只要文化工業能激發眾人幸福安寧的感覺，以為世界正是分毫不差地依照文化工業提示的秩序與規則運行，文化工業為人類調製的替代性的感官享受就能欺騙大眾，讓他們盲目地陶醉在文化工業所揑造投射出來的幸福感之中。文化工業帶來的總結果是反啟蒙的效應，霍克海默和我就曾指出，啟蒙科技——也就是對自然的逐步征服——搖身一變成為欺騙大眾的幌子，從而變成禁錮意識的工具，阻礙個體發展獨立自主的心智，使其無法理智地為自己下判斷、作決定。獨立理智的個體才是民主社會的先決條件。民主社會需要具有成熟心智的成人來培養與維護。假使大眾遭到不公平的待遇，被道貌岸然者譏為烏合之眾，那麼文化工業難辭其咎。它將人群變成行為相同的一盤散沙，再加以蔑視，同時也阻擋了原本在現代的生產之下得以成熟發展的解放與自由。

※本文出處： Adorno; "Culture industry reconsidered," *New German Critique* 6 (1975): 12-19. Reprinted with permission of the author and *New German Critique*.

譯者： 李紀舍

註釋：

①jam的原意是即興爵士表演。

從共識形態到工具性控制

作者：馬庫色（Herbert Marcuse）

新形態的控制

先進的工業文明中瀰漫著一種舒適的、平順的、合理的、民主的「不自由」，一種技術進步的表徵。確實，將社交上必須但痛苦的活動加以機械處理而壓制個人特性；將個人事業集中到更有效且更具生產力的公司組織中；管制後天上條件不平等的經濟主體之間的自由競爭；對有礙於國際性資源管理的特權與國家主權加以縮減——還有什麼比這些更合乎理性呢？這種工業技術形態也牽涉到政治上與知識上的管理協調：這也許是令人遺憾，但卻是有前景的發展態勢。

某些權利與自由，在工業社會發軔與早期階段是如此重要的因素，在這個社會更高度發展的階段中卻退縮了：它們正逐漸喪失其傳統的合理根據與內容。思想、言論與良心上的自由，就跟它們所鼓吹和保護的自由企業一般，在以前基本上是具批判性的理念，立意要用一個更具生產力、更理性的物質與知識文化來代替已過時的文化。一旦被納入體制後，這些權利與自由的命運，和已經與它們合為一體的社會一樣：**其成就否定了其前提**。

免於匱乏的自由（這也是所有自由的實質內涵）越是真的有可能實現，適合於低度生產狀態的自由也就失去它先前的內涵。（獨立思考、自主性、從事政治反抗的權利，這些在社會中具有的基本批判功能都逐漸遭到剝奪，因為這個社會似乎逐漸能夠透過它現有的組織方式來滿足個人的需求）這樣的社會似乎能夠要求其原則與體制被接納，並且將反對活動降格，讓人們只能討論和鼓吹現狀中可供選擇的政策。就此而言，需求若能逐漸得到滿足，這到底是由一個威權統治或非威權統治的政府所促成的，似乎已無關緊要。（在生活水準提高的情況下，「不順從體制」的行為本身似乎就沒有社會價值；而且，當它在政治與經濟方面導致實際的不利狀況，並且威脅到整體的平順運作時，更是如此）的確，至少就生活所需的層次而言，似乎沒有理由要商品與服務事業的生產和分配，透過個人自由的相互競爭來進行。

「事業自由」打一開始就不盡然是件好事。既然是一種在「工作」或「餓死」之間選擇的自由，它對絕大多數的人來說就意味著「辛勞」、「不安全感」以及「恐懼」。如果個人不再被迫以「自由經濟主體」的身分到市場上來證明自己的話，這種「自由」的消失將是文明的最重大成就之一。機械化與標準化的工業技術進程可能會將個人活力釋放到一個迄今尚未開發的自由領域，超越需求的層次。人類生存的架構本身將被改變；個人將被解放，不再接受工作強加於身上的不自然需求與可能性。(個人將可以自由地施展其自主性，面對屬於他自己的生活。）如果生產機制可以加以組織，並以滿足生命基本需求為其導向，對此機制的掌控就可以集中化；這樣的控制並不會阻礙個人的自主性，反而能夠加以促成。

當代工業社會傾向於威權統治

這是先進工業文明其能力所及的一個目標，是工業科技理性的「目的／終點」(end)。**然而，實際的情況是，相反的趨勢卻在進行著**：在經濟與政治上，此一機制將對於自我保護與擴張的需求，強加在人們工作時間與自由時間，以及物質與知識文明上。就**當代工業社會**組織其工業科技基礎的方式來看，該社會**傾向於威權統治**。因為威權統治不僅是以恐怖威嚇的方式對社會進行政治上的管理協調，也以一種非恐怖主義的方式進行經濟——技術方面的管理協調，透過操縱既得利益階層的需求來運作。它因此阻止能夠反抗全體的有效活動的出現。不僅是某種特定形式的政府或政黨統治會造成威權作風，某種特定的生產與分配體系也是如此，而且還可能與政黨、報紙、「反抗勢力」等等「多元並存」的情況相容並濟。

現今，政治權力是透過掌控機械運作過程，以及機制的技術組織，來加以確立。(要能夠維持並確保先進的以及發展中的工業社會政府，唯有該社會成功地動員、組織，並利用工業社會所能用的技術、科學與機械生產力）而且這種生產力是動員社會全體，凌駕並超乎任何特定個人或群體利益之上。機械其物質上的（**難道僅是物質上的？**）力量壓倒個人的或個人組成的任何群體的力量：這個赤裸裸的事實使得機械成為任何社會中最有效的政治工具——只要該社會的基本組織是以機械運作過程來進行的，情況就是如此。但政治趨勢可以被倒轉；基本上機械的力量只是人類加以積聚並投射出來的力量。越是將工作生活想像成一部機械，且據此加以機械化的話，它就越會變成人類一種新自由的潛在基礎。

對社會的壓迫性管理變得愈是理性、具生產性、技術性、全面性，就越難以想像被治理的個人如何能夠打破其奴役狀態並奪取自身的解放。確實，將「理性」強加在整個社會之上，這本身就是一個弔詭且令人駭異的想法；儘管有人可能會駁斥這樣一種社會的正當性，情況依然如此。該社會對（強加理性的）想法嗤之以鼻，卻又將自己的人民變成極權管理的對象。所有的解放，都仰賴人們對於奴役狀態有所認知，而這種認知，總是因為優先考量到需求與滿足的問題，使其出現受到阻礙；而這些需求與滿足在極大程度上是屬於個人層次的。但轉換的過程，就是將一個（對需求與滿足做）「預先設定」(preconditioning)的體系替代為另一個體系。其最終的目標就是將虛假的需求以真實的需求來代替，放棄掉造成壓抑的滿足與虛假的需求。

先進工業社會其獨特的性質，就是有效地扼殺那些要求解放的需求（也就是希望從「可以容忍的」、「有所回報的」、「令人舒適」的事物中解放出來的需求），同時卻維持並寬宥該富足社會中的破壞性力量與壓迫性機能。社會控制全面性地要求生產與消費無意義的廢物；要求人們在不是真正需要的情況下，做些令人麻木的工作；要求各種的休閒方式，能夠緩和並延長這種麻木狀態；要求維持一些虛偽的自由：例如，在控制好的犧牲代價底下從事自由競爭、讓自由媒體能夠做自我檢禁、在品牌與小玩意兒之間做自由選擇。

在一個壓迫性整體的統治之下，自由可以被當作有力的支配工具。開放提供給個人的選擇，其範圍大小並不是確定人類自由程度的決定性因素，而是在於個人可以選擇什麼或選了些什麼。評量自由選擇的標準不可能是絕對的，但並非是完全相對的。（「自由選擇主人」並無法革除掉主人或奴僕身分。在許多不同種類的貨品與服務事業之間做自由選擇並不意味著自由；如果這些貨品與服務業進行社會控制，維持著一種辛勞、恐懼的生活——也就是說，維持著異化狀態的話，這仍是不自由）而且，個人若對加諸身上的需求做自動自發的再生產的話，他並沒有確立其自主性，反而只是驗證了控制的有效性。

我們如此堅定地主張這些社會控制的深度與有效性，可能會引起反駁，說我們過度地高估「媒體」的灌輸教化力量，還說人們自己也感覺到，而且滿足了現在加諸在他們身上的需要。這種反駁並沒有抓到重點。「預先設定」的過程並不是隨著收音機與電視的大量生產，或是對它們做集中化管制而開始的。人們是長久以來就身為被預先設定的容器，然後才進入這個階段的；其決定性的差別在於，抹殺掉「既有的」與「可能的」之間的差異（或衝突），也就是「已滿足」與「未滿足」的需求之間的差異。因此，所謂「抹平階級差異」就顯露出它的意識形態功用。如果工人與他的老闆都看著同樣的電視節目或造訪同樣的休閒度假區；如果打字員打扮得花枝招展，跟她雇主的女兒一樣；如果黑人擁有凱迪拉克轎車；如果他們都看同樣的報紙——那麼這種同化狀況並不意味著階級的消失，而是那些有助於維繫體制的需求與滿足已經到了被底層人民所共同承擔的地步。

確實，在當代社會最高度發展的層面中，將社會需求移植到個人需求的過程是如此地有效，以至於兩者之間的差異似乎純屬理論虛構。人們是否真的能夠區分，大眾媒體是資訊與娛樂的工具，或是操縱與教化灌輸的媒介嗎？汽車是討厭的東西或是方便的工具？區分功能性建築的可怕缺點與舒適優點？工作是為了捍衛國家或是為了公司利益？提昇人口出生率時所牽涉到的是私密樂趣或是商業、政治效益？

我們再一次面對先進工業文明一個最惱人的面相：其非理性本質所顯示出的理性性格。它的生產力與有效性，它能提昇和散播安樂生活、將廢物化為需求、將破壞轉為建設的能力，以及這個文明將物質世界轉化為人類心智與身體之延長的程度——這一切都使「異化」這個觀念本身變得可疑。人們在他們的商品中認識到自己；在他們的汽車、音響組合、錯層式住屋、廚房用具中找到他們的靈魂（將個人牽絆在社會中的機制本身已經改變，而且社會控制也奠基於它所製造出來的新需求）。

當道的社會控制形式是屬於全新意義的工業技術層次。確實，從事生產與破壞的機制，其技術架構與有效性一直是一種主要的工具，在整個現代時期中**讓人民屈從於既定的社會勞力分工**。再者，這樣的整合過程一直是伴隨著某些比較明顯的強迫方式：生計的喪失、司法、警察、軍隊的掌控。至今仍是如此。但是在當代，**工業技術控制**似乎已成為理性本身，而且是為了所有社會群體和利益團體的**好處**。情況到了這種地步，似乎所有的反對都是不理性的，而且所有的反抗都是不可能的。

因此也就難怪，在這個文明最先進的層次上，社會控制已經被投入內化(introjected)，到了**連個人不滿都從根本上被影響的地步**。在智識上與感情上拒絕「隨波逐流」，就顯得是神經質或無能。就是這種社會心理層面成為當代政治事件的標記：一股歷史力量，在工業社會的前一個階段中似乎代表著新形態的生活即將成為可能，如今卻已然逝去。

但是「投入內化」這個詞，也許已經不再能夠形容，個人自己如何再生產並維繫社會對他所施加的外在控制。「投入內化」暗示著、並且調和了對立。進步過程的衝擊將理性轉變為，面對生活實況的屈從態度：屈服於一種動態力量，它製造出更大更多、卻是屬於同一類的實況。體制的有效性消磨了個人對此一事實的認知：體制所包含的事實無一不是傳達著整體的壓迫力量。如果個人發現他們置身於形塑其生活的事物當中，這並不是因為他們提出，而是因為他們接受事物的法則才如此的——在此所指的不是物理的法則，而是其社會的法則。

我剛才提及，當個人自己認同於加諸身上的生活，並且在其中得到自身的發展和滿足時，「異化」的概念似乎就變得可疑。這種認同行為並不是幻覺而是事實。然而，事實卻構成了更進一步階段的異化。後者的情況是，變得完全客體化；異化的主體被異化的存在所吞沒。這裡只有單一面向，而且是無所不在並出現於所有形式中。進步過程的成就並不理會意識型態上的控訴以及辯護；在其裁決標準之前，合乎理性的「虛假認知」也變成真實認知。

在今日，意識形態就存在於生產過程本身當中

然而，將意識形態吸納到現實中並不意味著「意識形態的終結」。相反的，在某種意義上，比起先前的時代而言，先進工業文明更具意識形態性，因為在今日，意識形態就存在於生產過程本身當中。這種見解是以一種聳動的形式揭露出當道的工業科技理性其中的政治層面。**自我將「外在」移置到「內在」**，這種相當自發性的過程有其多樣性（因此，「投入內化」暗示，有一個內在面向存在著，與外在的時勢需要相區別而且甚至是相對抗——意即個人的意識與個人潛意識不同於公眾意見與行為。「內心自由」的觀念在此有其真實性：它意指著一個私密空間，在其中人可以變成並保有「他自己」）。

今日，這個**私密空間已經被工業科技的實況侵入和削減**。**大量生產與大量分配占有了整個個人**，而工業性質的心理狀態也早就不再局限於工廠當中。「投入內化」的多重過程似乎已僵化成近乎機械化的反應。其結果不是造成適應調整，而是模擬仿效：個人直接地與社群認同，而且透過這個過程與整個社會認同。

這種直接的、自動自發的認同行為，可能是遠古形式的觀念聯想行為所具有的特色，如今在高度工業文明中又再次出現；然而，這種新型態的「直接性」是精細的、科學化的管理與組織所造成的。在這個過程中，使反抗現狀的行動足以生根的心智「內在」面向遭到削減。這個面向，原本讓**否定思考**(negative thinking)的力量——亦即**理性**的批判力量——能夠穩固存在，

如今它的**失去**，在意識形態上是與這樣的實質過程本身相對應：亦即先進工業社會壓制其生產機制，並將它所製造的貨品與服務事業「推銷」或強加在整個的社會體系上的過程。大眾運輸與通訊工具，居住、食物、衣著方面的商品，娛樂與資訊工業無法抗拒的生產——這些都挾帶著事先規範好的態度與習慣，亦即某些特定的智識與感情反應，讓消費者或多或少樂意於服從生產者，並藉此服從於社會整體。這些產品進行教化灌輸與操縱；倡導一種虛假認知，因而對其自身的虛假不為所動。而且當這些帶來好處的產品讓更多社會階層中更多的個人能夠擁有時，它們所挾帶的教化灌輸也不再只是「公關宣傳」；它已經變成一種生活方式。那是一種美好的生活方式——比以前美好許多；既然是一種美好的生活方式，它就抗拒性質上的變化。因此出現了一種單向度的思考與行為模式；因此，在內容上超越既定論述體系與行動的理念、期望與目標，要不是遭到排斥，就是被化約到這個體系的範疇中。它們被既定體系及其量化延伸的合理性所重新定義。

今日，對歷史可供選擇的道路加以抗拒，這種情形已在底層人民中找到堅實的群眾基礎，並且在思想、行為上，從僵化地以既定實況世界為依歸的情況中找到其意識形態。體制現況由科學與科技成就所支持、受到增長的生產力所認可，因而排斥所有的超越行為。在面對技術與知識成就足以粉飾太平的情況，發展完全的工業社會因此自絕於可供選擇的超越之道。在理論與實踐上的「運作至上導向」(operationalism)變成了**遏阻變革**的理論與實踐。在其外表的變動形態底下，這個社會其實是個完全靜態的生命體系：在其壓迫性的生產力與帶來「好處」的協調管理之下自我推動著。對技術發展加以遏阻，這是伴隨著它在既定方向上的發展的。儘管有現狀所加諸的政治枷鎖，科技似乎愈是能夠創造安撫人們的條件，人們的心智與軀體就愈是組織起來反抗可供選擇的超越之道。

工業社會最先進的層面一直展現出這兩種特色：將工業科技理性推到發展極至的趨向，以及將這股趨向限制在既定體制中的密集努力。其理性性質中的非理性因子，就是這個文明的內在衝突所在，也正是其成就的表徵。將科技與科學占為己用的工業社會組織起來，就是為了對人類與自然做越來越有效的宰制，對其資源做越來越有效的剝削。當這些活動的成就開展出人性實現的新面向時，它卻變得不理性了。為了和平所做的組織不同於為了戰爭所做的組織；先前有助於生存抗爭的體制無法對生活平撫有幫助。生命之為「目的」與生命之為「手段」是不同的。

「進步」並不是一個中性的詞語；它指向特定的目的，而這些目的是由改善人類狀況的可能性來加以設定的。先進工業社會正接近這樣的階段：亦即持續的進步將要求徹底地顛覆現今進步過程的方向與組織。當物質生產（包括必要的服務事業）的自動化到了所有的基本需求都可以被滿足的地步，同時必要的工作時間被減低到最低限度時，這個階段就能達成。從這裡開始，技術進步將超越需求的層次，在此之前它則只是充當宰制和剝削的工具，因而限制了它自身的合理性；工業科技將在致力於平撫自然與社會的努力中，供人類的天賦自由發揮。

譯者：林明澤

339 從共識形態到工具性控制

西方世界意識形態之終結

作者：丹尼爾・貝爾（Daniel Bell）

歷史上很少有什麼時期，人類感到他們的世界是持久的，像基督教寓言所說的那樣，穩穩地懸繫於混亂與天堂之間。一卷超過四千年歷史的埃及草卷這樣記載著：「……魯莽充斥國家如轉盤一般不停打轉……人群像失去牧者的膽怯綿羊……昨日之貧窮者今天已變富有，沈醉於昔日富有者的阿諛奉承之中。」梅利（Gilbert Murray）形容古希臘時期為「神經衰弱」；「悲觀主義興起，自信淪喪，失去對人生的希望及對人為努力的信任。」還有，法國大革命期間那老狐狸政客達利朗（Talleyrand）宣稱只有活於一七八九年以前的人才曾嘗盡生命的甜美。

這個時代也可以如此補充說明——經過了前面一段長時間充滿希望的日子之後，這一個時代更形淒苦——因為在一九三〇至一九五〇這兩個十年之中所發生的劇烈變化是人類歷史記載中少有的：世界性的經濟蕭條和尖銳的階級鬥爭；法西斯主義和種族帝國主義興起於一個文化發展的先進國家；革命者鼓吹更高的人類理想，卻以悲劇式的自我犧牲收場；亙古未見的大規模毀滅性的戰爭；在集中營及死刑室將數百萬人執行大屠殺。

意識形態已變成一條死胡同

對那些宣揚過去一個半世紀以來之革命力量的激進知識分子來說，這一切意味著集體救贖、希望、千年至福、啟示錄式(apocalyptic)想法——意識形態的終結。意識形態一度是通往行動之路，現在卻變成一條死胡同。

姑且不論意識形態如何在法國哲學界興起。左派黑格爾信徒(the left Hegelians)、費爾巴赫(Feuerbach)及馬克思(Marx)亟力鼓吹意識形態是把思想化為行動的一條途徑。對他們來說，哲學的功用是批判的，是把現在從過去之中解放出來（「所有死去世代遺留下來的傳統像惡夢般重壓著活人的腦袋，」馬克思如此寫道）。費爾巴赫，這個最極端的左派黑格爾信徒，自稱為路德二世(Luther II)，他說，如果我們去除宗教的神話色彩，人類(Man)會獲得自由。思想史就是一部漸漸從迷思清醒過來的歷史；還有，如果最後在基督教義中，上帝從一偏狹的神祇(parochial deity)轉化為一普遍的抽象概念(universal abstraction)，那麼批評的功能——運用異化(alienation)，或自我疏離(self-estrangement)等激進的工具——即是以人類學取代神學，以人類取代上帝。哲學將直指人生，人類從而自「抽象的幽靈」中解放出來，掙脫超自然的枷鎖。宗教只會製造「假意識」("false consciousness")，哲學才能呈現「真意識」("true consciousness")。把人類——而不是神——擺放於意識的中心，費爾巴赫試圖置「無限於有限之中」。

如果說費爾巴赫「下降於俗世」，那麼馬克思則嘗試去改變世界。費爾巴赫鼓吹人類學，馬克思則重新擁抱黑格爾最根本的真髓，強調歷史(History)和歷史脈絡(historical contexts)。俗世中不是依上帝型樣造的人(generic Man)，而是活生生的人(men)；而且屬於人，不同階級的人(classes of men)。人因為階級位置而有所不同。真理只是階級真理，所有的真理因此都是假象或是部分真理，真正的真理是革命真理；而這真正的真理是理性的。

因此，一股活力被引進到對意識形態的分析之中，引進到新的意識形態的創造之中。藉由去除宗教的神話色彩，我們（從神與罪之中）發現了人的潛能。將歷史解套，我們發現了理性。階級鬥爭帶來真正的意識，而不是虛假的意識。但若說真理藏於行動之中，我們就必須行動。馬克思說，左派黑格爾信徒只是一群清談文士(litterateurs)（對他們而言辦一本雜誌已算是「實踐」了）。對馬克思來說，唯一真正的行動在政治之中。但行動——那馬克思所期待的革命行動——不僅是社會改革。這行動是要重現十六世紀時激進宗教改革教派浸信會信徒(Anabaptists)所鼓吹的集體救贖即將來臨的思想(millenarian ideas)。馬克思的革命行動帶著如此的新視野，成為新的意識形態……

把思想轉化為社會力量即是意識形態。雷爾納(Max Lerner)不帶任何諷刺的口吻，為自己的書取名為《思想即武器》(*Ideas Are Weapons*)。這就是意識形態的語言。不僅如此，它為思想所能帶來的後果肩負起使命。俄國批評之父別林斯基(Vissarion Belinsky)首次讀到黑格爾，折服於其「現狀本當如此」("what is, is what ought to be")這一公式的正確，變成俄國皇室的擁護者。但當他了解到黑格爾思想中存在著另一相反的趨勢——即「現狀」(is)會辯證地變成另一形態——他馬上變成革命者。馬曉臣(Rufus W. Mathewson, Jr.)這樣評道：「別林斯基的信仰改變，顯示一種對思想既熱忱也短視的態度，這種態度對思想的回應只基於思想立即的適切性，無可避免的把思想約化為工具而已」①。

熱忱賦予意識形態力量。抽象的哲學探索一向把熱忱和個人排除在外，將思想理性化。對意識形態的支持者來說，真理源於行動，而「轉換成行動的那一刻」，經驗變得有意義。他不是活於冥想之中，他活於行動之中。事實上，我們可以說，意識形態最重要的潛在功用是要釋放情感。除了宗教（和戰爭、民族主義）之外，很少有其它方法能輸導情緒的能量。宗教將情緒的能量象徵化，將它榨乾，從俗世驅趕至祈禱、禮拜儀式、聖餐、教堂建築和藝術之中。意識形態則把這些能量合併並導引至政治之上。

但宗教的效用不僅於此。它讓人面對死亡。對死亡的恐懼——那樣強烈並無可避免——更甚者，對慘死的恐懼，粉碎了人類為人為力量所編造的短暫美夢。對死亡的恐懼，正如霍布斯(Hobbes)所說，是良心的泉源；對慘死的恐懼則是法律的根源。若人能夠相信——真正的相信——天堂與地獄，那麼死亡的恐懼則可被舒緩、控制；失去這種信仰，自我(self)只有完全毀滅。

如今，生命只剩今世

在過去一個世紀，宗教**信仰**的失落讓人害怕死亡即完全毀滅；這種恐懼感在潛意識中日漸增強。我們也許可以這樣推論，事實上這就是非理性得以突圍的一個原因，而非理性則是我們這時代道德氛圍改變的一項主要特徵。歷史上當然不乏狂熱主義、暴力、殘暴的例子，但以往這些狂熱和集體情緒可以透過宗教信仰和宗教行為加以形式化、引導和分散。現今，生命只剩今世，而透過對他者(others)的掌控，自我得以建立——對某些人來說，這是必須的。有人強調社會運動的全能性(omnipotence)(如共產主義的「不可避免」的勝利)來挑戰死亡；或扭曲別人的意志(如《白鯨記》中的阿哈船長的「不朽」)去戰勝死亡。這兩條路都有人在走。但政治，因為可以把權力體制化——正如宗教過去所做的一樣——遂變成通往掌控人的現成途徑。像宗教那樣地改變自我，現代改變世界的方式主要——或只能——透過政治。這意味著所有其它支配情緒的體制化的方式都會式微。實際上，教派與教堂已被黨派和社會運動所取代。

社會運動如果能做到以下三件事，便能鼓勵人心：簡化理念，自命為真理，並結合二者去煽動別人採取行動。因此，意識形態不僅轉化理念，也轉化人本身。十九世紀的意識形態強調這不可避免的趨勢，也煽動信徒的激情，從而與宗教一較長短。他們視進步為不可避免的趨勢，並結合了科學的實證觀。但更重要的是，這些意識形態也投合了那些企圖在社會上爭一席地的新興知識分子階級。

知識分子(intellectual)與學者(scholar)的區別（這裡無意引起反感）是必須釐清的。學者的知識領域是有限的，他們按傳統做事，而他們也想在這傳統上為自己建立一席之地；把自己的研究貢獻於經年累積並經得起考驗的知識之上，就像將自己的小小磚塊放進一大片馬賽克畫之中。學者——因其學者身分——較少觸及「自我」。知識分子則本於**自身**經驗出發，本於**自我**對世界的看法和**自我**的優缺點，憑這些感覺去判斷世界。因為他的身分特殊，所以他對社會的判斷也反映他得到的待遇。在商業文明中，知識分子認為社會推崇錯誤的價值，因而排斥社會。自由飄浮知識分子身上埋有一股衝動去參與政治。因此，十九世紀出現的意識形態有知識分子的力量作其後盾。他們踏上了心理學家詹姆斯(William James)所稱的「信仰梯子」("faith ladder")，他們對未來的憧憬，無從分辨可能性(possibilities)與或然性(probabilities)，甚至把後者轉換為必然性(certainties)。

今天，這些意識形態都已過去了。在這重大的社會變遷後面所發生的事件是複雜多變的。諸如莫斯科大審判、納粹德國和蘇聯的互不侵犯和約、集中營、對匈牙利工人的鎮壓，這些災難是一面；諸如資本主義的修正，福利國的興起等社會改革是另一面。在哲學上，我們可以追索，簡單、理性主義式的信仰如何沒落，以及人以一種苦行宗教式的新形象出現：如佛洛依德(Freud)、田利克(Tillich)、雅斯培(Jasper)等。這並不表示這些意識形態——如法國與義大利的共產主義——沒有政治實力或其它支撐的動力。但歷史告訴我們一個簡單的事實：對激進的知識階級來說，舊有的意識形態已喪失了「真理」和說服的力量。

沒幾個認真思考的人會相信他們可以描繪一幅「藍圖」，然後透過「社會工程」來實現一個和諧的新烏托邦境界。同時，老一代的「反信仰」(counter-beliefs)也失去了其吸引力。現在，很少「典型」的自由主義分子仍會堅持國家不能干預經濟，也很少有中堅的保守主義者——至少在英國和歐陸——會相信福利國家是「通往農奴制之路」。因此在西方世界，知識分子面對政治議題時形成了一個籠統的共識：接受福利國家；去除中央集權為尚；採取混合經濟和政治多元主義的制度。就這一層意義來說，意識形態的時代已告結束。

走向地域性、工具性的意識形態

然則，一個驚人的事實擺在眼前：雖然十九世紀那老一代的意識形態以及知識分子間的爭辯已告完結，亞洲和非洲的新興國家卻正在形成新的意識形態，以因應人民的訴求。這些意識形態是工業化、現代化、泛阿拉伯主義、膚色和民族主義。兩種截然不同的意識形態之間正是二十世紀後半葉所面對的那些重大的政治和社會問題。十九世紀的意識形態是普遍性的，人文主義的，被知識分子所塑造而成。現今亞非的大眾意識形態卻是地域性、工具性的，由政治領袖所創造出來。舊的意識形態背後的動力來自對平等的追求，廣義的說，便是對自由的嚮往。新的意識形態的動力則來自經濟發展和國家權力。

在這樣的訴求底下，蘇俄和中國成為典範。這些國家所帶來的希望不再是舊觀念所嚮往的自由社會，而是一個經濟成長的社會。如果隨之而來的是人民被集體壓迫，驅動人民的新精英分子興起，這新生的壓迫則基於以下的原因而被合理化：沒有這樣的強迫，經濟發展便不夠迅速。甚至對於一些西方的自由主義者來說，「經濟發展」已經變成一股新的意識形態，沖刷掉昔日夢幻破滅的慘痛記憶。

我們很難去非難對快速經濟成長和現代化的渴求，也很少有人會去非難這樣的目標，正如以前很少人會去質疑對平等自由的追求。但在這權力的巨浪之中——它的變化之快簡直難以置信——任何高舉這大旗的運動都可能危及當今的一代，為了成全可能會被新的菁英所剝削的未來。對新興的國家來說，爭論的重點不在於共產主義的優劣——無論是支持或反對者都早已遺忘共產主義的內涵；而是更古老的問題：新興社會的成長可否透過民主的機制和人民的自由選擇和自動的犧牲而達成；或是說，這一群權力慾薰心的菁英，會否以極權方法去改變他們的國家。當然，在那些傳統的和曾被殖民過的社會中，群眾冷漠而容易被操控，答案在於那些知識分子本身以及他們對未來的期望。

因此在五十年代末期出現了讓人不安的停滯。在西方，知識分子昔日的熱忱早已消逝。新一代根本無法對過去的議題產生共鳴，也缺乏傳統作為依據。他們尋找新的目標時，局限的政治社會認知排除了啟示錄式視野。在尋找「運動目標」（"cause"）時，跟隨而來的是一股深沈、絕望，幾乎是悲哀的憤怒。這樣的調子貫串了《信念》（*Convictions*）一書，此書為一批英國最敏銳的青年左翼知識分子所作。他們無法明確的界定他們致力追求之運動目標的內涵，但那份渴望卻清晰而強烈。在美國也有人不斷地追求一種新的思想上的激進主義（radicalism）。齊斯（Richard Chase）在《民主展望》（*The Democratic Vista*）一書中對美國社會作了仔細的分析，強調十九世紀的偉大在於它對人的激進看法（例如惠特曼〔Whitman〕的看法），齊斯認為今天需要的正是新的激進批評。問題是，舊的政治激進主義（其主要焦點是諸如工業的社會化等問題）已失去意義，而當代文化的愚昧（如電視）卻不能用政治手段予以糾正。同時，美國文化已幾乎完全接受了前衛主義(avant-garde)，尤其在藝術方面，而老一輩的學院派風格早已被摒棄。更諷刺的是對那些尋找「運動目標」的人來說，工人的怨憤曾是社會改革的動力，現在工人卻比知識分子更滿足於社會現狀。工人並沒有抵達烏托邦，但他們的要求比知識分子低，他們所得到的滿足感自然相對的高。

青年知識分子不快樂，因為那「中庸之道」是為中年人鋪設的，而不是為他們；這「中庸之道」缺乏熱忱，一片死寂。意識形態的本質是一場全贏或全輸的遊戲，在本質上，青年知識分子所要的東西已經失去思想的活力，他們難再以意識形態去議論事情。感情上的衝動——和需要——仍在，問題是如何驅動這一股力量。政治不夠吸引人。有些青年知識分子把這股力量投注在科學研究和大學教職的追求，但往往又把他們的天份埋沒在狹窄的純技術性的領域之中。有人在藝術上找到自我表達的管道，但在這荒原(wasteland)之中，內容的貧乏也意味著缺少了必要的張力去創造新的形式和風格。

西方的知識分子能否於政治之外找到那股改革的熱忱仍是未知之數。不幸，社會改革沒有一致的訴求，也沒有提供年輕一輩所需要的管道去「自我表達」和「自我定位」。那股熱忱已東移，東方已沈浸於經濟烏托邦的狂烈追求之中，唯有「未來」才重要。

意識形態的終結不是——也不應該是——烏托邦的終結。如果我們要重新討論烏托邦，我們一定要提防意識形態的陷阱。重點是意識形態是「可怕的簡化手段」。意識形態讓人們省去單獨去面對個人問題的煩惱，他們只要按下意識形態販賣機的按鈕，現成的公式便會掉下來。當這些信念充滿了啟示錄式的色彩，思想就會變成武器，帶來可怕的後果。

現在比以往更需要烏托邦，意思是人需要——正如從前那樣——對未來的發展有所憧憬，需要讓熱忱和知識得以結合的方式。但通往天堂的梯子不再是「信仰的梯子」，而是經驗的(empirical)梯子：烏托邦必須明白指出人們要通往**哪裏**，**如何**前往，整個過程的代價，讓人了解是什麼決定了**哪些人**必須付出代價。

在思想上來說，意識形態的終結闔上了一個時代的最後一頁，在那時代，簡易的「左派」公式可以套用於社會改革。但闔上書並不代表離它而去。這一點在目前益顯重要：現在冒現的「新左派」對過去缺少記憶。這「新左派」充滿熱忱、衝動，但對未來缺乏明確的界定。新左的捍衛者欣喜的宣告「新左」路線「不斷向前」。但它要往哪裡去？社會主義的定義為何？如何對抗官僚主義？什麼叫民主規劃或勞工管制？——這一切亟需認真思考的問題，他們都一概以華麗而空泛的說辭來回答。

思想的成熟和意識形態的終結這兩者的意義所面對的考驗，在於知識分子對古巴和非洲新興國家的態度。在「新左派」陣營中，存在著一股令人憂心的衝動，準備要去創造一片「白板」(tabular rasa)，去接受所謂「革命」所帶來的毀滅性破壞，把施於公民權及反對陣營身上的鎮壓加以合理化——簡單說來，就是要以令人驚訝的那種隨心所欲的心態去忘掉過去四十年來的教訓。雖然這些新興的社會運動對自由的追求是合理的，其主張要主宰自己的政經命運也是合理的，但這並不表示他們就因而擁有無限的權力，可以藉解放之名為所欲為。雖然，這些新興國家打著自由的旗號，但並不保證它們不會像它們已取代了的國家一樣，變成帝國主義者，為了堂皇的理由（例如以泛非洲主義〔Pan-Africanism〕或某種意識形態為名）而渴求主導歷史舞台。

革命修辭的揚棄

如果意識形態的終結帶來任何啟示的話，那就是要揚棄那時代聳動人心的「革命」修辭和修辭家：在那個時代，年輕的法國無政府主義者華翁(Vaillant)以炸彈攻擊國會，文批家達拉廸(Laurent Tailhade)為他辯護說道：「幾條人命算什麼；這是高尚的行為。」（你可以說這「高尚的行為」最後諷刺地收場：兩年後，達拉廸在一家餐廳遭到炸彈攻擊，失去一隻眼睛）正如雪曼(George Sherman)為《倫敦觀察家》(*London Observer*)作報導所說的，在古巴：「現在革命就是法律，雖然沒有人清楚說明那法律。你不是支持者，就是反對者，你以此作判斷或被判斷。憎恨和不容異己的心態只容許極端。」

我們在國內或世界各地所面對的困難，無法以昔日意識形態所區分的「左」和「右」的觀念來解決。如果「意識形態」現在已成為一個不堪使用的「墮落」詞彙，「烏托邦」卻不見得一定要承受相同的命運。但如果那些大聲疾呼追求烏托邦的人開始以烏托邦或革命理想為**名**而把卑劣的**手段**合理化，並忘記那簡單的教訓，忘記昔日的爭辯已無關重要，某些故有原則仍具意義——像言論自由、新聞自由、反對的權利和自由探索質疑的權利。若這些被遺忘的話，那麼烏托邦也將成為「墮落」詞彙。

如果過去數百年來的思想史含有任何意義——和教訓——的話，那便是它重新喚起了傑佛遜(Jefferson)的智慧（這智慧旨在驅逐過去的壓制，同時提防未來的壓制）：「現在屬於活著的人。」這是能夠深刻體會同胞命運的新舊革命分子都會發現的智慧。英勇的波蘭哲學家高拉高斯基(Leszek Kolakowski)筆下一段發人心省的對話中，有一人這樣說道：「我永遠不會相信，人類思想和道德生命都遵照經濟定律，那就是：在今天宣稱我們明天將會得到更多；我們應該利用現在的生命，俾讓真理在明天獲得勝利，或是說我們應該以犯罪的手段去獲利，以為未來的高尚鋪路。」

這段話是在波蘭被「解凍」的時期所寫的，當時知識分子以他們曾對「未來」的體驗去宣揚人道主義。這段話回應了俄羅斯作家何爾禪(Alexander Herzen)在一百年前所記錄的一段對話，在對話中，他駁斥一個早期革命家提倡以犧牲眼前的人類以獲得美好的將來：「你真的要把現在活著的人都變成為古希臘建築中頂著屋頂的女神像嗎？讓他們扛著地板好讓後人在其上跳舞？……單單這一點便足以讓人警惕：無限遙遠的目標不是目標，而毋寧說是一個陷阱；目標應該放近一些——它應該至少是勞工的薪資，或完成工作的樂趣之類。每一個時代、每一個世代、每一個生命都有其本身完滿的狀態……」

譯者：陳志清

註釋：

①Rufus w. Mathewson, Jr., *The Positive Hero in Russian Literature* (New York, 1958), p.6.

超越壓迫與危機：迎接一個自由意志的新社會

作者：帕森斯（Talcott Parsons）

新社會的成形

工業和民主革命是轉化因素，早期的現代體系之建置屏障因而式微。歐洲的君主體系只有變成立憲政體才得以存活。貴族階級充其量只能在社會分化系統中的一些非正式的層面苟延殘喘，在整體結構上再也發揮不了核心作用。儘管正統教會依然享有其地位，但也只有在一些像西班牙和葡萄牙較不現代化的邊緣國家，才對宗教信仰有所限制。除了一些共產國家之外，整個時代的趨勢都是朝著政教分離與教派多元化的方向發展。工業革命改變了以農業、商業、小型都市社區的手工業為重心的經濟組織；同時也拓展了市場的空間。

因此，完整的現代社會出現之後，君主、貴族、正統教會以及親屬和地區主義經濟等「定名架構」(ascriptive framework)都被削弱，直到完全失去重大的影響力。現代社會的構成元素在十八世紀就已開始發展，特別是在啟蒙思潮風行之下，普遍主義(universalism)的法治體系和世俗文化就已散佈在整個西方社會。而社會群體在政治方面的後續發展，更加強調聯合共治的原則、理性主義、市民主義，以及有代表性基礎的政權。在經濟方面，分化的市場拓展了生產活動的因素，特別是勞力。在那些不同於家族結構的僱用機構中，職業服務持續不斷地增加。一些能夠更有效發揮組織特定機能的模式也興起了，特別是以政府和軍隊為中心的行政管理核心型態的經濟。民主革命激發了有效率的行政管理，工業革命則激發了新經濟。據韋伯(Weber)的觀察，在稍後的階段裏，兩者逐漸融合成為資本主義經濟的官僚體制化(bureaucratization)。

現代化的結構模式具體成形於歐陸的西北角，次級的模式稍後出現在東北角，以普魯士為中心。在現代化的第二階段中，也有與此平行類似的發展。號稱為「第一個新國家」的美國，開始扮演起足以與十七世紀的英國相媲美的角色。這時候，美國的民主與工業革命的發展已臻成熟，而且比歐洲國家更能緊密結合這兩大革命。到了托克維爾(Tocqueville)來訪時，美國已將發生在英國和法國的革命加以綜合。除了不符合法國革命的極端分子的期望之外，美國已是一個民主社會，工業化水準也即將超越英國。因此，我們有必要以美國做為以下討論的重點……

新社會在美國

出現在美國的新型**社會群體**，比其他因素更能解釋何以美國能在現代化過程的最後階段，取得領先地位。美國相當成功地完成了社會主義所強調的機會平等，它所設定的是一種市場體系、一種相對地獨立於政府之外的司法程序，以及不受宗教和種族控制的民族國家(nation-state)。教育革命也是一項重大的革新，強調共同參與模式和機會開放。美國社會比其他大小相近的社會更能擺脫舊有法令的不平等，更能將平等主義的模式體制化。和許多知識分子的看法相反的是，美國社會——以及大部分非獨裁統治的現代社會——比先前的社會更能夠將範圍更大的自由，落實於體制之中。此一範圍不見得比少數一些像十八世紀歐洲貴族的特權團體所享有的大，但是對廣大人民而言，卻是前所未見的。

這些自由以「免於肉體生命之迫切需要的自由」為出發點——免於健康不良、短壽以及地理限制，包括大量降低大多數人受暴力威脅的機會。較高的收入和開闊的市場提升了消費的自由選擇權，也有一般的管道可以取得教育和公共住所等服務。婚姻選擇、職業、宗教信仰、政治黨派、思想、言論表達等自由也都大為提高。從比較和演化的觀點而論，二十世紀晚期比較得天獨厚的社會，已經成功地將一世紀之前自由主義的價值觀體制化了。

社會平等與正義的問題

但是，缺陷總是無法避免。其中之一是戰爭以及戰爭的危險。新的社會群體的匱乏，主要不在於像以往那些對抗威權暴政（特別是各種君主體制和貴族的特權）所產生的痛苦，也不在於馬克思主義所說的階級對立和剝削。不平等和社會正義的問題仍然有待克服，但是這些問題已不再能用資產階級和無產階級之間的對立加以說明。

只有一種情境得以說明美國社會對平等／正義的不滿：那就是，實質的貧窮，再加上自奴隸制度開始，黑人少數族裔長久以來一直在種族歧視的歷史中痛苦掙扎。貧窮當然不單是黑人的問題而已。事實上，大多數美國的窮人是白人，而且有一定分量的非白人族群並不貧窮。然而，從居住在中部城市貧民窟裏的黑人身上，卻可看到此一問題的兩個層面相互吻合。以往討論這些問題的觀點，大多強調絕對匱乏、營養不良以及疾病等層面。然而，在目前的社會科學家之中，已有越來越多人相信**相對性匱乏**的概念較為有用，因為會造成最大傷害的，是感覺到自己**無法完全參與**社會群體生活。在我們所討論過有關於各種社會變遷的模式中，我們強調的是包容與（透過增加收入）提升社會適應力之間的關聯，但這兩者並非必然契合。如果我們檢視最近司法與政治歧視減少的情況，這種聯結關係，將有助於我們解釋何以種族間的緊張現象，事實上是更加高漲，而非消退。雖然說，不被社會容納在內的「相對匱乏感」，在某種程度上是象徵性的，但這並不意味著它就比較不那麼迫切危急。

在第二種情境之中，較難去評估平等和社會正義的問題。以往馬克思主義對於暴政、特權、階級的不滿，在今天看來已較不具說服力。但是，這並不代表我們就可因此否認當前仍有一些特權團體利用他們的權勢，非法地犧牲大多數人的利益，以提升自己的利益。在較早的時代中，經常用經濟學的詞彙去界定這些不滿：例如，羅斯福(Franklin D. Roosevelt)就提到過「大財富的罪人」("malefactors of great wealth")；現在則是傾向運用權力象徵來做為描述的詞語：例如，以米爾斯(C. W. Mills)的術語來說，有一批「權位菁英」(power elite)必須為當前的社會疾苦負責，與其說這些菁英分子是官位的占有者，倒不如說他們是邪惡的幕後操控者。雖然有關意識形態偏執的糾纏已經過時，但是在這之後所隱藏的問題卻才剛浮現而已。

因為有錢人占有經濟特權而引起的憤恨不平，並不見得是現代社會中道德失序的主要源流；事實上，這些憤怒已不像本世紀交替之際那麼廣泛。一般人都同意，所有在貧窮底線之下的社會組成元素，都必須加以提升。在此共識之外，經濟不平等的問題就顯得複雜難解了。整個時代的潮流，已經在往削減菁英團體過於顯目的消費行為而發展。雖然在一個世代之中，並不見得有劇烈的變化，但未來仍然繼續朝更大更多的平等而發展。

離心化的權力分配

就權力與威權的角度而言，整個社會的運作已變得更為離心化(decentralized) 和聯合共治，而非越來越集中化。這種趨勢又再次說明了只能以「相對的」、而非「絕對的」匱乏，解釋社會上的不滿。官僚體系已成為一種負面的象徵，暗示著藉由僵化的規範和威權而進行的集中控制。事實上，大趨勢正朝著共治主義發展，而非更多的官僚體制，即便官僚體制並未在整個過程中有任何改變。和這一點相關的是針對美國「軍事—工業糾結」(military-indus-trial complex)所做的控訴，這又和一種普遍存在的、自由受到限制的感覺有關；因此在一些極端團體中，近來在發展自由方面的嶄獲也都被否定了。

所謂「相對性的匱乏」主要表現在兩種象徵之中。其一是「社區」，一般都認為它在現代化的發展過程中已經敗壞。住家社區已私人化，並且許多互動關係也已轉移到更大的正式的組織之中。然而，官僚體制化並未滲透到每一個角落。再者，大眾傳播系統在功用上，也和聯合共治的社會有著相對應的特徵；它使得個人能夠依據自己的標準和慾望，選擇性地參與社會事務。第二種象徵是「參與」，特別是在「參與式的民主」的模式中。對於這種民主的需求，好像說明了權力是迫切需要之物，但是這些需求的擴散，卻也使人質疑以上的結論。對於參與式民主的需求，等於也顯示了對於社會接納的渴望，希望能被當成是團結的社會團體的組成分子。類似的考量也適用於對缺乏正當基礎的權力的恐懼。

這樣的詮釋也適用於各個現代化社會中隨著高等教育普及而在最近達到高峰學生運動之上。那些激進的學運分子所強調的主旨，在社會上普遍得到共鳴。不管是就負面或正面而論，「權力」都是一個富有威力的象徵；錯誤的權力明白地說明了社會出了什麼問題，而「學生權力」則被宣揚成是一種解藥。官僚體系和其他問題都與這種錯誤的權力有關。在強調某種參與模式的同時，就會有一種新的社區概念被賦與神奇的功能。

我已經強調過現代社會的三大革命有什麼重要性。每一種革命都成了緊張局勢的中心，同時製造出反對現有社會結構與革命變局的激進團體。法國大革命屬於早期民主革命的階段，後來衍生出激進的共和主義者(Jacobins)與擁護盧梭式民主制度的絕對主義者(absolutists)。工業革命也製造出許多值得討論的衝突；社會主義者就是這個階段裏的激進分子。在教育革命方面，新左派的激進學生也已開始扮演起類似的角色。

新社會的價值觀

我們面臨了一大矛盾。革命家很不喜歡被認為沒有擺脫他們亟欲推翻的不道德體制的價值觀。雖然我在分析時已使用過「價值觀」的概念，但是我們仍然有充分的理由提出一個問題；那就是，現代社會，特別是美國社會的基本價值**模式**，是否受到全面地挑戰？和十九世紀進化的價值觀相關的體制改革，是否已無關緊要了？它們是否受到新世代的駁斥？就我的觀點而言，這些價值觀已被視為理所當然，而非受到挑戰。現代社會被指控，是因為沒有實踐它所代表的價值觀，正如貧窮和種族歧視的存在，以及戰爭和帝國主義持續出現所顯示的狀況。另外，也有人堅稱社會不該只是滿足於植入這些價值觀而已，而該引入一些新的價值觀。

平等主義的旨要顯示出未來的發展會是如何；而「社區」和「參與」這兩個象徵也指出了某種方向。現代化體系，特別是在美國，已完成了穩固體制的階段，但也同時要開始面對進入新階段之後所產生的變動。「社會群體」在新階段裏的策略性意義是不言而喻的，雖然這種族群形態的重要特徵最近才出現。此外，雖然整個時局的變化是由美國所主導的，但是所有新時代的特色都將散佈在每一個現代社會之中。因此，我們有必要接著描述這些新社會的特徵。

新社會的特徵

平等原則的運用，比以往任何一個時代都更為普遍。**大致上**由一些平等的成員組合而成的社會群體顯示出，一些較為古老、私人名位的(ascriptive)社會參與的基礎——例如（多元社會中的）宗教、種族同盟、區域性以及社會地位的遺傳（不只是貴族，甚至也包括最近的階級地位）——其正當性已被削弱，這種局勢也已發展到最後的階段。在此之前，已有許多先例呈現過平等的主旨，但它最早具體成形於受啟蒙思潮影響的自然權利的概念，並且展現於權利法案(Bill of Rights)和美國憲法中。權利法案是一顆劃時代的炸彈，但是它所產生的一些結果，在官方明文公佈之後很久（透過最高法院的裁決）才出現，雖然頗具戲劇性，但影響層面卻更為廣泛。對於美國國內貧窮和種族問題的關注，反映了某種道德的反抗立場，認為在現代社會中，仍然會出現一些先天上比較低下的階級或種族是有違背道德的。

有一些激進的意識形態主張，必須廢除所有的階級區分，才能帶來真正的平等。這種社會形態一直是數個世紀以來反覆出現的理想。然而，真正將這種理想實踐於體制中的範例，都只出現在一些小區域，也都只維持很短的時間。如果追求這種理想的動力太過強烈，將會破壞現代社會中大規模的體制，如法律、市場、有效能的政府以及尖端知識的運用。現代社會也將因而分散成一些小型的原始社區。現代社會的發展方向在於一種新的階層化的模式。一些被合理化的不平等，其歷史基礎可說是外力造成的。而新平等主義的價值基礎所要求的，是不同的合理化基礎。就一般而論，這種基礎對整個社會體系，必須是**功能性的**(functional)。在受教育的競爭過程中，各種分化的結果，都必須以「社會利益在於具備競爭能力的人能對社會有所貢獻」此一主張做為合理化的依據；特殊技能既是與生俱來的能力，也是良好訓練的結果。經濟生產力（並不預設參與經濟生產活動的個人或集體具有何種程度的生產力）當中的社會利益，暗示著較具有生產力的單位，會得到特殊的報酬。相同地，「有效能的組織」，是複雜的社會群體在運作功能上的必要條件，而促成這種效能的成因是權力的體制化，其內部自然有分化的作用。

在價值觀層面對於基本平等的重視，以及在功能上對於技能、生產力與整體效率的需求（這些全都交錯在社會結構的具體層面），此二者之間事實上存在有兩種折衷的模式。首先是將**可靠性**(accountability)體制化，例如：獲選的官員對他們的選民的可靠性。經濟市場也發揮類似的作用（雖然並非完美無缺），正如同學術界、專業領域和其他信託機構內部，負責考核技能的機制所發揮的作用。第二種模式是將「機會均等」的概念體制化，如此才不會有任何市民、種族、社會階級、民族黨派等身分，無法獲得謀生的機會（如：就業），或是無法追求有效率的生存（如：健康和教育）。這種理想絕未完全被實現，但是目前相當盛行一種觀點，認為「機會均等」這個概念怪異又可笑，這表示了那種理想已受到重視。在以往的年代裏，一些低下階級或處於不利名位基礎的個人，理所當然地以為比他們較占優勢的人所享受到的機會，完全不是他們（弱勢者）所能擁有的，他們也不會因此有任何不滿。可見罪惡不見得一定會激發不滿的聲音。

即使是在一個有效率的社會機制的運作中，必然也有不平等的現象產生，引起追求平等的呼聲加以制衡，但是這同時也帶給現代社會一些整合上的問題，因為許多階級區分的正當性將失去其歷史基礎。這樣的困境更由於問題是出現在許多不同的領域、不是在一個總體的領域而更加複雜。社會運作中的不平等有它許多方面的基礎；能力區分—經濟效益—整體效率所形成的不過只是一個基本架構而已，其他像是多元化社會體系中各種不同的特權，彼此之間也需要整合。

許多新出現的階層化機制就是以此整合為焦點。然而，所有既存的模式，都無法完整地描述現代社會中階層化的現象。除非是在一些特例中，「國家」或「民族」的身分（或舊時代中的「貴族」、馬克思主義的「階級」）都不再是階層化的基礎。到目前為止，此一全新的基礎仍在發展中。要將這種新的社會群體加以整合，必須依靠一些體制的運作，將普遍化的威信，賦予一些特殊團體或他們所占有的特殊地位，包括在群體中一些具有權威的職務。這些團體和地位的威信，必須深植於某些因素的相互結合，諸如財富、政治權力、甚至是道德權威，而不單單只是其中任何一項。**威信**是社會溝通的樞紐，一些能夠整合社會族群的重要因素，都必須透過它才能加以評估、均衡整理成一個「輸出項」(output)，亦即**影響**(influence)。某個社會組成單位或群體所發揮的影響，將權力與義務的配置、預先設定的行為表現，以及基於對共同利益的貢獻多寡而獲得的報償等層面合理化，有助於和其他單位或群體形成共識。所謂的「共同利益」，也就是一個被視為大「社區」的社會自身的利益。

本書和本章一直強調有關「社會群體」的討論，但是在此重心之外，我們還必須體認到，某些價值觀具有超越任何特定族群的潛在力量，這才能使我們的討論得以平衡。這也是為何本書一直在處理的是**現代社會**的體系，而不是其他任何一個社會的。在過去及將來仍將繼續促使美國的社會族群產生變化的過程，並非專屬這個社會所有，而是遍及整個現代與現代化的體系。只有以這種「共通性」做為基礎，才能了解為何本身並沒有種族問題的歐洲社會，覺得理所當然地可以嘲諷美國在處理一些反帝國主義的黑人或小型獨立國家的問題時，他們（美國人）的態度是何等的冷酷無情。從「現代體系共通的參與者」這個有利的觀點而論，新價值體系如何在**社會各個層面**中被體制化，包括與社會階層分化之間的關聯，是一項值得探討的課題。

現代體系中的衝突和創造性變革的焦點，並不是十九世紀爭論關於資本主義與社會主義的那種「經濟性的」問題，也不像是權力分配的公平正義的那種「政治性的」問題，雖然這兩種衝突依舊存在。特別是在教育革命興起之後，「文化」變成了問題的核心。風暴的中心點則是社會群體。當然，舊有的價值體系仍會留下一些殘渣，例如：世襲特權、種族特徵，以及階級。如何融合社會群體的規範結構並促成社會凝聚力的行動基礎，仍是尚待解決的問題，甚至是更加複雜。如果將新的社會群體看成是一個統整性的機制，它就必須在一個異於知識傳統所熟悉的層級上才能運作；它必須超越所有的政治力、財富，以及任何會使價值傾向和影響力衍生出政治力和財富的因素。

※**本文出處**：Reprinted with permission of Prentice-Hall, from *The Evolution of Societies* by Talcott Parsons.

譯者：黃涵榆

論意識形態、文化機器與新興的視聽感官工業

作者：艾爾文・古德奈（Alvin Gouldner）

前面談過，各種現代意識形態之所以能盛行，一方面與它們能訴求某些歷史的獨特狀況有緊密的關連，另外一方面與印刷品具有的同質性與直線前進的時間感有關。書寫，尤其是透過印刷傳播的文字，可以說是現代意識形態發展的基礎，至少在我們所知的範圍裡如此。因此書寫文字與符號將來如何發展會影響意識形態的未來，其中的變數包括未來書寫和印刷品的生產和消費模式，還有如何維持讀者群與市場訴求等問題。書寫者為讀者生產著作。這樣看來，舉凡影響書寫和印刷品生產方式和閱讀市場競爭的因素都必然連帶影響意識形態在現代世界扮演的角色。意識形態所佔的地位及特殊結構會因下列因素而改變：閱讀習慣，閱讀興趣，或是可供閱讀的時間長短。筆者接著將嘗試集中專注探討傳播技術的全面提升和視聽感官工業可能牽

動未來意識形態發展的幾種方式。

截至現代為止，意識形態的基本媒介是語言和概念。由於印刷品的長足發展，社會和意識形態相互串鏈，結成一體。意識形態並不直接「反映」社會，而是透過報紙，新聞報導的中介去解釋社會的現狀。相對地，意識形態回饋社會的方式也是透過印刷出版品。現代意識形態的影響力最初只及於讀者，具有相當教育程度而只占整個社會的一小部分人，以知識菁英分子為核心的閱讀群眾，透過這些人，意識形態才得以擴及較廣大的群體。意識形態經由接受高等教育的閱讀菁英散播出去，透過報紙、雜誌、小冊子、傳單等意識形態普及的書面詮釋，透過交談、咖啡座、教室、演講廳、群眾聚會等面對面溝通，擴及到廣大群眾。

從上述的傳播「兩階段」，意識形態繁複的信息經過媒體，尤其中介的知識階層傳達，或者說是「篩選、過濾」給大眾。因此，對於意識形態當做權威來界說的印刷物而言，居中穿針引線的知識階層既是詮釋者又是其擁有者。當某一個知識階層有能力可以鑑定讀者對一件印刷的典籍是否有正確的詮釋，並能判定學習者是否有全盤的了解，我們便可以說這一個知識階層擁有這個印刷品。

新時代的起點

與意識形態多所仰賴的傳統印刷品不同，現代傳媒強化非語言的、圖像表意的部分，由此顯現大眾傳播的多媒體特色。二十世紀通訊傳播技術的重大突破始於廣播與電影，到今日電視普及達到高峰。電視遍及全世界，象徵通訊傳播革命的舊階段已經結束，新的階段，亦即電腦化的傳播時代，則方興未艾。我們正處在一個前所未有的通訊電話時代的起點，電腦的儲存與取用機制將與有線電視結合構成完整的系統。電腦中心將管理控制數據化資訊的儲存，並下達指令找出需要的資訊，然後再透過電纜將數據傳送呈現在電視螢幕上，或者透過預定的機器將需要的資訊印在紙上，讓人端坐家中即可使用。

電視不只是一種經驗的替代品，或僅僅只是另外一種不同的經驗；它兩者都是，也因此成為前所未有的大眾經驗。電視觀眾能夠接受意識形態必然要符合一個條件：它必須天衣無縫地結合、呼應記憶殘留圖像。這些「腦海的影像」可能源自於個人經驗，也來自媒體製造的視象。實際上，在電視經驗中，殘留圖像是利用科技移植的新類型原始圖像表意的經驗（paleosymbol-ism）；這是第二類型的原始圖像表意的經驗，它影響、呼喚、重塑它的第一類型——那些童稚時期殘存的浮光掠影。簡單地說，人們無法正常訴說的東西現在正在影響著人們原本用言語就無法描繪的東西，其過程和結果無法用言詞說明。意識形態原本奠基在固定的觀照社會的方式，通常慢慢改變，而且現在電視侵逼、改變舊有的操作方式，其手法新穎，變化的速度很可能加快許多。電視已經賦與經驗一種全新的形態和節奏。

如果我們想像歷史和意識形態由個人經驗這個「黑盒子」串接相連的話，那麼在經過科技的發展之後，這個黑盒子已經被擴大了，人民在歷史過程中的社會角色正日趨式微。從某方面看，我們可以將諸此現象解釋成「意識形態已走向窮途末路」，已經「無關緊要」，或解釋為生命、社會、文化的「虛無」或「荒謬」。現在，科技每日六小時，幾乎占據每個人清醒的時間的

40%，透過電視揑塑個人的原始圖像表意的經驗，在這樣的情況之下，社會歷史與「個人的經驗」之間的鴻溝已經越來越難以彌補了。

為了因應科技在群眾裡所喚起的個人原始圖像表意的經驗，現有的大眾文化系統，包括意識形態在內，都有所改變。並不是需要新的意識形態以便施行不同的公共計劃，或是訴求不同的群體，而是根本上，不管它是屬於何種類別，意識形態實行的基本法則，其中包含線性前進發展以及主動理性參與，已是蕩然無存了。觀看電視這件事是你人在那兒參與並消費的活動。電視並不會讓觀眾感覺看完節目後非要去做什麼，觀看電視本身就是目的。

在這個參與的過程中，觀眾的客觀判斷的距離，亦即正常意識形態線性思考的依據，已經逐漸喪失。假如在看完電視後，心中仍然殘存著絲毫緊張，這並不會讓人想要弄清楚是怎麼回事。意識形態永遠都是一種批判社會的方法，標明社會問題的根源，準備做進一步的改造。觀眾看電視投入的經驗，以理智加以分析了解的話，意味著對消費物品或買賣經驗進行戲劇學式的剖析。戲劇學式的剖析並不會叫觀眾必定要去作某件事，或改造什麼，而純然只是讓人「欣賞」既成的事實。當觀眾聽到負面的戲劇學式剖析，沒有人會認為他們該自己出頭拍出更好的節目，他們只是更加了解某某節目，然後可以將個人收視意見提供給他人，建議他人下次收看或是不要看該劇作家製作的節目。意識形態意味著對社會進行理性的批評，為社會改革作準備；戲劇學則培養觀眾的感知敏感度，叫觀眾被動地觀看呈現在眼前的景象。

意識形態的基礎漸漸消失

當表意象徵系統的重心遠離概念、轉向圖像的時候，意識形態的基礎就漸漸消失了。現代的傳播系統已經從以報刊為中心轉變成為以電視為中心，回應這個轉變的方式可能不再依循意識形態的模式，而是採用和它完全不同結構的表意系統。現在的表意系統重類比而不是數位，重合成而不是分析，重玄秘信仰體係、新的宗教神話，重新「發現」東方和其他非西方的宗教。可是，在這裡，意識形態並未走到「盡頭」，在某些團體、某些場所、某種語意的層次上，仍可見意識形態之擅場；它在知識精英之間仍舊保持主導的地位，只不過它不再是大眾重要的感知模式，它已經喪失群眾基礎。有了電視以後，大眾教育系統致力貶抑的簡略有限的說話方式反而因為電視而強化，逐漸地，只有知識菁英才使用迂迴詳盡的說話方式。

在一九五〇年代「意識形態已經走向窮途末路」此一說法興起，這個論調背後隱藏著一種浪漫樂觀和對人類進步不以言喻的信仰。其中真正的想法是認為意識形態最終會為科技、科學與理性的思維模式取代，簡而言之，「較高等」的思維模式終將勝利。在此處我所要說的是，無論如何，最可能與意識形態共同爭奪群眾的絕不是一個更合乎理性的思維模式。不管是意識形態本身或者是意識形態的批判者，他們仍然都深深局限在啟蒙學思維的窠臼裡。意識形態的批判者忘記一件事實，當意識形態的聲勢逐漸消沉的時候，代之而起的未必是更理性、更進步的事物，反而極有可能是啟蒙理念信服者認為是違犯理性的行徑。我這麼說並不意味啟蒙哲學思維的影響廣大，無須超越，更非暗示當今西方熱中神秘信仰和東方宗教不是源自潛藏在現代社會裡的諸多非理性特質。我的用意是質疑究竟神秘信仰和東方宗教是否成功地克服這些非理性。

不識字的人只能透過二手傳播接觸意識形態或是思想改造運動。假如要他們追隨某種意識形態，那就得訴諸不同的方法。隨著收音機、電影和電視的盛行，整個文化傳播環境為之丕變，意識形態原有的角色，像主事推動、詮釋、指導公眾事務等，也必然隨之劇變。相對地，有些機構，例如學校、大學，或某些社會階層，例如教育階層，仍然維持便利意識形態生產和消費的舊結構。

隨著大眾教育系統的發展，先進工業國家國民的意識也隨之產生嚴重的分歧。我們發現菁英分子持續加強意識形態的生產與消費，可是在同時，我們也見到「大眾」增長擴張。「大眾」一詞在此指的是那些思維感官受到電視、收音機和電視的影響比受到意識形態影響深的人，換句話說，視聽感官工業對他們的影響遠比文化機構的意識形態深遠。在工業國家裡，文化機構與視聽感官工業杆格不合。文化機構大部分是由知識分子和學院學者主宰，而視聽感官工業基本上是由技術人員經管，旨在追求最大的利益，現在整個工業更進一步與公職人員以及國家機構相互為用。正因為這樣，視聽感官工業的技術人員盡量避免表現明白的政治取向與行為，以免違反市場自身的原則和冒犯工業的老板、主管以及政治領袖、政府官員。不過，這並不表示由視聽感官工業生產提供的各項娛樂的內容與政治無關。事實上，正好相反。

最早使用「文化機器」(The Cultural Apparatus) 一詞的人是密爾思(C. Wright Mills)。一九

五九年，他在一個英國國家廣播電台節目提出解釋，他說，文化機器泛指「那些有藝術、科學、學識工作在其中運行的組織或環境，同時也包含那些將以上各種智力活動廣播給公眾以及各群體的工具。在文化機器中，藝術、科學、學識、娛樂、漫談、資訊被製造、分配、消費。文化機器涵蓋廣泛的一套機構建置：包括學校、劇場、報紙、人口普查局、藝術工作室、實驗室、美術博物館、小型雜誌、廣播電台等等。」

密氏的說法將兩種截然不同的東西混為一談，而其中的差異值得我們推敲解析。頭一項是來源，像創作者、團體和文化環境等等，因為這些資源的存在，批判理性得以發揚，科學科技得以開展，情感得以象徵性地抒發探究。不過，這種種文化的源頭和廣播它們的媒體大相逕庭。假如我們不清楚分辨這兩者的差別，我們很容易模糊了文化機器的社會邊緣地位、意識形態的孤立無援和無力改變政治現狀。反過來說，分辨文化的源頭以及文化的媒體是為了有系統地說明一個事實：在現代社會裡徒憑「文化」生產者自己的努力無法讓大眾知曉他們的作品，作品必須經過一定的管道才行，也就是說，仍然要仰賴大眾傳播媒體和哪些主宰媒體與意識工業的人。

這並不代表文化機器和傳播媒體介毫不相干，也不是說它絲毫不能掌控任何媒體。文化機器的確掌握一些小規模的雜誌、劇場、廣播電台，因此它影響所及的閱聽群眾也因此分外狹窄。直接由文化機器主控的媒體給予它的成員在內部相互溝通的機會，從而發展成有共識的團體。但是，這些媒體提供成員接觸大眾的一般管道。經常可見的反而是這些文化傳播機制使用常人難解的繁複語碼。

密爾思闡述現代文化獲得公眾支持的方式歷經三個階段的演變，在最後的階段主要由視聽感官工業集其大成。最早是貴族贊助保護文化作品的階段，這種制度在歐洲曾是主流。在第二階段裡，維持文化的是中產階級為主的公眾，文化工作者透過市場銷售的管道替此無名大眾服務。在第三個階段裡，「商業機制和當權的政治勢力支撐文化，和其他兩個階段不同之處在於他們並未像封建貴族與中產階級一樣地建立起完全以自己為核心的公共文化。」就是在此最後的階段（延續韓斯・恩染伯格〔Hans Enzensberger〕的說法），我所稱的視聽感官工業成為主宰，搖身一變成為大眾溝通傳播的中介者。

密爾思強調，在早期的文化系統裡文化工作者和文化產品消費者雖然能互相合作，但這不是一種刻意經營的關係，只是因為贊助文化的貴族或無產階級群眾和文化工作者的品味相投所致。密氏注意到，在第三階段情況則不同，由於視聽感官工業盛行，原來全由文化機器負責制定的想法，包括現實、價值、品味等等，現在卻「受到官方管制，假使情況需要的話，甚至可以祭出武力強迫他人接受。……在爭辯中使用的關鍵詞語，在觀照世界時使用的角度，在評批自我與他人成就時使用標準，或是不使用標準，在在都由官方與商業決定、培養、維護。」美國一位批判傳播學院的院長史邁哲(Dallas W. Smythe)也表達過類似的看法。他說：「文化一發展開來，便逐漸增加其權威的集中，沒有什麼比通訊傳播更可讓我們明白觀察到這個現象的了。」

衝突與緊張

密氏的分析因為寫於所謂的「沉寂年代」(The Decace of Silence)，低估了文化機構和視聽感官工業之間的衝突。他所強調的是美國的學者和知識分子在意識形態上臣服、尊奉商業上講求實際用處和追求效率，並且感激來自商界的捐獻。密氏聲稱：「熊彼得(Joseph Schumpeter)認為生活在資本主義下的知識分子通常會自毀根基，他的說法並不符合美國的狀況。」假如我們評斷的只是美國知識分子而不是歐洲知識分子，密爾思的話有可能逼近真實。不過，就整體而言，筆者將說明熊彼得的判斷才是正確的。

密爾思輕忽一項事實：美國的文化團體長久以來自絕於主流的價值觀之外。這種文化的隔離最早在美國先驗超越派就極其明顯。到了第一次世界大戰以後，隔離更加清晰可見，例如伯恩(Randolph Bourne)在當時排拒杜威的實證主義即是一個明顯的例子。在經濟大蕭條時期，馬克思主義盛行的三〇年代，處處可見文化機構的自我孤立。在密氏關於文化機器的講話發表沒有多少年以後，我們又可以在另一篇演講再次發現文人自外主流的作為。

在密氏的論述發表十年以後，甘詩(Herbert Gans)注意到：「美國最有趣的現象……是不同的文化品味之間的政治鬥爭，爭奪的重點是到底是誰掌握主要媒體的優勢，到底是由誰的文化來為社會提供象徵符號、價值和世界觀。」甘詩也注意到「文化分配者和文化創造者之間」持續不斷的緊張不安。其實，這種不安只是文化機器和視聽感官工業之間的衝突另一個表現方式。

文化機器和視聽感官工業之間的衝突有部分的確是源自於販賣者與購買者之間的緊張關係。但是，在這裡仍然可見額外的問題。文化機器從業者基本上是規模微小的手藝工作者，一直處於被一小撮具有強大購買力的消費者支配的危險。在視聽感官工業中，購買者有能力制訂價格和揑造政治黑名單，在經濟上和意識形態上對文化工作者頻施壓力，侵犯文化工作者的自主意識，侵犯他們的技藝、藝術或科學原則。

視聽感官工業奉行文化工作者所反對的價值，發揮支配影響，文化工作者不斷地對「大眾文化」提出批判，多少肇因於這一點。這種失望之感因為視聽感官工業讓人覺得在推動粗俗的標準而益加強烈。文化機器界人士普遍覺得，僅僅接觸視聽感官工業，便會危及他們的最深層的價值，雙方的關係也就緊張。視聽感官工業一直被視為「骯髒」生意，威脅著文化機器的「純粹性」或真實性。韓斯・恩染柏格基於同情立場指出，鑑於視聽感官工業的本質，叫人想避而遠之，不足為奇。恩染柏格又補充說明，「害怕處於這種問題是一種奢侈，下水道工人必然負擔不起。」

現代通信傳播系統的基本特點在於它是大眾媒體，也就是說它能提供越來越多低價的聲光信息給全世界日益增加的社會群眾及其成員。這曾是過去另一項開啟傳播革命的科技——印刷術的功能。恩染伯格最近擬定一份清單，條例過去二十年左右在傳播技術上的新發明：人造衛星、彩色電視、錄音帶、錄影帶、錄影機、電視電話、立體音響、雷射技術、靜電複製技術、電子高速印刷、排版、學習輔助機器、電子控制的微片、透過無線網路的印刷、電腦網路、資料庫等等。「這些」一再翻新的科技彼此之間以及和傳統的各種媒體（像印刷、收音機、電影、電視、電話、雷達等）之間不斷地產生新的聯結，顯而易見地，新舊傳播技術匯集，成為無所不及的系統。」在未來四十年，世界文化表達的環境以及政治統御的系統將會因為日新又新的傳播技術革命而有全盤的變動。

文化機器和視聽感官工業兩者都和現代意識的分裂性格相似：它們都是文化悲觀主義和技術樂觀主義的混合體，性質極不穩定；文化機器很可能是像生態危機、政治腐敗、階級偏見等壞消息的播報器；而視聽感官工業則變為希望的販賣商，專門鼓勵大眾觀看光明的一面。這些文化機器核心成員的政治無能和精英孤立，讓他們自己在每天的生活中不斷地感受悲觀主義，反之，視聽感官工業的技術員被最強大、先進、昂貴的通信傳播機件時時環繞著，他們也日日使用種種機器，這就是他們對自己的技術抱持樂觀主義的基礎原因。

文化機器和視聽感官工業兩者各別給世界定下不同的定義，也因此兩者處在緊張、略呈片面的關係當中。為什麼這麼說呢？因為文化機器比較憂慮視聽感官工業對大眾的影響，而視聽感官工業則沒有那麼擔心文化機構的勢力。很明顯地，在工業先進社會裡大多數的民眾現在經常受到視聽感官工業立即而直接的影響。相比之下，文化機器與大眾即使有一些直接的接觸，所能產生的影響也是微乎其微。簡而言之，文化機器大致上沒有管道可以影響鄉村農民、窮人、藍領工人階級、黑人和婦女。

文化機器和視聽感官工業兩者之間的分歧不能完全等同於政治和非政治的差別，也無法和「左」、「右」意識形態的差異劃上等號。它們之間是有一些相似之處，但若是真的要將它們並比互論相近之處，便可能言過其實。舉例來說，有一些文化機器的從業人士具有吹毛求疵的性格，對這些人而言，政治一事不是沉悶無趣便是令人作嘔。同樣地，視聽感官工業，尤其是其中流行音樂的領域，經常鼓勵次文化偏離主流的想法。前面說過，我們經常可見到，由反對視聽感官工業而衍生的次文化常在不知情的情況下彰顯宣揚主流階級及機構的文化價值。視聽感官工業之所以這麼做並不是因為其組成分子蓄意破壞，而是發自令人「敬佩」的動機——一味生產和販賣任何能帶來利益的東西，不計後果。

分立與隔離

文化機器大體上圍繞著現代大學及與大學相關的機構建立組織據點；因此經常產生與外面社會脫節的隱憂，也常有漠視政治利害的危險。事實上，只要文化機構的菁英故步自封，繼續認定要意識形態和意識形態論述來影響他人，那麼他們就等於放手不管大眾文化品質，聽憑視聽感官工業宰割群眾。因為到目前為止，文化機器與視聽感官工業分立，意識形態仍然是菁英政治的核心工作，但早已失去對大眾有效的影響。

於是，文化機構的成員在政治上感受到日益加劇的挫折，孤立無援。由意識形態培養的自我價值和成就感受到威脅，即使是曾經依奉某種意識形態行事的人，現在身處在文化機構與視聽感官工業分立的情況之下，也傾向於否認意識形態。同時，他們傾向於採納另一種政治行為，越來越輕易接受非理性的思維與事物，希望多少能夠接觸他們所脫離而已經不受意識形態左右的群眾。從這裡我們或多或少可以看到所謂的「氣象預報員症候群」。這是懷疑意識形態而導致的無力感，從而爆發不能安撫的怨懟、暴力行徑和鄙視漫罵，其實為的是壓抑心中的無力感，克服被動的傾向。在「氣象預報員症候群」——更經常見於恐怖主義——中，語言失去意義效力，意識形態瓦解成事蹟的宣傳。假使日益茁壯的視聽感官工業以及它與文化機器之間日漸加深的衝突並未招致意識形態的崩亡，這些威脅已經為意識形態論述帶來危機，將意識形態的傳統論述模式的局限性暴露無遺。

在工業高度發展的國家裡越來越廣大的群眾，因為無從接觸意識形態的訴求，已經與各種政治理念的論述相去甚遠了。將工人階級當成引導歷史，帶動社會轉變的舵手，這種想法看起來不僅是錯誤而且更可說是過時的。在視聽感官工業興起後，工人階級更加不可能扮演這個角色。如湯普森(E. P. Thompson)所言：「任何統治的團體只要能夠編織社會意識，整個系統裡就不會有強大的內在原因導致它本身的顛覆」，只有在我們不考慮視聽感官工業內在的矛盾的情況下，才可說他的結論是對的。

因此，我們無法斷言工人階級仍然值得信賴、容易掌握，即使他們也難逃視聽感官工業的操縱。不錯，不同國家的工人階級，例如義大利的工人階級，仍然在歷史裡扮演著清道夫的角色，當他們社會中的當權階級無法處理突如其來的危機而崩潰之時，工人在閭里之間拾起權力。但是這與理想上他們應該扮演具開創性，有自覺的角色相距甚遠。

二十世紀偉大而成功的革命發生在俄國與中國，這些社會不僅在整體的工業發展上處於落後的局面，他們的通訊傳播技術也同樣是比不上別人。直到現在，中國文化大革命仍然用手寫的大字報動員群眾。誠然，我們可以說另一個明證是當毛澤東失去操縱北京報紙的權力，當北京報紙拒絕刊登他批駁北京市長的文章之時，文化大革命的聲勢也隨之陡然滑落。

在視聽感官工業高度發展的國家，我們能從訴諸革命的言論當中看到兩種態度，其一是因對無力改變政治而起的反感，其二是懼怕社會成員難以動員而起的憤怒。換句話說，革命言論是暴露病源的癥候。可是在同時，不管在文化機器這方面是否能再運用意識形態動員群眾，或者在群眾這方面是否能發展光怪陸離的反主流文化，我們都無法再將社會的安定與平衡視為理所當然的事情。可能被鼓動的大眾與極易被煽動，信奉意識形態的知識菁英並存。現代社會能「安定」，其中絕大部分的原因是這些區域互相隔離，互不往來。實際上，我們不能將現況解釋成是一種安定，而僅只是暫時的停滯。至於菁英和群眾並存，比鄰卻不交流的狀況到底能否持久，仍是未定之數。無論如何，只要推行意識形態的菁英分子和文化機器必須透過視聽感官工業才能影響大眾的情況存在，革命論便永遠只是無法實踐的迷思。

現階段有一件越來越明顯，但是說也奇怪的事情，那就是視聽感官工業的經營者像許多人一樣，經常是受過良好教育，經過大學訓練，長期接受文化機器洗禮的人。他們模糊不清的社會角色必然在意識形態上產生若干程度的搖擺。文化機器無法輕易地將這些人貶斥為藝術修養欠佳、心胸狹窄保守的反智分子。的確，當道的菁英分子近來致力於抨擊部分視聽感官工業的成員左傾，是階級的叛徒。尼克森與安格紐(Nixon-Agnew)指控新聞媒體，莫尼漢(Daniel Patrick Moynihan)認為大學出身的記者立場不公，一味批評現況，意義在此。

我們可以將視聽感官工業和文化機器之間緊繃的關係當作一項政治運作的重心，這樣的政治可以充分了解現代媒體以及傳播革命的重要性。一方面，這必然牽涉到公眾如何去爭取控制和利用蓬勃發展的通訊傳播技術。在另外一方面，這個政治操作方式也關懷文化機器與大眾媒體以及媒體接收者之間的疏離。雙方之所以相抗衡，部分是因為視聽感官工業在社會上孤立文化機器，並且成功地將這樣的壓迫、篩選制度化。這麼說來，雙方的政治爭鬥其部分的關鍵在於視聽感官工業是否繼續或者放鬆對文化機器的鉗制。

不過，這樣的緊張的關係不會一成不變，視聽感官工業不見得能夠一直堅定地反對文化機器的勢力。正如我們所見，因為視聽感官工業的技術人員，甚至包括一部分管理階層，同樣長期浸淫在文化機器的觀點當中，和文化菁英一樣憎恨作品檢查制度，視聽感官工業不見得能夠完全依靠和控制這些人。不僅如此，只要文化機器能夠製造出引人注意的作品，得以銷售或用來作為銷售其他東西的工具，文化機器便有管道接近視聽感官工業所主導的媒體和大眾。我們須以媒體為主軸，如此方可擴大雙方共同認定的價值觀念，強化雙方反對官方審查作品的態度，從而聯合文化機構和視聽感官工業共同努力。同時，如果我們說視聽感官工業需要運用各種表現手法淡化各種衝突以求傳播任何可以獲利的文化觀，上述所提的政治操作方法正足以暴露並利用視聽感官工業的矛盾。

※**本文出處**：Gouldner, *The Dialectic of Ideology and Technology*. New York: Seabury Press, 1976. Reprinted with permission.

380

譯者：李紀舍

10 Culture and Society

現代主義或後現代主義：道德秩序之瓦解或重建？

現代主義、後現代主義與道德秩序的傾頹
Modernism, postmodernism, and the decline of moral order
丹尼爾・貝爾 (Daniel Bell)

後現代狀況
The postmodern condition
李歐塔 (Jean-François Lyotard)

現代與後現代之爭
Modernity versus postmodernity
哈伯瑪斯 (Jurgen Habermas)

後現代導圖
Mapping the postmodern
胡森 (Andreas Huyssen)

現代主義、後現代主義與道德秩序的傾頽

作者：丹尼爾．貝爾（Daniel Bell）

就廣義而言，本書①不只旨在描述資本主義，更重要的是中產階級社會的文化矛盾：這個全新的世界是由那些自十六世紀以降，靠著將經濟活動，而非軍事或宗教事務，拱為社會首要徵象，進而把整個現代社會翻轉過來的中產階級、商業與製造業公會所造就出來的。

資本主義是一套藉由對成本與貨價的理性估計來生產商品，以及為了促進資本的持續累積以達成再投資的鵠的所設計出來的社會——經濟系統。但這一套獨特的、嶄新的操作模式自始至終都與一種特異的文化與性格結構(character structure)交織在一起。在文化的層次上，資本主義創造了自我實現的概念，主張個人自傳統的制約中解放出來，切斷個人的歸屬臍帶（家庭與出生），以便依一己的意願來「創造」自我。在性格結構的層次上，這是一種自我克制和延遲滿

足的範式，也是追尋既定目標的行為準繩。正是這種經濟系統、文化與性格結構之間的錯綜交織構成了中產階級的文明。本書的主線就在於解開這團合綜體以及分析它的後續發展。

資本主義的文化矛盾

我將透過兩種稜鏡來閱讀資本主義的文化矛盾：第一種就是「理想型例」(ideal type)，也是一種合成的建構物，它基本上是「與歷史無涉的」，把現象當成封閉的系統來看待。因此它可說是具有「假定演繹」(hypothetical deductive)的特色，理想型例專事標明現象界限，它的優點在於可以勾勒出一個特定社會界域的首要輪廓——也就是我說的主軸原則(axial principles)與中軸結構，而這樣的輪廓往往會在歷史的流變中模糊掉自身的面貌。作為一個靜謐的模型，理想型例並不負責溯源以及預測未來走向的工作。為了作好這些工作，我們需要第二種以詳實的實證雜考為內容的歷史稜鏡。

透過理想型例，我可以在深植於社會的技術——經濟、政治以及文化結構底下的衝突原則(antagonistic principles)中瞥見資本主義的矛盾。現在，在資本主義肇始之初就占據中心地位的技術——經濟界域，就像如今所有的工業社會一般，都是建基在經濟化(economizing)的主軸原則上：儘可能地把一切的活動分解成單位成本(unit cost)上的最小因子，就像經濟會計所說的那樣。以專業分工與層級為基礎，這就形成了官僚層系分工合作的主軸結構。無可避免地，個人因此也不被當人看，而是當成「事物」一般來對待（對社會學的術語來說就是個人受制於他的角色規範），變成為了追求最大利益而遭駕馭的工具。簡而言之，個人已被拆解成功能。

至於專事控制衝突的政治界域則是靠著平等(equality)的主軸原則來管理：在法律之前的平等、平等的公民權，以及晚近對平等社會的經濟權的訴求。正因為這類的訴求是以爭取權利的面貌出現，政治秩序也逐漸介入經濟與社會界域（一般公司、大學及醫院的事務）之中，以便匡正、補救在社會中伴隨著經濟體系而生的社會地位與報償。政治的主軸結構則是代議制度以及——就晚近的發展而言——政治參與。而讓參與變成一項原則的籲求如今已在其他的社會界域中出現，因此在官僚體系與平等訴求之間的張力之下，當今的社會衝突隱然成形。

最後，資本主義的文化界域主張自我表現與自我滿足。個人被視為丈量滿足的尺度，而文化事物的價值也端賴他的感覺、情緒、判斷，而非某些有關品質及價值的客觀標準來作最後的斷定，所以這樣的主張基本上帶有反體制(antinomian)的傾向。搞到最喧鬧、最唐突的狀況時，這類的情緒不會想問一首詩、一齣戲、一幅畫是好或是俗，它只會問「這對我有啥用處？」。在文化民主化的大旗底下，我們可以理解每個人都嘗試在開發自己所有的「潛能」，因此個人也逐漸與技術——經濟秩序中的角色規範產生磨擦。

一些批評家對這樣的說法頗不以為然。他們一致認為「權力」依舊操掌在經濟界域，特別是那些大公司的手中。所有想在文化中表現自我的衝動就遭資本主義體系「收編」(co-opted)，進而轉化成商品，也就是說，轉化成待價而沽的東西。

這些實證性的問題目的在於測試個別的假定是否正確。至於這個分析模式——也就是有關界域分離的概念——是否有用則不是這些問題的重點。這些問題的答案藏在歷史的法庭中。稍後我會在有關歷史的陳述——這也是我分析中的第二條主線——結束之後回到這些答案上來。

資本主義的雙面起源

三十多年來，關於資本主義的時興見解大多受到韋伯(Max Weber)的影響。強調喀爾文派(Calvinism)與新教倫理(Protestant ethic)——規律工作的角色與追求財富的合法化——的教義直接促成西方合理的生產與交換結構的興起。但資本主義的起源是雙面的。其中一面是韋伯強調的無慾無求(asceticism)，另一面則是松拔(Werner Sombart)的中心主題——貪得無饜(acquisitiveness)，但松拔的作品在當時幾乎完全被略過不談。

不管早期資本主義的確切發源地何在，打從一開始，無慾無求與貪得無饜這兩種衝動早就被扣在一塊的事實是再也清楚不過的了。一個是中產階級善於估計的審慎精神；另一個則是無止無休的浮士德式(Faustian)驅力。這驅力施展在現代經濟與科技上時，總會拿「無邊無際的疆界」來當箴言，同時也以改造自然為奮鬥的鵠的。一旦這兩種衝動交織在一起，就構成了合理性(rationality)的現代版。存在於這兩者之間的張力於是下了一道道德的禁令，約束標榜早年征服時期的浮華舖陳。很明顯地——這也是本書的立論之一——禁慾的要素以及某種對資本主義行為的道德合法化實際上早就一起結伴消失了。

在哲學論述的層次上，對禁慾主義的主要抨擊來自邊沁(Jeremy Benthom)，他認為禁慾主義(某些隸屬宗派的基本教義者一廂情願地加諸到他人身上的「苦難」)違反了人心中的享樂傾向

——追逐快樂與迴避痛苦。不管「動機」何等純正，禁慾主義的「惡行」在於為專事欺壓人民的「獨裁專制」舖好了路。唯有實用(utility)的原則才得以充當導引人去追求滿足各類目的的最大利器。如此一來，共同目的的觀念卻遭消解變成個人的偏好。

就歷史的層面來看，「經濟衝動」在早期受制於傳統與習慣的法則，以及(在某種程度上)天主教為公平物價所設下的道德原則，而在後來則受到清教徒強調節儉的掣肘。一旦宗教的衝動隨著歷史的流變而逐漸式微時，它的制約力量也遭大幅削弱。資本主義最明顯的特徵——也是它的動力——就是它的「永無止盡」(boundlessness)。受到科技動力的助力、鼓舞，我們看不到資本主義指數成長的漸近線(asymptote)。沒有盡頭。沒有神聖。「改變」成了道統。到十九世紀中葉之前，這就是經濟衝動的軌線。同時也是文化的軌線。

文化的界域就是意義的界域，指的是用想像的形式，透過藝術以及儀式的表現性來理解世界的一切努力——特別是透過那些諸如悲劇、死亡等，在一生中的某個片刻裡人必須要遭遇的存在困局中浮顯出來的一切「不可知、不可解」(incomprehensions)。在這樣的遭遇中，我們得以領略一些架構其它問題的基本問題——也就是歌德所說的「原初現象(Urphanomen)」。作為探秘的最原始努力，宗教在歷史上自然成為文化符號的最大泉源。

假如科學旨在尋求自然的統合，那宗教自始以來就是在追尋文明的各個歷史階段的文化統合。為了完成這道循環，宗教不僅將傳統編織成意義的織錦，同時也鎮守文化的大門，將有危宗教道德法統的藝術作品驅除殆盡。

但現代的潮流阻斷了統合的完成。它大致用了下列三種阻斷方式：一、堅持將美學自立於道德法統之外。二、看重任何新鮮的、具有實驗性的作法。三、把（追求原創性與獨創性的）自我視為文化判斷的試金石。

在這股風潮中，最好鬥的先驅者就是自稱先鋒(avant-garde)的現代主義。對現代主義的討論是沈潛在本書底下的主線，因為在我看來，現代主義不僅是觸發中產階級世界觀瓦解的媒介，同時在文化上也奪得了霸權的地位。

現代主義的三個面相

界定現代主義時所會遭遇的困難是眾所皆知的。我在此概略地將它區分成三個面向：

一、就主題而言，現代主義是一種對秩序，特別是針對中產式的井井有條所表現出來的憤慨。強調自我，不斷追尋經驗。如果泰倫斯(Terence)曾說：「我對與人有關的事物從不感到疏離」，那現代主義者也會以同等熱切的語氣說：「我對與非人有關的事物從不感到疏離」。理性主義只會耗人心神；對邪魔的探尋不斷推動湧向創造性的大浪。在那樣的探尋裡頭，我們無法為多變躁動的想像力設立美學的疆界（或者甚至是道德法統）。它最重要的堅持是：經驗就是對任何渴求都不設防，沒有什麼東西是神聖的。

二、就風格而言，現代主義有種我稱之為「銷蝕距離」(the eclipse of distance)的慣用句法。這是一種縮短美學與心理距離來達成立即感、衝擊、同時性以及感覺所作的努力。在縮減美學距離的同時，人也摧毀了思辨的空間，將觀者牢牢困在經驗之中。靠著縮短心理距離，人開始強調在夢境、幻見、直覺以及衝動中的「原初〔的轉置、濃縮〕過程」(primary process)。總的說來，現代主義堅拒在文藝復興時期由亞爾伯帝(Alberti)制定並帶入藝術範疇的「理性宇宙論」(rational cosmology)：在繪畫空間中的前景與後景；時間上的開頭、中段、結尾或順序、文類的區分以及適合每種不同文類的作品模式。這種距離的銷蝕，作為形式上的句法，流竄到各類的藝術範疇裏頭去：在文學裏，有「意識流」；在繪畫裏，有內部距離(interior distance)在畫布上的縮減；在音樂裏，有旋律與和聲的失衡；在詩裏，有對規律節奏的阻斷。就廣意而言，這種慣用句法將作為藝術原則的「模擬」棄如敝屣。

三、對媒介的偏執。在文化中的各個時期裏，藝術家深知媒介將「形塑前」(pre-figured)轉化至「形塑後」這個形式問題的本質與複雜度。近廿五年來，我們不見眾家對內容或形式（文體與文類）的深研，只見對藝術媒介本身的偏執：執迷於顏料在畫布上的實際織理、音樂上的抽象「聲響」、詩中的音韻甚至「氣息」、文學中語言的抽象特質等等——往往將其它的東西一概摒除在外。正因如此，亞斯培・強斯(Jasper Johns)的畫作之所以叫人興味盎然原因在於上釉燒的布面而不是營造的影像；強・凱基(John Cage)音樂中隨興所至的要素；在羅勃・克瑞里(Robert Creeley)的詩作中，氣音取代了音節成為詩行的節奏元素——這些都是只顧自我表現、拒絕對媒介的局限與本質作任何形式上探索的實例。

毫無疑問地，現代主義要為西方文化中的這段創新浪潮負上全責。較之以往，從一八五〇年到一九三〇年的這段時間裏，我們在文學、詩、音樂與繪畫的園地上看到了更多樣的實驗創新——假如不是更偉大的巨作。大多數的作品都是帶著敵對的姿態從文化的創造性張力中誕生出來，目的也都是在於抵拒中產階級的社會結構。然而這是要付出代價的。成本之一便是當反體制的病毒朝道德法統與文化判斷的概念這邊散播開來時，我們就喪失了文化上的凝聚力和連貫性。當藝術與人生之間的界線被模糊掉，以致原本只許在想像中上演的事物（有關謀殺、色慾與變態的小說）經常變成了幻想，由一些想把自己的「生活」搞成藝術作品的個人搬演出來時、當判斷的試金石順著批評民主化的大勢變得不再是某些對標準的共識，而是只求如何藉藝術來宏揚自己的自我判斷時，我們付出了更大的代價。

資本主義的經濟衝動與現代性的文化驅力

文化中的變遷與一個社會結構之間的互動相當複雜。當文藝贊助制度(partonage)還存在著，贊助人——不管是王儲、教會或者國家——委託藝術家創作，因此體制的文化需求、王儲的品味或者國家想要榮耀自身的喻令都足以造就時代的時興風格。然而一旦藝術可以買來賣去時，市場便成了文化與社會結構交會的場域。一般人都可以想見當文化變成商品時，中產階級的品味將大行其道。但是就非常的歷史事實而言，話似乎也不能這麼說。

「文化霸權」一詞——葛蘭西這位義大利馬克思主義者的代稱——意謂一小撮人對形塑當道世界觀的全然掌控，而這套世界觀也足以向人民交待他們對時代的詮釋。在許多的時代裏，由統治階級設想出來為其利益服務的單一世界觀的確曾經是風行草偃。在十二世紀，我們倒不是在全心一致的奉獻中看見了教會控制社會的神格化；如布萊恩・威爾森(Bryan Wilson)所言，實際的情況是「教會威權基於自身的需要，強行蓋上信仰與秩序的印記以便掌御整個社會架構」。在當今可以找到最接近的實例——就日常生活的管制、對生產與分配的高壓監控、衝動的抑制以及榮耀威權而言——就是蘇維埃世界。在那頭我們見識到黨施展了絕對的文化霸權。這在意識形態上完全是由上而下所建構出來的社會秩序。

馬克思主義者一直認定在資本主義底下有一個單一的文化霸權——這就是「統治階級」的概念。然而一個出人意料的事實是，一百多年以來，假如有個當道的影響力——至少就高層文化而言——的話，那就是現代主義，統治階級眼中的天敵。

在一開始，資本主義的經濟衝動與現代性的文化驅力來自於同一處根源，共享自由和解放的概念。這個概念以「狂亂的個人主義」之姿落實到經濟事務上，而在文化的層次上，它化身為「無拘無束的自我」。雖然這兩種共同源於對傳統與過往威權的揚棄，但不久之後彼此之間的敵對關係也一發不可收拾。我們或許可以學佛洛依德，認為導向文化的原慾力威脅到工作所需的訓練與節制。這樣的說法也許沒錯，但是太抽象了。比較貼近歷史的解釋應該是說中產階級本身善於估算與計畫性克制的態度與對感覺、刺激的躁動渴求（原本在浪漫主義身上發現，後來傳染給現代主義）產生了相斥的現象。一旦工作與生產的組織完全朝官僚化的方向走，個人也被貶抑為角色而使工作場所的信條與對自我探尋、自我滿足的強調漸行漸遠時，它們彼此的敵對狀態只會愈演愈烈。一條從布雷克(Blake)、拜倫(Byron)一直牽到代表現代主義神殿的波特萊爾(Baudelaire)身上的這條線也許不是如表面的文意所言，但它確確實實是一道象徵性的傳承。

只要工作與財富得到宗教的認可，它們的存在也就擁有了一個帶著超越性的正當理由。但是一旦那樣的倫理信條逐漸失效，正當性也會跟著喪失，因為追求財富本身並不足以作為將自己就地合法的神聖召喚。正如熊彼得(Schumpeter)的機巧斷語所言：在聖杯不見之後，股票交易只是一個差勁的替代品。

我的重點是，對前衛的社會群體、知識分子、受過教育的社會階層以及後來的中產階級而言，社會行為的合法根基已從宗教轉移到現代主義文化上頭。隨之而來的，是從對「個性」(character)、對一統道德符碼與矯訓鵠的的強調轉移至對「癖性」(personality)、對鑽營追求人己分殊來顯耀自我的偏執。簡而言之，「生活風格」取代工作變成滿足的泉源以及良善行為的尺度。

然而弔詭的是，和解放的自我相輝映的生活風格與處處以強大驅力來張顯自己的生意人扯不上什麼關係，反倒是和違抗社會成規的藝術家形象有著極深的淵源。就如同我試著要點明的，藝術家如今已漸漸懂得如何掌控聽／觀眾，對諸如該要什麼或該買什麼的抉擇上強行植入自己的判斷。當中產階級的倫理完全崩陷，成了文化上的孤臣孽子（有捍衛體制的作家嗎？），而對一切正統強攻猛打的現代主義則趁勢而起，一舉榮登當下正統的主位時，這樣的弔詭於是大功告成。

所有的張力都會衍生出自我的辯證。正因市場是社會結構與文化交會的場域，過去五十年來大家看到經濟專業養成、助長由文化來負責大吹大擂的生活風格。由此觀之，不僅在界域與界域之間有矛盾存在，而且這樣的張力也在經濟界域裏面製造出更深一層的矛盾來。在資本主義的世界裏，生產與組織範疇所奉行的倫理標準依舊是工作，延遲滿足、職業導向、對事業的全心奉獻。但在行銷的層次上，以炫麗奪目的色情形象為包裝的商品銷售卻是在助長專事逸樂的生活方式，讓人只求慾望的恣意滿足。如前所述，這種矛盾的後續發展是，公司即將發現它的下屬在白天是個老實人，但到了晚上卻變成了個花花公子。

隨著宗教倫理的垮台與收入的增加，過去五十年來我們在社會上看到的是文化擔任了極力創新求變的先鋒，而經濟也被設計來配合、滿足這些新增的慾望。

就這點來說，社會變遷的歷史模式出現了一個饒具深意的翻轉。在資本主義興起之際——也就是在任何傳統社會始經現代化的當口——我們可以較為輕易地改變一個社會的經濟結構：例如把人從土地趕進工廠，厲行新的工作節奏與矯訓措施，或者靠一些野蠻的手段或獎勵（例如把利益當成克制消費的回報）來增加資本。然而「上層結構」——諸如家庭生活的樣態，對宗教、威權以及對領導人認識社會現實的既定概念的依繫——則是對改變採取頑強抵抗的姿態。

但現在的狀況就不同了。經濟結構在當今正是最難改變的東西。在企業體系中，層層的官僚階級封閉了任何彈性變更的可能性，而工會也明文禁止用管理的權力來控制工作的指派。在當今的社會之中，經濟企業實則屈服在各種事事否決的團體之下，同時也愈來愈聽令於政府的管控。

但在文化的層次上，幻想統治了幾乎脫繮的野馬。媒體被操弄來餵食新的影像，並且鬆動因襲的成規、凸顯逸軌與怪異的行為使其成為眾人模仿的形象。傳統的東西叫人食不下嚥，而諸如教會、家庭等體制只能在面對自己的無能改變時因心虛而採取防衛的姿態。

然而若是資本主義下的一切都成了例行公事，那麼現代主義也會跟著變得微不足道了。畢竟，假如太陽底下已經沒有任何令人震撼的事的話，那現代主義的震撼效果又能發揮到幾成？假若實驗變成了法統，到底嶄新的東西又帶有幾分原創性？如同所有的頑劣歷史一般，現代主義不斷重複它的末日，第一次是在未來主義(Futurism)與達達派(Dadaism)的玩具氣槍爆射的那一刻，第二次則是在普普繪畫的炫麗諧擬與觀念藝術近乎童騃的極簡主義(minimalism)之中。在超現實主義宣言中，每個句尾的驚歎處僅僅只是在百無聊賴的無盡重複中拖曳的四個小黑點。而在盡頭處又蘊藏了什麼東西？正如貝克特(Beckett)在他的憂傷對話中所作的梗概斷語：

Vladimir：**說你的確如此，縱使不是真的。**
Estragon：**要我說什麼？**
Vladimir：**說我很快樂。**
Estragon：**我很快樂。**
Vladimir：**我也是。**
Estragon：**我也是。**
Vladimir：**我們都很快樂。**
Estragon：**我們都很快樂。(靜默) 在這個快樂的時刻，我們要作些什麼？**
Vladimir：**等待果陀。**

在開示的那一剎那，米那瓦的夜梟(The Owl of Minerva)因為生活日形幽冥而在暮色中起航。在現代主義的勝戰啟示中，黎明是一連串在閃爍的光芒中旋舞的俗麗油彩。如今，現代主義並沒有成為心懷大志的藝術家的創作，反而淪為文化人(culturati)、「文化群眾」(cultural mass)以及文化生產的配給部門的財產。對這些人而言，古老的震撼早就被新鮮的帥氣時尚所取代。這一撮文化人士在措辭上對中產階級式的井然有序與冷靜節制採取敵對的姿態，然而他們卻也威嚇那些悖離他們所極力捍衛的法統的人儘快歸順。

在六〇年代，我們看到了反文化(counter culture)的「新」氣象。但是反文化這個名詞只是個譬喻。「敵對文化」(adversary culture)關心的是藝術，以及如何運用想像力將頑強的記憶與素材轉化成超越時間的作品。它只存在於文化的層次中。所謂的反文化就只是小孩子為了要模糊幻想與實際的界限、為了以解放為名行撒野之實而搞出來的一場聖戰。當它只是在炫耀它的自由派雙親的私密行為時，它卻自以為是在嘲弄中產階級的拘謹。當它只是用更刺耳的音量——在大眾媒體的電子迴音室中擴大放聲出來的搖滾噪音——重複五十多年前那些在格林威治村的浪人所搞出來的馬戲時，它卻自以為夠新潮、夠大膽。它還稱不上是反文化，充其量只是一種贋品文化。

真如馬庫色所言，現代主義已經被收編了嗎？就某個面向來看，答案是肯定的。它已經被轉化成有利可圖的商品。但在更深一層的結構轉變裏，這樣的過程只會掏空資本主義的根基。社會學的至理名言是：社會秩序必須仰賴藉由自身的合法化來驅退不利於它的詆毀才能夠繼續維持下去。但就像我剛才說的，文化的合法性在於對自我滿足與表現「癖性」的追求。它以個人的自治與異質為名炮轟既定的正統。然而，現代文化並不能了解所謂的正統並不是現存秩序的捍衛者，而是以「正確理性」(right reason)為基點，對信仰的恰當性與道德性格所作的一種判斷。弔詭的是「反正統」已經變成了自由派中的順民，只會搖著反體制的大旗高唱歸順的歌曲。從這個弔詭來看，現代主義正是為瓦解共享的道德秩序所下的一道諭令。

權力依然還在經濟界域這一邊，還操掌在大公司的手上嗎？在西方社會中，情況雖然大致如此，但是這樣的說法卻是對當今社會變遷本質的一種誤讀。一旦資本主義透過統治家族將財產與權力聯結起來，維持住系統的延續性時，一套資本主義的秩序就此取得了歷史的力量。但資本主義內部首度的深層結構變異就發生在家族與財產與管理權力分離，以及整個延續性遭到管理菁英從中截斷之際。現在的經濟力量來自一個大老闆無法將權力直接過繼給繼承人的體制。而且正因現在的財產是屬於團體而不是個人，更何況技術上的技巧早已取代財產成為管理位階的基礎，所以這些大老闆也逐漸深刻地體會到他們已經失去在傳統裏頭行使權力的天賦權利、理由與合法性。更明顯的事實是，現代社會的顧客群急速倍增，而且在經濟與社會效應愈來愈難以分離的情況下，大家就必須在政治秩序的場域裏施展權力，來處理因經濟與社會的共生而衍生的系統問題，以及應付來自它種國營經濟體的競爭。於是國家的權力不斷擴張，而且國家預算也取代了企業中的獲利分置變成經濟決策（包括資本的形成）的主要仲裁者。資本家與工人之間的競爭早已不存在，取而代之的是顧客群（在此公司體系仍有極大的影響力）之間的競爭。這些事實就是當今社會分配權力的模式。

宗教必然將要復興

宗教可算是本書的支點。最後我就以宗教來做結。與涂爾幹(Durkheim)迥異，我並不認為宗教社會就會瓦解。我不相信宗教是社會亂象的遮羞布。縱使在像戰時這種緊急的危機中，合法根源的喪失足以榨乾反抗的意志的時候，社會也不會因此瓦解。宗教無法被製造出來。假如宗教是被製造出來的話，那成果就只是個贗品，在下一波的流行浪頭打來時，轉眼之間它就會煙消雲散。

我對宗教的關注呼應了我所說的文化的內在性格：一串循環連鎖的問題使我們重回存在的困局，了解人的有限性以及人力無法跨越的局限，也讓我們體悟，任何嘗試尋找一個條理分明的答案來和解這些局限與人類處境的努力，最終都只是徒勞。既然這樣的領悟觸到了意識的深處泉源，我相信一個了解探索俗世的局限性的文化，在某個關頭必然會轉而拂拭塵封已久的神聖性。

我相信光明的淨土就在眼前。現代主義的耗竭，共產生活的索然無味、不羈自我的窮極無聊以及政治的眾聲齊唱的空洞意義都顯示了一段漫長的時代正在緩步走向它的墳墓。現代主義的衝動旨在超脫自然、文化與悲劇——進而在自我的無限精神的驅策下，探尋無窮盡的所在。

我們正在摸索尋找一個新的語彙，一個以界限為關鍵字的語彙：成長的界限、豪奪環境的界限、武器的界限，以及玩弄生物本能的界限。然而，假如我們想對經濟與科技設限，我們是否也該限制那些只想超脫道德法統、老是錯以為所有經驗都具「創造性」而去擁抱怪力亂神的文化探索？我們可以限制「狂妄自大」(hurbris)嗎？這個問題的答案可以幫助我們解決存在於資本主義之中，與它看似敵人卻是難兄難弟的現代性文化之間的文化矛盾。如此一來，就只剩下經濟與政治的俗務等著我們去馴服了。

譯者：邱彥彬

註釋：

①此指*The Cultural Contradictions of Capitalism*一書，經節選收錄於*Culture and Society: Contemporary Debates.* (Eds. Jeffrey C. Alexander & Steven Seidman, Cambridge UP, 1990).

後現代狀況

作者：李歐塔（Jean-François Lyotard）

敘事的衰頹

我將**後現代**一詞定義為對後設敘事的懷疑。無疑地，這種懷疑乃是科學進展下的產物：但它同樣也是科學進展的先決條件。當專司裁定合法性的後設敘事機器(metanarrative apparatus)過氣時，過去仰賴後設敘事機器來運作的形上哲學及大學體制也相應而產生了危機。敘事的功能失去了它的要素、它崇高的英雄、重大的危險、偉大的航程及目標，此刻正消溶於重重的敘事語言元素群(clouds of narrative language elements)——諸如敘事性的、示意性的(denotative)、規範性的(prescriptive)、描述性的語言元素——之中。就其實踐性而言，語言元素群均各有其獨特值；然亦不時錯縱交會。其交會不盡然能使我們由此確立穩固的語言組合，而我們所確立的語言組合群其特質也未必具有溝通的可能性。

與其說未來的社會將歸屬於牛頓式人類學（如結構主義或系統理論）的範疇，不如說它是種種語言質素實踐模式的展演——各種語言戲局(language games)①應有盡有，展現出語言元素的異質性。由語言戲局所導致的體制乃是局部性的——即所謂「局部決定論」(local determinism)。

在決策者所遵循的邏輯概念中，語言元素群間的關係皆是可共量的(commensurable)，而總體亦是可確（決）定的，因此他們往往希望藉由一套套輸入／輸出的鑄模來處理社會的重重戲局。他們配置部署我們的生活只為動力的增長。無論言及社會正義或科學真理，這種力量的合法性均植基於演出(performance)原則——即其能使一體系發揮最大的效能，硬是將這套準則應用於所有的戲局必造成相當程度的恐怖——不管恐怖的形態激烈與否，一言以蔽之，都是一種認定「凡不具有效性的（也就是不可共量的）就當消失」的恐怖主義。

崇尚最大演出效能的這套邏輯自然在很多方面都會顯出其破綻——特別是當我們考慮到社會經濟層次內的矛盾時，這種破綻更見明顯：這套邏輯既要求較少的工作（以降低生產價值），又要求較多的工作（以減輕無所事事的人口所造成的社會負擔）。但是如今我們高度懷疑這些矛盾破綻能自行帶來救贖的契機，也因此我們不再如馬克思一般作如是期待。

然而後現代既不意味解魅帶來的覺醒也並不苟同於去合法化(delegitimation)其盲目的實證

性(blind positivity)。後設敘事過氣之後，合法性究竟何在呢？所謂的演出準則完全是科學技術方面的關懷；無關乎判斷真理或正義的問題。那麼合法性是否要在哈伯瑪斯(Jürgen Habermas)所謂「由討論獲致的共識」中求得呢？這樣的共識猶如對語言戲局的異質性施加暴力，而異議(dissension)才能孕生「創造」(invention)②。後現代知識並非只是供權威使用的一項工具，而是足以增進我們對差異的敏感度、強化我們對不共量事物之容忍度的一種知識。其根據原則並非專家式的同質、對應(homology)，而是創造者式的謬理、悖逆(paralogy)……

在當代社會文化——後工業社會、後現代文化——的脈絡中，知識之合法化的問題得用不同的角度來陳述之。無論大敘事所使用的統合模式為何，無論其為思辨性的敘事(speculative narrative)或解放的敘事(narrative of emancipation)，它的可信度均已消逝。

敘事的衰頹或可視為自二次大戰以來科學工業技術蓬勃發展之影響下的效應——若說過去我們對某個行動的關注點在於其目的，那麼二次大戰可謂將重點由目的轉至手段；這衰頹或也可視為先進的自由資本主義脫離一九三〇至一九六〇年間凱因斯主義(Keynesianism)保護的抑扼，重新部署後的效應——其復甦抹除了共產主義的途徑，也使個人擁有貨物及服務的現象活絡起來。

如果我們只是循著此類途徑尋找敘事衰頹的原因，我們將註定失望。即使我們接受上述的假設——甚或其他的假設，我們仍須細究：思辨及解放之大敘事，其統合及合法化力量的式微與前述的走向之間到底有何相關？

誠然，資本主義的復甦興盛及工業科技如浪潮自四面洶湧而來的衝擊，在在都影響到知識的地位。但若要了解，當代科學何以在受到這些衝擊之前就已產生了衝擊之後所能造成的效應，我們必先明白「去合法化」及虛無主義之因實乃植基於十九世紀的大敘事內部。

我們首先要辨明的是，思辨敘事機器和知識之間的關係實相當曖昧。在此機器的定義下，只有在專事將陳述合法化的第二層論述(second-level discourse)上援引了相同陳述來循環重複自己的知識，才配得上知識的名號。這無異是說，帶有某種指示物（如有機體、化學物質、物理現象等等）的示意性論述其實並未真正明白自以為明白的事。實證科學算不上是知識的一種形式。思辨理論仰賴打壓實證科學來蓬勃自己。黑格爾亦承認，黑格爾式的思辨敘事對實證學科總抱持著相當的懷疑。

科學論述的合法性

科學若不能將自己合法化就稱不上是真正的科學；如果欲將其合法化的論述本身屬於前科學形式的知識，如一般通俗的敘事，那麼它的地位也將因此被大大降低，淪為意識形態或權力的工具。當被「第二層」論述斥為實證性的科學遊戲規則被應用到科學本身上的時候，這種情形更是屢見不鮮。

就以「唯有當一科學陳述能在一不斷衍生的普遍過程中找到其定位時，此陳述才算是一種知識」此思辨性陳述為例。若以其對知識所下的定義來看，這個陳述本身是否算是知識呢？只有當其可在不斷衍生的普遍過程中找到定位時才算。而這一點它做得到：只消預設此一過程的存在並且自視為此過程的表徵即可。這樣的預設事實上是思辨的語言戲局所不可或缺的。少了此一先決條件，專事合法化的語言就不合法了，它將隨同科學暴跌到無稽之談的層次——至少當我們相信理想主義那一套來看事情時是如此。

但是我們也可以由完全不同的方式來理解此一預設——此理解將使我們切進後現代文化的走向：根據我們先前所接受的關於語言戲局的觀點，我們可以說此預設定義了一套參與思辨戲局者必先接受的規則。在這樣的評估中，首先我們將「實證」科學視為代表知識的一般形式，其次我們也了解到語言總暗含了一些其終須彰明的、形式上的箴言式預設。尼采曾表示「歐洲虛無主義」的產生是因為科學對真理的要求在內部造成對自身的反撲；雖然用語不同，但其所凸顯的實是一樣的思考進路。

因此，一種類似語言戲局的觀點可謂在此崛起。我們看到了對合法化的要求本身如何引燃了去合法化的過程。科學知識的危機——自十九世紀末以來即不斷累積其跡象——並非來自各門各類科學隨機的激增，那只不過是科技工業進步及資本主義擴張所造成的效應。事實上，知識的合法性原則內部的腐蝕才是造成科學知識危機的原因。思辨戲局的內部已發生腐蝕，若說過去各門科學都須在一百科全書式的網絡中找到自身的定位，隨著這織網的鬆開，思辨戲局終究要釋放各門各派的科學。

於是不同領域科學之間的傳統分界遭到了質疑——學科的疆界消失，各種科學的邊界處盡是交集與新天新地的誕生。存在於學問中思辨性的層級觀念(hierarchy)退位，由眾多範疇的探詢(areas of inquiry)所組成的一種內在的、「無深度」的網路將取而代之，且各範疇間的界線實處於一種不斷變動的狀態。昔日的學院分裂成各種學會及基金會，大學院校其思辨性的合法化功能亦不再。被褫奪了做研究的責任之後，學院的作用僅止於傳授眾所公認的知識；透過說教其所成就的是教員的不斷複製而非專業研究人員的產生。這便是尼采所察覺且譴責的現象。

使思辨性言說自內在腐蝕的力量也同樣延展於解放的敘事機器內部，惟其觸及了不同的層面。解放的敘事最顯著的特色在於它認定參與倫理、社會、政治實踐的對話者其自律性可做為科學及真理的合法性基礎。如我們所見，這種合法化的形式將立刻發生問題：具有認知價值的示意性陳述和具有實際價值的規範性陳述之間的差異在於其「權限」(competence)的不同。「示意性」陳述所描繪的現實狀況為真並不表示據此而發的規範性陳述（其效應自然是對現實狀況作一修正）即是公正的。

舉例來說，現在有一扇關著的門。在「門是關著的」與「把門打開」此二陳述之間並未存有命題邏輯中的因果關係，因為它們分屬於兩套各具自律性、定義不同「權限」的規則所管轄。在此，將實用理性與認知性或理論性的理性區隔開來乃是要抨擊科學論述的合法性基礎；並非直接的抨擊，而是間接的——藉由揭露科學論述亦只是一由其遊戲規則所界定的戲局，來暴露它並不具監控實踐性戲局的特權。科學戲局因此只能放在與其他戲局等值的地位來看待。

如果我們能由最微細處開始探尋去合法化的原因，並了解到去合法化所影響的範疇實相當廣泛，那麼通往後現代重要思潮的道路也將因之開啟：科學玩它自個兒的遊戲；它無法為其他語言戲局的合法性背書。舉例來說，規範性的戲局便不受其管束。但更值得點明的是，在思辨的推斷下科學似能為自身的合法性背書，事實上卻不然。

社會主體本身似乎在語言戲局的擴散(dissemination)中消解了。社會鍵(social bond)是語言性的，但卻非由單一線條所組成。它的構造是由兩個以上（事實上無法確定數目）、各自遵循不同遊戲規則的語言戲局所交織而成。誠如維根斯坦(Wittgenstein)所言：「我們的語言可被視為一古老城市：如迷宮般錯綜的小街道、廣場、或新或舊的房舍、各時期的房舍增建物……。而有著筆直且整齊的街道及劃一房舍的新市鎮更包圍著這個城市」。若要開車回家，在知識的後設論述權威下產生的合成物——即一單一總體的原則——是不適用的；維根斯坦用似非而是的古老連鎖式論法來詮解語言的「城鎮」，問道：「一個城鎮在成為城鎮之前要先有多少房舍與街道？」

新的語言不斷添加到舊的語言之上，形成舊城鎮的新市郊：例如「化學符號體系及微積分的記數法」。三十五年後我們可在此表上添加更多項目：機器語言、遊戲理論的模式、新體系的音樂記譜法、非陳述性形式的邏輯的標示系統、遺傳符碼的語言、語音學結構的圖表等等……

這種離散化可能會使我們產生一種悲觀的印象：沒有人有能力使用所有的語言、語言之間並不具備一共通的後設語言、尋求一系統主體的計劃終將失敗、解放的目標與科學無關、我們總是陷在這個或那個學科的實證主義之中、博學的學者變得與科學家無異、研究工作區隔劃分之細已使得無人能掌控所有工作。思辨性或人文哲學被迫放棄其專司合法化的職責——這正說明了何以當哲學堅持冒用這樣的「合法化」功能時它便會遭遇危機，以及何以哲學被降為邏輯系統或思想史的研究——惟其才是哲學的實際層面足以駕馭的。

本世紀之初的維也納即習於這種悲觀主義：藝術家如 Musil, Kraus, Hofmannsthal, Loos,

Schönberg, Broch，哲學家如馬克(Ernst Mach)及維根斯坦均在此列。他們覺醒到去合法化的大勢所趨且竭盡所能想為此在理論上或藝術上負起責任。我們可以說時至今日悲觀的哀悼過程已經完成了，毋須再重新開始一次。維根斯坦的可貴之處在於他並不選擇 Vienna Circle 所發展出來的實證主義，而在他關於語言戲局的研究中鈎勒出一種不以演出原則為依據的合法性。這其實正是所謂的後現代。大部分的人已不再對失落的大敘事充滿懷舊之情，這並不意味這些人隨即將墮落為蠻夷。他們之所以能免於這種墮落正是因為理解到合法性只能由其語言操作及溝通交流中萌生出來。科學，在暗自竊笑任何其它信念之際，教他們見識到何謂再現主義(realism)冷酷的嚴謹……

小敘事的時代

截至目前為止，我們就知識的合法性此一問題所指出的事實已足以達到我們的目的。我們不再依賴大敘事——我們既不能依精神的辯證亦不能依人類的解放來確認後現代科學論述的正當性。然而小敘事(petit récit)卻始終是最精粹的想像創造形式，在科學中尤然。此外，以共識此原則作為確認正當性的標準似乎也不再合適。共識有兩個公式。其一，共識是具自由意志的有識之士藉由對話溝通所達致的協議。這正是哈伯瑪斯亟欲闡明的形式，然他的理念乃有賴於解放性敘事的正當性。其二，共識是操控系統以維持並增進其效率的一個要素；用魯門(Luhmann)的方式來理解，就是行政管理流程欲達的目標。在這種情況下，它唯一的正當性只是作為用以獲致動力——此亦即為系統合法化的根本——的一項工具。

問題就在於能否有一種植基於謬理③之上的合法化形式。謬理不同於創新：後者聽候系統的命令進行，或至少可說是被系統用以增進其效率的工具，前者則是在知識的實踐中行進的步法(a move)。此二者經常——但非必定——會互相轉換的這一項事實並不會有礙我們假設兩者有別。

回到關於科學實踐的敘述……現在應被強調的是異議(dissension)而非共識。共識是一個始終無法到達的視域(horizon)。由某種典範支撐的研究常有穩定化的趨向，就像是開發科技、經濟或藝術的理念，它是不容許有任何折扣的。但驚人的是總還是會有人來擾亂理性的秩序。我們必須假定有一種力量足以鬆動解釋的能力，誠如籲求新的理解模式的宣傳所示，或者我們喜歡換個說法：建議成立新的規則來因應科學語言研究的新範疇此主張也顯示了這點。放在科學討論的脈絡下來看，此即Thom所謂在有機體成長發展中其形貌不斷改變的過程(morphogenesis)。這不意味著沒有規則存在，而是說規則都是局部決定的(locally determined)。應用到科學討論上且放在現時的框架中來看，這項特質暗示「發現」(“discoveries”)總是難以預料的。這就像是讓投影片上產生不感光的盲點，像是延緩共識一樣。

這個扼要的說明使我們很容易明白系統理論及其所主張的合法化原則並沒有任何科學的基礎，科學本身並不依此理論的系統典範來運作，當代科學亦排除了以此典範來描述社會的可能性。

在此脈絡下，讓我們來檢視魯門論述中的兩個要點。一方面，系統惟有藉降低複雜度才能運作，另一方面，它必須誘導個人的渴望(aspirations)使切合系統本身的目的。複雜度的降低是維持系統能耐的必要條件。如果所有的訊息可以在個人間自由流通，那麼作好正確選擇之前要列入考慮的資訊量將會大增，也就會大大延遲達成決議的時間，降低演出效率。實際上，速度是系統運作的動力要素。

反對魯門者必會如此反駁：如果真要避免嚴重紛亂造成的危險，那麼這些零散的意見都應被列入考慮。對此魯門如是回答——這也正是他的第二個要點：透過一種使個人「半學徒化」、不受紛擾影響的過程，個人的渴望可以在引導之下與系統的決定相配合。系統的決定不需尊重個人的意願，這些意願應渴望決定的達成，至少應渴望這些決定所能產生的效應。行政管理的流程應做到讓個人「想要」系統所需要的，如此系統才能有絕佳的演出。遠程數控科技(telematics technology)在此中所扮演的角色是極明顯易見的。

演出原則

我們不能否認「有脈絡掌控(context control and manipulation)存在必定比沒有好」這種想法有其具說服力的一面。以演出成果為準則有其「優點」。例如其基本原則即已排除了對形上學論述的拘泥執著；它主張放棄傳說寓言；它要求清明的心智及冷靜的意志；它不去定義本質而是去計算預測互動的效應；它使「玩家」不單單要為自己提出的陳述負責，這些陳述得以被接受的規則——即界定陳述所隸屬的戲局的那套規則——亦要由玩家來負責。它將知識的實踐功能披露無疑，彷彿這些功能與效率至上的原則息息相關：立論的實踐性、找證據的實踐性、傳遞所知的實踐性，以及養成想像力的實踐性。

演出原則亦有助於提昇各語言戲局使其具有不假外求的自我認知，即使不在典範知識範疇內的戲局亦然。它刺激了日常的論述，使之搖身一變成為某種後設論述：一般的陳述現在展現了自我引述(self-citation)的傾向，而不同的敘事據點(posts)④即使在傳遞當下與其相關的訊息時也傾向於採取間接的連結。此外，根據演出原則，我們將發現：科學共同體在拆解及替換語言的過程中所經歷的內部溝通的問題，其本質極適於比擬為社會集體所經歷的問題——當社會集體的敘事文化被褫奪了之後，它必須重新檢視其內部溝通的問題，並於此過程中質疑以其名義所做的決定的合法性。

冒著令讀者憤慨的風險，我得說系統可以把「苛刻」也算作其諸多優點中的一項。在「以發揮極大動力為標準」的框架下，未能滿足某需要而造成的困境並不足以為由此生發的要求（指令）合法化。並不是說處於困境的人就有權利，如果減緩困境能為系統帶來更佳的演出成果這才能談權利。最沒有特權的那些人的需要並不能當成系統作調節修正的原則：既然滿足其需要的方式並非待開發的未知數，那麼真正去滿足他們時也再不能促進系統的演出成果，只會徒增系統的開銷。除非不去滿足這些人就會造成整體的動搖，那麼才有必要處理他們的需要。要講動力，本質上就是不能受制於弱點缺陷。但其本質卻誘發試圖重新定義「生活」典範的各種新要求。就此意義看來，系統似乎是一個先進的機器，把人類拖著走，將其去人性化，以便在另一個不同的層次，即規範力(normative capacity)的層次，將之再人性化。技術專家主義者宣稱，由社會自行指出的需要其實是不可信的；他們「知道」社會無法知道其自身的需要，因為需要決非不受新的科技工業影響的自變項。這便是決策者的狂妄所在——也正是他們的盲點所在。

所謂決策者的狂妄指的是：他們將社會系統視為一個追求最大演出整體性的總體，且自視為社會系統的化身，參看科學的實踐模式，我們就會知道這其實是不可能的：基本上，科學家不能自視為知識的化身，或者藉口說某個研究計劃的需要、某個研究者的渴望不能在「科學」此一總體上再添任何演出成果，於是漠視這些需要或渴望。研究者面對質問時的反應往往是：「我們來看看，先跟我說說你的故事」。基本上，他並不倉促決定結案，或預先判斷一旦再度開啟「科學」此總體，其動力便會損耗；事實剛好相反。

當然，現實狀況並非總是這樣。無數的科學家們眼睜睜地看著自己邁出的「步法」被漠視或打壓，有時因其出現會猛然鬆動在大學、科學層級（scientific hierarchy），甚至問題叢結（problematic）中已廣被接受的各種立場，此步法甚至可能遭打壓達數十年之久。步法越是強勢，越可能得不到任何共識的認可——因為它改變了共識所依據的遊戲規則。但當知識的體制以此種方式運作時，它就像一般的動力中心一樣，由維持「體內平衡」（homeostasis）此一原則來支配其一切行動。

這樣的行動是恐怖主義式的，正如魯門所描述的系統其行動也是恐怖主義式的。我所謂的恐怖指的是不惜排除——或作勢要排除——一同參與語言戲局的玩家來換取效率。並不是因為玩家本身被駁倒了所以他才被噤聲或變得只會附和，而是他參與戲局的能耐受到了威脅（有許多方式可以阻止人參與遊戲）。決策者的狂妄——基本上在科學界還找不到與之旗鼓相當的，正在於恐怖的行使(exercise of terror)。它說：「你的一切渴望應配合我們的目的——不然的話……」。

甚至參與各種戲局的許可條件也都受限於演出成效。所謂生活典範的重新定義即是提昇系統爭取動力的能耐。此一事實隨遠程數控科技的引進更見明顯：技術專家主義者在遠程數控科技中看到了解放的可能以及對話者之間互動關係的更見豐富；但對他們而言此過程最吸引人之處應在於其可以使系統產生新的張力，這些張力自然會促進演出的成效。

科學具有「差異化」的特色(differential)，就此程度來說，其實踐模式正可以提供穩定系統的一個反模型(anti-model)。只有當一個陳述和先前已知的有所不同，且有相關的議論及證明作為支持的佐證時，它才會被認為值得保有。科學呈現了「開放式系統」的一種模型，在此系統中能衍生理念——能衍生出其他陳述及其他遊戲規則——的陳述就是具相關性的科學陳述。科學並不具備一籠統的後設語言足以謄寫轉錄、評估其他所有語言。這也就是為什麼科學不至於等同於系統，總的來說，不至於等同於恐怖。如果在科學共同體中存有決策者與執行者間的分野(事實的確如此)，那麼這是一個社會-經濟系統的事實而非科學實踐模式的事實。實際上，這是知識的想像發展最大的障礙之一。

關於合法性的一般性問題變為：科學實踐此反模型與社會之間的關係為何？它是否可以應用於組構社會的龐大的語言質素群？還是它的應用範疇只限於知識的戲局？倘若如此，它在社會鏈的串鏈中又扮演著什麼樣的角色？它可是源生於開放性共同體內部的一個不可能的理想？它可是構成決策者——那群自己不買演出準則的賬卻又將此準則強加於社會的人們——的子集合的要素？或者，相反地，它是拒絕與威權合謀，冒著所有研究計劃都將因資金短缺而遭凍結的危險，向反文化的方向邁開腳步？

在本研究一開始的時候我便著力強調不同語言戲局之間的差異性，特別是示意戲局，或曰知識，與規範性戲局，或曰行動，之間的差異。科學實踐模式是以示意性話語(utterances)為主，據此做為建立知識體制（學會、中心、大學院校等等）的基石。但是後現代的發展將一個關鍵性的「事實」展現在我們面前：即使是示意性陳述的探討也需要有一套規則才能進行。規則是規範性而非示意性的話語，為了避免混淆我們最好稱之為後設指令(metaprescriptive utterances)（其作用在於規範語言戲局所容許、接受的步法）。現下的科學實踐模式以差異化、想像、悖逆的方式運作，其功用便在於點明這些後設指令的存在（科學有其「前提」）並請求玩家接受不同的指令。能讓此要求被許可的唯一合法性在於其足以衍生理念，換言之，即衍生新的陳述。

共識並非討論的終極目的

社會的實踐模式可不像科學的那麼簡單。它像是由不同類型話語（示意性、規範性、操演的、技術的、評估的）等各式網路交織形成的怪獸。我們沒有理由相信必定可以找出一套所有語言戲局共通的後設指令，或是以為將流通於社會集體中的陳述總體加以規範的後設指令，其總體可被一個可改變的共識——例如於某一時刻在科學共同體中得勢的共識——所涵蓋。事實上，當代關於合法性的敘事——不管是傳統的或「現代的」（例如人類的解放、理念的實踐(the realization of the Idea)），其式微正繫乎此種信念的中止。這種信念的不再使「系統」的意識形態以總體性為藉口，竭其所能地想做些彌補，而這正表現在它對演出準則消極嘲諷的態度上。

基於這個理由，我認為依循哈伯瑪斯的方向去處理合法化的問題——即透過他所謂的*Diskurs*，或曰立論的對話，去追尋普遍的共識，是既行不通又不夠謹慎的作法。

這等於是做兩項假設。第一，所有的發言者可能［經由對話］達成協議，在此依據上建立的規則或後設施令應用於所有語言戲局時皆具正當性。然而很明顯的，語言戲局形態互異，各受制於不同的實踐規則。

第二，對話的目的乃為達成共識。但是誠如我在分析科學實踐模式時所指出的，共識只是討論過程中一個特殊的狀況，並非討論的終極目的。事實上其目的恰恰與共識相反，是要達致一種謬理。這雙重的明鑑（規則的駁雜性以及追尋異議的重要）摧毀了哈伯瑪斯式探尋的信念基石——即視人類為一集體（具普遍性）的主體，此主體將透過規劃所有語言戲局均接受的「步法」來追求共同的解放契機；而一切陳述的合法性皆在於對此解放的貢獻。

這種訴求如何在哈伯瑪斯的議論中發揮抗衡魯門的功用是非常顯而易見的。Diskurs是他用以對付講求穩定性的系統理論的終極武器。他的理由很好，立論卻不然。共識已經成為一種過時又可疑的價值。但正義(justice)作為一種價值則既未過時又不可疑。我們因此應力求臻至一種無涉共識的正義的理念與實踐。

語言戲局在本質上便是形貌駁雜的，了解這點是走向正義的理念與實踐的第一步。這明白暗示了對恐怖的棄絕，我所謂的恐怖是指不單假設語言戲局皆為同一形構，更試圖使其成為同一形構。第二步則是要秉持一項原則：任何定義遊戲規則的共識以及戲局所容許、接受的「步法」都**必須**是局部的，亦即必須由現下參與遊戲的玩家協議通過，而同時又總是能夠被取消掉。這樣的導向主張闡明有限的後設議論的駁雜性(a multiplicity of finite meta-arguments)，我所謂的後設議論是指其乃是關於後設指令的立論且因時因地制宜。

這樣的的導向正與現下社會互動演進的路線相合：無論在專業的、感情的、性慾的、文化的、家庭的、國際的，甚或政治事務的範疇，在實踐的層次上臨時合約⑤均已取代了永久的體制。這種演進當然有其曖昧處：臨時合約帶來較大的彈性、較低的花費，伴隨而生的刺激又在喧騰擾動中透露出創造的契機——一切因素都有助於增進演出效率，系統因此將贊成臨時合約。不管怎麼樣，這裡無意提供一個可以「純粹」外於系統的出路：我們都知道，在一九七〇年代就將結束的今天，任何提供這樣出路的嘗試終將造成和它想取代的系統沒兩樣的結果。我們應該欣見對臨時合約抱以曖昧態度的這股趨勢：它既不完全臣服於系統的目標之下，又能為系統所容忍接受。這見證了系統之內存在的其他目標：認識這種形式的語言戲局以及決意為其規則與效應負責。而其最重要的效應也正是規則的採用得以正當化的緣由——謬理的追尋。

我們終於來到了可以一究社會電腦化如何影響此問題叢結的境地了。社會的電腦化可以成為控制規劃市場系統的「理想」工具，擴展至知識本身亦被涵納在內的地步並完全由演出原則所控制。在這樣的情況下必然會涉及恐怖的使用。但它也可能幫助討論後設指令的團體，即在他們要作內行的決定時將其往往欠缺的資訊提供給他們。若要電腦化循著這兩條路徑中的第二條來進展其實相當簡單：讓資料庫及記憶體成為大眾唾手可得之物。屆時，在任何時刻語言戲局都將是完整資訊的戲局。但它們也將是「非零和遊戲」(non-zero-sum games)⑥，由於此一事實，討論將沒有膠著之虞，也就是說不會像〔紙牌〕遊戲中耗盡籌碼的玩家一樣，為維持某種平衡，而固著於採取一種使對方得點數減到最低以謀求自己得最高分的戰略(minimax)。這是因為下注的籌碼乃是知識（或你要說是資訊也可以），而知識的蓄積——可能陳述的語句所形成的語言的蓄積——是耗之不盡的。由此，一種既尊敬對正義的渴求又重視對未知的想望的政治，其輪廓已然被鈎勒了出來。

※本文出處：Excerpted from Lyotard, *The Postmodern Condition*. Minneapolis: University of Minnesota Press, 1984. Reprinted with permission.

譯者：**黃宗慧**

註釋：

①李歐塔(Jean-François Lyotard)援引維根斯坦(Wittgenstein)語言遊戲的觀念來鋪陳自己的理論，強調不同的領域猶如不同的戲局，各有其特定的一套規則，也因此大敘事以一概全的規則是行不通

的；相對地，唯有像小敘事或語言遊戲這類強調局部決定的、極細微的分析整體才是值得推崇的。

②李歐塔所謂的創造是指在語言戲局中不斷置換遊戲規則，此概念有別於強調「進步」或「與過往別苗頭」的「創新」(innovation)一詞。

③李歐塔所謂的「謬理式的」(paralogical)並不等同於「非邏輯的」(illogical)，謬理乃是在邏輯運作中破壞邏輯，如同扭轉形式難辨內外的莫比斯環(Moebius band)所示一般。

④李歐塔慣用「敘事實踐模式」(narrative pragmatics)來闡釋他的許多觀念，其所謂敘事的據點可以指敘事者、指涉物、聆聽者等位置。李歐塔反對傳統大敘事機器將敘事者位置哄抬至最高的做法，他強調敘事者同時也是另一個敘事的聆聽者，是可以被敘述的指涉對象。詳見其《正義戲局》(*Just Gaming*)一書。

⑤李歐塔認為語言戲局的第一個特色即是其規則本身並不包含自身的合法性：規則乃是由參與遊戲的玩家共同訂定出來的合約(contract)；語言戲局其他的特色還包括「沒有規則就沒有遊戲」等等，詳見*The Postmodern Condition*一書第三節。

⑥零和遊戲即泛指由二律背反構成的一組選項，好比在遊戲中只有非輸即贏、非贏即輸兩種可能性。

附記：Loytard所著*La Condition Postmoderne*一書之英譯本*The Postmodern Condition: A Report on Knowledge*於一九八四年出版後，本書節選其Introduction(xxiv-xxv)、第十節"Delegitimation"(pp.37-41)，及第十四節"Legitimation by Paralogy"(pp.60-67)三部分，合併收錄而成此文。節錄時原作之註釋已被刪去，現列於文末的註釋係為譯註。

現代與後現代之爭

作者：哈伯瑪斯（Jurgen Habermas）

繼畫家與電影工作者後，建築師於一九八〇年也受邀參與威尼斯雙年展。但是，第一屆建築雙年展却令人大失所望。參展的建築師可說是組成了悖逆潮流的前衛陣線。我是指他們為了創造一種新的歷史觀而犧牲了現代性的傳統。德國的《法蘭克福聯合報》（*Frankfurter Allgemeine Zeitung*）有位評論者撰文論述此事，而其論點其實是在指陳時弊。他寫道：「後現代性無疑等同於反現代性」。他的論調揭櫫一股滲透在我們這時代各思想領域裡的感性潮流，受其刺激，後啟蒙、後現代，甚至後歷史等各種理論相繼登場。

古典派與現代派

讓我從界說概念開始。「現代」一詞由來已久，姚斯(Hans Robert Jauss)曾有深論。拉丁文的「現代」(modernus)首次出現於公元五世紀末，用來表示古今之別，當時「今」通指基督教世紀，而「古」則是羅馬及異教時代。故儘管「現代」一詞含義紛歧，所表達的總是一種認知到故往的時代意識，以強調本身乃從舊時代過渡到新時代的產物。

有人認為「現代性」只能指歐洲文藝復興時期，不過這種史觀未免失之偏狹。十二世紀查理大帝在位時，人們自認為是現代人，同樣的，十七世紀末法國發生著名的「古典派與現代派之爭」時，人們也以現代人自居。質言之，正是在歐洲透過維新和古典的關係形成新世代意識之時——更甚者，即每當仿古再成風尚時，「現代」一詞一再出現。

法國啟蒙主義理想的提出，第一次解除了古典加諸後世精神的魔咒。確言之，隨著現代科學興起，人們相信知識進步永無止境，社會與道德改善也恆往前進，過去那種需以回顧古典來凸顯「現代」的想法也改變了。這改變也使另一種現代意識成形。浪漫的擁現代派者反對古典派的崇古理想，而在理想化的中世紀找到新的歷史時代。不過，此於十九世紀初所建構的新理想時代，並未成為長遠理想。隨著十九世紀的推移，由此浪漫精神衍生出來的現代性意識，就已徹底切斷一切和歷史的聯繫。這最新版的現代主義認為傳統和現代就是勢不兩立；而我們今天其實仍服膺這在十九世紀中葉首次出現的美學現代性。從那以後，「新」便成為鑑定作品是否現代的標幟；一旦下一個更新風格的作品出現，原來「新」的作品，馬上就落伍了，而且還被認為仍與古典藕斷絲連。經得起時間考驗的作品固然會被稱為經典之作，但所謂現代的篇章卻不再借助能通過時間考驗以躋身經典殿堂。反之，現代作品之為經典著作，乃因它曾經是真材實料的現代作品。我們的現代性意識創造了它封閉性的經典尺度。這就是從現代藝術史觀點來看古典的現代性。「現代」和「古典」的關係顯然已沒有什麼固定的歷史前後順序。

美學現代性之規範

在波特萊爾作品中，美學現代性的精神和規範已有明顯形跡。接踵而至的各種前衛運動紛紛展露現代性風采，於達達主義者群集的伏爾泰咖啡座以及超現實主義者時達到高潮。美學現代性的特質，在於改變時間意識的共識。這種新的時間意識可藉先鋒及前衛這兩個同義字的意象彰顯出來。前衛即是攻占新領土，甘冒遭突襲、重擊之險，征服尚未被開發的未來。前衛者必須在無人涉足的地區找到方向。

不過，上述向前探索、期盼不確定的未來，及崇尚新潮之舉，其實反而在抬高所謂現時的身價。這種時間意識乃柏格森(Henri Bergson)作品倡導的哲學觀念，它非僅僅是表達社會的流動、歷史的躍進，及日常生活的斷續等經驗而已；而是一側重無常、難以捉摸、短暫、表揚動態論的新價值觀，它其實顯示了對清淨、無瑕，與安定的現在之渴望。

這就足以解釋現代主義風潮於論述「過去」時使用抽象語言的原因。個別的世代失去其獨特性，歷史的記憶變成現時英雄式地呼應歷史中幾個極端的世代；也就是說，它是一種頹廢與野蠻、狂野、原始互通氣息的歷史感。我們從中可觀察到摧毀歷史延續性的無政府意圖，這也是新美學意識所具的顛覆力量。現代性反叛傳統的規訓性；現代性倚賴反叛一切限制而存在。這種反叛旨在淡化道德和功利兩者的標準。這種美學意識不斷地遊走於隱私與公開的醜聞之間；它一方面耽迷於因褻瀆而生的恐悸，另一方面卻又不能接受褻瀆所必然造成的大不敬。

另一方面，前衛藝術所展現的時間觀並不僅只是反歷史的；它還將矛頭指向所謂歷史中虛假的限制性。因為現代、前衛精神對待過去的方式獨樹一格；它棄歷史主義客觀化學術所得出的過去如敝屣，並同時反對深鎖於歷史主義博物館內中性的歷史。

班雅民(Walter Benjamin)承續超現實主義餘緒，以我稱之為後歷史主義的立場建構現代性和歷史的關係。他提醒我們法國大革命的自知之明：「法國大革命引述古羅馬，如同時裝界推出復古裝。時裝界嗅得出什麼是流行，只要其走勢不超出已流行過的範圍。」這就是班雅民所謂的Jetztzeit，即「現代」作為啟悟時刻觀；它是錯綜複雜、碎片式地呈現救贖的時刻。同樣的，對霍布斯庇耶(Robespierre)而言，古羅馬乃滿載瞬間啟悟的過去。

而晚近這種美學現代性的精神已顯得陳舊。六十年代曾傳誦一時，但過了七十年代，我們不得不承認，現代主義已不像十五年前那樣引領風騷了。現代性的同路人帕思(Octavio Paz)早在六十年代中期即指出，「一九六七年的前衛重複一九一七年的前衛作風與姿態。我們已走到現代藝術思想的盡頭。」柏格(Peter Burger)的論著教我們要用「後前衛」藝術一詞來指超現實主義革命的失敗。但究竟這失敗的意義何在？是否表示現代性已成過去？或廣言之，這是否意味著，後前衛是廣泛的後現代性的過渡?

這其實正是美國最睿智的新保守主義分子貝爾(Daniel Bell)的詮釋觀點。貝爾在《資本主義的文化矛盾》(*The Cultural Contradictions of Capitalism*)一書中強調,高度發展的西方社會的危機,可追本溯源至文化與社會的分離。現代主義文化完全滲透了日常生活價值;生命世界飽受現代主義的影響。由於現代主義的強勢,當道的是無限的自我實現原則、真實地體驗自我的追求,與極具高敏感度的主觀主義。貝爾指出,這種風氣釋放出與社會中講求專業生活紀律格格不入的享樂欲求,不僅如此,現代主義文化還徹底與以有為、理性為生活守則的道德觀決裂。於是,貝爾便將新教徒倫理崩潰(曾令韋伯〔Max Weber〕不解的現象)的責任歸咎於「敵對文化」。現代的文化形式鼓動人們對日常生活成規與美德採取敵意;而現代社會中經濟與政令的強勢要求更合理化了這種敵意。

請注意這其中的複雜情形。然而另一方面,我們還耳聞現代性的動力已告衰竭,以前衛自居者無異已被判死刑。儘管前衛運動還在擴展,它被認定已了無創意。現代主義雖仍當道,但現代主義已死。對新保守主義者而言,問題則是:如何重建社會的基準以便限制自由思想,重塑紀律與工作倫理?什麼新基準能力挽〔西方〕社會福利國家所造成的齊頭式平等狂瀾,而讓個體力爭上游的美德再次抬頭?貝爾視宗教復興為唯一藥方。有了宗教信念加上遵崇傳統,個體自能獲致明確的身分認同和存在的安全感。

文化現代性與社會的現代化

我們當然無從以魔法召喚出權威的各種強勢信念。因此，如貝爾者的析論也不過流於一種在德國和美國同樣盛行的態度：對抗文化現代性推行者的知識與政治立場。下引斯坦弗思(Peter Steinfels)之言，他觀察了新保守主義者強加諸於七十年代知識界的新風尚：

鬥爭以曝顯所有可稱之為反對者心態的一切形式進行，並追溯其「邏輯」以至於可跟各種形式的極端主義產生聯繫：如聯結現代主義和虛無主義……官方法令和極權主義、批評限武和恐共、婦解或同性戀人權和家庭瓦解……廣義的左派和恐怖主義、反猶太思想和法西斯主義……①。

這種人身攻擊及惡意的指控曾經橫行德國。我們無須藉分析新保守主義作家的心理來解釋這現象；反之，它們仍根植於新保守主義教條推理的弱點。

新保守主義將還算成功的經濟和社會資本主義現代化其令人不安的後遺症算到文化現代主義的帳上。新保守主義教條故意使廣受歡迎的社會現代化過程與悲情的文化發展劃上等號。新保守主義者沒有深入研究人們之所以會改變工作、消費、成就與休閒態度的經濟和社會成因。結果，下列現象——享樂主義、缺乏社會認同感、不願服從、自戀、不願力爭上游——都被歸入「文化」的範疇。然而，文化對這些問題之形成，其實只是扮演間接的中介角色。

依新保守主義觀點，自認對現代性大業依然心有所屬的知識分子就取代以上未加分析的因素。今天新保守主義的態度絕非源於對走出博物館、走入日常生活、桀驁不馴文化的不滿。因為此不滿並非出自現代主義知識分子的推波助瀾；它根植於力反社會現代化的過程之中。在經濟成長活力和國家體制成就的壓力之下，社會現代化更加深入各種人類活動的舊有形式。這種生命世界臣屬於體制的現象，我認為要歸罪於日常生活溝通的下層結構受到干擾。

因此，比如說，新民粹主義的叫囂只能尖刻地表達人們普遍對城市與自然環境、人類社交形式毀滅的憂慮。從新保守主義觀點看來，這些叫囂不無反諷之處。文化傳統的傳承、社會融合、社會化等職責，須依附於溝通理性的準則之上。當以價值判斷與行為基準的再生產和傳輸為中心的溝通行為領域，遭受奉經濟與管理理性標準為指標的現代化滲透時，就會有抗議與不滿的產生；因為，這些領域本應奉行溝通理性才對。但新保守主義教條轉移我們對這類社會過程的注意：它將未闡明的因素投射到具有顛覆性的文化及其主張者身上。

誠然，文化現代性也衍生了它自身的困境。先是各自從社會現代化的結果，及文化發展本身的觀點來看，現代性的計畫不乏啟人疑竇之處。討論完新保守主義對現代性使不上力的批評之後，下面將針對現代性及其不滿，從另一範疇探討文化現代性這種種困境——它們通常導致提倡後現代性、回歸某種形式的前現代性，或徹底拋棄現代性等結論。

啟蒙主義的計畫

現代性和歐洲藝術的發展密不可分，不過只有將藝術存而不論，我們才能集中討論我所說的「現代性計畫」。首先我要借用韋伯的一個觀念作為不同的分析切入點。他視文化現代性為宗教與形上學所表達的實質理性一分為三成自主的領域——科學、道德與藝術——的結果。由於一元的宗教與形上學的世界觀崩盤，三者乃告分裂。十八世紀以來，舊世界觀所遺留下來的問題因而重組成四種不同的效應：真理、規範的正義、真實性、美。這些效應復被當作知識、或正義與道德、或品味的問題處理。同樣的，科學論述、道德理論、法學與藝術的生產和批評也被建制化。每一文化範疇可被視為文化事業，則其問題由專業分子來解決。專業化處理文化傳統的方式，凸顯了三文化領域的內部結構：即認知—工具、道德—實用及美學—表現的理性結構；每一結構都由專家操控，他們顯然較他人更善用邏輯。結果，專家文化和大眾文化兩者之間差距漸大。變成新的文化內容的專業化處理和反思，未必立即成為日常生活實踐。其傳統實質早已貶值的生命世界，隨著這一類文化的現代化，愈發貧瘠的威脅正逐漸增大。

啟蒙主義哲學家在十八世紀提出的現代性計畫主要是闡揚並發展客觀科學、普遍道德與法律、藝術自主其內在邏輯。同時，他們的計畫也企圖找尋上述各領域內的認知潛力。啟蒙哲學家希望利用專業文化的結晶來豐富日常生活——易言之，來為日常社會生活的理性組織架構服務。

如康多瑟(Condorcet)的啟蒙主義思想家依然奢望藝術和科學不僅有助於控制自然界，而且能促進對世界、自我的瞭解，能提昇道德、建制的公理，甚至謀求人類福祉。二十世紀粉碎了這種樂觀想法。科學、道德與藝術的分門別類意味著由專家所處理的部分獲致其自主性，而且與日常溝通的詮釋系統截然二分。這種現象造成種種嘗試「否定」專業文化的企圖。但問題依然存在：我們是否該堅持啟蒙主義的意圖，不管它們已嫌多麼微弱？或宣稱整個現代性計畫無疾而終？解釋了何以從歷史觀點來看，美學現代性只是整體文化現代性的一部分之後，且言歸藝術文化的問題吧。

文化的假性否定計劃

簡略而言，我認為現代藝術史給予藝術的界定與實踐更多的自主性，此一趨勢昭然若揭。「美」的範疇和美麗事物的領域首次於文藝復興時期被建立。到了十八世紀，文學、美術、音樂被建制化，成為獨立於宗教與宮廷生活之外的活動。終於在十九世紀中葉唯美主義的藝術觀成形，藝術家紛紛依其獨特為藝術而藝術的意識生產作品。當時美學領域的自主性頗有自成一刻意計畫之勢：有才華的藝術家便真切地表現自身所遭遇的去中心主體性的體驗，此乃因其背離了規律的思維與日常行為模式的約束。

十九世紀中葉興起了一次繪畫與文學運動，帕思認為波特萊爾的藝術批評中已可見其縮影。色彩、線條、聲音、動作不再為再現服務，表現媒介和生產技巧本身已然成為美學客體對象。因此阿多諾(Theodor W. Adorno)在他的《美學理論》開章明義寫道:「而今理所當然的是,所有關涉藝術者,不論是藝術本身,或藝術和整體的關係,甚或藝術存在的權利,都不宜再被視為理所當然」。而超現實主義當時所否定的正是這種為藝術而藝術存在的權利。如果現代藝術不再對它本身和生活「整體」的關係感到樂觀,超現實主義當然也不會挑戰藝術存在的權利。對席勒(Schiller)而言,美學直覺打包票保證這種樂觀的前景,但支票並未兌現。席勒的《論人的美感教育書信》提出超越藝術本身的烏托邦。波特萊爾亦重彈此美好時光的舊調,但是到了他的時代,藉藝術想與社會修好的烏托邦已經走調。起而代之的是它們互為齟齬的關係;藝術變成一面不討好的明鏡,彰顯了美學和社會現實之間漸行漸遠的本質。當藝術愈發疏離生活,隱入遙不可及的徹底自主性時,現代的這種走勢也愈發明顯。終於,超現實主義者掙脫這種基調,釋放爆炸性的能量,企圖炸毀藝術自給自足的世界,以迫使藝術與生活的復合。

然而,種種拉攏藝術與生活、虛構與實踐、表象與現實的努力——例如消除藝品與實用品、刻意排演與即興行樂之區別,宣稱一切皆藝術、人人皆藝術家,撤消一切準繩,將美學判斷等同於主觀經驗的表達——已證明是無稽之實驗。這些實驗反而重振並彰顯了它們本欲瓦解的藝術結構,而其最終目的竟然變成去合理化以下現象——表象是虛構的媒介、藝術作品超脫於社會、藝術生產的特性是密集有計畫的,及品味的判斷亦有其特殊的認知地位。反諷的是,否定藝術的極端作法到頭來卻反而替這些結構平反,而當時啟蒙主義美學就曾藉這些藝術類別界定其對象範疇。超現實主義者發動了最徹底的戰鬥,但犯了兩大錯誤,結果功虧一簣。首先,當承載自立更生的文化領域的容器支離破碎時,其內容會隨之流散。未達昇華的意義或缺乏結構的形式之下是空無一物；隨之而來的不可能是解放的結果。

超現實主義者犯的第二個錯誤造成的問題更加嚴重。在日常生活的溝通中，認知意義、道德期待、主觀表達與評價必須彼此相關。溝通過程需要一涵蓋所有領域──包括認知、道德實踐與表達──的文化傳統。因此，只藉進入藝術這單一文化領域，並善用一項專業化知識集合體，根本無法使理性的日常生活免於文化的貧乏。超現實主義革命充其量能取代一個抽象的概念就很了不起了。

在理論知識及道德的領域，也有類似但較不顯著的失敗之舉；我們或可稱之為文化的假性否定。遠在青年黑格爾學派的年代，就已有否定哲學的說法。馬克思則開始提出理論、實踐二者關係的問題。不過，信奉馬克思主義的知識分子參與社會運動；而只有在社運邊緣，有些派別曾執行否定哲學的計畫，與超現實主義否定藝術的計劃有異曲同工的效果。但只要略知教條主義和道德嚴峻論後果一二，就會對這些計劃中類似超現實主義所犯的錯誤一目瞭然。

只有造就認知、道德實踐與美學表現元素間的自由互動，才能診治物化的日常生活實踐。物化無法僅靠強迫它們其中任何一個高度風格化的文化領域打開方便之門與大眾接近而告克服。反之，在若干情況之下，當這其中任何一個文化領域過度介入另一領域時，便難辭恐怖活動其咎──例如美學化政治、嚴峻道德主義替代政治、政治附屬於某主義教條的趨勢。不過，這種種現象不應導致我們將悠久的啟蒙主義傳統其意旨，鞭斥成以「恐怖式理性」為基礎的意旨。有人會偏頗地聲稱，在暗地裡、在軍方及情治警察的地窖、在政治陣營和建制內所進行的那些極度廣泛持續的官僚恐怖活動，是現代國家存在的根基──只因這類行政恐怖活動常借用現代官僚體系慣用的強制手段。而那些將現代性計畫與個別恐怖分子的意識及其驚人之舉混為一談的人，與上述那些人一樣目光如豆。

替代途徑

與其放棄現代性，視其計畫如敝屣，我認為不如從那些想要否定現代性的誇張計畫所犯的錯誤中學習。或許從接受藝術的型態可看到出路。

資產階級藝術的觀眾同時要有兩種心理準備。一方面，喜歡藝術的一般人士應自修以成為專家。另一方面，他也應像個識貨的消費者，懂得善用藝術，能結合美感經驗於其生活問題上。第二種，似是無害的體驗藝術方式，已經失去它極端的意含，正因為它和專家及專業的關係已混淆不清。

如果不是以專業處理自主問題的形式執行，或萬一對不科學的問題本來就興趣缺缺的專家不再眷顧它時，藝術生產肯定會萎縮。因此，藝術家和批評家皆同意說，這類問題正是受我前文所提文化領域之「內在邏輯」所惑的結果。但這種尖銳的定義，這種完全集中在效應的一面、而將真理與正義排除在外的情形，一旦當美學經驗進入個人的生活史，並融入日常生活當中時，便會立即站不住脚。一般人士，或曰「日常生活專家」，其接收藝術的方式，顯然和專業批評家大異其趣。

從費爾梅(Albrecht Wellmer)那兒，我發覺不套用專家評斷品味的美學經驗，真別有洞天；

一旦這類經驗用來闡明生活歷史情境，處理生活問題時，它即不再屬於美學批評家的語言遊戲。這類美學經驗不僅重新詮釋我們對世界的領悟及需求，而且還滲透於我們認知意義的過程及規範性期待，也改變了它們彼此之間的關聯。茲舉例說明其運作如下。

這種藝術接收並與之互動的方式，德裔瑞典籍的懷斯(Peter Weiss)的《反抗美學》首卷就曾論及。懷斯舉一九三七年柏林一群有政治意識、渴望求知的工人為例描述他們挪用藝術的過程。這群年輕人修過夜校高中課程，學有洞悉歐洲藝術通史和社會史的知性一技之長。在柏林的博物館，他們再三觀賞藝術品，養成了活潑的客觀心靈思想體系，他們有意識地開始清除自己的環境背景裡累積下來的瑕疵。而他們的背景是傳統教育及當時政權所鞭長莫及的。這些年輕的工人遂在歐洲藝術體系和他們自己的環境背景之間反覆往返，直到他們終於能夠洞悉兩者。

在這類能彰顯自生命世界立場出發、成功挪用專業文化的例子中，我們現在終於能公平看待超現實主義者無望的革命意旨，乃至於布萊希特和班雅民對藝術作品儘管失去氛圍後仍具啟示之望的看法。那就是，現代性的計畫大功未成；對藝術的接收僅是它三大方向之一。現代性的計畫旨在細心爬梳地重新將現代文化和日常生活實踐結合；後者雖仍依存於重要遺產，但只靠傳統主義只有走向匱乏一途。然而，這種新關係，只有在社會的現代化也要往不同的方向發展才能成立。即生命世界本身必須能夠發展自己的機制，足以限制其內在的動力、其幾乎全面自主的經濟系統的強制性，及其行政的附屬組織。

不過，就我所知，以上發生於今天的機率並不高。幾乎在整個西方世界，加速資本主義現代化的氣象瀰漫，批判文化現代主義的趨勢也高漲。由於各種否定藝術和哲學計畫的失敗而生的幻滅感變成保守立場的藉口。下文將簡略區分「年輕保守主義者」的反現代主義、「老保守主義者」的前現代主義、新保守主義者的後現代主義間的歧異。

「年輕保守主義者」覆述美學現代性的基本經驗。他們宣稱發現了自工作和實用性之強制性解放出來的去中心主體性，有了這經驗後他們踏出了現代世界。在現代主義的基礎上他們強力推銷反現代主義。他們認為想像、自我體驗與感情屬於遙遠而古老的世界。他們二分法式地視不管是權力或統御的意志，存有或詩歌中的酒神力量為工具理性的死對頭。這類年輕保守主義者，在法國，從巴岱儀(Georges Bataille)到傅柯到德希達，可謂一脈相傳。

「老保守主義者」則不讓自己被文化現代主義所蒙塵。他們眼見實質理性的沒落，科學、道德與藝術各立門戶，現代人世界觀流於只追求程序上的理性，心中戚然，乃倡議退隱到現代性發生之前的境地。

這當中新亞里斯多德主義則相當成功。為求解決生態學的問題，它要求建立一套宇宙倫理觀。這一派的源頭有史特勞思(Leo Strauss)，至於其他人，約納思(Hans Jonas)和斯別曼(Robert Spaemann)的有趣著作頗值參考。

最後是新保守主義者。他們歡迎現代科學發展，只要它能繼續推行科技進展、資本主義成長和國家的施政。此外，他們提倡一套可拆除文化現代性具爆炸性內含的政治觀。它的題旨之一為，我們當知科學對現存世間的走向一無是處。另一題旨則是，政治與道德及實際正義的要求南轅北轍。第三個題旨主張藝術的純內在性，不認為它擁有烏托邦式的內容，並強調它的虛幻性質，以便將美學經驗局限在個人隱私範疇之內。代表人物有早期的維根斯坦、中期的卡爾·

斯宓忒(Carl Schmitt)，及晚期的本恩(Gottfried Benn)。但毅然決然地將科學、道德與藝術局限在與現存世間，及專家無涉的自給領域，文化現代性計劃所能成就的無疑等同於完全放棄文化現代性計劃。傳統可以取代文化現代性計劃，但它却不受（規範的）公理性和有效性要求的影響。

當然，上面的分類不無簡單化之嫌，不過對我們分析當代知識及政治的衝突，倒非全然無用。我擔心反現代性，與有前現代性味道的想法在另類文化的圈子裏越來越流行。仔細觀察德國政黨內部權力結構的轉換，即可清楚看見新的意識形態的轉移。而這正是後現代主義者和前現代主義者的結盟。我認為所有政黨都有貶低知識分子及濫用新保守主義立場的傾向。因此我有理由感謝法蘭克福市的自由精神，感謝她頒這個刻有阿多諾名字的獎給我。阿多諾是該城最榮耀之子之一，身為哲學家與作家，他以無人能出其右的方式樹立了我們國家的知識分子的形象，甚至成為知識分子倣傚的典範。

※本文出處：Habermas; "Modernity versus Postmodernity," *New German Critique* 22 (1981):3-14. Reprinted with permission of the author and *New German Critique*.

譯者：曾麗玲

註釋：

①Peter Steinfels, *The Neoconservatives*（New York: Simon and Schuster, 1979）, p.65.

後現代導圖

作者：胡森（Andreas Huyssen）

問題所在

近日的媒體竭力鼓吹建築與藝術領域當中的後現代主義，因而使後現代的現象成為眾人矚目的焦點，但是這種鼓吹與宣傳同時也引人忽略了後現代長期發展的複雜歷史淵源。事實上，我們目前見到的所謂最新潮流、廣告強打和空洞的狀觀都是西方社會中文化逐漸轉型的部分結果，這種文化的轉變用「後現代主義」一詞來形容——至少就目前來說——真是再貼切也不過，而這種轉型的前提也將是下文中大部分討論的基礎。這種轉型現象的本質或程度都還有待商權，但無疑的確是一種轉變。我希望大家不要誤會，我指的並不是文化、社會、經濟層面全盤典範的變換，任何這類宣稱都將是誇大其詞。但是在我們的文化領域中，有很重要的一部分已經在品味、實踐和論述成形方面有顯著的改變，使得某些屬於後現代的觀念、經驗或主張能夠很清楚地和前一個時期分離開來，自成一格。真正有待探討的是，這種轉變是否在各類藝術領域中揭示了全新的美感形式，或者它只是重新包裝現代主義本身固有的技巧與策略，把現代主義重新嵌入一個不同的文化環境當中而已。

在此我不會嘗試定義何謂「後現代」，因為「後現代」一詞本身原就強調現象之間的相對關係，不鼓勵遽下定義。況且就在我們描述與現代主義的距離時，這個狀似叛離現代主義的辭彙裡根本已包含了現代主義這個字。因此我在下文中，將以後現代的相對本質為基礎，從後現代影響了六〇年代以來的各種論述這個觀點開始討論。在這篇論文當中，我希望能夠為後現代鈎勒出一幅宏觀的地圖，檢視幾個不同的領域，在其中可見各種後現代藝術與批評實踐的美學和政治立場。我將把美國方面的後現代現象分為幾個層面和方向來討論，其主要目的在於強調某些歷史性偶發事件和歷史壓力所引發的近日美學和文化上的爭議，這些爭議不是受到忽視，就是被有系統地排除在美國的批評理論之外。我在描繪建築、文學以及視覺藝術發展的同時，將把焦點放在有關後現代的批評論述上：藉以分別檢視後現代主義和現代主義、前衛主義、新保守主義以及後結構主義之間的關係。這其中每一種關係都代表了後現代主義的某一個層面，因此我在文中也會以這樣的方式來呈現它們。除此之外，近日有關現代主義、現代性以及歷史前衛主義的爭論引發不少的問題，我也將探討後現代的發展史和這些更廣泛問題之間的關係。現代主義和前衛主義雖然都展現對抗文化的面貌，但它們在觀念上和實際上卻都和資本主義的現代化以及／或者共產前衛主義（現代化的雙胞胎兄弟）息息相關，這其中互相牽扯的程度，是我極感興趣的一個問題，我希望在本文當中能夠闡明，後現代的批叛性正在於它強烈質疑這種把現代主義與前衛主義和現代化思想任意連結的預設。

現代主義運動的枯竭

容我在此先簡短地敘述一下「後現代」一詞的傳承及演變。就文學批評的領域而言，後現代一詞的出現要溯及一九五〇年代末期，當時歐文·霍（Irving Howe）和哈瑞·李文（Harry Levin）引用「後現代」一詞來哀嘆現代主義運動的平息，他們兩人以一種懷舊的心情，回顧當時看來就已經顯得較為多采多姿的過去。一九六〇年代，雷思力·費德勒（Leslie Fiedler）和艾哈卜·哈山（Ihab Hassan）等文學批評家首次不約而同地強調「後現代」一詞，但是他們對何謂後現代文學，卻有極端不同的看法。一直到一九七〇年代初期和中期，「後現代」一詞才真正地流行起來，先是進入了建築領域，接著舞蹈、戲劇、繪畫、電影和音樂也都掀起後現代的風潮。雖然後現代和古典現代主義的分裂，在建築和視覺藝術的領域裡顯而易見，但是文學方面的決裂很難界定。到了一九七〇年代末期，多少在美國人的推波助瀾下，「後現代」一詞經由巴黎和法蘭克福大舉進入歐洲，在法國有克莉絲蒂娃（Kristeva）和李歐塔（Lyotard）為之效力，在德國則有哈伯瑪斯為之傳承。同一時間在美國，批評家開始討論所謂後現代主義和美國版的法國後結構主義之閂的關係，且天真地假設理論上的前衛主義應該和文學與藝術中的前衛主義有共通之處；一九七〇年代，藝術界中前衛主義的可行性愈來愈受到質疑，理論的活潑生命儘管時常受到攻擊，卻仍然能夠蓬勃發展。對許多人而言，一九六〇年代推動藝術運動的文化活力，到了一九七〇年代似乎整個注入到理論，反而使得藝術發展擱淺下來，這樣的看法雖說徒具印象式評斷的價值，對藝術界來說也不太公平，但我們仍然可以很合理的說，後現代主義挾其擴張勢力不可逆的邏輯，所形成的迷宮是越來越難走了。還不到一九八〇年代初期，藝術領域中現代主義／後現代主義的謎團和社會理論中現代性／後現代性的糾葛就已經成為西方學術界最具爭議性的話題；而這些話題之所以引發熱烈的討論，並不是因為他們要爭論一個嶄新的藝術風格是否存在，也不是要辯論有所謂「正統」的理論發展，而是這中間還有許多充滿危機、不確定的爭議空間。

近日美國的建築界恐怕是後現代主義和現代主義分裂最為明顯的領域。米泛德洛(Mies van der Rohe)的功能性落地玻璃帷幕和許多後現代建築表面隨處可見的任意式歷史取材可以說根本南轅北轍。以菲力浦‧強森(Philip Johnson)的AT&T高聳大樓為例，整棟大樓的中間部分展現了新古典主義的風格，靠地面的部分採用羅馬式的列柱建築，頂端則是齊本德耳式(Chippendale)的山形牆。的確，一九七〇年代和一九八〇年代的文化似乎隱含了一股對過去各種生活形態的強烈懷念，我們很容易把這種不僅出現在建築界，也出現在藝術、電影、文學和近年來的大眾文化裡的歷史折衷主義，斥為等同於新保守主義對美好過去的懷念的文化現象，或者將之視為資本主義發展到末期，創造力急遽衰退的明顯象徵。但是這份懷舊——瘋狂，甚至是剝削性的追尋過去可資引用的傳統，及對前現代和原始文化的益增迷戀——難道完全都源自文化機制對各類景觀和新鮮事物永恆不斷的需求，因而完全無損於現狀嗎？還是它也表達了一些對現代主義合理的不滿，以及對毫無反省、就一味接受藝術中不斷現代化的態度所抱持的質疑？如果是後者這種情況的話——我相信是如此——那麼這種追尋另類顯著或殘餘傳統的行動，如何能不屈服於保守主義如一把老虎鉗，緊緊咬住所謂「傳統」的觀念不放的壓力，而在文化上開花結果？當然，我在此並非主張我們應熱情擁抱所有後現代主義企圖重現過去的表現，就因為這類表現正好符合了時代的精神；我也不是在鼓吹後現代這種對巔峰現代主義美學的時髦排拒，以及它對馬克思、佛洛依德、畢卡索、布萊希特、卡夫卡、喬依斯、荀伯格和史特拉文斯基等人主張的不耐，認為這樣就代表了文化上的一大進步。後現代主義揚棄現代主義的同時，也屈服於文化機制將自己合理化為一股嶄新的潮流的要求，且同樣有現代主義所面臨的實利偏見問題。

但即使後現代主義本身的主張無法令人信服——如菲力浦・強森、麥可・葛瑞佛思(Michael Graves)等人設計出來的建築所顯示的——繼續堅守現代主義一些較為古老的言論也不一定就能創出較有說服力的建築或是藝術作品。近來的新保守主義試圖將修正過的現代主義捧為二十世紀文化中唯一值得奉行的真理——貝克曼(Beckmann)於一九八四年在柏林舉行的展覽，以及希爾頓・克萊莫爾(Hilton Kramer)在《新標準》(*New Criterion*)中所發表的許多文章就是很明顯的例子——就是一種使自一九六〇年代起已著根的，對某些現代主義形式進行政治與美學的批評消音的策略。但現代主義唯一的問題，還不只是常被納入藝術上保守的意識形態，這種現象已在一九五〇年代時，轟轟烈烈地發生過一次。根據我的看法，如今現代主義更為嚴重的問題，是它在發展時期所表現出來的各種藝術或表現形式和現代化的思想潮流十分接近，無論是資本主義抑或共產主義方面的演變皆然。無可否認的，現代主義原本就不是一個統一專斷的現象，它包含了現代化潮流中未來派與構成派的幸福美夢，也涵蓋了「浪漫式反資本主義」的各種現代形式對現代化潮流所提出極為嚴苛的批評。我在本文中想討論的並不是現代主義「到底是什麼」的問題，我想探討的是，今日我們回顧現代主義，其主要涵蓋的價值與知識到底為何，以及在二次世界大戰之後，現代主義在意識型態上與文化上到底是如何運作的等問題。後現代者所爭論的其實是現代主義某一特有的形象，我們若想了解後現代主義和現代主義傳統間可議的關係，以及後現代所強調和現代主義的不同，我們就得好好重建現代主義的形象。

這方面的問題在建築界看得最為清楚。布哈恩(Bauhaus)、麥斯(Mies)、格洛皮斯(Gropius)、高爾布瑟(Le Corbusier)等人的建築設計反映了現代主義的烏托邦美夢，反應了在世界大戰與俄國革命之後，以嶄新形象重建凋敝歐洲的英雄式企圖，他們希望在戰後重建的社會當中，建築能占有十分重要的地位。為了配合新的啟蒙運動，他們必須遵循理性的設計路線，以建設一個理性的社會；可是這種嶄新的理性當中又攙雜了一些烏托邦式的狂熱，以致到後來，整個理性風格的發展轉回神話的範圍——現代化的神話。在現代主義運動以標準化和理性化的準則推動現代化的同時，它也毫不留情地推翻了過去的一切；結果我們都知道，現代主義的烏托邦就因這種內部的矛盾與紛爭——或者，因為更重要的政治與歷史因素——而不得不瓦解破滅。格洛皮斯、麥斯和其他一些人被迫流亡異域，雅柏特・史畢爾(Albert Speer)則取代了他們在德國的地位。一九四五年以後，現代主義建築當中其高瞻遠矚社會的企圖已經大多淡去，整個建築風格逐漸轉向權力與再現的象徵。現代主義的建築計畫所提供的，不再是開創新生活的先驅與承諾，而變成疏離與貶抑人性的象徵，淪為與生產線這個在二〇年代同被列寧主義與福特主義信奉者所熱烈歡迎被認為會帶來革新的工具的下場。

後現代建築發言人之一查爾斯・鎮克思(Charles Jencks)擅以平易近人的手法，描述現代運動的痛苦演變，他認為一九七二年七月十五日下午三點三十二分，是現代主義建築象徵性隕落的時間。就在那個時刻，聖路易五〇年代由山杉實所建的浦魯特・伊格住宅(Pruitt-Igoe)的好幾塊板磚被炸了下來，而這次拆除行動還很戲劇化地登在晚報上。這部現代主義所創出來的居住機器——這是高爾布瑟在一九二〇年代沈浸在科技一片榮景的氣氛下為它所取的名稱——已經不再適合人居住，整個現代主義的實驗，似乎已經過時了。鎮克思不厭其煩地撇清現代主義運動早期的構想與後來藉現代主義之名所犯下的一些錯誤之間的關係，但另一方面為平衡論點，他也同意一九六〇年代以來，一些現代主義批評者批判現代主義不該在私底下依賴以機器為隱喻、以生產模式為依歸的思考方式，他們同時反對現代主義以工廠作為所有建築的基本原型。因此在後現代的各個領域中，重新將多元的象徵領域注入建築的世界，重新混合各種符碼、挪用各類方言與地區傳統，就成為極普遍的一件事。也因此鎮克思建議，建築師應該要同時注意到兩件事，他們應該同時掌握「傳統上緩慢演變的符碼與社區特有的種族意義；以及建築時尚與專業領域中不斷快速變遷的符碼。」鎮克思認為，這種二元分裂是建築學步入後現代的一種徵兆；而面對林林總總的當代文化，不能只再視其為現代主義優秀理論家阿多諾(Adorno)所說的「藝術素材的最進步狀態」，而似乎越來應將其視為布洛克(Block)所謂的「非同時性」的現象。這種後現代的二元分裂是否在某些地方算是極富創意的張力、塑造了頗具雄心又十分成功的建築作品；或者相反地，它是否失控成為極不協調、任意錯置的混雜風格，都還有待爭議。我們也不該忘記，凡屬「國際風格」的建築師絕不會對這種符碼混置、挪用地區性傳統，以及引用非屬機器的象徵領域的情形一無所知。諷刺的是，鎮克思為了替自己的後現代主義自圓其說，反而必須極力強化自己不斷攻擊的現代主義建築觀。

由羅伯特・凡圖理(Robert Venturi)、丹尼斯・史考特布朗(Denise Scott-Brown)和史蒂文・伊瑟諾(Steven Izenour)三人所合著的《拉斯維加斯的啟發》(*Learning from Las Vegas*)是闡述後現代主義決裂於現代主義教條最為精闢的書籍之一。如今我們重讀此書，並回顧凡圖理自一九六〇年代所寫的一些早期作品，我們會很驚異的發現，凡圖理的策略與解決之道實際上和當時通俗藝術的發展十分接近。這本書的幾位作者不斷引用通俗藝術與正統嚴肅的現代主義繪畫分道揚鑣，以及大眾藝術毫不挑剔、肆意擁抱消費文化中商業語言的行為，作為他們寫作此書的靈感泉源。拉斯維加斯的風光對凡圖理等人所代表的意義，猶如安迪・沃荷(Andy Warhol)心目中的麥德遜街，或者是雷斯力・費德勒(Leslie Fiedler)所擁抱的喜劇片和西部片。整本《拉斯維加斯的啟發》的措詞，全以讚頌脫衣舞女郎海報，以及歌詠賭場無情的文化為出發點，套句坎尼斯・法蘭普頓(Kenneth Frampton)所用充滿諷刺性的字眼來說，在這本書當中，拉斯維加斯被當作「大眾狂想的真實爆發」來解讀，不過我想在今天這個時代，嘲弄如此奇怪的大眾文化主義是沒有意義的，雖然大眾文化有其明顯荒謬之處，但是無可否認，這種文化也產生了一種力量，足以摧毀現代主義已經僵化的種種教條，並重新解放自一九四〇年代與一九五〇年代起就已經被現代主義所蒙蔽的一連串問題：建築中裝飾與隱喻的問題、繪畫中構圖與寫實的問題、文學中故事與再現的問題、音樂與劇場中身體的問題。以最廣泛的意義來說，後現代的某種觀念事實上是自大眾文化的領域中開始成形的，從一開始一直到今天，後現代主義中最有意義的潮流一直都在試圖推翻現代主義對大眾文化所抱持的深深敵意。

一九六〇年代的後現代主義：美國前衛流派？

在此我希望指明，一九六〇年代的後現代主義，與一九七〇年代，甚至一九八〇年代初期的後現代主義，其實有其歷史上的分野。我的論點大致如下：一九六〇年代與一九七〇年代的後現代主義都排拒及批判某種版本的現代主義。一九六〇年代的後現代主義駁斥先前幾十年高度發展、極具規模與條理的現代主義，嘗試振興歐洲前衛主義的遺緒，並將簡稱為杜象—凱吉—沃荷的軸線，予以美國化。但還不到一九七〇年代，一九六〇年代這種前衛式的後現代主義就已被消磨殆盡、光華全失——儘管仍有部分繼續存在於新時代中。一九七〇年代的新現象可以分為兩類：一類是混雜文化的興起，它放棄後現代原有之批評、僭越或否定的態度，屬肯定式的後現代主義；另一類以非現代與非前衛的語彙，來重新界定對現狀的抗拒、批評與否定，比舊有的現代主義理論更能夠配合當代文化中的政治發展，屬另類的後現代主義。請容我闡述如下。

一九六〇年代所謂的後現代主義一詞到底有些什麼樣的意涵？大約自一九五〇年代中期開始，文學界和藝術界就開始出現叛逆的聲音。一些新一代的藝術家，諸如羅遜伯格(Rsuschenberg)、亞斯培・強斯(Jasper Johns)、柯洛克(Kerouac)、金斯柏格(Ginsberg)、比茲(the Beats)、伯洛斯(Burroughs)、巴鉄姆(Barthelme)等人，紛紛群起反抗當時極為盛行的抽象表現主義、系列音樂，以及文學中的經典現代主義。這些藝術家的叛逆行為很快就得到蘇珊・宋塔格(Susan Sontag)、費德勒、哈山等批評家的支持，雖然這些批評家表達己見的方式，或者堅持己見的程度大不相同，但他們卻不約而同地為後現代辯護。宋塔格擁戴共同陣營和一種新的思維模式；費德勒讚頌通俗文學、強調生殖方面的啟蒙；哈山——他比任何人都更貼近現代主義傳統——則提倡一種靜默的文學，希望能在「新一代的傳統」與戰後的文學發展間找到平衡點。此時現代主義當然已成為學術界、博物館和美術界的既有典範，紐約學派的抽象表現主義就代表了一股源遠流長的現代主義潮流，這股潮流始自一八五〇年代與一八六〇年代的巴黎，既而鍥而不捨地轉入紐約——這是美國人繼二次世界大戰在戰場上光榮獲勝之後，旋即在文化上所獲得的一次勝利。一九六〇年代時，所有的藝術家與批評家都共同面臨了一種嶄新的狀況，所謂後現代和過去的分裂，似乎只帶給他們一種失落感：藝術和文學原本所宣稱涵蓋的人生真理與人性價值彷彿已消耗殆盡，現代主義想像原本所服膺的構成力量，如今也成為另外一種幻覺。除此之外，也有人將後現代的現象視為一種突破，認為後現代就像生活劇場(the Living Theatre)在舞台上所宣示的，到最後有助於解放本能與意識，引人進入馬克盧哈尼西(McLuhanacy)的全球村，縱情於各種變態的現世伊甸園。傑洛德・格拉夫(Gerald Graff)等後現代的批評家就曾經正確描述過一九六〇年代後現代文化的兩股潮流：其一是預言啟示價值的幻滅，其二是對未來遠景的讚頌；根據格拉夫的說法，這兩種潮流原本就是現代主義的一部分。這種說法當然沒錯，不過它卻忽略了很重要的一點。後現代主義的怒氣其實不是針對這類現代主義，而是針對新批評者與其他現代主義文化擁戴者所倡導的「巔峯現代主義」的莊嚴意象，這種避免將後現代二分為要不就延續現代主義、要不就和現代主義決裂的觀點，在約翰・巴斯(John Barth)一篇回顧過去的文章裡，就得到進一步的支持。巴斯在一九八〇年發表於《大西洋月刊》(*The Atlantic*)上的一篇文章〈補充的文學〉("The Literature of Replenishment")中指出，他自己於一九六八年所發表的另一篇文章〈枯竭的文學〉("The Literature of Exhaustion")——這篇文章在發表時似乎確切摘述了當時的啟示潮流——事實上闡述的，「不是語言或文學的，而是巔峯現代主義美學的『有效枯竭』」。他接著舉出貝克特(Beckett)的《中篇故事與空言虛語》(*Stories and Texts for Nothing*)，以及納巴可夫(Nabokov)的《蒼白的火》(*Pale Fire*)，作為現代主義後期傑作的代表，以示和義塔羅・卡爾維諾(Italo Calvino)，以及蓋布里歐・馬奎茲(Gabriel Marquez)等後現代作家有所區別。從另一方面來說，丹尼爾・貝爾(Daniel Bell)等文化批評家則直接了當地宣稱，一九六〇年代的後現代主義是「現代主義意圖依照邏輯推演的高潮」，這正好重述了李俄諾・崔陵(Lionel Trilling)的悲觀看法，他認為一九六〇年代的示威者全都是在街頭實踐現代主義。不過我在此所要強調的，巔峯現代主義自一開始似乎就不適於街頭活動，它早期無可否認所扮演的反對角色到了一九六〇年代時，已經被另一種十分不同的衝突文化奪去光彩，這種衝突文化不但發生在街頭，同時也出現在藝術作品當中，它改變了現代主義一向所服膺的風格、形式、創意、藝術自主、以及想像範疇的意識形態。對貝爾和格拉夫等批評家而言，一九五〇年代後期與一九六〇年代的反叛現象，非但不是後現代主義者對古典現代主義興起的反叛浪潮，而且還是現代主義早期之虛無主義和無政府主義的延伸；由於現代主義的氛圍逐漸流入人們每日的生活，才會造成這種現象。就某個角度而言，他們這種說法百分之百正確無誤，只不過這種現代主義的「成功」基本上已經改變了現代文化後來將如何被看待的方法。這又回到了我剛剛的論點：一九六〇年代的反叛現象並不是針對現代主義本身而發，這種反叛所針對的，是某種現代主義——這種現代主義在一九五〇年代已經被馴化，成為當時自由、保守共識的一部分，甚至成為冷戰時期反共產主義之政治文化軍火庫當中的宣傳武器。藝術家們所反對的這種現代主義在當時早已不是一種反對文化，它不再對主流階級及其世界觀提出抗辯，也無法維持自己標榜的純淨，逃過當時文化工業的污染。換句話說，這種反叛正好源自現代主義的成功，由於美國和西德與法國一樣，將現代主義扭曲成當權文化的附庸，這樣的反叛才能夠興起。

接著我希望指出，全球將一九六〇年代視為源自馬內與波特萊爾（若非源自浪漫主義）、進而延伸至目前的現代主義運動之一部分的觀點，對美國後現代獨特的特性而言，並不適用。後現代這個辭彙豐富有力的意涵畢竟是在美國——而非在歐陸——發展出來，我甚至可以大膽宣稱，當時的歐洲根本創造不出這樣的東西；在許多因素的驅使下，後現代在當時的歐陸，根本激盪不出任何意義。當時的西德仍忙著重新發掘自己在第三帝國時期不是被屠殺，就是遭放逐的現代感；若說一九六〇年代的西德有何特殊建樹，那就是價值觀與關注焦點的重大轉變：從一群現代主義者轉變到另一群現代主義者身上，從班（Benn）、卡夫卡（Kafka）、湯瑪斯・曼

(Thomas Mann)轉變到布萊希特(Brecht)、左派表現主義者，以及一九二○年代的政治作家身上，從海德格(Heidegger)和亞士培(Jaspers)轉變到阿多諾(Adorno)和班雅民(Benjamin)身上；從荀伯格(Schonberg)與衛伯恩(Webern)轉變到愛斯樂(Eisler)身上；從基赫那(Kirchner)、貝克曼(Beckmann)轉變到葛洛茲(Grosz)、哈特菲爾德(Heartfield)身上。當時在現代性內尋求另類文化傳統的企圖，以及針對現代主義非政治化版本之政治傾向的不滿，正好為當時德國總理阿德諾的復古維新提供了極其必要的文化合法性；整個一九五○年代，由於「黃金的二○年代」的迷思盛行，「保守革命」的呼聲高張，再加上無所不在的存在主義焦慮，使過去法西斯的真相徹底遭到掩埋；整個西德在野蠻狀態與城市瓦礫中掙扎站立，試圖重新喚回一個能體現教化的現代世界，並找出一種能與國際現代主義遙相應和的文化認同，好讓世人忘懷德國過去所扮演的現代世界掠奪者與背棄者的角色。由此角度觀之，無論是一九五○年代變奏版的現代主義，或一九六○年代對另類民主與社會文化傳統的努力追尋，都不能算是真正的**後現代**，後現代這個觀念事實上遲至一九七○年代末期才在德國出現，而且當時出現的後現代與一九六○年代的文化沒有什麼牽連，倒是只與德國近代建築發展有關，且更重要的是，與新的社會運動及其對現代性嚴厲批評有關。

一九六○年代的法國也出現回歸——而非偏離——現代主義的情況，原因和德國的例子不同，其中有些原因我在以下後結構主義部分會討論。在法國知識界的圈子裡，「後現代」一詞在一九六○年代時根本尚未出現，即使在今天，法國的後現代也不像在美國那樣，代表與現代主義的徹底決裂。

在此我希望針對後現代主義早期的四種特性加以說明；這四種特性——沒錯——全都指出後現代其實是國際現代傳統的延伸，但同時——我要強調的是——這些特性也確立美國後現代主義本身是獨一無二的運動。

首先一九六〇年代後現代主義最大的特點就是時間性的想像，特別著重呈現未來與新的領域、斷裂與不相連貫、危機與兩代之爭，與早期歐陸的達達主義與超現實主義等前衛主義運動，而不是與巔峯現代主義相似；正因如此，馬爾賽・杜象(Marcel Duchamp)在一九六〇年代重新崛起，成為後現代主義的教父，絕非歷史上的偶然。不過若從後現代主義在一九六〇年代參與演出的整個歷史星羅分布（從反卡斯楚勢力企圖入侵古巴的豬玀灣事件、民權運動、校園叛逆、反戰運動到反文化等）觀之，則後現代這種前衛運動可說是美國專屬——即使其中所使用的美學形式與技巧之語彙並未徹底翻新。

其次，早期後現代主義還標榜破除偶像，竭力攻擊彼得・柏格試圖以理論闡明的「體制藝術」("institution art")。柏格的「體制藝術」一詞，主要是指整個社會感知，以及定義藝術角色的方式，其次則指藝術被生產、販售、行銷、消費的方式與過程。他在《前衛理論》(*Theory of the Avantgarde*)一書中強調，歐洲歷史性前衛主義（達達主義、早期超現實主義，以及俄羅斯的後革命前衛主義）的主要目的，不僅是要改變文學與藝術的表現形式，而是要瓦解、攻擊，並扭轉中產階級的體制藝術與其倡導自主的意識形態；柏格視藝術為中產階級社會體制化的洞見有助於有效區別現代主義與前衛主義，進而可以協助我們為一九六〇年代的美國前衛主義定位。

根據柏格的描述，歐洲前衛主義主要攻訐精緻藝術的崇高性，以及源自十九世紀以來的美學發展與藝術對寫實主義的摒棄所造成的藝術與日常生活分離的現象。柏格認為，前衛主義者試圖重新整合藝術與生活，或者——套句他慣用的黑格爾／馬克思用語來說——將藝術昇華入生活，而這種重新整合的企圖，依他看來，正與十九世紀末期的美學傳統背道而馳，這種看法我認為相當正確。柏格的論述有助於釐清當代美國的藝術爭論之處就在於，他的看法可以協助我們區分現代領域內不同的階段與不同的策畫內容；一般將前衛主義視為等同於現代主義的看法已經無法成立。現代主義一直固著於傳統所謂藝術作品自主性的框架，注重建構形式與意義（無論其意義是多麼疏離曖昧、錯置或不定），及強調美學的特殊地位，這和前衛主義者試圖結合藝術與生活的傾向完全相反。

柏格的論述就我對一九六〇年代的分析看來，還有一點很重要的政治意義：歷史性前衛主義強調破除偶像，因而對文化體制與傳統藝術表現模式展開的攻擊，事實上其預設的前提是該社會讓精緻藝術在其中成為推動霸權合法化的要角，或者——以較中性的術語來說——藉精緻藝術來支撐某種文化建樹，並進而擁抱其美學內容。揭開歐洲社會精緻藝術進行合法化論述的神秘面紗，並進而加以瓦解傾覆，一直是歷史性前衛主義的一大成就，然而從另一方面來說，儘管歷史性前衛主義由於無法重新整合藝術與生活，最後終不免失敗的命運，而這項失敗也並未能給現代主義帶來應有的便利：本世紀誕生的各式各樣現代主義，既未能維繫住精緻文化各個版本的地位，也未能加以重整復興。

儘管如此，我還是要指出，前衛主義這種針對精緻藝術成為霸權論述體制或成為意義操縱機器而發的特有激進主義，已經讓前衛主義成為一九六〇年代美國後現代主義者活力與靈感的泉源，美國文化中也許首次出現了前衛的背叛精緻藝術傳統及其霸權角色而成就了政治意義。一九五〇年代如雨後春筍般誕生的博物館、藝廊、音樂會、唱片以及平裝書本文化，確實是精緻文化體制化的顯現，現代主義藉由大量複製與文化工業的方式進軍主流傳統，甘迺迪總統當政的那幾年，精緻文化甚至透過佛洛斯特(Robert Frost)、卡薩爾(Casals)、馬侯(Malraux)、史特拉文斯基(Stravinsky)等人進入白宮的方式，開始肩負起政治櫥窗的功能。

這一切現象當中最大的諷刺是，美國有史以來第一次有類似歐洲的「體制藝術」，而這種藝術就是現代主義——就是那種一貫目的在反抗體制的藝術。一九六〇年代的後現代主義以即興表演、大眾方言、迷幻藝術、酸雨岩石、街頭劇院等種種方式，試圖尋回現代藝術早期曾受其滋養、後期卻逐漸喪失的那種反叛意義；原本從廣告發展出來的大眾前衛主義的「成功」，當然立即有利可圖，繼而使之成為高度發展的文化工業之一部分，這是較早的歐洲前衛主義所望塵莫及的。但大眾前衛主義雖能透過商品化的方式，參與文化的發展，卻仍沒有失去其與一九六〇年代衝突文化相類似的尖銳性；無論其潛在的效力，多麼令人懷疑對體制藝術的攻擊永遠也是對霸權社會體制的攻擊，一九六〇年代盛行的大眾藝術是否該算是合法藝術的爭論即證明了這一點。

第三，許多後現代主義的早期擁戴者，都與一九二〇年代部分前衛主義人士懷有相同的科技樂觀主義。攝影與電影在當時的威爾托夫(Vertov)、特拉亞科夫(Tretyakov)、布萊希特、哈特菲爾德，以及班雅民等人心目中所占的地位，就相當於電視、錄影帶以及電腦在一九六〇年代科技美學預言家心目中所占的位置。麥克魯漢(McLuhan)的電腦控制與科技媒體神學終末論，哈山對「脫逃科技」、「媒體無限驅散作用」以及「電腦成為替代意識」的讚美——在在都能和後工業社會的美好遠景輕易相結合。從現在的眼光看來，一九二〇年代的科技樂觀主義雖也相當蓬勃興盛，但與之相較，一九六〇年代的保守派、開放派及左派，竟能共同不分青紅皂白擁戴媒體科技與電腦控制模式，現在回顧起來不能不說是相當驚人。

這種對新媒體的熱衷和我接下來即將談到的早期後現代主義第四種特性有關。當時有一股新興活力(雖然在大多數情形下欠缺思考)，試圖落實流行文化，以挑戰主流經典、精緻，不管是現代還是傳統文化。

一九六〇年代這種「民粹式」的趨勢，表現在對搖滾樂和民俗音樂的讚頌，對日常生活裡各種平凡意象的肯定，以及通俗文學多種形式的蓬勃發展，它們從反文化中吸取大量的養分，而且完全摒棄美國原有對現代文化批評的傳統。費德勒在〈新突變〉一文中不斷運用字首「後」(post)，事實上對當時文化發展有很大的影響：後現代懷抱著「後白種」、「後男性」、「後人文」、「後清教」等種種展望。

我們很容易看出，費德勒這些形容詞事實上是針對現代主義教條與傳統西方文明的認知而發。宋塔格的陣營美學所做的其實也是同一件事，它雖然沒有那麼「民粹」，但對巔峯現代主義卻顯然懷抱強烈的敵意。這一切現象當中的矛盾衝突十分耐人尋味。費德勒的民粹取向明確地一再套用葛林伯格(Clement Greenbererg)與阿多諾的說法，認為精緻與大眾文化間的對立關係是現代主義教條的棟樑之一，而這些正是費德勒希望加以攻擊瓦解的。費德勒只是站在葛林伯格與阿多諾的對岸，試圖肯定流行文化，排拒「菁英主義」；而他所提出的跨越精緻文化與大眾文化間鴻溝、填補裂縫的呼籲，再加上他對後來所謂「歐洲中心主義」與「理論中心主義」的隱性政治性批評，都對後來後現代主義的發展具有重要的指標作用。

依我看來，精緻藝術與某些大眾文化之間嶄新而富創意的互動關係，確實是巔峯現代主義與後來一九七〇年代、一九八〇年代歐美兩地文學藝術主要不同之處；正因為最近少數文化興起，而且進入公共意識，現代主義中高等精緻文化與低等大眾文化必須嚴守分際的觀念才被打破；此乃因為從某一少數文化**內部**而言，此類分別實在沒有意義，因為少數文化本身原本就一直處在主流精緻文化的外在陰影裡。

總而言之，我認為從美國的觀點看來，雖然一九六〇年代的美國整體政治情勢，不能和一九二〇年代早期的柏林或莫斯科政局相比（當時前衛主義者曾與先鋒政治家形成脆弱而短暫的結盟關係），但是一九六〇年代的後現代主義發展，確實成就了前衛主義運動的某些真義。基於某些歷史因素，藝術前衛主義的部分意識，諸如破除偶像、對現代社會中藝術本體地位的反思、以及企圖塑造另一個生命等，在一九六〇年代的歐洲文化裡雖已趨近枯竭，但在同一時代的美國文化中卻仍有發展的餘地。因此從當時的歐洲觀點看來，歷史性前衛主義似已走到窮途末路，不像當時他們所宣稱的，還有突破發展的空間；而我想強調的是，一九六〇年代美國的後現代主義則是兩種特性兼具：既是美國的前衛主義，也是國際前衛主義的尾聲。

我更要進一步指出，文化歷史學家必須要分析現代性各個階段的現象，並將之與國家性、地域性的歷史文化背景相連結，這一點十分重要。認為現代主義文化本質上是國內文化的看法

——其旋風跨越時空，橫掃十九世紀末、二十世紀初的巴黎，一九二〇年代的莫斯科和柏林，到一九四〇年代的紐約——和現代藝術的目的論密不可分，即現代化的意識形態。這種目的論與現代化意識形態在我們這個後現代的世界裡，已經成為飽受爭議的話題，而其爭議性主要並非源自其描繪過去事件的能力，而是源自其規範一切的意圖。

一九七〇年代與一九八〇年代的後現代主義

就某個角度而言，我可以說，到目前為止我所建立的導圖，只不過是後現代主義的史前背景。畢竟後現代主義一詞一直到一九七〇年代，才真正普遍起來，而當時用來描述一九六〇年代藝術、建築、文學的語言，有許多都還是得自前衛主義，以及我所謂現代化意識形態當中的措詞——這點乍看之下，似乎也很合理。只是一九七〇年代文化的發展，和前期有許多迥異之處，足以讓我們把這個時期視為一個獨立的單位來描述。而這當中最大的一個不同，當然就是前衛主義的語彙在一九七〇年代很快地退去，此時只剩下純正的後現代與後前衛的文化可資討論。就算未來的歷史文化學家會以某些後見之明來評斷我們對後現代主義的定義，我還是要強調，如果我們想徹底了解後現代主義中反對與批評的成分，我們就要把一九五〇年代後期作為製定導圖的起點。因為如果我們只把注意力放在一九七〇年代的話，我們就會忽略掉六〇年代與七〇年代之間的各種假想界線所蘊藏的種種轉折，因而較難掌握後現代當中的對抗性。

一九七〇年代中期時，某些前一個年代的基本假設不是已經消失，就是已經扭曲轉型。費德勒所謂「未來主義者反叛」之感已經蕩然無存。通俗藝術、搖滾樂和性愛前衛主義人士種種打破偶像的姿態已逐漸山窮水盡，因為商業上流通量的增加已經使它們失去前衛的地位。早些時期對科技、媒體和通俗文化的樂觀估計如今已被較為清醒，也更具批叛力的看法所取代：電視不是萬靈丹，而是一種污染。在這個爆發水門事件、飽嚐越戰傷痛、歷經石油危機、羅馬俱樂部又提出不幸預言的年代，要維持一九六〇年代的信心與榮景的確很難。反文化主義、新左派勢力及反戰運動在這個時期所受到的責難比任何時期都多，它們甚至被評為美國歷史不成熟的變態發展，因此我們很容易看出來，一九六〇年代確實已經結束了。不過由於繼之而起的文化景觀顯得比較多樣、複雜而零散，因此要予以正確的描述就比較困難。我們也許可以說，一九六〇年代巔峯現代主義對標準化的壓力所發動的戰爭進行得十分成功——有人也許會認為太成功了。一九六〇年代的文化還可以用一連串邏輯相關的風格來形容（通俗、歐普、動態、極簡、觀念），或者用藝術相對於反藝術和非藝術等同樣現代主義的術語來討論，不過這種差別到了一九七〇年代就越來越站不住腳了。

一九七〇年代的藝術實踐似乎益發寬廣、散放，它發自現代主義的廢墟，於其殘骸中尋找靈感，竊用現代主義的字彙，並自前現代或非現代的文化，以及當時的大眾文化中任意摘取意象與基調，來補充現代主義的不足。現代主義的各類風格並未完全被放棄，正如某位藝評家最近所指出的，這些風格事實上繼續「在大眾文化中享有半條命」；如廣告、唱片封面設計、家具、用品、科幻小說插圖、商店櫥窗等地方，都少不了現代主義的遺跡。可是如果我們換一種說法，我們也可以說，所有現代主義和前衛主義的技巧、形式和意象，現在全都電腦化，儲存在我們文化中的記憶銀行裡，可以隨時擷取運用；但是在同一份記憶裡，同時也收藏了所有前現代主義藝術以及通俗文化與當時一般大眾文化中的各種文類、符碼與意象。藝術家如何收藏、處理如此龐雜的資訊，並從中擷取所需的素材，進而影響他們的作品，還需要更進一步的研究。可以確定的是，現代主義的經典敘述當中所堅持的重點——巔峯現代主義與大眾文化間有著不可跨越的鴻溝——如今對後現代的藝術家或批評家而言，似乎不再那麼重要了。

由於高低之間的必然分野已經失去說服人的力量，我們也許就比較能夠了解一開始造成這類分野的政治壓力與歷史因素。我想在此提出的是，我所謂的「不可跨越的鴻溝」，事實上主要形成於史達林和希特勒統治的年代，當時極權政治統攝所有文化的威脅，迫使眾人採取各種防禦的措施，以保護一般的精緻文化——不僅是現代主義而已。在這種情形下，一些比較保守的文化批評家，如歐提加·賈希提(Ortegay Gasset)等人於是主張，精緻文化應受保護，以免被「大眾的反叛」所污染。左翼的批評家如阿多諾等則堅持，純正的藝術應防止被資本主義文化工業所吸納，而這種文化工業依照他的定義，完全是一種由上而下的文化監管。就連現代主義最具代表性的左派批評家盧卡奇(Lukács)在發展其巔峯中產階級的寫實主義時，也極力反對吉達諾維斯特(Zhdanovist)的社會寫實教條與令人窒息的檢查制度。

現代主義一躍而為二十世紀正統之際，正值西方文化的一九四〇及一九五〇年代，也就是冷戰發生之前與冷戰持續期間，這絕非偶然。我並不是要以一個簡單的意識形態批評現代主義的功能，藉此將現代主義偉大的作品貶為冷戰中某種文化的策略。我想強調的是，希特勒、史達林以及冷戰年代的確引發了某種現代主義的論述——諸如葛林伯格以及阿多諾等人所提出來的——而這些美學範疇與那個時代的壓力密不可分。從這個角度出發，我想更進一步地強調，這些批評家所提倡的現代主義邏輯已經形成一條美學上的死胡同，以致於後來所有的藝術創作與批判準則都奉這個邏輯為固定不變的圭臬。就打破這個固定教條的觀點而言，後現代主義確實指出了新的方向，打開了新的視野。在一個「不好的」社會寫實主義與「良好的」自由世界藝術之間的意識對立逐漸鬆弛的年代，我們可以用比較不僵化的字眼來重新評估整個現代主義與大眾文化的關係，以及寫實主義的問題。雖然在一九六〇年代時，就已經有人藉著通俗文化或各種紀錄文學，想探討這些問題，但是一直到了一九七〇年代，藝術家們才廣泛觸及通俗文化或大眾文化當中的形式與文類，並以現代主義與／或前衛主義的策略來討論它們。反映這種趨勢的主要一類作品就是新德國電影，而其中又以法斯賓達(Rainer Werner Fassbinder)的電影最具代表性，他在美國的成功正可以用上述的情形來解釋。同時在此一時期，批評家們開始揚棄現代主義的教條——所有大眾文化都是庸俗不堪的，都是一種心理上的退縮，以及腐蝕心靈的玩意兒——開始注意並分析大眾文化的多樣性，這點也絕非偶然。大眾文化與現代主義開始可能實驗性的合作或混合，也真製造出一九七〇年代最為成功，並最具野心的一些藝術與文學作品。當然這類嘗試也少不了美學上的失敗與挫折，不過話又說回來，現代主義所創作出來的，也不見得都是經典之作。

女性與少數族裔藝術創作者的藝術、文學、電影、批評創作，尤其於批判顛峯現代主義的潮流注入了一股新活力，助長了另類文化形式的誕生。這類藝術善於恢復遭埋沒，或遭損毀的傳統，強調在美學創作與經驗中探索以性別、種族為主體的各種形式，並拒絕接受所謂標準正典的約束。由此我們可以看出，現代主義與非洲、東方藝術的想像關係，其實大有問題，我們在試圖了解——舉例而言——當代拉丁美洲作家時，也不會再稱讚他們是高明的現代主義者，雖然他們曾去巴黎取經。女性批評透過各種女性主義的觀點，引我們看穿現代主義正典許多新面向；撇開女性主義中飽受爭論的女性本質論不談，顯然要不是歸功於女性主義者的批評分析，義大利未來論、物質派、俄羅斯結構主義、建築新寫實主義，或者是超現實主義中的男性觀點與執著，都很難被點破；而費萊瑟(Marie Luise Fleisser)、巴賀曼(Ingeborg Bachmann)等人的作品，以及卡蘿(Frida Kahlo)的繪畫，更會變成只有少數專家才懂得欣賞。當然，女性主義的新觀點可以從許多方面來分析解釋，有關性別與性取向、男性作者與女性作者，以及文學藝術中的讀者/旁觀者等爭論也都還方興未艾，而這其中所能彰顯現代主義的新意象更是有待進一步發展擴充。

從這些發展趨勢看來，女性主義竟然至今大都未被捲入後現代主義爭論的漩渦，此乃因為後現代主義不受女性主義關注，實在有些令人費解。不過到目前為止，只有男性批評家針對現代/後現代的問題發言，並不表示這就不關女人的事。我想強調的是——在此我完全同意克雷格．歐恩思(Craig Owens)的見解——女性的藝術、文學與批評，是一九七〇年代與一九八〇年代後現代文化發展重要的一環，該階段文化的光彩與活力，也有賴女性藝術加以見證。有人懷疑過去這幾年興起的保守趨勢，真的和社會上出現的各種重要的「另類」文化有關，因為它們威脅到的正典與傳統的穩定與神聖。當前有人希望在一九八〇年代，能夠找回一九五〇年代的顛峯現代主義版本，顯示出來的正是這個意思，正因如此，新保守主義的問題在後現代的相關爭議中，就顯得政治意義格外重大……

後現代何去何從？

一九七〇年代的文化歷史仍有待更進一步的記錄與詮釋，後現代主義表現在藝術、文學、舞蹈、劇院、建築、電影、短片與音樂中的各種樣貌也有待個別仔細地討論。我在此只想點出近來文化與政治上某些改變與後現代主義的關聯，這些改變早已被放逐在「現代主義／前衛主義」的觀念網絡之外，而截至目前為止，更是少有人將它們放在後現代的領域來討論。

我想說的是，當代藝術——以最廣泛的定義來說，無論它們自視為後現代主義，或者排拒這個標籤的都算——已經不再能僅僅被視為是一八五〇年代與一八六〇年代始自於巴黎，而且一直到一九六〇年代都篤信文化進步論與前衛主義的文化思潮，即現代主義與前衛主義運動當中的一環，就這個層面而言，後現代主義無法單純地被視為現代主義的接棒者，更無法代表現代主義本身不斷自我反叛的最新發展。我們這個時代的後現代觸覺之所以和現代主義或前衛主義都大不相同，正是因為它能以視其為最基本的美學與政治議題的方式來探討文化傳統與保存的問題。後現代主義並非一直都很成功，它甚至還常常不擇手段。但我要強調的是，當代的後現代主義是在一個充滿張力的情況下運作，受到傳統與創新、保存與翻新、大眾文化與精緻文化等等不同力量的同時牽扯，而在這兩股不同的力量當中，後者已經不見得擁有比前者優越的地位；這種充滿張力的情況已經不再能只用一些進步對反動、左派對右派、現在對過去、現代主義對寫實主義、抽象主義對模擬主義、前衛主義對庸俗藝術等等分類的術語來形容。位居現代主義經典敘述中心位置的這些二分法現在已經分崩離析，而這正是我所要描述的重要轉折之一。或者我也可以用以下的方式來描述這種轉折：現代主義和前衛主義一直都和社會、工業的現代化有著密不可分的關係，它們在現代化的過程當中扮演的雖是一種對峙文化的角色，但是正因為它們和現代化與進步過程當中所產生的危機十分相近，才能夠獲致自己所需的能量，有點像愛倫坡在《在人群中》所描述的那樣。現代化必須被橫越——一般人大都這樣想，就連這個字沒有出現時也一樣。過去出現過一種遠景，就像聖西門(Saint-Simon)在一八二五年所預想的，現代的概念成為一齣世界級的戲劇，在歐洲和美國的舞台上搬演，其中的英雄人物是神話般的現代人，驅策的動力則是現代藝術。這種現代主義的英雄式詮釋，以及藝術可促進社會轉變(或抗拒不需要的轉變)的看法早已經成為過去式了，它們固然值得稱頌，卻已和當代的觀點格格不入，其價值大概只剩作為現代英雄主義觀的反面教材及最後啟示罷了。

由此觀之，最有深度的後現代主義代表的不是大起與大落、枯竭與更新這永恆循環所衍生出的危機之一(而這循環正是現代主義文化的發展路線)。相反地，它代表的是現代主義文化本身的一種新型危機。當然，這種論點早已有人提出過，法西斯主義也確實是現代主義本身的巨大危機之一。但是儘管法西斯主義曾試圖成為現代主義之外的另一種選擇，它卻沒有真正成功過，而且我們今日的情形和威瑪共和的水深火熱也有很大的差別。

現代主義、現代性、現代化的歷史局限一直到一九七〇年代，才成為各方注目的焦點。我們開始有一種越來越強的感覺，明白我們並不是生來就為了完成現代性的發展計畫(套句哈伯瑪斯的話），而且即使我們不依現代主義的道路而行，我們也不一定要墮入非理性或啟示性狂熱的深淵；我們開始體會到，藝術並不僅僅是為了追求抽象、非再現以及崇高的美學意義而存在——這些領會為我們今日的創作開啟了許多新的可能性，而且在某些方面來說，它們也改變了我們對現代主義本身的看法。正因如此，現代主義對我們來說，不再只是單線性的歷史進程，依既定的邏輯朝向某個想像的目標發展，而且基於實際上的需要，必需排除一連串的觀念與可能性；我們開始懂得去探究現代主義本身的矛盾與四周相關的因素，懂得去觀察現代主義在「前進」發展過程當中，所包含的緊張與內在的衝突。後現代主義的作用根本就不是讓現代主義過時；相反地，後現代其實挪用了許多現代主義的美學策略與技巧於新的角度裡，正因如此，它也重新詮釋了現代主義。在這個詮釋過程中真正過時的，是在批評論述當中有關現代主義的既定觀念，無論有意無意，這些觀念往往都以充滿目的論的進步和現代化的理念為基礎。

諷刺的是，這些標準化，而且時常具有化約力量的既定觀念正好為推翻現代主義的風潮奠定了根基——而其名便是後現代。面對批評家批評這本或那本小說的敘述技巧不夠新、內容不夠進步、跟不上時代，因而斷定那部作品不夠有趣，後現代主義者是應該排拒現代主義。不過這種排拒影響所及，只限於現代主義本身淪於固定教條的那一小部分，無法遍及整個現代主義。就某些方面而言，現代主義和後現代主義的關係就像故事中的豪豬與野兔：野兔永遠贏不了，因為豪豬永遠不只一隻；不過野兔還是跑得比較快……

現代主義的危機不只在於其中有些潮流會將它和現代化的意識形態連接在一起。在資本主義晚期，這同時也是藝術和社會關係的新危機。現代主義與前衛主義在其發展高峰期均將藝術視為社會變遷過程當中一項地位特殊的專利，就連對社會變化漠不關心的美學態度也和這種特殊地位脫離不了關係，因為主張這類態度的藝術家往往需要否定現有的狀況，想辦法建立一個充滿人工精緻之美的藝術天堂。當社會上的變化莫測高深，或不盡如人意的時候，藝術——即使是看來不問世事、自給自足的藝術——仍然被視為最真誠，而且是唯一的批評與抗議管道。以往有關巔峯現代主義的經典敘述就可以證明這點。但是話說回來，承認這些觀點都是英雄式的幻象——藝術要在資本主義社會中保有尊嚴、掙扎圖存，這樣的幻象也許是必要的——並不表示藝術在社會生活中就不重要。

問題是，現代主義和大眾社會與大眾文化的世仇，以及前衛主義對精緻藝術作為文化霸權系統建立的幫凶的抨擊，全都是以精緻藝術本身為出發點。一九二〇年代，當前衛主義要在社會生活中為藝術創出一個更具包容力的空間的企圖挫敗時，它也是以精緻藝術為回歸的原點。因此今日如果我們一再地要求精緻藝術要離開原來的據點，到別處（無論何處）去另謀發展，那麼我們就是在用一些過時的術語來重提這個問題。精緻藝術與文化已經不再像過去那樣占有特殊的地位，因為以此二者為基石、豎立起自己標誌的階級已經不再像過去那樣和諧而統一；這就是為什麼最近有些西方國家的保守人士試圖恢復西方文明中經典著作的尊嚴——從柏拉圖到亞當．史密斯到巔峯現代主義者——並嚐試要求學生修習一些基本的課程的原因了。不過我的意思並不是說，精緻藝術的基石已經不存在；這樣的基石當然還是存在，只不過它已經和過去不一樣了。自一九六〇年代起，藝術活動的性質就越來越廣泛，越來越難用一些安全的歸類或者是既定的機構體系——如學院、博物館，甚至既有的藝廊體系——來描述畫分。對某些人來說，這種文化藝術活動的稀釋分散可能會帶來一種失落與茫然的感覺；另外一些人則可能認為這是一種新的自由、一種文化上的解放。這兩種看法都不能說全錯，但是我們應該明白，使現代主義單一排外的論述失去其同質特性的，並不只是最近的理論或批評，這其中還包括了藝術家、作家、電影工作者、建築師以及表演人士等人的努力，我們才能夠超越現代主義狹隘的視野，以嶄新的眼光回顧現代主義。

以政治術語論之，現代主義／現代性／前衛主義這三重教條的逐漸解體，在整體背景上可視為和「他者」出現在無論是政治社會領域，或者是文化領域有關。我在此無法詳細討論主體、性別、性取向、種族、階級、地域、時空錯置等的差別所產生出來的各種「他者」形式。但是我想至少簡單提出近來的四種現象，因為在我看來，這些現象不但是目前後現代文化的組成要素之一，就是在往後的一段時間裡，它們也將在後現代的領域中扮演重要的角色。

雖然現代所產生的文化有其高貴的雄心與成就，但它無論是內在或外在，一直都脫離不了帝國主義的陰影（當然它還有其它的特性），這是阿多諾與霍克海默（Horkheimer）在一九四〇年代就已提出的觀點，也是那些和肆意發展的現代化趨勢作各種搏鬥的先驅們所耳熟能詳的。這種內外同時運作，在各個階層同時出現的帝國主義無論是在政治上、經濟上，或者是文化上，都已經無法再暢行無阻。對它的挑戰是否能帶給我們一個更宜於居住、更民主、更沒有暴力的世界，還有待進一步的觀察，而且我們很容易會採取一種懷疑的態度，可是這種憤世嫉俗的懷疑精神，卻和一味盲目追求和平與自然的態度一樣不足為取。

女性運動近來已經在社會結構與文化態度上引發了一些極富意義的轉變，即使面對美國近來大男人主義重新興起的怪異風潮，這類女性運動還是有其存在的必要。這類女性運動直接或間接地培養了一群頗具自信與創造力的女性，使她們能夠在藝術、文學、電影與批評等各項領域中大放異彩。雖然我們目前討論性別與性取向、閱讀與寫作、主體與表達、聲音與表演等課題的活動有許多都是發生在女性運動的邊緣，甚至與之無關，但是如果少了女性主義的衝擊，這一切討論根本就不可能發生。女性主義的批評也對現代主義歷史的改寫有很深刻的影響，這類批評不但找出許多為人所遺忘的藝術家，同時還從嶄新的角度切入男性現代主義的觀點。「法國新女性主義」以其對現代寫作中陰性書寫理論的發展，在這方面也有同樣的貢獻——雖然她們經常堅持自己的理論和美國式的女性主義有所區別。

一九七〇年代時，生態與環境的問題已經從單一的政治問題轉為對整個現代性與現代化發展的廣泛批評，而且這種政治與文化上的發展趨勢在西德要遠比在美國明顯。新的生態關懷不僅出現在許多政治上與地區性的次文化、另類的生活型態，以及歐洲新的社會運動中，就連藝術與文學也在許多方面受到新生態觀的影響：如約瑟夫．波伊斯(Joseph Beuys)的作品、某些大地藝術創作、克里斯多(Christo)的加州圍牆、新自然詩篇、回歸當地傳統與方言等等。某些形式的現代主義與科技上現代化的關連之所以會受到各方的批評與省思，也都是由於生態觀念越來越強的緣故。

從另一方面來說，各方已逐漸意識到——正如保羅．瑞可(Paul Ricoeur)在二十多年前所說的——不能再用征服或統治的手法來對待其它非歐洲、非西方的文化，而且西方文化中（包括現代主義在內），對「東方」與「原始」概念情慾般與美學式的迷戀，也大有問題。這種新的覺悟必須以另一種知識形態來表達，以便區別於當年現代主義知識分子總以站在時代尖端之姿，代替他人發表意見的自信。傅柯所提出來的在地與特定知識分子的觀念，以與現代性中的「普遍性」知識分子相對，也許可以作為一種解答，協助我們脫離一方面困守自己的文化傳統、一方面又看穿其限制的兩難局面。

總而言之，我們很容易看出，後現代文化受其誕生的政治、社會、文化背景影響，註定要帶有反抗的意識，這包括反抗那種「來者不拒」的後現代主義；反抗意識永遠必須明確且與自己所在的文化範疇直接相關，它不能只用阿多諾所謂的否定或不認同來定義，也不能用整體化、集體性的藍圖來解說。同時我們還必須注意到，反抗這個觀念本身若簡單地與肯定相對，可能引起很大的爭議，畢竟反抗有肯定的形式，肯定也有反抗的形式，不過這大概是語意學的，而不是實際運作的問題，我們也不該因此就不敢下判斷。究竟這種反抗意識要如何呈現在藝術作品當中，才能同時滿足政治與美學的要求、以及同時合乎創作者與接受者的需要，我們還不能斷定，還有待進一步的嘗試、犯錯與爭辯，但可以確定的是，我們早該放棄政治與美學截然二分的死胡同，這條死路已經困住現代主義的論述（包括後結構主義當中的美學趨勢）太久；這樣做的目的，不是要泯滅政治與美學、歷史與文本、投入社會與藝術使命之間富含創意的緊綳關係，反而是想升高這種緊綳關係，甚至重新找到它，使之再度成為藝術與批評的焦點。無論後現代的景觀多麼令人困惑，它都已進駐我們四周，為我們不斷立界的同時，也為我們不斷開放視野，這是我們的問題，也是我們的希望。

※本文出處：Huyssen, "Mapping the Postmodern," *New German Critique* 33 (1984). Reprinted with permission of *New German Critique*.

譯者：郭菀玲

內文簡介：

《文化與社會》輯當代文化分析大師的主要論述於一帙。第一部分縱覽目前盛行的文化析辯。撰述者咸以象徵符號與社會結構的互動關係為探討焦點，透過通暢可讀的個案研究，使抽象理論得以落實。選文包括：韋伯（中譯從略）、涂爾幹、馬克思學派分析等新古典範例以及功能論、符號學、後結構主義分析的原型論述。第一部分所輯各篇論文對於文化／社會關係的瞭解容或截然有別，但全都服膺文化的相對自主性，並以象徵符號之分析為主。

本書第二部分轉入實質論辯，遍及宗教、世俗意識型態、大眾文化所扮演的功能等議題，最後並引入有關現代主義之意涵的爭議。

作者簡介：

丹尼爾・貝爾：

哈佛大學社會學家。著作等身，以《後工業社會的到來》（*The Coming of Post-Industrial Society,* 1973）最為著名。

狄爾泰：

第一位將形而上學從自然科學中獨立出來的德國哲學家。主要著作為《人文學入門》（1883）。

吉爾茲：

普林斯頓大學人類學及社會學教授。在人類學與社會學研究中，加入了文學研究與文學批評的成分，結合企圖從外部全面了解某個文化或社會的田野調查與著重內緣研究的文學批評。重要作品有《文化的詮釋》（*The Interpretation of Cultures,* 1973）及《巴里島的親族關係》（*Kinship in Bali,* 1975）。

維多・透納：

英國人類學家。最主要的成就為對中非尚比亞 Ndembu 族，所作一系列有關象徵和儀式的研究，並據調查結果寫成《象徵的叢林》（*The Forest of Symbols*, 1967）一書。另編有《象徵、神話與儀式》（*Symbol, Myth, And Ritual*）等書。

李歐塔：

著名後現代理論學家。主要著作有《後現代狀況》（*The Postmodern Condition*, 1979）、*Just Gaming* (1979) 等。

索緒爾：

現代結構語言學宗師，主要代表作為《普通語言學教程》（*Course in General Linguistics*, 1916）。

瑪麗・道格拉斯：

英國人類學者，結構主義、人類學領導人之一。對反常、危險、不潔的事物特感興趣，並以分類、系統的觀念來看待，她的學說受人類學家李維史陀影響很深。

哈伯瑪斯：

主要思想以溝通理論來作為批判理論的規範基礎，用溝通行動聯結理論與實踐。為批判理論或法蘭克福學派集大成者。重要著作《大學生和政治》、《公共領域的結構變遷》、《反抗運動與大學改革》、《知識與興趣》等。

厄爾維恩・高夫曼：

一九二二年出生於加拿大，曾任美國賓西凡尼亞大學富蘭克林社會學及人類學講座教授。主要作品有《自我在日常生活中的演出》等。

米歇・傅科：

研究精神與心理學。其主要研究有二主軸：考古學和系譜學；主題為知識（真理）、權力、主體。重要著作有：《瘋狂與文明》、《事物的秩序》、《知識考古學》、《性史》等。

馬庫色：

社會思想家，被稱為「學生反叛之父」。重要著作有：《理性與革命：黑格爾與社會理論的興起》、《愛慾與文明：對弗洛依德哲學性的探討》等書。

帕森斯：

出生於一九〇二年，研究經濟學、社會學。結構功能學派倡導人。在社會學範疇中被評為「行動理論」的奠基者。重要著作有：《社會行動的結構》、《現代社會的系統》等。

阿多諾：

致力於社會學文化批判，被稱為批判學派的祖師。代表作如《啟蒙的辯證》、《最低限的道德》等書。

安東尼奧・葛蘭西：

義大利工人運動的領導者，義大利共產黨創始人之一，「西方馬克思主義」鼻祖。重要著作有：《獄中書信》、《政治著作選集》、《文化著作選集》等。

羅蘭・巴特：

一九七〇年代，出版《文本的快感》及《巴特論巴特》而聲名大噪，遂與傅柯、拉康齊名。其它著作尚有《神話集》、《論哈辛》、《符號學要義》、《批評與真理》等。

艾爾文・古德奈：

美國社會學者／教授。重要著作包括《意識形態與科技的辯證關係》（*The Dialectic of Ideology and Technology*）、《知識分子的未來》（*The Future of Intellectuals*）等書。主張結合社會學及馬克思主義重新觀照社會。

凱羅・史密斯・羅森伯格：

美國文學史學者。最著名的作品為《女性世界的愛與儀式：談十九世紀美國的女性情誼》（*The Female World of Love and Ritual: Relations Between Women in 19th Century America*）。

席爾斯：

社會學者，曾任教於芝加哥大學和劍橋彼得豪斯學院，致力於翻譯德國社會學家曼海姆（Karl Mannheim）和韋伯的作品。對印第安複雜的社會體系有獨到見解，並致力闡釋韋伯學說，和麥卡錫現象（McCarthyism）的探討。著作有《傳統》（*Tradition*）等書。

李塞特：

喬治曼森大學公共政策學院暨史丹福大學政治科學和社會學教授，歷任美國政治科學協會和美國社會學協會主席。著作有《公意與衝突》（*Consensue and Conflict: Essays in Political Sociology*），《猶太教育的力量》（*The Power of Jewish Education*）等近二十本書和四百篇文章。

沙林斯：

芝加哥大學教授，美國著名人類學者，堪稱波里尼西亞（Polynesia）史學家暨民族誌學者。《波里尼西亞的社會分層》（*Social Stratification in Polynesia*）及《毛拉》（*Moala: Culture and Nature on a Fijian Island*）已成為該領域的經典著作。

羅勃・莫頓：

美國哥倫比亞大學社會學教授，美國國家科學院（National Academy of Sciences）成員，著有《社會理論與社會結構》（*Social Theory and Social Structure*）、《科學社會學》（*The Sociology of Science*）等書。

保羅・威利斯：

英國文化學者，著有*Common Culture: Symbolic Work at Play in the Everyday Cultures of the Young*等書。

彼得・柏格：

美國波士頓大學教授、宗教社會學者，著有*A Rumor of Angers*、*Invitation of Sociology*。

胡森：

美國哥倫比亞大學日耳曼語系教授，著作有《大分裂之後：現代主義，大眾文化，後現代主義》（*After the Great Divide: Modernism, Mass-culture, Post-modernism*, 1986）。

湯普森：

與霍格特(Richard Hoggart)、霍爾(Stuart Hall)，以及威廉斯(Raymond Williams)同為英國文化研究（Cultural Study）之重要人物。著有《英國工人階級的形強》（*The Making of the English Working Class,* ），強調工人階級的文化，或階級的議題，對於文化研究的重要性。

波赫居：

法國當代重要的社會思想家之一，論述範圍涵蓋社會、教育、政治、哲學等領域，重視各種知識產製的客觀條件以及與體制之間的關聯。重要著作包括《秀異》（*Distinction,* Trans, Richard-Nice, London: Routledge, 1979）、《語言與象徵權》（*Language and the Symbolic Power,* Cambridge: Polity, 1991）。

主編：

杰夫瑞・C・亞歷山大(Jeffrey C. Alexander)

加州大學洛杉磯分校社會學系教授。專研社會理論、文化研究、民主與公民社會。

史蒂芬・謝德門(Steven Seidman)

紐約州立大學Albany分校社會學系教授。專研社會理論、文化研究、女性主義、男女同性戀。

中文版總編校：

吳潛誠

美國華盛頓大學比較文學博士，曾任台大外文系副教授、《中外文學》總編輯，現任東華大學英美語文學系系主任。譯著包括《草葉集》、《聖女貞德》、《美國短篇小說》、《中英翻譯：對比分析法》、《詩人不撒謊》、《靠岸航行》、《如果在冬夜，一個旅人》、《感性定位》、《給下一輪太平盛世的備忘錄》等。

譯者：

古佳艷，台灣大學外文所博士班研究生；台灣大學外文系講師。

李紀舍，美國紐約州立大學石溪分校比較文學系博士候選人。

李家沂，台灣大學外文所博士班研究生；台灣大學外文系兼任講師。

呂健忠，東吳大學英文系兼任講師。

邵毓娟，台灣大學外文所博士班研究生；台灣師範大學英語系講師。
林明澤，台灣大學外文所博士候選人；台灣大學外文系兼任講師。
邱彥彬，台灣大學外文所博士班研究生；台灣大學外文系兼任講師。
陳志清，台灣大學外文所博士班研究生。
黃宗儀，美國紐約州立大學石溪分校比較文學系博士班研究生。
黃宗慧，台灣大學外文所博士班研究生；台大外文系中外文學月刊社執行編輯。
黃涵榆，台灣大學外文所博士班研究生。
郭菀玲，台灣大學外文所碩士；現任電視新聞編譯。
曾麗玲，台灣大學英美文學博士，台灣大學外文系副教授。
楊麗中，華梵大學外文系講師。

校對：
刁筱華
文字、文化工作者，常發表論述，並有多部譯著出版。

文化與社會

薩依德精選Edward W. Said

當代最傑出的文化評論家
西方學術界卓然特立的知識份子典型
以東方學論述開啓二十世紀末葉後殖民思潮

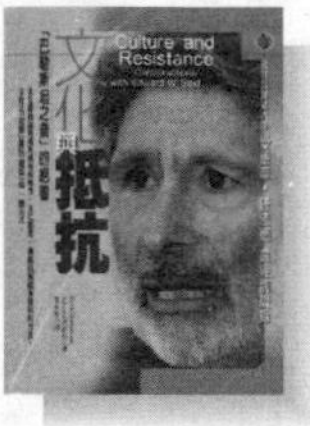

文化與抵抗

沒有種族能獨占美、智與力，
在勝利的集合點上，
所有種族都會有一席之地。

聯合報讀書人最佳書獎
讀書人版、誠品好讀書評推薦
ISBN: 986-7416-04-X
定價：300元

鄉關何處

薩依德的流離告白

美國紐約客雜誌年度最佳書獎
2000年紐約書獎
安尼斯菲爾德一伍夫書獎。

聯合報讀書人最佳書獎、中時開卷版、誠品好讀、自由時報副刊書評推薦
ISBN: 957-0411-04-X
定價：350元

遮蔽的伊斯蘭

西方媒體眼中的穆斯林世界

任何人若想要知道西方與去殖民化世界之關係，就不能不讀本書。
——《紐約時報書評》

聯合報讀書人最佳書獎、讀書人版、開卷版、誠品好讀書評推薦
ISBN: 957-0411-55-4
定價：320元

文化與帝國主義

這本百科全書式的作品，極實際地觸及歐洲現代史的每件重大帝國冒險行動，以史無前例的細膩探討19世紀法國、英國殖民系統的謀略，橫跨小說、詩歌、歌劇至當代大眾媒體的文化生產領域。
——London Review of Books

聯合報讀書人最佳書獎
中時開卷版書評推薦
ISBN: 957-0411-09-0
定價：460元

東方主義

後殖民主義是20、21世紀之交影，
全球的社會人文領域裡，
最普遍與最深遠的一股思潮
本書是知識份子與一般讀者必讀的經典。

聯合報讀書人最佳書獎、中時開卷版、誠品好讀書評推薦
ISBN: 957-8453-72-8
定價：450元

大師作品

21世紀重要知識份子

杭士基Noam Chomsky

我有一艘小船，所以被稱為海盜；
你有一支海軍，所以被稱為皇帝。

海盜與皇帝

中時開卷版、誠品好讀書評推薦
ISBN: 978-986-6513-35-0
定價：350元

世界上有許多恐怖主義國家，
但是美國特殊之處在於，
官方正式地從事國際恐怖主義，
規模之大讓對手相形見絀。

文化與社會

艾立克 · 賀佛爾
Eric Hoffer

群眾運動聖經

狂熱既是一種靈魂疾病，
卻又是一種可以讓社會和
國家振興的神奇工具。
這是一本人性之書，
閃耀著冷雋的機智。

ISBN:978-986-360-122-7

定價：320元

哈羅德 · 伊薩克
Harold R. Isaacs

族群

人類正在把自己撕裂成越來越小的碎片，在科技全球化的同時，政治卻越來越部落化，人類離其他的星球越近，對自己的同類卻越來越不能容忍。

中國時報開卷版書評推薦
ISBN:986-7416-09-0

定價：320元

詹明信 等
Fredric Jameson

反美學
後現代文化論集

作者包含：哈伯瑪斯、法蘭屯、布希亞、薩依德等

ISBN:978-986-6513-73-2
定價：300元

羅蘭 · 巴特 等
Roland Borthes

當代文化大論辯
Culture and Society: Contemporary Debates
當代文化分析大師的智慧

作者包含傅柯、帕森斯、馬庫色、伏爾泰、李歐塔、葛蘭西等

聯合報讀書人書評推薦
ISBN:978-986-360-130-2
定價：450元

親愛的總統先生

時報週刊、聯合報民意論壇推薦
ISBN:957-0411-77-5
定價：250元

思潮與大師經典—
法西斯主義（漫畫）

政治與社會學重要思潮
Stuart Hood ◎著
Litza Jansz◎繪

ISBN:957-9935-98-X
定價：195元

歷史見證

荻島靜夫日記
一本遺落在中國的日本兵日記

誠品好讀、中央日報
書評推薦

這是一本令人震驚的日軍侵華戰爭戰場實錄，
在埋藏了68年之後，首度披露在世人面前。
掃蕩、屠殺、慰安婦、化學戰、毒氣訓練等，
戰爭的殘酷、無情與大量的死亡，過去被報導傳說的，
在這本日記中被記錄著，被証實著。

ISBN:986-7416-30-9 **定價**：320元

上癮五百年 Forces of Habit (第三版)

咖啡、菸草、大麻、酒的歷史力量

一支煙、一杯咖啡、一罐可口可樂、一杯烈酒、一部現代世界生活史的形成：
咖啡、菸草、大麻、酒...正人君子所諱言的藥物，在歷史上的力量有多大？

1881年間，一位西班牙醫生接生了一個死嬰，
他狠狠吸了口雪茄朝嬰兒臉上一噴，
本來死寂的嬰兒開始抽動，
接著臉部一扭，哭出聲來。
這嬰兒即是畢卡索。

2002年中國時報開卷好書獎
聯合報讀書人、中央日報副刊、破週報書評推薦
David T. Courtwright◎著
ISBN：978-986-360-098-5
定價：350元

近代日本的百年情結

日本人論

當代日本社會心理學大師南博精心巨構
邱琡雯◎譯 南華大學亞太研究所教授
2003新新聞874期評論

日本人論研究的必讀書，
掌握時代動脈，
最具整合性的日本人論。
—總合研究大學院大學名譽教授 濱口惠俊

一百多年來，討論日本人的集大成之作，
網羅從明治維新到1990年代初期，
近五百本論著的豐富作品，
是近代日本人的自我意識史，
是深層的文化史，也是社會百態史。

ISBN: 978-986-360-016-9
定價：450元

ISBN:957-8453-39-6
定價：250元 見20頁

天才、狂人與死亡之謎

貝多芬的頭髮，
訴說了他創作巔峰後謎樣的死亡？
舒伯特、舒曼的抒情樂章，
譜寫著生命中不可承受的痛楚？
這些創造文學風流的大家，
因何承受欲死欲仙的苦痛？
他們是天才、是狂人、
他們的死亡是謎，
藏著不可告人的.....

**傳染病在現代與歷史上，
對於個人與社會有什麼樣的影響？**

中時開卷版、聯合報讀書人版、
中央日報副刊書評推薦

ISBN:957-0411-84-8
定價：390元

立緒文化事業有限公司　信用卡申購單

■信用卡資料

信用卡別（請勾選下列任何一種）

□VISA　□MASTER CARD　□JCB　□聯合信用卡

卡號：________________

信用卡有效期限：______年______月

訂購總金額：________________

持卡人簽名：________________（與信用卡簽名同）

訂購日期：______年______月______日

所持信用卡銀行________________

授權號碼：________________（請勿填寫）

■訂購人姓名：________________性別：□男□女

出生日期：______年______月______日

學歷：□大學以上□大專□高中職□國中

電話：________________　職業：________________

寄書地址：□□□

____

■開立三聯式發票：□需要　□不需要（以下免填）

發票抬頭：________________

統一編號：________________

發票地址：________________

■訂購書目：

書名：__________、______本。書名：__________、______本。

書名：__________、______本。書名：__________、______本。

書名：__________、______本。書名：__________、______本。

共______本，總金額________________元。

⊙請詳細填寫後，影印放大傳真或郵寄至本公司，傳真電話：(02)2219-4998

國家圖書館出版品預行編目資料

當代文化大論辯／杰夫瑞・C・亞歷山大(Jeffrey C. Alexander), 史蒂芬・謝德門(Steven Seidman)編選；古佳豔等譯.
--初版.--新北市：立緒文化，民 108.03
面； 公分. --（新世紀叢書；29）
譯自：Culture and society : contemporary debates
ISBN 978-986-360-130-2（平裝）
1.文化
541.2 108001987

當代文化大論辯（原書名：文化與社會）

Culture and Society: Contemporary Debates

出版——立緒文化事業有限公司（於中華民國 84 年元月由郝碧蓮、鍾惠民創辦）
主編——杰夫瑞・C・亞歷山大（Jeffrey C. Alexander）、史蒂芬・謝德門（Steven Seidman）
總編校——吳潛誠
譯者——古佳豔、李紀舍、李家沂、呂健忠、林明澤
邱彥彬、邵毓娟、陳志清、黃宗儀、黃宗慧
黃涵榆、郭苑玲、曾麗玲、楊麗中

發行人——郝碧蓮
顧問——鍾惠民

地址——新北市新店區中央六街 62 號 1 樓
電話——(02)22192173
傳真——(02)22194998
E-Mail Address: service@ncp.com.tw
劃撥帳號——1839142-0 號 立緒文化事業有限公司帳戶
行政院新聞局局版臺業字第 6426 號

總經銷——大和書報圖書股份有限公司
電話——(02)8990-2588 傳真——(02)2290-1658
地址——新北市新莊區五工五路 2 號
排版——文盛電腦排版股份有限公司
印刷——祥新印刷股份有限公司

法律顧問——敦旭法律事務所吳展旭律師

分類號碼——541.00.001
ISBN 978-986-360-130-2
出版日期——中華民國 86 年 9 月～102 年 1 月初版 一～九刷(1～10,000)
中華民國 108 年 3 月二版 一刷(1～1,000)

定價◉450 元

大緒文化 閱讀卡

姓　名：

地　址：□□□

電　話：(　　)　　　　傳 眞：(　　)

E-mail ：

您購買的書名：

購書書店：＿＿＿＿市（縣）＿＿＿＿書店

■您習慣以何種方式購書？

□逛書店 □劃撥郵購 □電話訂購 □傳真訂購 □銷售人員推薦

□團體訂購 □網路訂購 □讀書會 □演講活動 □其他＿＿＿＿

■您從何處得知本書消息？

□書店 □報章雜誌 □廣播節目 □電視節目 □銷售人員推薦

□師友介紹 □廣告信函 □書訊 □網路 □其他＿＿＿＿

■您的基本資料：

性別：□男 □女　婚姻：□已婚 □未婚　年齡：民國＿＿＿＿年次

職業：□製造業 □銷售業 □金融業 □資訊業 □學生

□大眾傳播 □自由業 □服務業 □軍警 □公 □教 □家管

□其他＿＿＿＿

教育程度：□高中以下 □專科 □大學 □研究所及以上

建議事項：

愛戀智慧 閱讀大師

廣告回信
北區郵政管理局登記證 北臺字8448號
免貼郵票

立緒文化事業有限公司　收

新北市 231

新店區中央六街62號一樓

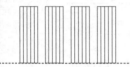

請沿虛線摺下裝訂，謝謝！

立緒文化 閱讀卡

感謝您購買立緒文化的書籍

為提供讀者更好的服務，現在填妥各項資訊，寄回閱讀卡（免貼郵票），或者歡迎上網http://www.facebook.com/ncp231 即可收到最新書訊及不定期優惠訊息。